博学而笃志，切问而近思。

（《论语》）

博晓古今，可立一家之说；
学贯中西，或成经国之才。

作者简介

　　游汝杰，1941年生，复旦大学中国语言文学研究所教授、博士生导师。温州人，1981年复旦大学中国语言文学系硕士研究生毕业，毕业后留校工作。曾任国际中国语言学会理事，现任全国汉语方言学会理事、中国语言学会理事、中国社会语言学会理事。主要研究方向为方言学和社会语言学。出版专著十多种，主要有：《方言与中国文化》（主著）、《汉语方言学导论》《中国文化语言引论》《西洋传教士汉语方言学著作书目考述》《上海市区方言志》（语法部分）。发表论文四十余篇，刊于《中国语文》《方言》《民族语文》等。另有几种译著。先后执教下述课程：社会语言学、现代汉语研究、汉语方言学、汉藏语系概要、专业英语、语音学等。曾获10多项省部级以上优秀学术成果奖。其中主要有中国社会科学院青年语言学家奖（1986年）、全国高等学校首届人文社会科学研究成果奖（1979－1995）二等奖、上海市哲学社会科学优秀学术成果一等奖。多次到欧美、日本、港台地区访问、工作、讲演。

　　邹嘉彦，1941年生，祖籍广东南海，哈佛大学硕士、加州大学（伯克来分校）博士。现任香港大学语言和亚洲语言讲座教授、语言资讯科学研究中心主任。现任下列出版物编委：《中国语文》（北京）、《自然語言處理》（日本）、《计算语言学和汉语处理》（台北）、《东方语言计算机处理》（新加坡）、《語言研究》（武汉）、《语言学论丛》（北京大学）、《中国语言地图集》。曾任或现任下述大学或研究机构的客座教授、顾问教授或荣誉教授：澳大利亚国立大学、法国Ecole des Hautes Etudes en Sciences Sociales、复旦大学、南洋理工大学（新加坡）、加州大学（伯克来分校）、英属哥伦比亚大学（加拿大）、Chulalorngkorn大学（泰国）、东北大学、北京大学汉语言文字学研究中心。2001年被选为比利时皇家科学院海外院士。近年来在社会语言学、计算语言学等领域有深入研究和专著。先后执教社会语言学、粤语方言学等课程。

普通高等教育"十一五"国家级规划教材

SERIES
OF
LINGUISTICS

复旦博学
语言学系列

社会语言学教程

（第三版）

游汝杰　邹嘉彦　著

复旦大学 出版社

目　　录

第一章　导论 ………………………………………………… 1

　　第一节　社会语言学的边界和研究对象 ……………………… 1

　　　　一、描写语言学与社会语言学 ……………………………… 2

　　　　二、社会语言学与唯理语法、生成语法 …………………… 3

　　　　三、方言学与社会语言学 …………………………………… 4

　　　　四、社会语言学的研究范围和对象 ………………………… 8

　　第二节　社会语言学的诞生和经典研究成果 ………………… 9

　　　　一、社会语言学的诞生 ……………………………………… 9

　　　　二、城市方言学 ……………………………………………… 10

　　　　三、小城镇社会方言研究 …………………………………… 12

　　　　四、言语民俗学 ……………………………………………… 13

　　第三节　社会语言学的研究方法 ……………………………… 14

　　　　一、多人次抽样调查 ………………………………………… 14

　　　　二、快速隐秘调查法 ………………………………………… 15

　　　　三、定量分析 ………………………………………………… 16

　　　　四、社会网络的调查研究 …………………………………… 20

　　　　五、配对变法 ………………………………………………… 22

　　　　六、"真实时间"(real time)和"显象时间"(apparent time)

　　　　　　调查法 ………………………………………………… 23

　　　　七、自我评测法 ……………………………………………… 23

　　　　八、访谈法 …………………………………………………… 24

　　第四节　社会语言学在中国的产生和发展 …………………… 25

第二章　语言变异与语言变体 ………………………………… 28

　　第一节　语言变异 …………………………………………… 28

第二节　语言变体、语言变项、社会变项 ………… 30

一、语言变体 ……… 30

二、语言变项 ……… 31

三、社会变项 ……… 31

第三节　社会方言 ……… 32

一、阶层变体和性别变体 ………… 32

二、城乡差异和年龄变体 ………… 37

三、语域变体和职业变体 ………… 40

四、地方戏曲语言变体 ………… 43

第四节　语言分化与语言转用 ……… 47

一、语言分化 ……… 47

二、方言的系属层次和地理层次 ………… 48

三、方言岛及其成因 ………… 49

四、语言转用 ……… 50

第五节　语言演变的社会、文化原因 ……… 53

一、人口变迁和语言的宏观演变 ………… 53

二、移民方式和方言地理分布类型的关系 ………… 56

三、方言历史演变的宏观取向 ………… 57

四、权威方言变易的社会文化原因 ………… 58

五、语言微观演变的社会、文化原因 ………… 59

第三章　双重语言和语言忠诚 ………… 63

第一节　双重语言和双层语言 ……… 63

一、双重语言现象 ……… 63

二、双层语言现象 ……… 64

三、双重语言和双层语言的关系 ………… 66

四、双重语言的成因和发展趋势 ………… 68

五、多语现象和多语社区的共同语 ………… 71

第二节　民系、方言与地方文化 ……… 72

一、民系、方言和地方文化的层级性 ………… 72

二、语言使用场域的地理层级性 ………… 74

三、语言社会功能的层级性 ………… 74

　　四、强势方言和弱势方言 ……………………………………… 81

　　五、语言与身份认同 …………………………………………… 82

第三节　语言忠诚和语言态度——中国香港个案分析 ………… 83

　　一、中国香港华人各民系概况 ………………………………… 84

　　二、少数民系的语言忠诚 ……………………………………… 89

　　三、影响语言忠诚的因素 ……………………………………… 90

　　四、结语 ………………………………………………………… 93

第四章　言语交际 ……………………………………………………… 94

第一节　言语社区和言语交际能力 ……………………………… 94

　　一、言语社区 …………………………………………………… 94

　　二、言语交际能力 ……………………………………………… 95

　　三、礼貌语言 …………………………………………………… 97

　　四、社区词 ……………………………………………………… 99

第二节　会话和语码转换 ………………………………………… 100

　　一、会话结构和会话分析 ……………………………………… 100

　　二、精密语码和有限语码 ……………………………………… 102

　　三、语码转换和语码混合 ……………………………………… 103

第三节　语言或方言的可懂度研究 ……………………………… 105

　　一、方言间词汇接近率的计量研究方法 ……………………… 106

　　二、两个新的课题和新的研究方法 …………………………… 108

　　三、关于可懂度的两点思考 …………………………………… 114

第五章　汉语的形成、发展和华人社会 ………………………… 116

第一节　汉语的历史源头和地理扩散 …………………………… 116

　　一、南方各大方言的形成及其历史层次 ……………………… 116

　　二、域外方言 …………………………………………………… 120

第二节　语言演变和社会、文化的关系 ………………………… 122

　　一、方言的据点式传播和蔓延式扩散 ………………………… 122

　　二、历史行政地理与方言地理的关系 ………………………… 123

　　三、文白异读和科举制度 ……………………………………… 124

　　四、方言扩散和语言融合 ……………………………………… 126

　　第三节　海外汉语分布和华人社会⋯⋯⋯⋯⋯⋯⋯⋯⋯⋯ 127

　　　　一、海外汉语形成的原因　⋯⋯⋯⋯⋯⋯⋯⋯⋯⋯⋯⋯ 127

　　　　二、海外汉语方言和华人社区的共同特征⋯⋯⋯⋯⋯⋯ 128

　　　　三、海外汉语方言社区的由来和分布⋯⋯⋯⋯⋯⋯⋯⋯ 130

　　　　四、官话和粤语在海外的地位⋯⋯⋯⋯⋯⋯⋯⋯⋯⋯⋯ 135

　　　　五、方言社区的语言标志⋯⋯⋯⋯⋯⋯⋯⋯⋯⋯⋯⋯⋯ 136

　　　　六、语言接触和文化同化⋯⋯⋯⋯⋯⋯⋯⋯⋯⋯⋯⋯⋯ 138

第六章　　基于语料库的社会语言学研究⋯⋯⋯⋯⋯⋯⋯⋯⋯ 140

　　第一节　各地中文异同比较和共时语料库⋯⋯⋯⋯⋯⋯⋯ 140

　　第二节　中日及沪港语言互懂度研究⋯⋯⋯⋯⋯⋯⋯⋯⋯ 142

　　　　一、中文和日文新词的衍生与词汇重整⋯⋯⋯⋯⋯⋯⋯ 143

　　　　二、中国香港方言词和上海方言词的互懂度对比分析⋯⋯⋯ 155

　　　　三、各地中文词汇重整的几个特点⋯⋯⋯⋯⋯⋯⋯⋯⋯ 156

　　第三节　当代汉语新词的多元化趋向和地区竞争⋯⋯⋯⋯ 158

　　　　一、新词地区分布的统计⋯⋯⋯⋯⋯⋯⋯⋯⋯⋯⋯⋯⋯ 159

　　　　二、各地新生外来词的竞争和发展趋势⋯⋯⋯⋯⋯⋯⋯ 159

　　　　三、华语各地区新词接近率比较⋯⋯⋯⋯⋯⋯⋯⋯⋯⋯ 165

　　第四节　报刊词汇和社会文化演变⋯⋯⋯⋯⋯⋯⋯⋯⋯⋯ 166

　　　　一、新闻媒体与社会文化⋯⋯⋯⋯⋯⋯⋯⋯⋯⋯⋯⋯⋯ 166

　　　　二、地名词见报率的变化⋯⋯⋯⋯⋯⋯⋯⋯⋯⋯⋯⋯⋯ 171

　　　　三、复合地名的演变⋯⋯⋯⋯⋯⋯⋯⋯⋯⋯⋯⋯⋯⋯⋯ 174

　　　　四、结语⋯⋯⋯⋯⋯⋯⋯⋯⋯⋯⋯⋯⋯⋯⋯⋯⋯⋯⋯⋯ 175

第七章　　语言接触⋯⋯⋯⋯⋯⋯⋯⋯⋯⋯⋯⋯⋯⋯⋯⋯⋯⋯ 177

　　第一节　语言同化和文化同化⋯⋯⋯⋯⋯⋯⋯⋯⋯⋯⋯⋯ 178

　　　　一、语言同化的五个阶段⋯⋯⋯⋯⋯⋯⋯⋯⋯⋯⋯⋯⋯ 178

　　　　二、海外华人社会的语言和文化同化⋯⋯⋯⋯⋯⋯⋯⋯ 185

　　　　三、方言趋同⋯⋯⋯⋯⋯⋯⋯⋯⋯⋯⋯⋯⋯⋯⋯⋯⋯⋯ 191

　　　　四、柯因内语⋯⋯⋯⋯⋯⋯⋯⋯⋯⋯⋯⋯⋯⋯⋯⋯⋯⋯ 191

　　　　五、结语⋯⋯⋯⋯⋯⋯⋯⋯⋯⋯⋯⋯⋯⋯⋯⋯⋯⋯⋯⋯ 192

　　第二节　语言接触和词汇传播⋯⋯⋯⋯⋯⋯⋯⋯⋯⋯⋯⋯ 193

一、词汇的借用和文化的散播 …………………………… 193

二、文化对"词汇输入"的兼容和制约 …………………… 196

三、音义混译词和音译义注词的结构制约 ……………… 201

四、词汇输入的原因 ………………………………………… 206

五、外来词的本土化 ………………………………………… 206

六、结语 ……………………………………………………… 207

第三节　语言融合 …………………………………………… 208

一、合璧词 …………………………………………………… 208

二、洋泾浜语 ………………………………………………… 209

三、混合语和混合型方言 ………………………………… 212

四、语言接触和句法结构的输入 ………………………… 214

五、底层语言、上层语言和傍层语言 …………………… 215

第八章　社会发展与语言竞争 …………………………… 219

第一节　中国香港的语言竞争 …………………………… 220

一、中国香港语言历史背景述略 ………………………… 220

二、语言转移和身份认同 ………………………………… 223

三、英语的社会地位 ……………………………………… 229

四、结语 ……………………………………………………… 232

第二节　中国台湾的语言竞争 …………………………… 232

一、中国台湾各民系和方言 ……………………………… 232

二、高层语言之间的竞争 ………………………………… 236

三、低层语言之间的竞争 ………………………………… 238

第三节　中国内地的语言竞争 …………………………… 240

一、顶层语言 ………………………………………………… 240

二、粤语、吴语和闽语的竞争力比较 …………………… 242

三、地区性强势方言的竞争 ……………………………… 248

第四节　新加坡的语言竞争 ……………………………… 250

一、新加坡社会发展和语言使用概况 …………………… 250

二、顶层语言的竞争 ……………………………………… 253

三、华人社会高层语言的竞争 …………………………… 255

第九章　语言与文化 ……………………………………… 260

第一节　语言与文化共生、共存 ………………………… 260

　　　一、语言与文化共生 ……………………………………………… 260
　　　二、语言与文化共存 ……………………………………………… 262
　　　三、语言发展滞后于文化 ………………………………………… 264
　　　四、语言结构与文学体裁 ………………………………………… 265
　　　五、汉语和汉字文化 ……………………………………………… 268
　　　六、简评"萨丕尔-沃尔夫假说" ………………………………… 269
　　第二节　亲属称谓的文化背景 …………………………………… 271
　　　一、亲属称谓的分类 ……………………………………………… 271
　　　二、亲属称谓与民间忌讳心理 …………………………………… 272
　　　三、亲属称谓与婚姻制度 ………………………………………… 273
　　　四、亲属称谓与宗法观念 ………………………………………… 274
　　　五、亲属称谓的演变及其文化原因 ……………………………… 275
　　第三节　语言与民间心理 ………………………………………… 276
　　　一、语言禁忌 ……………………………………………………… 276
　　　二、语言巫术 ……………………………………………………… 278
　　　三、语言迷信 ……………………………………………………… 280
　　　四、语言和民俗 …………………………………………………… 280
　　第四节　人名和地名的文化内涵 ………………………………… 282
　　　一、人名的民族文化特征和时代特征 …………………………… 282
　　　二、地名的文化特征 ……………………………………………… 287
　　　三、地名演变的文化原因 ………………………………………… 290

第十章　社会语言学的应用 ………………………………………… 293
　　第一节　语言计划 ………………………………………………… 293
　　　一、语言地位计划 ………………………………………………… 293
　　　二、语言本体计划 ………………………………………………… 297
　　第二节　语言教育和教学语言 …………………………………… 308
　　　一、语言教育 ……………………………………………………… 308
　　　二、双语教育 ……………………………………………………… 308
　　　三、第二语言习得 ………………………………………………… 314

推荐阅读书目 …………………………………………………………… 316
附录:英汉对照社会语言学术语 ……………………………………… 317

第一章 导 论

第一节 社会语言学的边界和研究对象

"社会语言学"这一学科名称,英文原名 sociolinguistics,是由"社会学"(sociology)和"语言学"(linguistics)复合而成的,犹如"心理语言学"(psycholinguistics)是由"心理学"(psychology)和"语言学"(linguistics)复合而成。它的基本内容包括两方面,一是 social linguistics,其基本含义是:从语言的社会属性出发,用社会学的方法研究语言,从社会的角度解释语言变体和语言演变。二是语言社会学(sociology of language),其基本含义是:从语言变体和语言演变的事实,来解释相关的社会现象及其演变和发展的过程。两者的研究方向不同,简而言之,前者从社会研究语言,后者从语言研究社会。前者例如,据拉波夫的研究,离英格兰海岸不远的马萨葡萄园岛上居民的元音原有央化的特征,与标准英语不同,即"老派读音"。例如将house[haus]一词读作[həus],即将标准英语的[a]读作央化的[ə]。后来由于大量中国大陆人来度假旅游,央化的元音渐渐非央化,向标准英语靠拢。但近年来的调查表明,原有的央化读音又卷土重来。究其原因,是该岛居民对大陆人反感,从而想用语言上的特点来凸显本地人的形象。这就是当地英语元音央化的社会动因①。后者例如,在中国内地,餐饮、娱乐等营业场所顾客离开前与店主结账,以前称为"结账",但是近年来产生一个新词"买单",中青年使用率较高(详见第六章)。此词源自中国香港粤语"埋单"(也写作"孖单"),因为"买"和"埋"读音相同,"买单"在字面上也较容易理解,内

---

① Miriam Meyerhoff, *Introducing Sociolinguistics*, Routledge, New York, 2006, pp. 16-17.

地遂将"埋单"写作"买单"。如果从语言来解释社会,可以这样解释:"结账"
一词有了来自中国香港的"埋单"这一新的变体,这反映出近 20 年来中国香
港取代上海,成为全国时尚之都的社会现象。

　　社会语言学自有特点,而与其他语言学分支学科大不相同。

一、描写语言学与社会语言学

　　虽然欧洲传统方言学的诞生是在描写语言学之前,但是它的记录和描
写方言的理念与后出的描写语言学并无二致,20 世纪 20 年代诞生的中国
现代方言学尤其如此。

　　描写语言学(descriptive linguistics)或可称为结构主义语言学(struc-
tural linguistics)。其创始人瑞士语言学家索绪尔(F. de Saussure,1859—
1913)曾认为语言学可以分为"内部语言学"和"外部语言学"两大类。"内部
语言学"只研究语言系统的内部结构,而"外部语言学"则把地理因素、社会
因素等与语言结合起来研究,它企图从人类学、社会学、心理学等社会学科
来研究语言。结构语言学属于内部语言学。

　　美国描写语言学大师布龙菲尔德也说:"我们并不寻求一个语言形式在
言语社团的各种场景的用处。"①他并不在社会环境中研究语言。总之描写
语言学只研究语言本体,即语言自身的结构。

　　索绪尔又有"语言"(langue)和"言语"(parole)之分,前者是指语言系
统,是抽象的,后者是指个人的说话,是具体的。描写语言学优先考虑的是
语言而不是言语。

　　社会语言学可以说是反其道而行之,它的研究对象不仅仅是语言,而
是兼顾言语,提倡联系语言本体之外的社会因素研究语言,研究在社会生
活中实际的语言是如何运用的。拉波夫(William Labov,1927—　　)认为
社会语言学是"一种现实社会的语言学"(socially realistic linguistics)②。
"如果研究资料取自日常生活中的语言,语言学一定会更快地沿着科学的
轨道发展。"③拉波夫不仅以日常生活中的语言作为研究资料,而且透过

---

① L. Bloomfield, *Literate and Illiterate Speech*, *American Speech*, Durham, NC: Duke University Press, 2:432-439, 1927.

② W. Labov, *Sociolinguistic Patterns*, Philadelphia: U. of Pennsylvania Press, 1972.

③ 拉波夫:《拉波夫语言学自选集》,北京语言文化大学出版社,2001 年。

使用者的社会背景:社团、阶层、地位、性别、年龄、人种、方言、地域、风格等,来研究他们所使用的语言变体和特点。社会语言学的宗旨是在语言集团的社会环境中,在共时的平面上研究语言运用的规则和演变,试图建立能够解释这些规则和演变的语言学理论,拉波夫就曾以这种方式来研究纽约百货公司中 r 音的社会分层、黑人英语的语法特点等。

从索绪尔的观点来看,社会语言学即是外部语言学。

总之,结构语言学属于内部语言学,优先研究语言及其系统。社会语言学是外部语言学,优先研究言语而不是语言。

二、社会语言学与唯理语法、生成语法

唯理语法是 17 世纪波尔-罗瓦雅尔(Port-Royal)等三位法国学者创立的,其代表作是他们合著的《普世唯理语法》。他们认为语法和逻辑有一致关系,所有的语言都有一个统一的思维逻辑模式作为基础。既然逻辑是全人类一致的,语法也应该是全人类共同的、普遍的。这种理论是以法国哲学家笛卡儿(R. Descartes)的哲学思想为依据的,所以又称笛卡儿语言学,今又称唯理语言学。在 17 世纪至 19 世纪曾盛行一时。20 世纪 60 年代开始在乔姆斯基创立的生成语法(generative grammar)中得到引申和发挥。乔姆斯基认为唯理语言学的语法理论是“深层结构”说的前驱。

乔姆斯基在《句法理论的若干方面》(1957 年)一书中曾说:“语言学理论主要关心的是完全统一的语言社团内理想的说话者和听话者,他们非常了解自己的语言,在实际言语行为中运用语言知识时,并不受与语法无关的条件影响,如记忆力的限制、注意力分散、注意力及其兴趣的转移,以及种种错误(偶然的或固有的)这样一些在语法上毫不相干的条件的影响。”他非常重视语言的共性和普遍性。

生成语法强调的是天生的语言能力(competence),社会语言学强调的则是交际能力(communication competence)。交际能力是后天获得的,不是先天具备的。

生成语法并不通过实地调查来收集语料,其语料可以是研究者自省的,只要符合语法规则,哪怕是实际语言中不可能存在的句子也可以。其基本的研究方法是先假设,后验证。

转换生成语法的旨趣是研究拟想的人(an idealized man)怎样用有限

的规则生成无限的句子,着重点是语言能力;社会语言学的旨趣是研究社会的人(a social man)跟别人交际的时候怎样使用语言,着重点是语言运用(performance)。

美国的拉波夫在 20 世纪 60 年代所倡导的社会语言学,对于当时追求纯形式研究的语言学是一个重大的革新。

三、方言学与社会语言学

1. 汉语方言学的性质和特点

汉语方言学史可以分为传统方言学和现代方言学两大阶段。从汉代扬雄《方言》到清末民初章太炎《新方言》,中国传统方言学的研究目的在于以今证古,即以今方言证释古文献,或以古证今,即以古文献中的材料解释今方言。传统方言学属于语文学(philology)的范围。古代的民族学著作如地方志,虽然也记录一些口语词汇等,但其研究框架仍是语文学。

用现代语言学的眼光来研究汉语方言,肇始于 19 世纪中期以后纷至沓来的西洋传教士,他们用西方语言学的学理和概念来记录和分析汉语方言的语音,记录和整理方言口语词汇,研究方言句法,还进行方言比较和分类研究。但是他们的研究与中国传统方言学并没有传承关系,他们的研究方法和目标与传统方言学也大异其趣。

西洋传教士的研究工作和中国学者的描写方言学,虽然在时间的先后上有相衔接的关系,但是后者并没有直接继承前者研究成果的明显迹象,中国学者是另起炉灶重新研究各地方言的。早期现代学者如林语堂、罗常培等人也曾注意到西洋传教士的成绩,并且撰有专文介绍。不过也许他们认为传教士只是准方言学家而已,至多只是将传教士的记录作为一种参照系罢了。

中国的现代方言学发端于赵元任的《现代吴语的研究》(1928 年)。中国现代方言学是在西方描写方言学的直接影响下诞生、发展的。赵元任对各地吴语语音的描写所达到的精微程度,比之同时代的国外描写语言学,可以说是有过之而无不及。

但是从西方的描写语言学的观点来看,中国的描写方言学从一开始,就不是纯粹的描写语言学。调查字音的表格是从方块汉字在中古切韵音系的地位出发制定的,分析和归纳音类也都离不开中古音系的名目。从设计调查表格,到归纳声韵调系统、整理调查报告,从方言之间的互相比较,到构拟方言的较古阶段,都要借助传统音韵学知识,都离不开中古的切韵系统。方言研究的全过程几乎都跟历史语言学牵连。中国的描写方言学实际上是西方描写语言学和汉语历史音韵学相结合的产物。

汉语方言学是在欧洲兴起的现代方言学的一个支派或一部分。如果要问它有什么特点?那么可以说它的特点是将从西方输入的现代方言学与中国传统音韵学相结合。

2. 方言学与社会语言学异同

虽然现代方言学的诞生比社会语言学要早得多,但是它与后出的社会语言学的研究对象和研究目的却是相同的。

第一,欧洲传统方言学的初衷是试图从语言地理的角度,来研究语言的演变历史,从而检验新语法学派“语音演变没有例外”的论点。方言学对历史语言学起到了极大的推动作用。传统方言学的初衷是研究语言的历史演变,故与社会语言学的目标之一是一致的。

社会语言学的目标之一也是研究语言演变,研究语言有哪些变体?如何演变?有什么规律?不过它不是从地理的角度,而是从社会的角度来研究语言的历史演变及其原因。就此而言,社会语言学和传统方言学可以说有异曲同工之妙。

第二,社会语言学的研究对象是社会生活中实际使用的语言。语言是抽象的,方言是具体的,实际使用的语言即是方言。所以社会语言学和方言学的研究对象是相同的。社会语言学的三位先锋:拉波夫、特鲁杰(Peter Trudgill,1943—　)和海姆斯(Dell Hymes,1927—　),其中有两位实际上是在研究方言的基础上创建社会语言学的。拉波夫主要研究的是纽约的城市方言,他的博士学位论文是以纽约黑人语言为研究对象的。特鲁杰研究的是英国诺里奇方言。海姆斯的背景是人类学,而人类语言学也以实际使用的语言或方言为研究对象的。

虽然社会语言学与方言学在研究对象和研究目的方面是相同的,但是它们在理念、旨趣和调查方法等方面也有以下不同之处。

第一,描写语言学认为语言是同质有序(ordered homogeneity)的,社会语言学认为语言是异质有序(ordered heterogeneity)的。“同质有序”是指一种语言或方言的系统在内部是一致的,在同一个语言社区里,所有的人群在所有的场合,他们所使用的语言或方言的标准是统一的,而其结构和演变是有规律的。"异质有序"是指一种语言或方言的系统在内部是不一致的，会因人群、因场合而异，不同的阶层有不同的标准，内部是有差异的，但其结构和演变仍然是有规律的。

第二，描写语言学的旨趣是描写共时的同质的语言。社会语言学的旨趣是研究共时的异质的语言，即研究语言的变异或变体(variant)，并通过研究语言变异与各种社会因素的相互关系，以及异体扩散的社会机制，从共时的语言变异中，去研究历时的语言演变规律。最终建立语言演变理论。拉波夫1971年以来在宾夕法尼亚大学研究语言演变，把该校的语言学系变成世界著名的"语言演变"研究中心。拉波夫近年来正在撰写三卷本的《语言变化原理》，第一卷《内部因素》已于1994年出版，第二卷《社会因素》已于2001年出版。

第三，传统方言学全面调查一种方言的语音，以归纳音系为直接目的。社会语言学并不一定着重全面调查语音，归纳、研究语音系统，而是着重调查研究不同阶层、不同年龄、不同场合的语言差异，即语言变项(variable)。

传统方言学从描写语言学的立场出发，调查一种方言的时候，要求尽可能全面记录这种方言，从而归纳这种方言的音位、声韵调系统等，目的是描绘这种方言系统的全貌。

社会语言学注重探索语言变异，从而研究语言的层化特征，建立层化模型，它并不以全面描写方言系统为己任。例如特鲁杰在英国诺里奇市(Norwich)调查16个语音变项。拉波夫在纽约调查r的变项。两人都没有全面调查两地的语音系统。

社会语言学认为分层的社会方言研究比地域方言更重要，注重探索层化特征的语言变项，认为方言学对方言的描写仅仅是社会语言学的起点而已。

第四，方言学家和社会语言学家都采用实地调查的方法，但是因为理念不同，所以具体做法也大相径庭。方言学的被调查人是经严格的程序人为选定的，并且是一地一人调查定标准。社会语言学家也从事实地调查，其特点是多阶层和多人次的随机抽样调查。拉波夫在北美抽样调查达数千人之多。然后进行定量分析，用概率统计来说明语言规则。实际上是借用社会学和统计学的方法来调查研究语言。

第五，方言学醉心于偏僻的乡下方言的调查，希望能找到古老的演变缓慢的语言现象,早期的欧洲方言学尤其如此。方言地理学则更重视农村地区方言点的调查材料,绘制同言线(isogloss)必须有这些资料作为基础。比较而言,社会语言学一般致力于调查和研究大中城市或城镇的方言。因为城市里有更丰富的社会现象,有更纷繁的社会阶层,有更为多姿多彩的社会方言。

第六,方言学上的方言区是根据语言特征划分出来的单位,社会语言学上的言语社区(speech community)是根据语言层化特征、交往密度、自我认同划分出来的单位。言语社区的范围可大可小。在同一个言语社区允许存在双语或多语现象。

第七,方言学几乎不研究"语言计划",而"语言地位、语言标准、语言规划"等问题却是社会语言学的重要课题。

3. 社会语言学是方言学发展的新阶段

广义的西方方言学史似应包括三个主要阶段,即欧洲的方言地理学、北美的描写方言学和社会语言学。狭义的西方方言学只是指 19 世纪末期在欧洲兴起的方言学,以及后来以此为规范所进行的研究。

社会语言学大大地改变了方言学家的作用。方言学家不再仅仅只是公布他们的材料,而是注意将他们的材料与社会发展相联系,并且从中探讨理论问题。社会语言学革新了方言学只研究地域方言的传统,将研究旨趣转向社会方言,例如城市方言的社会层次分层研究等。社会语言学应该成为方言学发展的新阶段,事实上已经有人将社会语言学纳入方言学的范围,例如 W. N. Francis 所著 *Dialectology: An Introduction* (Longman, 1983)的最后一章即是"社会语言学"。

社会语言学是从社会的角度研究语言,而中国社会和西方社会在许多方面大不相同,所以中国的社会语言学应该自有特色,不能照搬欧美社会语言学的某些范式。

社会语言学已经取得斐然可观的成绩,它应该是方言学今后发展的重要方向之一。传统方言学和社会语言学相结合,将使方言学在语言学园地里大放异彩。同时应该强调方言学的传统研究方向仍然需要继续,某些领域甚至需要进一步加强。新的汉语方言学的特点应该是历史语言学、描写语言学和社会语言学三结合。

方言学今后要朝社会语言学的方向发展,这并不意味着方言学的传统研究方向应该取消。对于中国社会来说,方言的地域差异比社会差异要严重得多,何况方言的地域差异研究远未达到成熟的程度,在方言地理学方面尤其如此。所以传统研究方向仍然需要坚持,某些领域甚至需要进一步加强,例如方言语法研究、方言历史、方言地理等。

四、社会语言学的研究范围和对象

关于社会语言学的研究范围或对象有两种不同的意见:一种意见认为,社会语言学只是从社会因素研究语言,是单向的;另一种意见认为,"社会语言学可以指将语言学上的资料和分析结果,用于研究与社会生活有关的学科,或者反过来,将取自社会的资料及其分析结果用于语言学"①,因此社会语言学的研究是双向的。又由于社会语言学研究语言与社会因素的关系,而社会因素又是极其纷繁复杂的,所以它的研究范围不容易界定。我们认为社会语言学可以有广义和狭义之分。

广义的社会语言学,也可以称为宏观社会语言学,它兼括"社会语言学"和"语言社会学",语言与社会的研究是双向的。它具有跨学科或边缘学科的性质。所谓"社会语言学"是从社会的角度研究语言,"语言社会学"是从语言的角度研究社会。从国内外社会语言学著作来看,其研究范围一般包括以下方面。

　　1) 语言变体:社会方言、地域方言;

　　2) 语言交际:言语社区、语码转换、会话分析、社会网络、语言态度、礼貌语言、语言互懂度研究;

　　3) 双语现象、双言现象、双方言现象、多语现象;

　　4) 语言接触:方言接触、语言接触、洋泾浜、混合语、混合方言、外来词;

　　5) 语言转移:语言忠诚、语言转用、移民与语言、语言竞争;

　　6) 言语民俗学:社会和文化背景不同的言语社区使用语言的差异;

　　7) 语言、文化和思想:语言与文化的关系、语言与思想的关系、语言禁忌、不同语言在语义上的关联;

　　8) 语言与社会的种种关系;

　　9) 语言计划和语言教学;

　　10) 语言习得(language acquisition);

---

① D. Hymes, *Foundations in Sociolinguistics*, *An Ethnological Approach*, The University of Pennsylvania Press, 1974.

11) 其他。

以上 9、10 两项属于社会语言学的应用。

　　狭义的社会语言学则认为它的研究对象是社会生活中实际使用的语言,研究目标是在言语社区中人们的说话方式及其意义和限制条件,即一个人在言语社区里以什么样的方式说话,为什么以这样的方式说话? 它试图从社会角度来解释某些语言变项。科学有描写性学科和解释性学科之分,例如植物志是描写性学科,植物学则是解释性的学科。社会语言学是解释性的学科,不是描写性的学科。它与生成语言学不同,后者认为语言是人天生的能力,用有限的句型可以生成无限的句子。社会语言学与描写语言学也不同,后者研究语言本身结构,不试图用外部因素来解释语言本身的结构和变化。社会语言学的研究方法则借自社会学,如多人次的田野抽样调查、计量分析和概率统计等。狭义的社会语言学及其基本理念和研究方法是社会语言学的初衷,也是社会语言学的精髓之所在。狭义的社会语言学的研究范围至多只包括上述 10 项中的 1—6 项。

第二节　社会语言学的诞生和经典研究成果

一、社会语言学的诞生

　　20 世纪 50 年代形成的以乔姆斯基为代表的生成语法学派,罔顾语言实际使用情况,倡导语言的"同一性"(homogeneity),置语言的内容的实际使用环境于不顾,极端追求语言的形式研究。生成语法学派的上述倾向,引起许多语言学家的反对。这给研究方向相反的社会语言学提供了学术生态环境。

　　社会语言学作为一门学科是 20 世纪 60 年代在美国诞生的。几个带有标志意义的事件都发生在 1964 年。

　　第一,美国学者 D. Hymes 主编的 *Language in Culture and Society: A Reader in Linguistics and Anthropology*(New York, Harper and Row, 1964)出版。此书收编从 20 世纪 20 年代以来的有关语言的社会功能和社会意义的论文 69 篇。

第二, J. Gumperz 和 D. Hymes 合编的 *The Ethnography of Communication*(New York: Holt, Richard and Winston)出版。

第三, W. Labov 发表著名的论文 Phonological Correlates of Social Stratification。

第四, W. Bright 主持在加州大学洛杉矶分校召开第一届社会语言学研讨会。1966 年出版了会议的论文集: *Sociolinguistics: Proceedings of the UCLA Sociolinguistics Conference*, The Hague: Mouton Publishers, 1964.

第五, 在美国暑期语言学讲习班上, 与会专家一致赞同以"社会语言学"来命名这个新的学科。Sociolinguistics 这个学科名称最早见于美国学者 H. Currie 所写的论文 A Projection of Sociolinguistics: The Relationship of Speech to Social Status(1952 年)。

Joshua Fishman 编辑的 *Readings in Sociology of language*(The Hague: Mouton Publishers)于 1968 年出版也是一个标志性事件。Fishman 的背景是社会心理学, 他是"语言社会学"的倡导者。他早年与 Max Weinreich 交游, 受他影响很深。后者是犹太语语言学家, 是较早从事语言接触研究的社会语言学家。他是哥伦比亚大学语言学系的著名教授, 也是拉波夫的老师。

早期的社会语言学有三个基本的研究方向, 可以分别以社会语言学的三位开拓者为代表。

二、城市方言学

城市方言学(urban dialectology)研究可以以拉波夫为代表。他于 1972 年出版 *Sociolinguistic Patterns*(Philadelphia: University of Pennsylvania Press)一书, 其中第二章是《纽约市百货公司(r)的社会分层》。他在三个价位不同的百货公司调查, 其中萨克斯的价位最高, 顾客也最为富有, 梅西斯价位其次, 顾客较为富有, 克拉恩斯价位最低, 顾客最为贫穷。在各楼层向各种被调查人问"女鞋部在哪里?"预期的答案应该是"the fourth floor", 从而调查 r 的社会分层。这个调查包括下列社会变项: 公司、楼层、性别、年龄、职务、种族、外国口音或地方口音、强调式或非强调式。语言变项是在四处出现的 r 音: fourth floor(非强调式) fourth floor(强调式)。共用 6 个半小时调查了 264 人。对调查所得结果进行计量分析, 制成各种图表。表 1.1 纽约"各公司(r)分层的总貌"是其中第一张表格。从这张表来看,萨克斯的顾客保留 r 的人数最多,梅西斯其次,克拉恩斯最少,与顾客的富裕程度成正比。对各个社会分层统计结果大致是:保留 r 音的富人比穷人多,白人比黑人多,女人比男人多,职位高的比低的多。

表 1.1　纽约"各公司(r)分层的总貌"

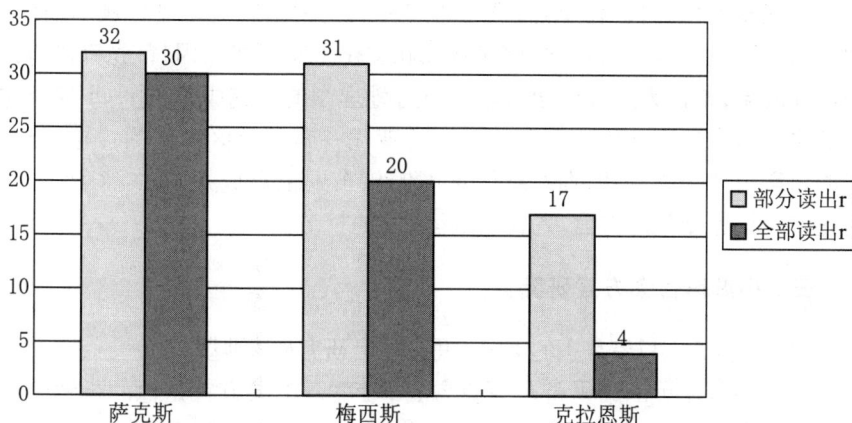

公司	部分读出r	全部读出r
萨克斯	32	30
梅西斯	31	20
克拉恩斯	17	4

拉波夫后出的社会语言学巨著是三卷本的《语言变化原理》:第一卷《语言变化原理:内部因素》[*Principles of Linguistic Change, Internal Factors*(Volume I)],第二卷《语言变化原理:社会因素》[*Principles of Linguistic Change, Social Factors*(Volume II)],第三卷《语言变化原理:认知和文化因素(在社会中的语言)》[*Principles of Linguistic Change, Cognitive and Cultural Factors*(Language in Society)(Volume III)]。

第一卷研究语言变化的内部因素,全面、系统地介绍了语言学界关于语言变化的研究成果,以历史语言学、方言学和社会语言学作为基础,来探讨语言变化的普遍原则。内容主要涉及制约语言结构发展变化的内部因素,如语言变化机制、变化所受的限制,以及这些变化在语言的大系统中如何运作的方式。既有对前人成果的理论性综述和批判,也有对他自己几十年实证研究的概括和总结。书中提出研究"进行中的变化",认为"进行中的变化"也是可以观察的。作者对许多"进行中的变化"的调查和分析都有详细介绍,例如席卷北美大陆的英语元音大换位,"新语法学派"语音变化与词汇扩散语的分类等。提出语言变化在共时层面上也是可以观察的。

第二卷研究语言变化的社会因素,概括 30 年来现代社会语言学的研究成果,主要材料来自作者本人对美国费城语言的经典研究。全书分四大部分:①语言社团;②社会阶层、性别、邻居和民族;③语言变化的带领者;④传递、增长和延续;社会网络等章节指出高层劳动阶级的女性是语言变化带领者,提出语言变化的传递和增量的模式。

第三卷书名是《语言变化原理:认知和文化因素》,有一副标题"在社会中的语言"。该卷考察语言变化在认知和文化上有哪些原因,首先概述前人的研究成果,结合大量社会语言学和方言地理学的研究成果,进一步探讨这一课题。指出方言分化的条件以及语言变化在言语社区内部的传布,与儿童的语言习得关系密切,而在社区之间的传布则依靠成人的语言学习。本卷还涉及语言变化跨方言、跨民族、跨族群的扩散。

三、小城镇社会方言研究

这一研究方向以特鲁杰的英国诺里奇方言研究最为典型。

特鲁杰曾在英国诺里奇市调查方言,诺里奇市的方言是他的母语。当代居民只有 160 000 人,他的调查对象有 60 个人,其中 50 个是随机从 4 个地区的选民登记名册上抽样的,另 10 个是学童。他结合 6 项社会因素,4 种不同的语体,研究 16 个语音变项在 60 个发音人中的分布情况。这 16 个变项包括 3 个辅音和 13 个元音。6 个社会变项是:本人职业、父辈职业、教育程度、收入、住房条件、居住地区。根据这 6 种社会变项,将被调查人分为 5 个社会经济阶层(socioeconomic class),从富裕到贫困依次是:下工阶层、中工阶层、上工阶层、中中阶层、下中阶层。4 种不同语体从最正式到最随便依次是:词表、语段、正式谈话、随意说话。结果发现这 16 个变项的分布基本上与阶层相关。结论是较高阶层常用的语音变项比较接近社会公认的标准。例如后缀-ing 的读音,其中的 ng 有两个变体:n 和 ng。在标准英语里应读作 ng,因此可以预期属于较高阶层的人更经常读 ng。在诺里奇的调查结果是:随意说话时,三类工人阶级读 ng 的只占约 20%,而两类中产阶级读 ng 的约占 80%。各阶层在各种语体中的得分见表 1.2。计分的方法是:一贯使用标准音 ng 的得到 000 分,一贯使用非标准的 n 的得到 100 分[1]。从此表上的数据来看,越是正式的语体,读标准音的越多,越是富裕

---

① Peter Trudgill, *The social differentiation of English in Norwich*, Cambridge University Press,1974.

的阶层读标准音的也越多。

表 1.2　诺里奇市不同阶层在不同语体中(ng)的得分

阶　　层	念词表	读短文	正式说话	随意说话	人　数
中中阶层	000	000	003	028	6
下中阶级	000	010	015	042	8
上工阶级	005	015	074	087	16
中工阶级	023	044	088	095	22
下工阶级	029	066	098	100	8

四、言语民俗学

言语民俗学(the ethnography of speaking)或可称为言语交际民俗学
(the ethnology of communication)。海姆斯(D. Hymes, 1927—　　)在 1962
年发表《言语民俗学》一文(The ethnology of speaking. In Gladwin, T. and
W. Sturtevant [eds.], *Anthropology and Human Behavior*, Washington,
D. C.: Anthropological Society of Washington)。1974 年又出版《社会语
言学基础》一书(*Foundations in Sociolinguistics*: *An Ethnographic Approach*,
Philadelphia: University of Pennsylvania Press)。甘伯兹和海姆斯、鲍曼
(R. Bauman)和谢尔泽(J. Sherzer)等人主要是在这两种著作的基础上从事
言语民俗学的理论建设和实践研究。

海姆斯认为言语事件(speech event)或言语行为(speech act)是由以下
要素构成的。

1) 环境和场景(setting and scene):环境指地点,场景指文化场合,如
正式场合或非正式场合;

2) 参与者(participants):说话者和听话者;

3) 目标和效果(ends):目标是事件前主观的预期,效果是实际结果;

4) 行为连锁(act sequence):事件形式的次序,如先报告,后问答;

5) 语调和风格(key):说话的语调和风格;

6) 手段(instrumentalities):口语、书面语、方言、英语、汉语等;

7) 行为规范(norm):说话者和听话者的行为规范,如不打岔;

8) 言语体裁(genres):语言形式的类型、体裁,如对话、独白(包括演讲)。

把以上各要素第一个字母拼合起来就是 SPEAKING。

言语民俗学的研究方法是:首先对每一个言语事件或言语行为,按上述构成要素,归纳出各民族的文化特征,然后从众多民族的文化特征归纳普遍规律。目前已归纳出大量特定地区、特定言语场景(仪式、电话交谈、推销员口头推销)和特定言语行为(表扬、道歉、侮辱)的文化特征。

美国的人类语言学家甘伯兹(John Gumperz)于 20 世纪 50 年代曾在印度实地调查 2 年,发表有关社会分层与语言差异的系列论文,指出语言运用与社会行为规范和社会结构之间存在有规律的联系。他认为语言的运用与社会、文化、民族等因素不断地相互作用,言语交际是一个互动的过程,对它必须作动态的分析①。

第三节　社会语言学的研究方法

一、多人次抽样调查

在选定社会变项和语言变项之后,就要开始进行有目的的调查和收集语料的工作。社会语言学与传统方言学在调查、收集语料方面,有一个很大的区别,就是它采用多人次抽样(sampling)调查法。抽样调查本来是社会学惯用的方法。抽样是按照随机的原则,在全部研究对象中抽取一部分进行调查,以达到认识全部研究对象的目的。抽样分为随机(probability)抽样和非随机(non-probability)抽样两种。

随机抽样可分四小类:简单随机抽样、分层抽样、整群抽样、系统抽样。前三种随机抽样较适合社会语言学研究。

简单随机抽样又称纯随机抽样,即在全部研究对象中按随机的原则抽取一定数量的对象。可以用抽签的办法,也可以借助"随机数表"来抽取样本。特鲁杰在诺里奇调查社会方言,他的调查对象就是在选民登记册上随机抽样的。

分层抽样又称类型抽样,即根据研究的目的事先将全部研究对象划分成几个类型,然后在不同的类型或组别中进行随机抽样调查。如在一个小

---

① 祝畹瑾编:《社会语言学译文集》,北京大学出版社,1987 年。

城镇居民中事先选定几个社会阶层:中产阶层、平民百姓、大学毕业生、小学毕业生等,然后分阶层进行随机抽样调查。分层抽样又分等概率和不等概率两种。等概率是指在各组别中抽样的百分比是相等的,不等概率则是不相等的。例如中产阶层共有 100 人,抽取 10 人为样本,比率是 10%,平民百姓共有 5 000 人,抽取 50 人为样本,比率也是 10%,这就是等概率;如果平民百姓也只抽取 10 人为样本,比率则是 1%,那么就是不等概率。

整群抽样又称多阶段抽样,即先将全部研究对象划分为一个个群体,再在这些群体中随机抽取若干群体,抽取的群体中的全部对象即为样本。例如要调查广州话对上海青年人的可懂度,可以随机抽取一个上海籍学生组成的班级,全班的每一个学生即是一个样本。

非随机抽样又称非概率抽样或立意抽样,即根据调查者个人的主观经验或为工作方便,有选择地抽取样本。非随机抽样又可分为判断抽样、偶遇抽样和定额抽样三种。前两种较适合社会语言学研究。判断抽样即根据调查者主观判断来抽取典型的样本。例如要调查中国香港白领语码混合问题,可以从调查者的主观判断和工作方便出发,认定 50 个人作为样本。偶遇抽样是指调查人将在各种场合偶然遇见的人作为样本。如在某一个言语社区调查某一个语言变项,可以在咖啡馆、电影院门口、学校、商店等地方调查任意遇见的人。

一般说来,随机调查因为知道抽样的概率,可以利用统计技术来测试样本的资料是否可以代表全部研究对象,因此比非随机抽样更可靠、更科学。不过随机抽样比非随机抽样需要更多的时间和精力。

二、快速隐秘调查法

拉波夫在调查纽约城市方言时使用了"快速隐秘调查法"(rapid anonymous investigation)。其基本做法是:预先设计好问题表,在说话人不觉察的情况下,快速调查记录自然语料。实际上是被调查人在调查人有计划的诱导下,在预期的语境中,提供调查人所需要的自然语料。拉波夫在所著《纽约市百货公司(r)的社会分层》中对这个方法有所说明,即调查人假装是顾客,在百货公司问被调查人"女鞋部在哪里?"得到的答复总是 the fourth floor。然后假装没听清楚,又问一遍:"对不起,在哪里?"得到的答复总是读音强调的 the fourth floor。于是调查人就走到说话人看不见的地方,把尾音(r)的实际读音记下来。他如法炮制,用了 6.5 个小时成功地调查记录了 264 个人的语料。另一个例子是为了调查上海话舌面浊擦音声母 z 的变体,可以在地铁西行的 2 号线南京西路站,假装问路,问候车乘客下一站是什么站?预期的回答是"静安寺"。其中"静"字可能有两个变体:一是舌面浊擦音声母 z;二是浊塞擦音声母 dz。然后假装没听清楚,再问一次,所得到的答复即是强调式的这个声母的读音。快速隐蔽记录不同年龄、不同性别等乘客的答复,就可以获得研究这个上海话声母变体的语料。

　　快速隐秘法的特点是被调查人没有觉察被调查,这样调查出来的语料是最自然不过的。而不被觉察似乎也只有在短时间内完成才有较大的可能。

　　快速隐秘法的缺点是社会变项可能缺失,例如难以判定被调查人的年龄、职业等。

三、定量分析

　　社会语言学注重定量研究和分析,主要是出于两方面的原因。一方面,社会语言学要研究语言变项和社会变项的关系,用数理统计的方法更能说明两者的相关性。用定量分析来研究相关性也是一般科学的方法。另一方面,社会语言学要求多人次地调查语言变体,调查所得的大量资料只有通过数量化、概率统计、定量分析,才能说明问题。定量分析可以用于社会语言学的许多课题,例如社会变项的数量化、语言变项的数量化、权数的设定和计算、语言态度的数量化、语言接近率的计算、语言竞争力的计算、词汇演变的计量说明等。用于不同课题的计算方法或计算公式也可能不同。下面以用于调查中国香港青年人日常用语的定量分析为例加以说明。

　　先看"中国香港青年日常用语调查表"(见表 1.3)。

表 1.3　中国香港青年日常用语调查表

调查人姓名　　　　　　　调查时间

被调查人姓名　　　年龄　　　职业　　　性别　　　教育程度

社会变项(语域)	粤　语	英　语	国　语	其　他	权　数
一、家庭					
1. 与配偶/朋友					1
2. 与子女					0.9
3. 与兄弟姐妹					0.8
4. 电视、电影					0.7

(续表)

社会变项(语域)	粤　语	英　语	国　语	其　他	权　数
5. 与父母					0.6
6. 报纸杂志					0.5
7. 信件					0.4
8. 与邻居					0.3
合　计					
平均(百分比)					
二、工作					
1. 与同事谈业务					1
2. 公务会议					0.9
3. 写工作报告					0.8
4. 与同事闲谈					0.7
5. 写便条					0.6
合　计					
平均(百分比)					
三、其他					
1. 购物					1
2. 酒楼餐厅					0.9
3. 流行歌曲					0.8
4. 政府部门					0.7
5. 电话公司等					0.6
6. 公共交通					0.5
7. 警察、保安					0.4
合　计					
平均(百分比)					
总计(平均)					

　　此表的左端是使用语言的场合(domain),即社会变项,分为三大类:家庭环境、工作环境和其他环境。每一类又分若干变项,以工作环境为例,分

为 5 个场合(变项)。不同的场合使用语言的时间或多寡也会不同。根据使用语言时间的多少,将各个场合分成不同的级别。使用语言最多的场合级别定为 1 级,较多的为 2 级,以此类推。在工作环境类的各场合中,与同事谈业务应该是最经常的,定为 1 级,公务会议可能数天开一次,定为 2 级,写工作报告,可能两周才写一次,定为 3 级,工作期间闲谈是不允许的,每天只能偶尔为之,定为 4 级,写便条的机会就更少了,所以定为 5 级。当然不同的人会有不同的情况,这里是根据概率的原则分级。级别越高的给予的权数也越多,1 级为 1,2 级为 0.9,此后每级递减 0.1。

　　在每一个场合使用每一种语言,最多得分为 5 分,最低为 0 分。假定"与同事谈业务"用粤语得分为 4,那么 4 乘以权数 1,最后得分为 4,又如"与同事闲谈"用粤语,得分为 5,那么 5 乘以权数 0.7,最后得分为 3.5。余以此类推。表中的"平均"是将各项合计化为百分比。表 1.4 是某一个说话人在工作场合使用语言调查量化的样本。量化的结果表明,此人在工作期间英语的使用率最高,达 52.3%,国语的使用率最低,仅 12.9%。如抽样调查 50 个人,每人都必须如法炮制,最后将 50 个人的数据综合统计,便可得出结论。

表 1.4　工作环境使用语言调查结果量化样本

二、工作	粤语	英语	国语	其他	权数
1. 与同事谈业务	3	2	1	0	1
2. 公务会议	1	4	0	0	0.9
3. 写工作报告	0	5	0	0	0.8
4. 与同事闲谈	4	1	0	0	0.7
5. 写便条	1	2	3	0	0.6
合　计	7.3	11.5	2.8	0	
平均(百分比)	33.8%	52.3%	12.9%	0%	

　　定量分析的常用工具,除了 micro-soft office 系统中的 excel 之外,就是spss,这是一个适用于社会科学研究的数据分析软件,全名是 statistics package for social science。内容包括基本统计分析、方差分析、聚类分析、判别分析、相关分析、回归分析、因子分析、对应分析和生存分析等。其中相关分析对语言社会学研究是最重要的,例如调查泰国潮州籍华裔语言使用情况,各种相关分析的类别举例如下:母语与语言能力、母语与语言期望、年龄与语言期望、年龄与语言使用频率、世代与语言态度、性别与语言能力、性别与语言期望、

性别与语言使用频率、学龄与语言能力、学龄与语言态度、语言能力与语言期望、语言能力与语言使用频率、语言能力与语言态度等。社会变项与语言变项相关性统计结果表明,两者关系最密切的是性别和世代与语言能力的关系。

性别与语言能力的相关性分析见表1.5。

表 1.5　性别与语言能力相关性

		1.1 性别	3.1.1	3.1.2
1.1 性别	Pearson 相关性 显著性(双侧) N	1 430	.004 .939 430	−.022 .648 430
3.1.1	Pearson 相关性 显著性(双侧) N	.004 .939 430	1 430	.942** .000 430
3.1.2	Pearson 相关性 显著性(双侧) N	−.022 .648 430	.942** .000 430	1 430

** 在.01 水平(双侧)上显著相关。

报　　告

1.1 性别		3.1.1	3.1.2
1	均值 N 标准差	1.52 209 1.779	1.34 209 1.731
2	均值 N 标准差	1.53 221 1.653	1.27 221 1.584
总计	均值 N 标准差	1.52 430 1.713	1.31 430 1.655

从表1.5可以看出男性在潮州话说方面强于女性,男性得分1.34,女性得分1.27;而在听方面女性要强于男性,男性得分1.52,女性得分1.53。

四、社会网络的调查研究

一个人日常与哪些人打交道，与哪些人说话，通常有一定的对象或范围。例如某人的说话对象通常是家庭成员、朋友、邻居、同事、某个民间组织成员等。他与这些人就构成一个社会网络。一个网络可以与别的网络没有语言来往，或来往不多，也可以来往很密切。社会网络对一个人的语言行为和语言演变会产生很大的影响，对于儿童尤其如此。即使在大众传媒非常发达的当代社会，社会网络的影响力也是不容低估的。所以社会语言学很重视调查语言的社会网络。有一项早期的经典研究是米尔罗伊(L. Milroy)完成的。米尔罗伊对如何分析社会网络提出三个概念：密度(density)、复合度(multiplexity)、聚合群(cluster)。"密度"是指网络成员之间的实际联系数与全部可能联系数的比率。"复合度"是指网络成员之间的角色关系是单一的或是多重的。单一的例如双方互为邻居，或互为同事，或互为朋友。多重的例如双方既是亲戚，又是同事，又是邻居等。"聚合群"是指一个社会网络中的某一个高密度、高复合度的人群，他们对整个网络的成员具有强大的凝聚力，对整个网络的规范具有强大的影响力。米尔罗伊还用"网络强度尺"(network strength scale，缩略为NSS)计算个人在网络中的地位。强弱是由下列五个因素决定的：一是是否属于高密度、住在同一地区的聚合群；二是与邻居是否有亲戚关系；三是有无两个或两个以上住在同一地区的同事；四是有无两个或两个以上住在同一地区同一性别的同事；五是业余是否与同事保持自发的联系[1]。

社会网络关系可以用几幅示意图来说明。图1.1中的说话人A是这

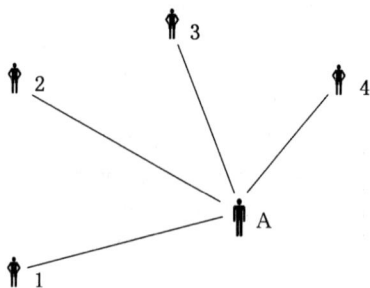

图1.1　社会网络示意图1

---

① L. Milroy, *Language and Social Networks*, Baltimore: University Park Press, 1980.

个网络的核心人物,可能是一个小老板,其余 4 人可能是员工,因此常与他说话,而相互之间没有说话的机会,那么 5 人的语言特征会与 A 一致,从而形成某种语言变体。

　　图 1.2 中的说话人 A 仍然是这个网络的中心人物,其余 4 人常与他说话,而说话人 1 和 2 互相有机会交谈,2 和 3 互相有机会交谈,3 和 4 也有机会交谈。但是 1 与 3、2 与 4 之间没有交谈的机会,那么以 A 为中心的语言特征比图 1.1 的情况会更容易传播和巩固。

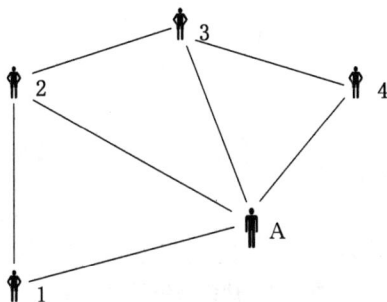

图 1.2　社会网络示意图 2

　　图 1.3 的网络比图 1.2 更为复杂,即说话人 1 和 3 不仅是同事,也是老同学,因此经常谈话,而说话人 2 和 4 不仅是同事,也是亲戚,因此也经常谈话。所以整个网络因为有一定的复合度,结合得更加紧密。那么以 A 为中心的语言变体比图 2.2 的情况会更容易传播和巩固。如果两个网络的说话人有机会互相交谈,那么这两个网络的语言变体也可能互相影响,而变得一致。

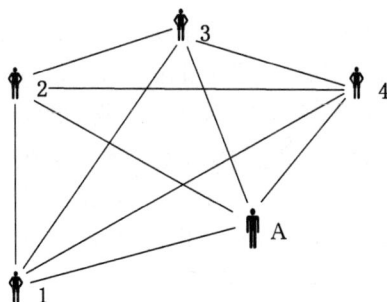

图 1.3　社会网络示意图 3

　　图 1.4 一层区里的说话人 3 和二层区里的核心人物有说话机会,所以

二层区的语言变体对一层区有可能产生影响。语言变体通过网络进行扩散,与时尚、传染病等通过人际交往扩散相似。社会网络调查研究跟层化特征调查研究的出发点不同,前者的着眼点是语言变项的产生和演变与实际的交际圈子密切联系,后者的着眼点是同属一个阶层的人群会有相同的语言变项。当然同属一个阶层的人群互相交际的机会很可能比较多。语言是用于交际的,新的变项总是在交际中形成和发展的。因此网络调查法对于研究变项来说应该是更严密、更合理。

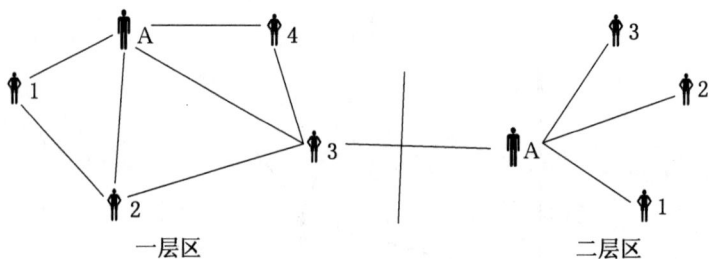

图1.4　社会网络示意图4

五、配对变法

调查语言态度除了可以用询问和观察、记录的方法,还有一个特殊的方法,即"配对变法"(matched guise technique)。这个方法用于测验语言态度。具体的做法是:将一段话语翻译成不同的语言或方言,然后请一位双语人用两种不同的语言或方言来讲述。再请受试的若干双语人听这两段话的录音(发音人不露面)。然后请受试人根据所得的印象分项目做出评价,并且分别给分。这些项目包括容貌、品行、友善、才智等。最后统计总分。根据对这两段用不同方言说的话的总分的高低,判断双方言人偏爱哪一种方言。例如请分别来自安徽(江淮官话区)、上海、浙江湖州(吴语)的3男3女,用方言和普通话各念一段不带感情色彩的内容相同的说明文,共12段录音。再请长久居住上海的200个20—30岁的人听每一段录音,并就发音人的个人品质、社会地位和经济地位,共分12项打分。最高为5分,最低为0分。调查结果表明,上海人对普通话的印象分比方言高,不管性别、地点和项目如何,结果都一样。这说明上海人的语言态度比较倾向于普通话,换言之,普通话的地位在20—30岁的上海人的心目中比上海话高。

六、"真实时间"(real time)和"显象时间"(apparent time)调查法

真实时间研究可以分为两类:一类是比较已有的目的、方法和理论基础都不同的研究,包括方言地理学的系统记录,以及历史记录中不完全的观察、偶然的记录和较为详细的系统描述。这种分析仍然是定性而非定量的,依然是对两个不同时期的语料做静态对比。另一类是重返以前研究过的言语社区,调查记录当前的实际语言,通过与以前的记录比较,从而发现语言变异的过程。例如,20 世纪 80 年代曾调查记录上海市区和郊区方言,留下了详细的记录,30 年后重返以前的社区,进行调查。将调查结果与以前记录的材料相比较,发现郊区方言原有的语音特征消失不少,郊区方言越来越向市区方言靠拢。例如:内爆音消失、ie 韵与 i 韵合并、入声韵尾减少、单字调调类减少等。

显象时间研究考察的是语言变异在言语社区中不同年龄群体的分布情况,研究结果表明,认为语言变化在当代是观察不到的观点是错误的。拉波夫对纽约和费城元音系统进行中变化的研究就是典型的例子,通过数学计算和图表分别演示了显象时间上的变化情况。在同一时代,通过调查老年人(所谓老派)和青年人(所谓新派)的语言,来发现语言变化,这是汉语方言学惯用的研究方法。例如 20 世纪 80 年代曾调查上海市区 10 个区 10 个家庭的祖孙三代 30 人的上海话,比较三代人的语音,结果发现声母、韵母和声调都是正在发生变化。例如老年人分尖音和团音,如"精"和"经"读音不同,中年人部分分尖团,青年人完全不分尖团,"精"和"经"读音完全相同。

七、自我评测法

自我评测法(self evaluation test)是调查者设计有关语言能力、语言态度等题目,请被调查人自我打分,或做出其他形式的评价。例如特鲁杰在英国诺里奇市曾就 12 个词,对被调查人用两种或多种不同的读音大声念出每一个词,例如 tune 有两个读音:①[tju:n] ②[tu:n]。要求被调查人指出哪一个读音更接近他平时说这个词的发音。又如,请泰国华裔中学生对汉语和泰语的听、说、读、写能力自我评测,最高分为 5 分,最低分为 0 分。调查结果表明,学生对其泰语语言能力是很自信的,选择最高分的比例最高;汉语的各项能力比泰语略弱,且听说能力较读写强。

自我评测法的优点是比较简便,例如,如果立足语言本体设计调查问

卷,要求被调查人填写答案,成本将相当高。缺点是评价往往偏离实际情况,通常是过高。例如拉波夫在纽约,对元音后变体 r 的有无所进行的自我评测,结果是自报通常使用标准形式 r 的人,其中有一部分人实际上并不使用这种较有声望的形式。这种自报的"不诚实",说明他们对自己平时说话的方式是不满意的,而愿意使用更标准的形式。

特鲁吉尔在诺里奇的调查发现,中产阶层的女性在"自我评测"时,往往自报得分过高,而中产阶层男性往往自报得分过低,有认同较低阶层语音标准的倾向,也就是说较低阶层的非标准语音对中产阶层男性具有"隐威信"(covert prestige)。自报过高或过低则成为"矫枉过正"(hypercorrection)。

八、访谈法

访谈(interview)是指对调查对象的个别访问,并记录他的谈话内容,作为研究资料。因调查内容和目的不同,访谈的方式和话题也多种多样。访谈之前必须根据预定的目的,精心设计访谈提纲,如果让被调查人漫无目的地谈天说地,可能收效甚微。如果要了解被调查人的方言特征,最好是选择一些他亲身经历的话题,而不是国家大事、经济要闻之类话题。如请当地居民谈论如何过一年中的几个重要的节日? 当地的婚俗如何? 丧俗如何? 当地的传统菜肴有哪些? 如何制作的? 又如拉波夫曾访谈中学生,他的访谈提纲有如下内容:你是否在本地上学? 家里离学校有多远? 你有没有特别严厉的老师? 他们会对学生叫喊什么? 你所看到的老师对学生所做的最坏的事是什么? 学生对老师所做的最坏的事又是什么? 你是否为你没有做的坏事而受责骂或处罚? 老师发现你传字条,将会怎样? 你的同学都穿什么样的衣服? 梳什么样的发型? 戴什么样的耳环? 理想的访谈应该从谈论本地的社区、居民、邻居等开始,然后进入有关个人生活的话题,如果要问语言规范之类问题,最好放在个人生活话题结束之后。对被调查人感兴趣的话题可以让他多说,反之应尽快进入下一个话题。调查人也可以参与谈话本身,但不能说得太多。如果被调查人只是简单地回答调查人提出的问题,这样的访谈就可以说是失败的。虽然访谈的内容要准确地转写(transcription)成文字,是很费时间的,一个小时的录音可能需要一天的时间转写,但是这也是不得不做的后期工作。就调查汉语方言的特征来说,描写语言学或方言学的方法效率会更高,但社会语言学家往往不熟悉方言学。

第四节　社会语言学在中国
的产生和发展

虽然社会语言学是近年来出现的新学科,但是对社会和语言关系的研究在中国有悠久的历史。远的有先秦经籍及其汉代注疏中的有关论述,暂且不论。近的则见于现代的语言文字和民族学著作。

黎锦熙在 20 世纪 20 年代曾调查研究过北京的"女国音",这是对性别语言的零星研究。较成规模的"语言与社会"研究产生于 20 世纪 50 年代。

罗常培于 1950 年出版《语言与文化》(北京大学出版社),此书从多方面讨论中国语言与社会和文化的关系,主要内容包括:从词语的语源和演变看过去文化的遗迹;从造词心理看民族的文化程度;从借字看文化的接触;从地名看民族迁徙的踪迹;从姓氏别号看民族来源和宗教信仰;从亲属称谓看婚姻制度。此书可以说是广义的中国社会语言学的开山名著。

赵元任有好几篇研究语言与社会关系的论文是在社会语言学诞生之前撰就的,后来 Anwar S. Dil 将他 20 世纪 50 年代至 70 年代所写的相关论文编成论文集 *Aspects of Chinese Sociolinguistics*(1976 年)。这些论文有的是在美国的社会语言学诞生之前撰就的,例如 Cantian Idiolect：An Analysis of the Chinese Spoken by a Twenty-eight-months-old Child(1951 年),此文描写和研究一个女孩的个人方言,包括她的语音系统、语法系统和她所用的词汇。又如 Chinese Terms of Addresses(1956 年),此文研究称呼语,包括人称代词、人名、一般称谓(先生、太太、老爷之类)、亲属称谓。The Phonology and Grammar of Skipants 则是最早研究中英语码混合的论文。

中国的现代语言学家从社会和文化角度研究方言也曾取得不少成果,但其中有些跟 20 世纪 60 年代在美国诞生的社会语言学并没有直接的关系,这些独立的研究成果,比较多的属于以下三个研究方向:一是方言年龄层次的调查研究,例如 20 世纪 80 年代为了研究上海方言的年龄差异和历史演变,曾调查 500 个年龄层次不同的上海人;二是方言的文白异读调查;三是语言与文化关系研究。

但是严格意义上的社会语言学研究在中国应该始于 20 世纪 80 年代。几个带有标志性的事件都是在此期间发生的。

英国语言学家特鲁杰的《社会语言学导论》由林书武等翻译,在《国外语言学》连载(1980—1982 年)。但影响较大的是后出的《社会语言学译文集》(祝畹瑾编,北京大学出版社,1987 年),此书囊括了社会语言学早期的经典著作。R. A. Hudson 所著 *Sociolinguistics*(Cambridge University Press, 1980) 的中译本也于 1989 年出版(卢得平译,华夏出版社)。

陈松岑于 1985 年出版《社会语言学导论》(北京大学出版社),这是第一本社会语言学教科书。

1987 年 12 月语言文字应用研究所在北京主办首届社会语言学讨论会。会后编辑出版《语言·社会·文化——首届社会语言学学术讨论会论文集》(语文出版社,1991 年)。

中文出版物上"社会语言学"这个学科名称最早见于陈原的《语言与社会生活——社会语言学札记》(三联书店,1980 年)。

20 世纪 80 年代以来,在欧美社会语言学直接影响下,中国学者多方面、多角度地研究语言与社会的关系,已经取得的研究成果涉及以下内容:阶层方言、双语和双方言、语言态度、语言规范、语言与文化、言语交际、大陆和港台词语的比较研究、海外的华人社会和华语等。其中较重要的通论性的专著有:

1) 陈松岑:《社会语言学导论》,北京大学出版社,1985 年。以国外资料为主,兼及汉语资料。这是第一本社会语言学教科书。

2) 孙维张:《汉语社会语言学》,贵州人民出版社,1991 年。以汉语语料为主,内容较全面。基本不介绍国外研究成果。

3) 祝畹瑾:《社会语言学概论》,湖南教育出版社,1992 年。主要是介绍国外社会语言学。

4) 王得杏:《社会语言学导论》,北京语言学院出版社,1992 年,英文版。介绍国外社会语言学为主。

5) 戴庆厦:《社会语言学教程》,中央民族学院出版社,1993 年。结合国内少数民族语言。

6) 徐大明、陶红印、谢天蔚:《当代社会语言学》,中国社会科学出版社,1997 年。主要是介绍国外社会语言学。

7) 郭熙:《中国社会语言学》,南京大学出版社,1999 年。以汉语为主。

8) 邹嘉彦、游汝杰:《汉语与华人社会》,复旦大学出版社、香港城市大学出版社,2001年。讨论海外汉语和华人社会较多。

2003年《中国社会语言学》杂志在中国澳门创刊,同年"中国社会语言学会"也在中国澳门成立,这标志着中国的社会语言学走上了进一步繁荣发展的新阶段。

思考与练习

1. 比较社会语言学与邻近学科的异同,谈谈社会语言学的基本理念。

2. 广义的社会语言学与狭义的社会语言学有什么不同?

3. 社会语言学的基本调查方法有哪几种? 与方言学的调查方法有哪些不同?

4. 拉波夫在纽约市调查(r)的方法和结果如何?

5. 特鲁杰在诺里奇调查方言的方法和结果如何?

第二章　语言变异与语言变体

第一节　语　言　变　异

社会语言学的所谓"语言变异"(variation)是指某一个语言现象在实际使用的话语中的变化。所谓语言现象可以是语音、音位、词汇、语义项目或语法范畴等。例如第二人称单数,在普通话里有"你"[ni³]和您[nin³](敬称)两种形式,这两种不同的变化,就是第二人称单数的变异。

社会语言学认为语言不是一种静止的、自给自足的、同质的符号系统,而是因受各种社会因素影响的异质有序的符号系统。语言以各种变异的产生来满足社会发展的需要,语言不断变异是语言本身固有的特质之一。社会语言学强调结合社会因素研究语言变异,强调语言变异的社会分层意义,而一般所谓语言变异不一定与社会因素相关,例如带鼻音尾的元音演变为鼻化元音,见于许多语言,这种变异可能跟社会因素无关。

语言变异可以从以下三个角度来分类:语言变异形成的原因;语言变异在语言系统中出现的范围和层次;语言变异的社会作用。

语言变异的原因可以分为内部原因和外部原因两大类。内部原因是指语言系统自身某一成分发生变化引起语言系统的变化,例如汉语北方方言声母,本来分尖团,例如"精"字读 zing¹,即是尖音;"经"字读 jing¹,即是团音,读两种不同的音。后来两字都读 jing¹,变成同音,即不分尖团。可能一开始只是这两个字变成同音,后来引起一系列这一类字都变成同音,例如"节—结、秋—丘、齐—旗、修—休"这四对字各自都变成同音。这样,在语言系统里就有"尖音和团音合而为一"这样一种变异。

外部原因是指来自语言结构之外的社会因素造成的原因,所谓社会因素主要是指社会阶层或个人的语言特点不同、交际场合不同。语言变异在语言系统中出现的范围和层次的不同,包括系统的变异,例如老上海话有七个单字调,现代上海话合并为五个单字调;分布的变异,例如鼻音 ŋ 在北京话里仅分布在韵尾,在上海话里分布在音节开头和韵尾;实现中的变异,例如英语的韵尾 ng,女性使用时比男性更标准、更到位;偶然的变异,例如 dance,标准英语读[daːns],美国英语读[dæns]。

语言变异的社会作用,包括言语社区的标志(indicators),例如"我"读[ŋai](偃)是客家话社区的标志;语体的标志(markers),例如课堂语体多用文理词,少用土白词;陈规(stereotypes)指旧有的特征在某种场合可能还会用,例如老上海话声母分尖团,现代上海话已不分尖团,但是现代的沪剧语言仍然分尖团。

不是所有变异都会进入全民语言,流传永久。有的变异稍纵即逝,只有那些长期稳定的变异才会最终成为语言真正的变化。

古今中外的语言学家都赞成"语言会随着时间的推移发生变化",但对正在进行中的语言变化能否观察得到,却有不同的看法。结构主义语言学家持否定的态度,他们认为语言的变化本身是无法观察的,因而只能希望看到语言变化的结果,特别是那些对语言结构有影响的结果。社会语言学的旨趣是研究现实生活中的语言,他们认为,正在进行中的变化是可以观察到的,调查研究正在变化中的变化有助于探索语言演变的原因。观察正在发生的变化,就一种语言内部来说,主要有两条途径:一是分社会阶层来调查语言变项,看有何异同? 变异是在哪些阶层发生的? 这些变异有没有稳定性? 例如第一人称单数"我"在当代上海话里有两类读音,第一类是以 ŋ 为声母的 ŋo 或 ŋu;第二类是读零声母的 ɦu。青少年几乎都读第二类,这是普通话影响的结果,普通话的"我"也是读零声母的,即 uo。又例如吉姆森(A. C. Gimson)曾指出标准英语(RP)双元音中的前一元音,在非常封闭的上层社会和专业人士中,有央化的趋势,整个双元音有可能变成单元音。这种趋势正在扩散到不那么封闭的人群中,例如英国广播公司的播音员。二是调查城乡语言,通过比较发现异同和变化。钱伯斯(J. K. Chambers)和特鲁吉尔曾描述小舌音 r 在西欧和北欧的传播,小舌音 r 从巴黎开始,跨过语言界限,在海牙、科隆、柏林、哥本哈根等城市传播,又从城市传播到周围的乡村,最后取代了这些地区所有语言里的舌尖音、颤音和闪音 r。从"词汇扩散"的理论出发也可以研究"正在进行的变化"。

第二节　语言变体、语言变项、社会变项

一、语言变体

语言是处在不断变化发展的过程中,其中与社会因素相关的语言变异就成为社会语言学的研究重点。各种语言变异的存现形式就是"语言变体"(variety)。"语言变体"是一个内涵很宽泛的概念,大至一种语言的各种方言,小至一种方言中某一项语音、词汇或句法特征,只要有一定的社会分布范围,就是一种语言变体。例如英国的标准英语可以称为英语的"上层变体"(superposed variety)。标准英语名词复数要加-s 尾,如 two cats(两只猫);动词过去时要加-ed,但美国黑人英语名词复数-s 尾和动词过去时-ed 尾脱落。把"两只猫"说成 two cat;把"He passed yesterday."说成"He pass yesterday."因为这两种词尾脱落现象只见于美国底层黑人,所以是"语言变体"。

社会语言学所要研究的是能辨别社会功能的语言变体,没有社会意义的语言成分的变化不构成社会语言学的"语言变体",也不是社会语言学研究的对象。例如普通话音节末尾的后鼻音,有人读得较到位,有人读得不到位,或有时候较到位,有时候不到位。因为没有社会分层的意义,并不是老年人是一种读法,青年人是另一种读法,或者女性是一种读法,男性是另一种读法,等等,所以不构成社会语言学上的"语言变体"。

社会语言学的"语言变体"与结构语言学的"音位变体",观念完全不同。结构语言学认为"音位变体"没有区别意义的作用,即同属一个音位的两个或多个读音不能区别词义。这是就语言本身的结构和系统而言的。社会语言学所谓"语言变体"是能够区别社会意义的。例如北京话零声母合口呼有[ø]和[v]两个变体,"新闻"的"闻"可以读成 uen,也可以读成 ven。对这两个变体,结构语言学认为,就音位而言,没有区别的必要,社会语言学则认为应探索是否能够区别社会意义。探索的结果是读[v]变体的多是女性,也就是说,uen 或 ven 有区别男女的社会功能,即有辨别社会成员的意义。所以社会语言学的"语言变体"可以说是"能够辨别社会功能的语言变体",是具有相同社会分布的一组语言形式。

二、语言变项

语言变异的种类称为"语言变项"（linguistic variable），语言变项是社会语言学调查工作的基本单位之一，即要调查什么语言变异？语言变项是在开展调查前必须预先设定的。语言变项的类别有音系变项、词汇变项和语法变项，其中以音系变项最常见。例如英语后缀-ing 是一个语言变项，它有两个变式：ing 和 in。据特鲁杰的调查，较高阶层的人经常读 ing，较低阶层的人经常读 in[①]。又如第二人称单数在泰语里是一个语言变项，它有 12个语言变式，实际情况是：

Thaan：男女通用，称呼社会地位高的人或僧侣。

Khun：男女通用，称呼地位相同或较低者。

Ther：男女通用，称呼地位相同或较低者。

Gae：男女通用，称呼地位相同或较低者。

Eng：男女通用，称呼地位相同或较低者。

Meung：男女通用，称呼地位相同或真正亲密的人。

Lorn：仅用于女性，称呼地位相同或较低者。

Long：仅用于男性，称呼长辈亲戚或其他年长者。

Paa：仅用于女性，称呼长辈亲戚或其他年长者。

Pee：男女通用，称呼长辈的兄弟姐妹。

Norng：男女通用，称呼晚辈的兄弟姐妹。

三、社会变项

社会变项（social variable）也是社会语言学调查工作的基本单位之一，即要对什么样的人群调查。社会变项也是在开展调查前必须预先设定的。常用的社会变项有：年龄、性别、教育程度、职业、社会阶层、经济地位、种族、族群、居住地等。每一项都可以加上适当的权重。因调查课题不同、目的不同，应设计不同的社会变项。例如拉波夫在研究纽约的语言变异时，设计了三个社会变项，即教育、职业和收入，确定了 10 个社会阶层，0 层是最下层，小学或以下教育程度，体力劳动者，几乎入不敷出；1—5 层是劳工阶层，受

---

① P. Trudgill, *The Social Differentiation of English in Norwich*, Oxford University Press, 1974.

过中等教育,属蓝领工人,有购置汽车等物品的经济能力;6—8 层是下层阶层,半专业人士,白领,有送孩子上大学的经济能力;9 层是最高层,受过良好教育,属专业人士或生意人。又例如要调查泰国潮州裔华人语言使用情况,可以设计以下社会变项:世代(即被调查者移民泰国已是第几代)、职业、性别、在学校学习中文的年数等。每一大类语言变项,还应分成小类,例如"世代"可分为第一代、第二代、第三代等。也可以从社会网络关系,例如休闲会所、社区社团、宗教组织的异同出发,来设计社会变项。社会变项须与语言变项结合起来调查,例如世代这个社会变项与潮州话的能力这个语言变项结合起来调查。

第三节　社　会　方　言

　　方言可以分为地域方言(regional dialect)和社会方言(social dialect)两大类。地域方言是语言在不同地域的变体。一般说来同一种地域方言分布在同一个地区或同一个地点,如湘语主要分布在湖南,赣语主要分布在江西。社会方言是语言的社会变体。使用同一种地点方言的人,因职业、阶层、年龄、性别、语用环境、个人风格等不同,语音、措辞、谈吐也会有不同。在同一个地点方言内部又有社会方言的差异,这些差异并不妨碍这个言语社团(speech community)内部的相互交际。因为生活在这个言语社团里的人,对这些差异非常熟悉,甚至习焉不察。实际上,差异只是说话时才有,听话时并不意识到差异,或者虽然觉得有差异,但是并不妨碍理解。

　　下面讨论各种社会方言。

一、阶层变体和性别变体

1. 阶层变体

　　因社会阶层不同造成的社会方言,第一章曾述及拉波夫纽约百货公司 r 发音的个案调查研究,还有特鲁杰的诺里奇方言个案调查研究。

　　其实在华人社会里阶层方言的主要差别表现在两方面:一是文理和土白的使用频率;二是上下级或上下辈相互称呼的不平等关系。

　　"文理"和"土白"分层是汉语特有的社会方言现象。文理和土白的对立有两层意思。一是指读书时用文读音读汉字，说话时则离开汉字使用方言口语。这种传统由来已久。明冯梦龙所撰福建《寿宁县志》说："寿虽多乡谈，而读书仍用本字，故语音可辨，不比漳泉，然村愚老幼及妇人语，非字字译之，不解。"据董同龢 20 世纪 40 年代的调查，四川成都附近的凉水井客家人读书时用四川官话，说话时则用客家方言，这是一种特殊的文理和土白的对立现象。有的地方文理和土白自成系统，与外地人说话用文读系统，与本地人说话则用白读系统。例如江苏的丹阳和浙江的金华。丹阳的文读声母系统塞音和塞擦音只有送气清音和不送气清音两类，与官话相同。但是白读声母系统塞音和塞擦音却有送气清音、不送气清音和浊音三类。二是指在日常口语中，词汇和表达方式有文理和土白之分。教育程度较高的阶层多用"文理"，教育程度较低的阶层多用"土白"。或者在较庄重、客气、正式、文雅的场合多用文理成分。各方言中的文理成分与书面语相同或相近，文理成分在方言间的差别较小。

　　方言词汇有土白词和文理词之分。土白词是指日常口语使用的本地词汇；文理词是指书面语词汇或官话词汇，还可以包括一些谦词和敬语。例如在普通话里"农作物、饮食、食物、腹泻"是文理，"庄稼、吃喝、吃的东西、拉肚子"是土白。方言里的土白词产生的时代较早，是原有的；文理词产生的时代较晚，是外来的。例如上海话："蛇虫百脚、花草树木、灶披间、马桶间、家生"是土白词，与之相应的"昆虫、植物、厨房、卫生间、家具"是文理词。温州话"涌汤、间底、天色、天色热、破伤冷、日头气逼底"是土白词，与之相应的"开水、家具、天气、夏天、感冒、中暑"是文理词。吴语浙江黄岩话中"相貌、肚勿好(即腹泻)"是文理词，"面范、拔肚"是土白词。"左边"(或"左面")和"右边"(或"右面")这两个文理词在绍兴话中的土白表达法是"借半边、借手；顺半边、顺手"。

　　"文理"词汇可分两小类：一类是平时口语常用的，如上述黄岩话的"相貌"和"肚勿好"；另一类是口语不用的书面语词汇，即所谓"转文"。如北京人平时口语说"庄稼、喝酒"，如果说"农作物、饮酒"则是转文。上海话里"花草树木、蛇虫百脚"是口语，"植物、昆虫"是转文。"我们"这个书面语词汇在上海日常口语中是不用的，但是在电视节目中用上海话回答记者提问时，常用转文"我们"。

　　表达方式也有文理和土白之分，见表 2.1。

表 2.1　文理和土白表达方式比较

文理表达方式	土白表达方式
请问尊姓大名？ 免贵姓李,小名大光。	你姓什么? 叫什么名字? 姓李,李大光。
府上哪里?	你什么地方人? / 老家哪里?
令尊大人还健在吗?	你父亲还在的?
敢问贵庚? 虚度 30。	你几岁啦? 30。
久违了。	长久不见了。
愚弟某某上(书信落款)	弟某某
您家千金什么时候相的亲?	你女儿什么时候找的对象?

　　在有的方言里,表达方式也涉及语音层面,例如常州方言有"绅谈"(官腔)和"乡谈"(土讲)之分,两者连读变调型式不同。以汉语为对象的阶层方言的个案调查研究,目前还很少。赵元任 The dialectal nature of two types of tone Sandhi in the Kiangsu Changchow dialect(载《清华学报》纪念李方桂先生 80 岁生日特刊,1982 年新 14 卷,第 33—34 页)的中文提要曾提到江苏常州的一种阶层方言的语音特点。他说:"常州话里的绅谈和街谈代表两种社会阶层,所用的连读变调不同,例如'好佬'(something good) hau^1 lau^0,绅谈说 55 - 0.2,街谈说 55 - 0.5。本地人大半儿都不知道有这两种变调。'绅谈','街谈'是外地人起的名词。"这两种变调型并存于常州城里,家庭出身不同的学生在学校里相互交际的结果,使这两种变调型部分混合。所谓"绅谈"即是经济地位和社会地位较高的绅士的说话型式,所谓"街谈"是一般老百姓的说话型式。

　　上下级或上下辈相互称呼的不平等关系,是指上级对下级或上辈对下辈可以直呼其名,反之不可以直呼其名。对上级一般在姓氏后面加头衔,如李科长、王经理、张老师,或直呼头衔。对上辈则只用称谓,回避姓名。如果是平辈亲属则分长幼,长者对幼者可以直呼其名,反之则不可以,只能用称谓本身,或在称谓前加排行,如大哥、二姐等。这种情况与英语语境大不相同,在英语语境中,上下级之间或上下辈之间是可以直呼其名的。只是对担任顶级职位的人物、在军队里或在正式场合,才在姓名前加头衔。例如 President Bush, General Bower。两者的差异与东西方文化背景不同有关。在中国的传统文化里,历来有"长幼有序、敬老孝悌"观念。

总之,当代汉语的社会分层,教育程度这个社会变项应该是最重要的,其次应该是级别或辈分。

2. 性别变体

男子和女子在语言习得、语言能力和语言运用上都有一定的差别。两者的差异是有关生理、心理和社会三方面的原因综合作用的结果。女孩学会说话比男孩一般要早三个月左右。女子的语言表达能力比男子强,也就是说女人比男人更善于说话。女子还更善于运用眼神、表情、手势、身势、笑声等有声语言以外的手段(non-verbal communication)来增强语言的表现力和感染力。

女性较注意个人的行为,如服饰、打扮、举止等,谈吐也是一种个人的行为。并且女性往往要肩负起教会孩子说话和其他行为准则的责任。故女性的语言比较细腻、委婉、规范。

男人说话比较关心内容,较少注意措辞,多平铺直叙,直奔主题;女子说话比较注意情感表达、措辞、语气和语调。在日常谈话中女子比男子较多使用带征询口气的疑问句、感叹句和多种委婉的表达方式。例如上海的女子比男子更多用希望得到肯定回答的问句"对伐!""是伐!""好伐!",更喜欢用"要死!"(表示娇嗔)、"瞎嗲!"(表示赞叹)之类感叹句。骂人的话男子和女子也有明显的不同。例如上海话中的詈语"神经病!"(女子对男子挑逗行为的斥责)、"死腔!"(对挑逗、反悔、拖延、拒绝等行为的斥责)、"十三点"(举止、言谈不正常)几乎为女子所专用。如男人使用这一类词汇,就会被认为"娘娘腔"。"娘娘腔"是对女性语言特征的形象归纳。在广州话里"衰公、衰人"这两个詈词也多用于女人骂男人的时候。在吴语温州话中男人骂人称为"谑马颓",女人骂人称为"忏",各有一套骂人的话,互相不会倒错。有些地方的女子还自有一套有关人体生理卫生的隐语,仅仅通行于女子中间。教育程度较低的男子说话时常常夹带粗鲁的口头禅,女子一般没有此类口头禅。

在谈话过程中,女人在听话的时候,较多地使用"嗯""是的""对呀"等表示响应的词语,男人较少使用这一类应答词。女人往往因此怀疑男人没有认真听她们说话。

据对 10 篇北京青年话语资料(口述实录文学)的统计,用于疑问句和祈使句的语气词"吗、呢、吧、啊"等,女性的使用频率大大高于男性[①]。见表 2.2。

---

① 曹志耘:《语气词运用的性别差异》,载《语文研究》1987 年第 3 期。

表 2.2　语气词的性别差异

	疑问句使用语气词频率			祈使句使用语气词频率		
	最多	最少	平均	最多	最少	平均
男　性	38%	21%	33%	50%	15%	28.5%
女　性	94%	30%	72%	100%	25%	48%

　　两者的差别说明女性说话比较注意语气,较多地使用委婉、柔顺的语气,男性则相反。

　　在语音上女子比男子更具有性别角色的自我意识。赵元任在《现代吴语的研究》(1928 年)中曾提到苏州话"好、俏"等字(效摄),女子多读[æ]韵,男子的读音比[æ]略偏后。黎锦熙曾在 20 世纪 20 年代提到北京的女国音(又称"劈柴派读音"),即有文化的女性青少年把声母[tɕ tɕh ɕ]的发音部位往前移,发成一种近似于[ts tsh s]的声母,如把"尖 tɕien⁵⁵"字读成 tsiEn⁵⁵,"鲜 ɕien⁵⁵"字读成 sien⁵⁵;"晓 ɕiau²¹⁴"字读成 siau²¹⁴。"女国音"在今天的北京话里仍然存在。在粤方言区,女子说话多用句末语气词 jek 或 je。

　　上述语言的性别差异是就一般情况而言的,在女子或男子内部个体之间的差异有时候也可能超过性别之间的差异。

　　女性对于语言的规范和标准更加敏感和积极。在一份对宁波人的语言态度的调查报告中,有一个问题是:你在电视、广播里听到被采访人用宁波话讲话,会觉得怎样? 一共有四个选项。结果表明 40 岁以下的男人和女人的态度有很大的差别(见表 2.3)。觉得"很亲切"的,在男人中平均占 25%,在女人中平均只占 4%,觉得"有点别扭"的,在男人中平均只占 52%,在女人中平均高达 80%。40 岁以上的男人和女人的态度则相差无几,未列在表上。

表 2.3　宁波人语言态度性别差异调查表

年　　龄	20 岁以下		20—40 岁	
性　　别	男	女	男	女
很亲切	24%	8%	26%	0%
没有什么感觉	24%	12%	10%	4%
有点别扭	52%	80%	64%	96%

　　* 此表内容据徐蓉《宁波城区大众语码转换之调查分析》(载《中国语文》2003 年第 1 期)。

在商店购物时,遇上能听懂但不会讲宁波话的营业员,也是女性购物者更愿意改用普通话与之对话。

语言的性别差异在许多语言里都存在,例如在泰语里,句末语气词 krab 只用于男性,ka 只用于女性。"早上好"这句话,如果你是男性应该说 "Sa Wat Dee Torn Chao krab",如果是女性,应该说 "Sa Wat Dee Torn Chao ka"。在日语里也有区别性别的标志性成分。例如"我不明白呀。"这句话,女性说成"わからないわ",男性说成"わからないよ"。女性所用的终助词是"わ",与男性不同。再如"一个人能回去,不要紧的。"男性说成"一人で归れるから大丈夫だよ"。女性说成"一人で归れるから大丈夫よ"。男性插入"だ",女性无此标志①。

英国的特鲁杰曾用"自我评测方法"(self-evaluation test)研究男人和女人对标准音的语言态度有无差异。他把 12 个有几种不同读音的词,一一读给男女受试者听,例如 tune 的元音有标准的[ju:]和非标准的[u:]两种读音,然后要求受试者在一张表格上标明自己最贴近哪一种音。再将自评的结果和预先录制的实际读音相比较。结果发现女性更喜欢把自己的读音说成比实际情况好,即乐意向标准音靠拢。而男性恰好相反(见表 2.4)。

表 2.4 对英语标准音语言态度的性别差异(%)

	总 数	男 性	女 性
自报偏高	13	0	29
自报偏低	7	6	7
自报准确	80	94	64

二、城乡差异和年龄变体

1. 城乡的语言差异

城市里的方言变化较快,农村的方言变化较慢,城市周围的方言往往跟着城里的方言变化。从乡下方言的现状可以看出城里方言以往的历史面貌。例如今天的上海方言只有 5 个声调,但是据英国人 J. Edkins 在 1853 年的记载,当时的上海话有 8 个声调。8 个声调是怎样合并成 5 个声调的

---

① 真田信治:《日本社会语言学》(中文版),中国书籍出版社,2002 年。

呢？从调查今天上海郊县的方言声调中,可以找到答案。8 个声调合并成 5 个声调的全过程的每一个阶段,都可以在今天郊县方言中找到活的证据(见表 2.5)。

表 2.5　上海市区和郊区方言调类比较表

地点＼调类	阴				阳				声调数
	平	上	去	入	平	上	去	入	
松　江	平	上	去	入	平	上	去	入	8
金　山	平	上	去	入	平		去	入	7
南　汇	平		去	入	平		去	入	6
市　区	平		去	入			去	入	5

粤语阴平调原有高平和高降两种调值,今中国香港和广州城里已只有高平一种调值,但高降仍保留在乡下方言里。

乡下话里保留较多的旧词汇,城里流行的新词汇大多暂时不见于乡下。在句法方面,情况也一样。表 2.6 是上海城乡若干词汇和句法格式的比较。

表 2.6　上海城乡词汇和句法格式差异比较

普　通　话	多少	很、十分	我们	结账	下雨了。	杯子打破了。
上海市区话	多少	老、交关	阿拉	买单	落雨勒。	杯子打破脱了。
上海郊县话	几化	邪气	我伲	汇钞	落雨哉。	杯子打破鞋里。

其实这些乡下的词汇和表达方式即是城里旧时的词汇和表达方式。城里的社会生活比乡下丰富,人际交往也较频繁。新的时尚总是在城里首先产生的,新的语言现象往往也是新的时尚,乡下人也是要追赶时尚的,所以新的语言现象,最终也会扩散到乡下。但是乡下的方言似乎永远追不上城里方言的发展速度,所以城里的方言相对于包围它的乡下方言而言,永远是广义的方言岛。也许随着媒体越来越发达,城市方言岛的边界会越来越模糊,以至消失。

　　2.　年龄层次变体

调查、记录和比较语言的年龄差异(age grading)是研究语言微观演变的极其重要的途径。它能为语音的历史演变、词汇更迭、语法成分和结构的兴替,提供活的证据,并且能为语言规划提供依据。

语言在时间上的差异造成语言的年龄差异,即使用同一种语言的同时代的人,因年龄层次不同,语言的特点也有差异。语言的历时变化是缓慢的、渐变的,所以语言的年龄差异只是表现在个别特征上,并不妨碍不同年龄层次的人互相自由地交谈,如果不加特别的注意,一般人在日常口语中也不一定会觉察到年龄差异。一般说来,语言的年龄差异比地域差异要小得多。

语言年龄差异的大小因地因时而异。在生活节奏较快、趋新心理较强的大城市,年龄差异较农村地区大一些。在社会变革剧烈的年代,年龄差异也会大一些,特别是在词汇方面会有较多的不同。

年龄层次一般可以分成老年、中年、青少年等。一般是通过对老年人和青少年口语特点的比较,来观察方言的年龄差异。在年龄差异比较中,中老年人称为老派,青少年称为新派。中年人的方言特征往往在老派与新派之间游移不定。新派与老派之间没有绝对的年龄界限,大致可以分为年老与年轻两辈进行比较。老派方言的特点是保守、稳定;新派方言的特点是有较多新生的方言成分,特别是新的词汇。在新派中产生的语音、词汇和句法成分都有可能被老派吸收,尤其是词汇最为常见。例如在吴语区,"电影"和"越剧"老派原来称为"影戏"和"戏文"(或绍兴戏、的笃班),现在通称为"电影"和"越剧"。由于教育水平的不断提高和公共传播媒介的强有力的影响,各地新派方言有越来越靠拢普通话或书面语的趋势。表2.7是新老派广州词汇比较表,表2.8是新老派上海话词汇比较表,可以看出两地的新派词汇向书面语演变的趋势。

表 2.7　广州话老派和新派词汇比较表

书面语	1 早餐	2 邮票	3 报纸	4 门槛	5 轮船	6 拐杖	7 汽水	8 被	9 把
老派 新派	朝早饭 早餐	士担 邮票	新闻纸 报纸	门枕 门槛	火船 轮船	士的 手杖	荷兰水 汽水	卑 被	将 把

* 表中"士担"(stamp)、"士的"(stick)是英语来源的外来词。"汽水"旧称"荷兰水",沿海港口城市皆如此,旧时曾用"荷兰"(Holland)代表西洋。

表 2.8　上海话老派和新派词汇比较表

书面语	1 虹	2 地震	3 水泥	4 钞票	5 邮递员	6 罐头	7 印章	8 下雨了
老派 新派	鲎 彩虹	地动 地震	水门汀 水泥	铜钿 钞票	邮差 邮递员	听头 罐头	戳子 印章	落雨哉 落雨勒

* 表中"水门汀"(cement)、"听头"(tin)、"戳子"(chop)是英语来源的外来词。

新老派方言的差异,除了若干新旧词汇和语法成分有所不同外,最引人注目的是语音成分或语音系统的差异。例如中国香港粤语鼻音声母 n 和边音声母 l 原来是可以互读的音位变体,但是今天的新派已经将 l 和 n 合为 l 一读,如"奶"只有 lai 一读,而老派仍有 lai 和 nai 两读。中国香港粤语老派有后鼻音声母 ŋ,但后鼻音声母 ŋ 在新派方言已变为零声母,例如"牛"老派读 ŋeu²,新派读 eu²。

三、语域变体和职业变体

1. 语域变体

"语域"(register)是语言使用的场合或领域(domain)的总称。语言使用的领域的种类很多,例如新闻广播、演说语言、广告语言、课堂用语、办公室用语、家常谈话、与幼童谈话、与外国人谈话、口头自述等。语体与语域关系密切,语体(style)是指说话的方式。因为说话的场合和意图不同,措辞、语气、韵律、音系也会不同,甚至句法特点也可能不同。在同一场合或带同一意图说话时,就会用同一语体。由于说话的场合和意图纷繁复杂,所以语体的种类也千变万化,难以列举。

在越是正式的场合,说话人越是注意自己的说话方式,越是倾向于使用正式的语体,例如政治家发表演说、外交家参加谈判、教堂牧师布道、教授讲课等。这称为"语体警觉"(attention to speech)。在一般场合,会较随便地使用非正式语体。

口语和书面语是两大主要的语体。语体是分层次的,口语和书面语也是两大最高层次的语体。就汉语而言,与书面语比较,口语有以下主要特点:①多用土白词,少用文理词。汉语里有一系列有文理和土白组成的同义词,例如饮酒、喝酒;花草树木、植物;桌椅板凳、家具;腹泻、拉肚子等。前者是文理词,多用于书面语;后者是土白词,多用于口语。"之、于、抵、者"等文言词也多见于书面语。如"李大成之子已于 3 日抵沪。"这个书面语句子,用口语说,通常是:"李大成的儿子已经在 3 号到了上海。"②口语较多用单音节词汇。有些成对的单音节和双音节词,词义是相同的,例如传递、传;理睬、理;睡觉、睡;美丽、美;干燥、干;潮湿、湿;坟墓、墓;糖果、糖等。③口语多用语气词吧、呢、啊、吗、么等。④口语的句子长度较短。⑤口语较多省略主语。⑥口语不用图表。口语的下位语体有:谈话语体、演讲语体、自言自语等。书面语的下位语体有:公文语体、新闻语体、科技语体、文艺语体等。

朗读语体是介乎口语与书面语之间的语体。

新闻广播语言使用的是正式语体,特点有二:一是尽可能接近标准语或书面语;二是语音上的抑扬顿挫尽可能循规蹈矩,不带感情色彩。

各种语体又可以细分若干小类,例如新闻语体可以分为报道语体、评论语体等。报道语体还可以分出标题语体和正文语体。

钱志安曾利用中国香港城市大学"华语六地语料库"(LIVAC)1995—1996 年的语料,比较研究报纸新闻标题语言与新闻全稿或一般书面语,发现新闻标题有三大特点①。

第一,双音节词汇占绝大多数,单音节词汇很少。

第二,实词占绝大多数,虚词很少。

第三,地理名词较多。

家常谈话的特点是:句子成分不完整,主语常常不出现;少用书面语词汇;在说话的节奏、速率、腔调等方面都呈极自然的状态。

课堂用语会较多使用平时不用或少用的书面语词汇,例如:动物、植物、农作物、气象、宇宙等,这些书面语词汇,都有相对应的口语词。

与幼童谈话时使用的方言的特点是模仿幼童的说话语气、语调、词汇等,即尽可能使用娃娃腔(baby talk),以利改善谈话气氛,达到更好的交际效果。娃娃腔也称为"宝贝儿语",是指幼童说话的腔调,也指成人与幼童谈话时使用的模仿幼童的说话语气、语调、词汇等,以利改善谈话气氛,达到更好的交际效果。娃娃腔是儿童语言习得过程中的一个阶段。娃娃腔最突出的特点是句子结构的简化,还有夸张的语调、较多用小称形式(diminutive form,如称"小狗儿"为 doggie)和拟声词等。就汉语而言,娃娃腔另一个显著的特点是名词叠音化。例如成年的上海人与幼童谈话时使用平时不用的叠音名词:草草、肉肉、鞋鞋;使用与成年人谈话不用的带词头的名词:阿鱼、阿肉。例如在上海的公园里一个母亲对小儿子说的话:"看见伐? 阿鱼有伐? 金鲫鱼辣枪物事吃。看! 看! 阿鱼吃物事,好看伐,立上来看。"在成人的语言里"鱼"是不带词头"阿"的。由于娃娃腔很大程度上是抚养幼童的人教幼童说话过程中形成的,抚养人可以是父母、祖父母、保姆或其他人,所以近年来也有人称娃娃腔为"妈妈腔"(motherese)、"爸爸腔"(fatherese)或

---

① A Quantitative Analysis of Words in Chinese News Headlines,载邹嘉彦等编:《汉语计量和计算研究》,香港城市大学语言资讯科学研究中心,1998 年。

"抚养人语"(caregiver speech)。

与外国人谈话的特点是尽可能使用复杂语码(详见第三章),减慢语速,注意咬字清楚,选用浅近的词汇和简便的语法结构,即使用所谓"外国人腔"(foreigner talk)。目的是尽量使外国人听懂自己的话。

"说话人自主语体"(speaker design)是研究语体变异的一种理论,它认为说话人会利用语体变化的方式,来积极地表现自己,希望获得听话人的认同。例如辩护律师会选用庄重严肃、逻辑严谨的语体来陈述自己的主张,以期法庭上的法官、当事人和其他听众认同自己是一个有资质的好律师。与"说话人自主语体"相对应的是"听众决定语体"(audience design),它是指听众会影响说话人对语体的选择,即说话人会根据不同的听众选择不同的语体。例如大学教授在给大学生上专业课时,会采用科技语体,在给社会大众做科普演讲时,因听众不懂专业,会考虑尽量避免科技术语和数学公式,而采用通俗易懂的语体,来普及科学知识,以使听众受益。这种理论的基础来源于社会结构主义,它认为语言与社会是互相制约的,能使用什么样的语体可以反映个人在社会秩序中的位置,学会新的语体也可能有助于改变个人的社会地位。语体不仅仅只有被认同或互相认同的消极、被动作用,而且还有改变自己社会地位的积极作用。

2. 职业变体

人们因职业不同,语言也会有变异。职业性变异最突出的表现是使用不同的行业语,或称为"行话"(work place jargon)。行业语可以分成两大类:一类是没有保密性质的职业用语,例如戏剧界的行业语:客串、票友、下海、亮相、扮相、打出手、打圆场等。这些产生于京剧界的行业语,已经进入书面语,还有一些地方戏曲的行业语仍带有方言色彩,例如越剧术语:路头戏(随编随演的小戏)、册板(打出节奏的鼓板)、行头(戏装)、的笃班(越剧戏班)等。大多数行业语都不是有意对外界保密的,但是外行人很可能听不懂,例如中国澳门博彩业用语。另一类是对非本行业的人保密的,即秘密语。各地秘密语的种类很多,名称也很纷繁。如山西省理发社群的行业语丰富多彩,对外保密:扇苗儿——电烫、水鱼儿——刮胡子用的小刀子、水条——湿毛巾、隔山照——镜子。黑社会的行话都是对外保密的。

行业语自有语音特点的不多见。大致只有戏剧界和曲艺界的行业语有些明显的语音特点。如沪剧咬字分尖团,但是今天的上海话已不分尖团;苏州评弹分[ts- tsh- s-]声母和[tʂ- tʂh- ʂ-]声母,但是今天的苏州话这两类声母已经合并。戏剧界或曲艺界的语音特点实际上是老派方言或旧时代方言语音特点的遗存,所以调查研究这些特点有助于了解方言语音的发展过程。

各地的民间反切语种类很多,每一种大致只流行于某一个或某一些社会阶层,所以可以算是一种特殊的行业语。反切语又称倒语、切语、切脚、切口等,它是用改变正常的方言语音的方式构成的。改变语音的方式大致有以下几种。一是声韵分拆式,即把一个字拆成声母和韵母两部分,在声母后加一个韵母,在韵母前加一个声母,组成两个音节。例如 ma(妈)——mai ka。二是加音式,即用增加音节的方式构成反切语。例如广西容县的一种反切语,"飞"字原音是[fei⁵⁴],加音变成[fei⁵⁴ fen⁵⁵]。三是改音式,即改变原音的声母、韵母或声调。例如广东梅县客家人的一种反切语,"广州"原音是[kuɔŋ³¹ tsəu⁴⁴],改音作[kuɛ³¹ tsɛ⁴⁴]。四是比音联想式,即以拟声词模拟事物的声音,指代事物本身。例如山西理发业,以"幽幽"指代"钟","哼哼"指代"猪"。

四、地方戏曲语言变体

方言有地域方言与社会方言之分。地域方言又有地区方言与地点方言之别。地点方言是某一地点的全体居民日常生活中共同使用的口语。每一种地方戏曲都是在某一地点萌芽的,最初所使用的语言,自然也就是这个地点的方言。例如越剧的最初雏形是 1852 年前后浙江嵊县南乡马塘农民金其炳创造的"落地唱书"。这种"落地唱书"是沿门卖唱的,当然是用纯粹的嵊县南乡方言表演的。但是地方戏曲发展到现代,演员实际演出语言,并不纯粹是某一种地点方言,而只是以它作为底子而已。这种演出语言在实际生活中并不使用,或者说它与任何一种现实生活中的地方方言都不同。所以地方戏曲的语言实在是一种社会方言,而不是一般的地点方言。这种社会方言有以下特点。

1. 掺杂性

一种地方戏在某一地形成、成长后,自然要到邻近地区,甚至离家乡较远的地区去演出,以求发展。为了吸引外地的观众,使他们听得懂,就要吸收外地方言的成分。外地如果成立演出同一剧种的剧社,就可能招收当地的演员,而在演出语言中掺入外地方言因素。所以有的剧种发展到现代,其演出语言与其初始的方言系统已有较大差别,如今天的越剧语言已不是纯粹的嵊县方言。有的剧种甚至面貌全非,以至难以判断其原始的方言系统。例如,从今天的京剧韵白来看,其方言系统究竟是武汉话,或是中州话,难以判定。京剧至今已有100多年的历史,其前身是安徽的皮黄戏。在形成并趋于成熟的过程中,曾吸收武汉的汉调特点,并在北方的许多地点演出,所以其演出语言渐至混合。

只有那些本来就是以某一种权威方言作为演出语言的剧种,其语言系统才不至于掺杂,而与当地的自然语言比较接近,如沪剧演出用上海话,粤剧演出用广州话。还有些小剧种,包括曲艺,诞生至今基本上在本地演出,其演出语言也不会有掺杂问题,如甬剧一直用宁波话演出。

2. 保守性

一个地方的自然口语是处在不断变化发展的过程中,而地方戏往往要保留它形成阶段的某些方言特征,作为特有的艺术色彩和地方色彩的标志。例如沪剧舞台语言是分尖团的,这就保留了老派上海话的语音特点,今天的上海自然口语已不再分尖团。苏州的评弹保留了舌尖圆唇元音[ч]和舌尖后塞擦音[tʂ],如"嘴"字读 tʂ $\mathrm{ч}^{52}$。这种卷舌音在今天苏州市区口语中已不复存在,只是残留在郊区某些地方。

戏曲语言的掺杂性是戏曲发展的必然结果,保守性则是人为的要求。戏曲家对戏曲语言也向来采取保守态度。魏良辅《南词引正》说:"五音以四声为主,但四声不得其宜,五音废矣。平、上、去、入,务要端正。有上声字扭入平声,去声唱作入声,皆做腔之故,宜速改之。《中州韵》词意高古,诸词之纲领。切不可取便苟简,字字句句须要唱理透彻。"所谓《中州韵》是指周德清的《中原音韵》,大致是代表元代大都(今北京)的音系的。魏良辅生卒年月未详,活动年代是在明嘉靖隆庆间(16世纪中叶),距离周德清(1277—1365)已有两百来年。

3. 演员影响戏曲语言的发展方向

日常生活中的方言的演变方向,是使用者集体无意误用行为的自然结果,个人不可能规定或改变方言演变的方向。例如北方话的入声多数地点在近代派入平上去三声,这并不是某个人或某些人的有意识的要求,也不是某人提倡的结果,而是自然而至的。但是戏曲语言的发展趋势却与演员的个人因素关系很大。某一种戏曲语言,实际上即是该种戏曲的演员在演出时所使用的方言。演员可以是本地人,也可以是外地人。如果是外地人,就要求学习本地话。魏良辅《南词引正》说："苏人惯多唇音,如冰、明、娉、清、亭之类;松人病齿音,如知、之、至、使之类,又多撮口字,如朱、如、书、去,与能歌者讲之,自然化矣,殊方亦然。"演员的第二语言不可能像母语那么纯粹。现代许多戏曲语言都不是任何一种自然语言,例如京剧的舞台语言对任何演员来说都是第二语言。况且由于戏曲语言的保守性,新演员不得不按老演员的要求,学会实际口语中不复存在的老的语音特征,如苏州评弹青年演员必然学会舌尖圆唇元音。这些人为的因素久而久之都会影响戏曲语言的发展方向。

4. 变异性

这里所说的"变异性"不是指戏曲语言中个别成分或结构的变化,而是指某一种戏曲的基础方言的种类变化,即从某一种基础方言变为另一种方言。变化的主要原因是为了适应观众对舞台语言的要求,使其易懂易记,戏曲的舞台语言如果不能为演出地点的观众所理解,那么这种戏曲在当地的生命力肯定是不强的。例如清代福州的徽州班,包括昆曲、徽调、梆子、吹腔等,因为所用的方言与当地的闽语隔阂,除了少数外地来的官僚、富商极力捧场外,一般的福州人并不欣赏,而戏称为"唠唠班"。"唠唠"是"唠苏"变音而来,"唠苏"在福州方言里是"烦絮"的意思。所以外地来的戏班,为了生存发展,不得不改用当地方言。明代成化年间闽东北福安、宁德一带,有一种以"江湖"和"歌"为主要唱腔曲调的"平讲班"。"平讲"即"用方言演唱"的意思。后来用正音(官话)演唱的"江湖班"也改为"平讲",两者合流,同时吸收"唠唠班"的部分唱腔,形成以"平讲"为主的班社。"平讲班"在戏曲班社中取胜的直接原因,即是其基础方言为基本观众所接受。粤剧前身最初是"本地班"。当时在广州演出的"外江班"占压倒优势,本地班只能在乡下演出,而乡下的酬神宴会也还要请外江班承值。但是因为方言的关系,外江班的地位逐渐被本地班取而代之。本地班的说白本来用的是桂林官话,为满足观众的需要,逐渐增添粤语说白,经100多年演变,而形成今天粤剧的舞台语言。

当某一剧种的演出基地从发源地迁移到外地之后,其舞台语言往往成为外地方言。例如黄梅戏发源于湖北黄梅县一带的采茶戏,用当地话演出。老一辈的黄梅戏著名演员的舞台语言中都有舌尖圆唇元音[ʮ],如"树"字读[ʂʮ],这是楚语的典型特征。黄梅戏自清道光年间以后,流入以怀宁为中心的安徽省安庆地区,并以皖南和皖中为演出基地,其演出语言也渐渐变得接近安庆官话。今天的黄梅戏舞台上已不再能听到楚色楚香的[ʮ]元音了。

地方戏曲的基础方言的变化,常常会引起戏曲声腔的变化,从而产生新的流派或剧种。最典型的是北方的梆子戏。梆子戏的派别很多,皆因各地方言不同而衍成。梆子戏最初形成于蒲州与同州之间,称为山陕梆子,传入关中,变为秦腔,到晋北成为北路梆子,到晋中成为中原梆子,到河北成为河北梆子,还有河南梆子、山东梆子等流变。方言的纷繁歧出是造成中国地方戏曲丰富多彩的重要原因。

5. 向官话和书面语靠拢的倾向

戏曲语言一方面为了满足观念的需要,采用方言;另一方面,作为一种艺术语言,又要求高于生活中的方言。在汉语的各大方言中,官话历来是最有权威的方言,而且书面语也是以北方的官话为基础的,所以靠拢官话和书面语是戏曲语言由来已久的传统。现代的各大剧种的语言都带有这个倾向,这主要表现在多用文读词、文读音,尽量靠拢书面语语法。例如现代越剧人称代词采用官话系统,即"我、你、他",其中"你"字读[ni],吴语口语中并没有[ni]这个音节的。这是一个口语不用的文读音。再如"去"字读[tɕʰy];"角"字读[tɕyəʔ]都是口语中不用的。

造成戏曲语言的这种倾向,除了有上述的根本原因以外,在戏剧史上还有两个直接原因。

第一,地方戏曲的最早源头是南戏和杂剧。南戏虽然发源于南方,但是它的作者却不一定是南方人。明代陆容《菽园杂记》载:"嘉兴之海盐、绍兴之余姚、宁波之慈溪、台州之黄岩、温州之永嘉,皆有习为倡优者,名曰戏文子弟,虽良家弟子不耻为之。"所谓"良家弟子"大多是宋室南渡时,迁移浙江的国戚、大臣、官僚、富商等人的子弟,温州的九山书会即是由这些有闲的"良家弟子"组成的,当然也会有本地的艺人。他们所编的著名南戏《张协状元》基本上是用官话写的,只有夹杂极少数温州方言成分,永嘉书会的《白兔记》情况也一样。当然这两个剧本不一定是演出本,演出时可能会有更多的方言成分。不过,从1967年嘉定明墓中出土的明显接近演出本的成化本《白兔记》和清代《缀白裘》来看,也还是包含大量官话或书面语成分。

第二,南方的正字戏也有悠久的历史。"正字戏"是用中州官话演唱的地方戏,流行于粤东海丰、陆丰一带和闽南,当地称中州官话为"正音"

或"正字"。正字戏早就在粤东、闽南地区流行。广东的潮安曾从古墓中出土明宣德七年(1432年)六月的手抄正字戏剧本《刘希必金钗记》。这种用正音唱的地方戏后来也曾流传到雷州半岛和海南岛。这些正字戏在改用方言演唱,或被用方言演唱的剧种兼并之后,其语言的官话特征自然也渗透到新的演出之中。实际上南方至今还有用北方官话演出的地方戏,除了京剧之外,广东东北部以梅县为中心的客话区的"汉剧",历来是用湖北官话演出的。

方言不仅因人群不同而异,因语用环境不同而异,而且也因人而异。带有个人方言特征的方言称为"个人方言"(idiolect),个人方言之间的差异主要表现在字音和词汇的选择习惯上。例如河北昌黎城关镇有的人分 ts(包括 tsh、s)、tʂ(包括 tʂh、ʂ),有的人不分 ts、tʂ。不分 ts、tʂ 有两种情况:一种是一律读 tʂ;一种是 ts、tʂ 两可。东北官话和北方官话有许多地点都有这样的情况。影母合口字今北京有人读零声母,有人读 v 声母,如"闻"[uən]/[vən]。上海有人称味精为"味之素"。个人变体一旦形成后,会沿着三个方向发展:一是自生自灭;二是长期存活;三是成为言语社区共同的变体。个人方言实在是语言演变发展的始作俑者之一。个人变体一般没有社会分层意义,所以不是社会语言学研究的对象。

第四节　语言分化与语言转用

一、语言分化

西方的传统方言学(traditional dialectology)是植根于历史比较语言学的。历史比较语言学认为,历史时期的某一种内部一致的原始语(proto-language),因为人口迁徙等原因,散布到不同的地域,久而久之分化为不同的语言。

各种不同的语言再次分化的结果,就产生同属一种语言的若干种不同的方言。这好像一棵树由树干分化成树枝,由树枝再分化成更细的枝条。这些有共同来源的方言称为亲属方言。亲属方言往往分布在不同的地域,所以又称地域方言。从社会语言学的角度来看,同一种地域方言的使用者有相同的社会和文化背景,所以也是社会语言学意义上的语言变体。

地域方言又可以分为地区方言(regional dialect)和地点方言(local dialect)两大类。地区方言是指使用于较大区域的方言。例如粤语主要使用于广东和广西,是一种地区方言。一个地区方言包括许多大同小异的地点方言。例如官语这个地区方言包括青岛话、武汉话、南京话等地点方言,地点方言是相对于地区方言而言的,它是指使用于某一个地点的方言,特别是指较大的城市使用的方言,如广州话、厦门话。

二、方言的系属层次和地理层次

一种语言可以分化成若干种方言,一种方言又可以一而再,再而三地分化成越来越小的方言。所以一个较大的方言往往包括许多处在不同层级上的亲属方言。这些方言在系属上可以分为以下四个层次:方言(dialect)—次方言(sub-dialect)—土语(vernacular)—腔(accent)。例如闽方言分为闽南、闽北、闽东、闽中、莆仙、琼文六个次方言;闽南次方言又分为泉漳、大田、潮汕三种土语;泉漳土语又可分为若干更小的方言,如漳州腔、泉州腔等,见表 2.9。表中列举次方言,"土语"和"腔"这两个层次只是举例。

表 2.9　闽语系属层次

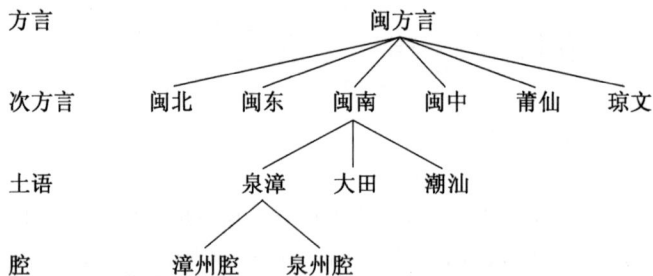

方言			闽方言			
次方言	闽北	闽东	闽南	闽中	莆仙	琼文
土语			泉漳　大田　潮汕			
腔			漳州腔　泉州腔			

从语言地理的角度来看地域方言可以分成地区方言和地点方言两类。一个地区方言可以包括若干个较小的地区方言和许多地点方言。地点方言是相对于地区方言而言的,是指使用于某一个城市、乡村或别的居民点的方言。在语言地理上方言也是分层次的。汉语方言的地理层次一般可以分成以下四级:区—片—小片—点。现在以官话区为例,列表说明,见表 2.10。表中列举方言片和小片"点"这个层次只是举例。

表 2.10 官话地理层次

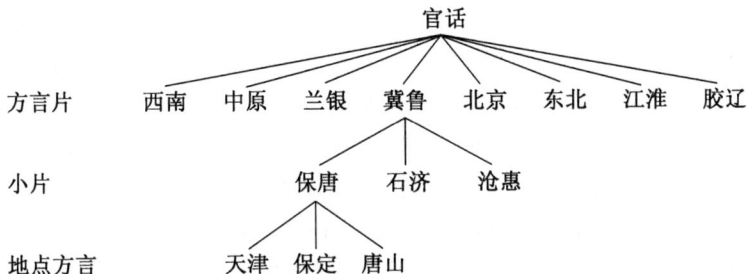

```
                        官话
        ┌──────┬──────┬──────┼──────┬──────┬──────┐
方言片  西南   中原   兰银   冀鲁   北京   东北   江淮   胶辽
                            ┌──────┼──────┐
小片                        保唐   石济   沧惠
                        ┌────┼────┐
地点方言                天津  保定  唐山
```

方言系属上的层次和方言地理上的层次可以相对应,即方言——区;次方言——片;土语——小片;腔——点。闽方言——闽语区;闽南次方言——闽南片;潮汕土语——潮汕小片;潮汕腔——潮阳方言点。不是每一大类方言或每一个方言区都必须分成上述四个层级。方言在系属或地理上分成几个层次为宜,应视方言事实和研究需要而定。

同一种语言的不同支派分化到什么样的程度才算是不同的方言? 同一种方言分化到什么样的程度,才算是不同的次方言? 这不仅决定于语言因素本身,而且与政治、民族、文化、地理等方面的复杂因素有关。所以,如果只是从语言本身的因素来观察,不同方言间的差异有可能大于不同语言之间的差异,例如汉语各大方言之间的差异,大于法语与西班牙语,或者荷兰语与德语之间的差异。次方言之间的差异也可能大于方言之间的差异。例如闽语莆仙次方言与闽南次方言的差异大于官话的各种次方言之间的差异。

三、方言岛及其成因

地域方言是语言在不同地域的变体。一般说来,同一种地域方言分布在同一个地区或同一个地点,如湘语主要分布在湖南,赣语主要分布在江西。也有在地域上不相连属的,从而形成方言岛(speech island)或方言飞地(outlier)。移民也往往把他们的方言带到远离故乡的迁居地,例如流布在海外的粤语和闽语。远离故乡的方言久而久之有可能演变成新的地域方言。

在方言地理上,方言基本上是成片存在的,但是有一种特殊情况是,某一种方言的部分使用者脱离成片的大本营,身陷别的方言区,形成方言岛。因人口变迁而造成方言岛又有两种不同情况:一是土著方言被移民方言包围而成为方言岛;二是移民带来的方言直接造成方言岛。第一种情况较少见,例如皖南郎溪县本来说吴语,太平天国战争后被官话所取代,目前只有一些面积很小的方言群岛残留在山沟里。大量的方言岛上的方言是移民带来的新方言。从移民的原因来分析,中国大陆汉语地区的方言岛有以下几个类型。

1) 军队驻防。出于各种军事目的,历代都派官兵驻守边地重镇或军事要塞。这些官兵和家属繁衍后代,形成方言岛。例如"燕话"是浙江省宁波市慈溪观城镇部分居民使用的一种闽语,它是处在吴语太湖片包围之中的闽语方言岛。观城本名观海卫。观海卫是明政府为抗倭在浙江沿海所设的卫所之一。燕话即是镇守观海卫的官兵、眷属及其后裔所使用的方言。

2) 屯垦。中国的屯垦自汉代至清代有 2 000 多年历史,历久不衰。历代的屯垦有军屯、民屯、商屯、犯屯(遣送犯人到边地开垦),前两种极有可能造成方言岛,军屯尤其重要。例如贵州黎平的赣语方言岛,岛外是西南官话,岛内赣语的历史可以追溯到明初的军屯。

3) 战乱。战乱避难是历史上移民运动的主要动力之一。例如吴语区的杭州话带有半官话性质,显然来源于北宋末年的宋室南迁。

4) 逃荒。居民因逃荒而迁徙,进而形成方言岛。如四川的老湖广话是明代从湘南逃荒而来的灾民带来的。

5) 垦荒。"逃荒"是就人口迁徙的原因而言的,"垦荒"是就人口迁徙的目的而言的,皖南因太平天国战争及战后的瘟疫,人口凋零,清政府鼓励外地人民移居垦殖,形成许多小规模的方言岛,例如芜湖一带吴语包围中的湖北官话方言岛。

6) 流放。被官府流放到边地的犯人造成方言岛。例如东北的"站话"方言岛。说"站话"的人被称为"站丁",他们的祖先因清初吴三桂事件,被流放到东北作为"站丁",服役于驿站。站丁及其眷属的"站话"与周围的东北官话不同。

四、语言转用

语言转用(shift)是指本来使用甲语言或方言的居民,放弃甲方言,转而使用乙语言或方言。中国西南少数民族放弃本族语,转用当地汉语方言是屡见不鲜的,例如广西龙胜县的部分红瑶和富川、钟山一带的平地瑶转用当地的汉语方言——平话;广西东部一些地方的壮族转用粤语。语言转用是由四方面的原因造成的:一是身份认同危机,可以以中国香港为例,详见第七章;二是政治因素促成,可以以中国台湾为例,详见第七章;三是双语现象不能长久维持,详见第三章;四是在语言接触中弱势语言的语言特征逐渐萎缩。

在语言或方言接触中,相对于优势方言而言,所有弱势语言自身的语言特征都处于不断萎缩之中。

方言特征萎缩现象最典型的是湘语。湘语特征的萎缩最重要的有两项:一是古全浊声母的衰颓;二是古入声的衰颓。全浊声母的衰颓,从字音分布和浊度两方面来考察,从强到弱可以分成四级。即第一级是古全浊声母不管平仄都读浊音,而且浊度很强。属于这一级的地点方言只剩临湘、武冈、城步三县。第二级是虽然古全浊声母今音不管平仄都读浊音,但是浊度很弱,类似于吴语北部的清音浊流,可称为半浊音。属于这一级的只剩东安、洞口等七县。第三级是古全浊声母今音平声读浊音,仄声读清音。第四级是古全浊声母今音平声读半浊音,仄声读清音。逐级的衰颓现象显而易见。至于入声多数地点方言已失去塞音尾,只是自成调类而已,即只是保留所谓"假入声"。少数地点则连调类也不再独立,竟没有一处跟多数吴语一样还保留喉塞尾ʔ的,其衰微的痕迹至为明显。

再举一个句法特征衰颓的例子。吴语武义话的名词小称本来是用变韵的手段来表达的。例如鞋 ɦia² → 小鞋 ɦiŋ²(鞋儿)。"鞋"的韵母本是 ia,"鞋"变小称时韵母相应变为 iŋ。这种表达手段已经萎缩,只是残留在一批老资格的小称名词里头,不再构成新的小称名词。目前普遍使用变调手段表示小称。如书 ɕy¹ → 小书 ɕyʔ⁷。表示小称时将阴平调改为阴入调,或者借用官话的词汇表达法,即用"小"前置于名词。

甲方言特征的萎缩如果是因不断借用乙方言引起的,那么在萎缩的同时就会不断增加乙方言的特征。极端消长的结果,就会造成方言的转用,即原来说甲方言的人群,改说乙方言或跟乙方言相似的方言。因方言萎缩而造成方言转用,其过程是非常缓慢的,决不是一两代人可以完成的。最典型的例子是长沙一带的所谓新湘语。传统的方言分类法把湘语分为新湘语和老湘语两类。这种分类法是从历史来源的角度出发的,并不考虑现代方言的共时异同。实际上从共时的平面来看,新湘语更接近西南官话,两者通话很困难。可以认为长沙一带的方言由于长期受官话的影响和侵蚀,湘语特征极端萎缩,到现代已变成西南官话的次方言。现在拿长沙话跟汉口话(西南官话)、双峰话或城步话(皆老湘语)分别举例比较三者的语音和词汇。

语音的举例比较(比韵母开合),见表 2.11。表 2.11 共列出 7 个例字(字音据《汉语方音字汇》),从中可以看出在韵母开合方面长沙和汉口接近,相同的有四项,长沙和双峰没有一项是相同的。从这些例字也可以看出在声母方面也是长沙和汉口比较接近。事实上双峰有全浊声母:b d g dz dʑ,长沙和汉口都没有此类声母。

　　表 2.12 是若干常用词汇比较。表上列出封闭类词:代词(三地相同的不列)、结构助词、否定助词。并选列了两个可以用于区别方言的典型的动词,词汇材料据赵元任等《湖北方言调查报告》和杨时逢等的《湖南方言调查报告》。表中词汇除"这个、那个"以外,长沙和汉口完全相同,而长沙和城步的所有词汇都不同。妨碍通话的主要因素是词汇,所以新湘语与老湘语不能通话,而与西南官话通话无困难。实际上在词汇,甚至在语音系统上老湘语与吴语更接近,而与新湘语较疏远。

表 2.11　新老湘语与西南官话的语音差异

类　别	例字	长沙	汉口	双峰
端系一等合口	对	tei5	tei5	tue5
精组三四等合口	旬	sən2	ɕyn2	dzuən2
知系合口	船	tɕyē2	tɕhuan2	duɪ2
庄组阳韵开口	床	tɕhyan2	tshuan2	dzaŋ2
见系一等果韵合口	果	ko3	ko3	ku3
见系一二等合口	光	kuan1	kuaŋ1	kaŋ1
见系三四等合口	决	tɕye7	tɕye2	tu2

表 2.12　新老湘语与西南官话的词汇差异

词	长　沙	汉　口	城　步
我们	我们	我们	我里
他	他	他	渠
这个	kei5 个	这个	个项
那个	kə 个	那个	ȵi5 项
谁	哪个	哪一个	tɕia3 个
的	的	的	个[kə7]
不	不	不	冒
说	说	说	讲
站	站	站	企

第五节　语言演变的社会、文化原因

地有南北,时有古今,语言会因时因地演变,这是至为明显的事实。那么是什么原因造成语言演变呢? 应该有三方面的原因:生物学上的原因、语言结构本身的原因和社会、文化上的原因。

关于语言演变的生物学上的原因,丹麦语言学家叶斯柏森(Otto Jespersen)曾有一个著名的比喻:这好像锯木头,以已锯好的木头,作为长短的标准,来量度第二段木头,又以第二次锯好的木头为标准,来锯第三段木头,如此连续工作,每一次都会有误差,结果第一段木头和最后一段木头的长短可能相差很远。这个比喻说明,语音演变是语音模仿误差逐渐积累的结果。这里的误差应该是指听音和发音两方面的误差,所以叶斯柏森实际上主张语音演变是出于生物学上的原因。"省力原则导致语音演变"也曾风行一时,如双元音变为单元音、合音现象等。

语言演变也可能与语言结构本身有关,"类比创新"(analogical creation)就是如此。例如客方言的人称代词"𠊎(我)、你、渠(他)",其中"𠊎"是方言字,字音来历不明;"你"字中古属阳上调;"渠"字中古属阳平调。古阳上调和古阳平调在今梅县客话里调值不同,前者是 31,后者是 21。但是"𠊎、你、渠"三字在今梅县话中调值却相同。"你"字变读 21 调是与"渠"的调值类比的结果。

本节讨论语言演变的社会、文化原因。

语言的历史演变可以从宏观和微观两个角度来考察。语言的宏观演变是指语言的分化、融合、更替、双语现象的兴亡、语言地理格局的变化等;微观演变是指语言的语音系统或语法系统中的个别框架(frame)或成分(filler)的替兴、个别词汇的兴废等。语言在历史上的每一次宏观演变和部分微观演变都是社会文化上的原因造成的,而语言的现状是语言历史演变的结果,所以研究语言的历史和现状及其演变过程都必须研究语言的社会文化背景。

一、人口变迁和语言的宏观演变

历史上的移民运动是语言宏观演变的最重要的原因。移民造成语言分化,这也是显而易见的。欧洲的语言学家在 19 世纪后半期,以印欧语为基础,创立了语言分化的谱系树说(德文 Stammbaum,英文 Genealogical theory)。这个假说认为原始印欧人的迁徙造成原始印欧语分化为不同的语族,每一个语族又分化为不同的语言。这一理论是比照达尔文的生物进化论建立的。其实语言的演化不像生物那样脉络清楚,人口变迁与语言演化的关系比"谱系树说"的假设要复杂得多。移民运动造成汉语方言的宏观演变,至少有下述几种后果。

1. 方言分化

移民将原居地的方言带到新地以后,如果移民和原居地的人民很少联系,也即新地和旧地的方言很少接触。那么两地的方言因演变的速度和方向不一样,会分化成两种大不相同的方言。例如现代广西说平话的居民有 200 万左右,他们是宋代平南战争时从北方来的移民。据《南史》,宋王朝曾派狄青南征今广西一带,平定侬智高起义后,平南军在今广西驻守、屯田。这些在当地落户的军士及其家属,祖籍很可能在今山东一带。一直到 20 世纪 40 年代,他们还是每隔几年派代表到山东祭祖扫墓。除此以外,他们很少跟原居地人民交往,其方言演变的结果也跟北方官话面貌迥异。不管是桂南平话或桂北平话,都有若干特点不见于北方官话。例如桂北平话的下述特点,知组字有的读如端组:猪 ty^{24};有后高不圆唇元音[ɯ]:杯 pɯi^{24}、读 tɯi^{21};没有鼻韵尾[-m-n-ŋ]:男 nuo^{41}、津 tɕiai^{24}等。

2. 方言更替

这里所谓"方言更替"是指一种方言被另一种方言完全替换,不是指若干语言成分的替换。方言更替有两种可能:由移民方言取代土著方言;或由土著方言取代移民方言。两种方言从开始接触到最终完成取代,中间有一个双语阶段。

如果外来的移民在人数上大大地超过土著,在文化上又占较优越的地位,同时移入的时间又相对集中,那么移民带来的方言有可能取代土著的方言,成为当地唯一的方言。最典型的例子是西晋永嘉丧乱后,北方移民带来的方言,取代了江南宁镇地区原有的吴方言,从此宁镇一带沦为官话区。当时大批移民主要来自苏北和山东,人数估计在百万以上,超过了土著,东晋先后在建康地区设置的侨郡和侨州多达 20 多个。移民中有不少是大族,如跟随晋元帝司马睿从琅玡(今山东临沂一带)来的千余家中,就有大族上百家。这些大族在政治、经济、文化地位上,自然会超过土著。《颜氏家训·音辞篇》载:"易服而与之谈,南方士庶,数言可辨;隔墙而听其语,北方朝野,终日难分。"这是说南方的士族说北方话,庶民说吴语,所以数言可辨;而北方的官民都说北方话,所以朝野难分。这一段话道出了两个重要的事实:一是在江南做官的是说北方话的移民;二是庶人即土著当初还是说吴语的。南方的书生对土著的吴语跟北方话的差别,应该是很敏感的。所以山西闻喜人郭璞大约在侨居江东时所作的《尔雅注》和《方言注》中,称举最多的方言地点即是江东,共 170 次。可见移民和土著方言起初曾有过并行相持的阶段。

如果新来的移民人口相对较少,而散居于土著之中,经济和文化地位又较低,那么移民就有可能不得不放弃旧地的方言,改用新地的方言,中国历史上的若干少数民族放弃本族语,改用汉语或别种语言,就是如此。例如满族、回族和唐宋以来移居中国的犹太人,改说所居地的汉语方言。到今天满语只残留在极个别满族聚居的小地方,如据笔者的调查,黑龙江省爱辉县蓝旗营的老人还说满语,部分中老年人说满汉双语,青年人能听懂满语,但已不会说;回族的本族语残迹只是保留在回族常用姓氏纳、速、丁、忽、哈、赛、马等阿拉伯语的音节读音(汉译)之中;犹太人的后裔放弃母语以后,只有掌教的神职人员,还会用希伯来语诵读和讲解犹太经文,最后一位通希伯来语的掌教人是清代中叶在甘肃去世的。至于浙闽两省的畲族改说客家话或类似于客家话的汉语方言的原因和过程,还有待进一步调查和研究。

3. 方言融合

如果移民和土著在人口、经济、文化等的综合力量上,大致平衡,并且移民和土著杂居在一起,交往又很频繁,那么两者的方言有可能互相融合,而不是互相整个更替。互相融合的结果是产生一种混合型方言。"混合型方言"这个概念相当于混合语或克里奥耳语(Creole),只是层次不同。

混合型方言的特点有四:一是它已经定型,自有区别于它种方言的明显特征;二是它不是临时性的,在其使用的地点或地区,它是当地居民世代相传的母语;三是可以分辨出它所包含的不同方言的成分或层次;四是给方言分类或分区时,混合型方言往往成为有争议的问题。

在下列三类地方有可能产生混合型方言:人口由各地移民组成的大城市,例如今天的上海话是由苏南、浙北和本地的吴语混合而成的;两个或多个方言区交界地带,例如闽西北的邵武话是一种包含闽语和客赣方言成分的混合型方言,浙南的平阳蛮话兼有吴语和闽语的特点;方言岛上的方言往往往兼有岛内和岛外方言的特点,因而具有混合型方言的性质,例如杭州话、福建的南平话、广东的麻话等。对于上述这些混合型方言,都还可以指出是由哪些方言混合而成的,而混合严重的方言甚至已很难指出其语源,如湘西北的"乡话"。

二、移民方式和方言地理分布类型的关系

现代汉语方言在地理分布上的不同类型,是古代汉族人民移民方式不同造成的。历史上五种不同的移民方式,造成五种不同的现代方言地理类型。

1. 占据式移民和内部一致的大面积方言区

本来使用同一种方言的居民大规模地占据地广人稀的新地,有可能造成方言大面积一致性。北方方言区地域辽阔,内部相当一致,各地居民可以互相通话,其中的根本原因要从移民史实中去寻找。自汉代以来北方方言的地域大致限于长城以南长江以北,六朝之后北方方言大规模越过长江。在长城以北和西南地区,则一直到明清时代,北方方言才随着大规模的移民运动,占据了东北的大片土地和云贵各地大大小小的中心城市,席卷大半个中国。

2. 墨渍式移民和方言的蛙跳型传布方式

移民如果不是遍布成片的广大地区,而只是先后选择若干不相连属的地点定居下来,然后逐渐向周边移居,好像滴在白纸上的墨水慢慢浸润开来。他们的方言也因此各自向四周扩散。不过从整体来看,他们还没有连成一片,而被别的语言或方言分隔开来。移民方言的传布好像青蛙跳着前进。官话在广西、贵州、云南的传布即是蛙跳型的,在城镇和某些农村地区通行的官话,常常被平话或少数民族语言隔离开来。

3. 蔓延式移民和渐变型方言

方言相同的居民本来聚居在一个地区,后来逐渐从中心地带向四周较荒僻的地带蔓延渗透,久而久之,离中心地带越远的地方,方言的变异也越大。这有三方面的原因:一是移民越走越远,与中心地带方言的接触也就越来越少,这在交通不便的古代是很自然的;二是移民方言和土著方言难免接触和交融;三是这个方言区的两头又难免受邻区方言的影响。就整个方言区来看,方言在地理上是渐变的。今天的吴语区在历史上是从北向南开发的。春秋战国时代汉人的活动中心只是在今苏南的苏州、无锡附近和浙北

的绍兴、诸暨一带。秦汉时代整个苏南和浙北地区渐次得到开发,三国两晋以后又开发浙南,唐代以后才扩展到浙西南及边境地区。吴方言伴随着开发过程,不仅逐渐向南蔓延,也逐渐变化,以至今天浙南吴语跟苏南吴语不能通话。

4. 板块转移式移民和相似型方言

移民离开祖辈生息的家园,大规模地迁移到与原居地不相连属的大片土地,他们的方言至今仍与原居地的方言基本相似。这种板块转移式的移民运动,一般来说历史不会太长。例如闽南人向外移居,使闽语传播到中国台湾、海南岛、广东南部沿海和东南亚,造成闽语的新板块。各板块的闽语除海南省的琼文话外,皆与今天的闽南话很相似。如果此类移民运动的历史过长,那么新地和旧地的方言就可能变得不再相似。例如现代南方客话居民的祖先,本是唐宋时代中原一带的人民,他们南下时带来的是当时的北方话,但今客话和今北方话却相违甚远。由此也可推知,闽语从福建本土迁往海南岛比迁往别地的历史应早些,因为只有海南省的琼文话跟今闽南话差异较大。

5. 闭锁型移民社会和孤岛型方言

移民到达新地之后,聚居在一个较小的地域内,自成社区,与周边的本地人很少接触交流,那么这些移民的方言就有可能长久保留原有的面貌或某些特征。与周围大片本地方言相比之下,这种外来的方言就像大海中的孤岛。因闭锁型移民社会造成的方言岛有一个共同的特征,即岛内外方言分属两大类或差别较大,不易相互交融。例如,闽语包围中的官话方言岛——福建南平话;吴语包围中的闽语方言岛——浙江余姚观城卫里话;官话包围中的湘语方言岛——四川中江、金堂、简阳、乐至四县交界的老湖广话。

三、方言历史演变的宏观取向

地点方言在宏观上的演变是有方向性的,特别是现代方言更是如此。方言历史演变的宏观取向是弱势方言向优势方言靠拢,方言向共同语靠拢。所谓"优势方言"是与"弱势方言"相对而言的,优势方言是指在文化地位和语言心理上占优越地位的方言。城市方言相对于乡下方言而言是优势方言;一个地区方言里的权威方言相对于其他方言是优势方言;两种不同的方言互相接触的时候,往往其中一种占有优势地位。一般说来城里的方言发展快些，乡下的方言总是朝着城里方言的发展方向向前发展。包括若干城市的地区方言，则有向该地区方言的权威方言靠拢的倾向，以粤语区最典型。例如广西南部桂南粤语，俗称白话，本来与广州的粤语有别，近年来加速向广州话靠拢，如南宁白话和梧州白话皆如此。宏观取向可以通过微观演变来观察，下文讨论微观演变时将详细举例。两种方言互相接触的时候，还可能因地位悬殊，造成方言更替，例如海口市和韶关市本来都不是粤语的地盘，近年来却通行广州话。

四、权威方言变易的社会文化原因

权威方言是一个地区里最有权威的地点方言，它常常成为其他地点方言仿效的对象，来自不同地方的人相聚的时候有可能将它用作共同语。一个地区的权威方言并不是一成不变的，它会随着它所使用的地点的社会文化地位的变化而变化。下面举吴语区和闽语区为例，分别说明行政区首府变易和经济中心变易引起权威方言变易。

对于今上海地区来说，权威方言从明代至今已三易其主。明正德《松江府志》和《华亭县志》在述及方言时都说："府城视上海为轻，视嘉兴为重。"从明志看，当时的嘉兴话，最为人所器重，最带权威性。这是因为松江府是元代以后才从嘉兴府独立出来，此前长期以来在行政上是隶属于嘉兴的。但是清嘉庆《松江府志》却说："府城视上海为轻，视姑苏为重。"这不仅因为松江府从嘉兴府独立出来已经有三四百年的历史，而且因为清代的苏州在文化上占有明显的优越地位。到了现代由于上海在经济和文化上的崛起，上海市区话才逐渐取代苏州话的权威地位。

泉州是闽南开发最早的地区，唐开元时人丁已有五万多户，隋唐后成为全国重要海外交通中心之一。清嘉庆年间出版的闽南地方韵书《汇音妙悟》，即是以泉州音为标准的。梨园戏是闽南最古老的剧种，至今仍以泉州音为标准音，一般说来戏剧语言是比较保守的。漳州话在闽南的地位，曾因漳州月港成为闽南外贸中心，一度有所提高，但至清末仍未能取代泉州话的权威地位。鸦片战争后，厦门成为通商口岸和经济中心，它在闽南的地位急剧上升。厦门话也因此取代泉州话，成为权威方言。

而在粤语区从古粤王时代开始一直到现代，广州始终是该地区的政治、经济和文化中心，所以其权威方言的地位历 2 000 年而不衰。中国香港近年来在珠江三角洲的地位日见显要，但香港粤语与广州话差异甚少，仅在新词方面有超强的竞争力。

五、语言微观演变的社会、文化原因

语言微观演化的原因不是唯一的,有些语音演变的现象很难用社会和文化方面的原因来解释。例如汉语的鼻音韵尾和塞音韵尾的演变过程是这样的(见表 2.13):

表 2.13　鼻音韵尾和塞音韵尾的历史演变

	中古汉语	今 闽 话	今 吴 语
鼻音韵尾	-m -n -ŋ	-n (-m -n)-ŋ	-ŋ
塞音韵尾	-p -t -k	-t (-p -t)-k	-ʔ

为什么是-m 并入-n,而不是-m 并入-ŋ? 为什么是-p 并入-t,而不是-p 并入-k? 也许只能以音理和音系结构的同步变化来解释。-m 和-n 发音部位较接近;-p 和-t 发音部位较接近;在中古音系阴声韵、阳声韵和入声韵的搭配关系中,-m 尾和-p 尾相配,-n 尾和-t 尾相配。

语音演变的方向与音理、生理及语音结构本身有关。一旦某一演变方向有了端倪之后,会不会通过词汇扩散、口头流传得以发展和巩固,往往要从社会和文化方面去找原因。换句话说,语音变异出现的初始原因不一定与社会文化有关,但对变异的选择往往与之有关。

词汇和语法的演变也有类似的情况,不过词汇的演变显然跟社会文化原因关系最大。

1. 人口成分的变化

一个地方的居民成分的改变,会影响当地方言演变方向。成批移居本地的外地人带来外地方言,这些外地方言在一定的条件下会影响本地方言。特别是大城市,五方杂处,更容易吸收外地居民的方言成分。例如直奉战争之后,有一批东北人随张作霖入关,给北京话带来东北方言的成分。他们不仅带来东北方言词汇:靰鞡、海蛎子(牡蛎)、邮(寄,读阴平调)等,而且还给北京口语增添了一个音节:sha,即"啥"(什么)的字音。上海的人口自 20 世纪初期以来急剧增加,大量外地人迁入上海定居。据 1947 年的统计,上海的本籍人只占人口总数的 16%;据 1950 年的统计,本籍人只占 15%。外地人中宁波人占很大比例,他们不仅人数多,并且经济地位较高(20 世纪上半叶,在上海的宁波人多经商),所以上海人乐于用宁波方言词"阿拉"来替换

"我伲"(我们)。到今天这是上海话中一个常用的基本词汇,可见居民成分的变化,在一定条件下对方言演变影响之大。

2. 仿效优势方言

优势方言(或称权威方言,prestige accent)不仅在宏观上会对邻近的劣势方言区产生强大的影响,如广东铁路沿线学讲广州话,韶关市区也通行广州话(在家讲本地话),而且在微观上也会影响邻近的劣势方言。例如,北京话声母有 z 组和 zh 组的区别,而在天津话中这两组声母没有区别,都念舌尖前的平舌音。但是近年来天津人嘴里的翘舌音多起来了,这是仿效优势方言——北京话的结果。

借用和模仿的成分逐渐积累,最终有可能改变一种方言的语音和语法结构,从而造成方言的类型渐变或宏观演变。不断地借用和模仿共同语及其基础方言——北方话,可以说是贯穿南方方言发展史的全过程,以致南方方言在类型学上越来越接近北方话,在地理上越是靠近北方的地方,其方言越是接近北方话,造成所谓语言地理类型学上的南北推移。新湘语在类型上渐渐脱离老湘语,而靠拢西南官话。赣语在类型学上的特点远没有吴语、闽语和粤语那么鲜明,江淮官话可以说是北方官话区到吴语区的过渡地带。历史上江淮一带的方言应该与吴语有更多的相同或相似之处,由于不断地借用和模仿北方官话,后来演变为官话的一种次方言——江淮官话。例如如皋话,韵母单元音化、入声分阴阳、n 和 l 对立,这些特点跟北部吴语相同,因为它是"以吴语为基本,加上下江官话的部分影响而成的,所以吴语的色彩较浓,下江官话的色彩较淡,成为这两个方言区域之间的中间方言"①。在吴语区内部,太湖片在地域上较接近官话区,对官话的借用和模仿更多更频繁,所以在今天的吴语区,自南而北古吴语的特征逐次减少,官话的特征渐次增加,长江北岸的吴语所受官话的渗透尤其严重。例如靖江话作为吴语类型的方言,只是声调和声母还没有变,韵母的音值已发生变化,词汇则已大变,即大量吸收官话词汇,如称"头"为"脑壳子",可以说是苏北词汇,江南腔调。就整个吴语片来说,台州片是过渡地带,就语音特点而言它与太湖片更接近,如灰、阳、唐、真、文、庚等韵的今音都是近上海而跟温州差别较大,但是词汇系统则与浙南吴语较接近。古吴语的特征更多地保留在浙南吴语乃至闽语里,如明末冯梦龙辑录的《山歌》中的有些吴语词汇,今苏州话

---

① 丁邦新:《如皋方言的音韵》,载《历史语言研究所集刊》1976 年第 36 分。

已不用,但仍保留在温州话里。如"团鱼、打生",此两词苏州话早已改用官话的"甲鱼、陌生"。

3.文化传播

文化传播包括外国文化的传播和本国或本民族内部各地文化的互相传播。前者我们将在下文详加讨论,这里只就后者举些例子。某些外地文化传播到本地,可能会对本地方言产生影响。例如"赶了出去"这样的"动补结构"老北京话本来不说,后来因受京戏说白的影响,进入北京口语。天津的工业发达比北京早,汽车上有个制动的零件叫"涩带"[sei¹ tai⁵],北京人也跟着这样说,但是北京人说柿子"涩",不说[sei¹]。仍用北京音[sʏ⁵]。至于外地的文化带来外地词汇更是不胜枚举,例如"牛仔裤、T恤衫、嘉年华、减肥、买单、按揭"之类源出中国香港粤语的词汇,近年来进入许多地方的口语。

有些外来的词汇,最初词义与外语原词一样,渐渐词义有所引申,而成为本地语言的可以自由搭配的语素。例如外来词"酒吧"(bar)的"吧"本来只用原义:"出售酒类饮料供堂饮的商店"。但后来词义引申、转移为"供各类休闲的时尚商店",如陶吧、网吧、书吧等。又如外来词"作秀"(show)始用于中国台湾,本来只是用英语show的原义,后来在中国台湾和大陆的汉语里渐渐变成类后缀,见于内地的有模仿秀、玫瑰秀、时装秀、猛男秀、泳装秀、钻石秀、谈话秀等,见于中国台湾的还有歌舞秀、打鼓秀、民主秀、促销秀、烟火秀、槟榔秀、灌篮秀等。类似的还有"族":上班族、soho族、本本族、丁克族。

4.普通话或书面语的影响

最近几十年以来普通话或书面语对各地方言的微观演化产生越来越大的影响。

语音方面的主要表现是:新派方言的字音靠拢普通话,新词倾向于用文读音。新派上海话有不少字音受普通话影响,逸出了历史音变或语音对应的规律,例如"政治"的"治"和"迟到"的"迟",本来读[z]声母,今改读[dz]声母,因为这两个字普通话读[ts]和[tsh]声母,是塞擦音,[dz]比[z]更接近普通话的这两个声母。在上海音系里本来没有[dz]声母,如果这一类字的读音进一步发展和稳定,会引起上海音系的变化。各地方言新产生的词汇大多用文读音,方言中的白读系统正趋于萎缩。例如在上海话中,"解、日、家、生"这四个字有文白两读,在新产生的词汇中,这些字只用文读音:解[tɕia⁵]放军、日[zəʔ⁸]历、家[tɕia¹]属、生[səŋ¹]产。"家",在旧词"家生"(家具)中只能用白读音[ka¹],但是在新词"家具"中也可以用文读音[tɕia¹]。

词汇方面的突出表现是用普通话词汇替换原有的方言词汇。以下是见于若干吴语地点方言的例子:白滚汤→开水(松阳)、齐整→漂亮(嘉兴)、手巾布→毛巾(上虞)、天罗絮→油条(黄岩)、户槛→门槛(安吉)。

在语法方面,与普通话相同或较接近的新格式取代旧格式的过程,往往比词汇的新旧替换要缓慢一些,新旧两种格式要并存并用一段时间,旧格式在派生能力、使用范围、使用频率等方面逐渐萎缩,最后才趋于消亡。例如上海话双宾语的位置有两种格式并存,第一种是"动词+直接宾语+间接宾语":拨支笔我;第二种是"动词+间接宾语+直接宾语":拨我一支笔,第二种词序与普通话相同。目前的情况是第一种格式多用于老派,新派基本用第二种格式。

思考与练习

1. 社会方言有哪些主要的类别? 选择其中两种谈谈它们的特点。
2. 举例说明城乡的语言差别和年龄层次的语言差异有什么异同。
3. 语言变异的原因是什么? 在社会文化方面有哪些原因?
4. 社会语言学上的"语言变体"是什么意思? 举例说明"语言变体"与"音位变体"有什么不同。

第三章　双重语言和语言忠诚

第一节　双重语言和双层语言

一、双重语言现象

双重语言现象(bilingualism)是指在一个言语社区,在日常生活的各种不同的场合,人们普遍有能力使用两种或两种以上不同的语言口头表达或交流思想。例如中国广西壮族聚居地区,普遍使用壮语和当地汉语方言。双重语言现象是就语言的使用能力而言的,即社会成员个人有能力运用两种或两种以上的语言或方言,例如在中国香港有许多人具备英语和粤语两种语言的使用能力。有这种能力的人称为双重语言人(bilingual)。双重语言现象也可以简称为"双语现象"。本书所谓双重语言现象也包括"双重方言现象"(bidialectalism)和"多重语言现象"(multi-lingualism)。

所谓"双重语言人"的双重语言能力也会因人而异,可以分为以下几种类型:

1) 能听、读,但不能说、写第二语言。这种现象称为"半双重语言"(receptive bilingualism)。

2) 对第二语言具备听、说、读、写四方面全面的能力。这种现象称为"全双重语言"(productive bilingualism)。

3) 对两种语言有相同的使用能力。这种现象称为"双重语言均衡"(symmetrical bilingualism)。对两种语言的使用能力不相同,则称为"双重语言不均衡"(asymmetrical bilingualism)。

4) 对两种语言同等熟练,其熟练程度与单语人相差无几。这种现象称为"双重语言同等"(equilingualism)。

5) 在所有的场合都能同等熟练地使用双重语言中的任一语言,并且找不出有另一种语言的痕迹。这种现象称为"双重语言纯熟"(ambilingualism)。

6) 能使用标准语言和另一种相关方言,称为"双层语言现象"(diglossia 或 vertical bilingualism)。

双重语言人所使用的两种或多种语言,一般说来其中有一种是母语,除非他本来就是一个"无母语人"(SWONAL, speakers without a native language)。"无母语人"的主要语言能力既不是来自他的母语,也不是来自他后来学会的第二语言,而是来自一种中介的语言,"无母语人"通常居住在通行他的第二语言的社会。例如北美唐人街的中国移民后裔,他们的第一语言是汉语,但是他们的语言能力显然不表现在汉语上,而是表现在一种混合型的英语上。

双重语言人获得双重方言的环境并不完全一样,大致有两种不同的情况。一是从小生长在双重方言社团或环境中的双重语言人,他们是在语言学习的最佳年龄习得双言的。他们对双重方言的熟悉程度几乎是相等的。二是双重语言人长大以后因交际的需要,如迁入别的方言区或出于跟邻接的方言区居民交往的需要,才学会第二方言的。从理论上说,双重语言人应该可以同等熟练地使用两种或多种方言。但是事实上,上述第二种双重语言人使用母语和第二种方言的熟练程度,显然是有差别的。第二种双重语言人使用第二种方言是被动的。他的"内部语言",如沉思默想、心算、默读的时候所用的语言,是他首先习得的方言,即他的母语。第一种双重语言人使用双言则是完全自由的。在人数上第二种双重语言人可能大大超过第一种双重语言人。

二、双层语言现象

与"双重语言现象"密切相关的是"双层语言现象"。双层语言现象(diglossia)是指同一个人在日常生活中,在不同的场合,使用两种或两种以上不同的方言,或者在甲场合使用某种方言,在乙场合使用标准语,口头表达或交流思想。双层语言现象是就语言的社会功能而言的,即在同一个社会的日常生活中,有两种或两种以上语言并存的现象,在不同的场合使用不同的语言,在语言使用上有层级之别。双层语言现象也可以简称为"双言现象"。双层语言现象在中国是普遍存在的,方言区的居民大多都会说普通话,因场景不同选用普通话或本地方言。

　　"双重语言现象"是就社会成员个人的语言使用能力而言的,"双层语言现象"是就语言在社会生活中使用的层次而言的。关于语言在社会生活中使用的层级问题,我们将在图 3.3 详细讨论。

　　率先研究两种语言在同一个言语社区里并存并用现象的是 Charles A. Ferguson (1921—　　)。Diglossia(双层语言现象)这个概念最初是 Ferguson 提出来的。他所谓 Diglossia 是指对不同的人群说话使用不同的语体,例如"在巴格达,信奉基督教的阿拉伯人相互之间使用基督教阿拉伯语,而在身份混杂的人群中间谈话时则使用巴格达方言,即穆斯林阿拉伯语"。许多语言除了有一般的方言外,都有超方言的变体。一般的地域方言称为"低级语体",超方言变体称为"高级语体"。例如在瑞士,标准德语是高级语体,瑞士德语是低级语体。古典阿拉伯语是"高级语体",一般阿拉伯语是"低级语体"。双层语言可以是同一种语言的两种变体,也可以是两种不同的语言,例如在海地,高级语体和低级语体有可能出现在下述不同的场合,见表 3.1[①]。

表 3.1　高级语体和低级语体使用的场合

场　　　合	高级语体	低级语体
教堂或寺院讲道	✓	
吩咐仆人、招待员、工匠、职员		✓
私人信件	✓	
国会演讲、政治演说	✓	
大学讲课	✓	
与亲友、同事交谈		✓
新闻广播	✓	
广播连续剧		✓
报纸社论、新闻报道、图片说明	✓	
政治漫画标题		✓
诗歌	✓	
民间文学		✓

---

① Charles A. Ferguson, *Diglossia*, 1959, Word, 15.

在中国,文白异读发达的地方,例如江苏的丹阳和浙江的金华,文读和白读是两种不同的语体,与外地人说话或读书的时候用文读语体,与本地人说话时用白读语体。旧时代的中国文人书面语言用文言文,口语则用各地方言。

"双层语言现象"这个概念 1959 年由 Ferguson 提出来之后,不仅为社会语言学家和社会学家所普遍接受,而且其内涵得到进一步的扩充和改善。甘伯兹提出双层语言不仅存在于多语社会,不仅存在于有古典语言和方言变体的社会,也可以存在于使用各种不同方言、各种功能不同的语言的社会。Fishman 则致力于研究"双层语言现象"是如何维护或消失的。

三、双重语言和双层语言的关系

"双重语言现象"和"双层语言现象"在一个社会里稳定并存,是社会语言竞争、发展的结果,这一观点是 Fishman 首先提出来的。请看图 3.1。

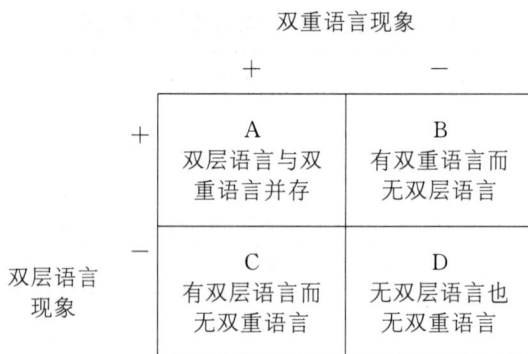

双重语言现象

	+	−
+	A 双层语言与双重语言并存	B 有双重语言而无双层语言
−	C 有双层语言而无双重语言	D 无双层语言也无双重语言

（左侧标注：双层语言现象）

图 3.1　双重语言和双层语言的关系

图 3.1 上的 A 表示双重语言现象和双层语言现象稳定并存的阶段。但是实际上很少国家达到双重语言和双层语言充分发达的程度,比较接近充分发达的国家是巴拉圭。大多数巴拉圭人说西班牙语和瓜拉尼(Guarani)语,有相当一部分乡下人本来是说单一的瓜拉尼语的,后来在教育、宗教、政府、精英文化领域也用上西班牙语。同时绝大部分从农村移居城市的居民,在西班牙式的都市化过程中,为了维护同乡情谊,仍然保留瓜拉尼语。虽然1967 年的宪法规定瓜拉尼语为"国语",但是瓜拉尼语并不是在政府、正规教育、法庭等领域通用的"官方语言"。并行阶段的双重语言现象称为 Horizontal bilingualism，在这一阶段，两种不同的语言在官方、工作、文化和家庭生活等方面都具有同样的地位。图 3.1 中的 A 阶段即属于并行阶段。

图 3.1 上的 B 表示新确立的外来的语言如殖民者的语言和土著语言并存的阶段，最初只有少数土著居民学会高层语言，后来通过教育和其他途径，双重语言现象逐渐普遍，而进入 A 阶段。例如新加坡，起初只有少数当地人学会殖民者的语言——英语。后来会英语的人越来越多，双重语言现象逐渐普遍，而进入英语与华语双重语言现象和双层语言现象稳定并存的 A 阶段。

一个社区的双重语言现象有一个逐步发展的过程。大致可以分为初始和并行两个阶段。初始阶段的双重语言现象称为 Incipient bilingualism。这个社区的居民还处于第二语言习得的过程中。图 3.1 中的 B 阶段即属于初始阶段。图 3.1 中的 A 阶段即是一个理想的最完美的双重语言阶段。实际上如此完美的双重语言社会并不多见。例如在加拿大英语人口占 67%，法语人口占 27%，但双重语言人口仅占全国人口的 13%。在比利时，双重语言人口也仅占全国人口的 15%。

图 3.1 上的 C 表示多个民系移居同一个新的居住地，语言各不相同，最后会有某一个民系在政治、社会或经济方面比较成功，因而其语言成为高层语言，其他语言则成为低层语言。例如中国台湾地区先后有高山族、闽南人、客家人和说国语的中国大陆人移入，近几十年来国语成为高层语言。初期只有双层语言，而无双重语言。原来只说低层语言的人逐渐学会高层语言，整个社会也就渐渐进入 A 阶段。

图 3.1 上的 D 假设有一种单纯的社会，初时其单一的语言没有任何变体，但是随着人口迁移和社会分工逐渐明确，语言的变体也会产生，最终也会进入 A 阶段。只使用单一语言的国家几乎是不存在的，澳大利亚和新西兰较接近这种类型，许多国家虽然都有"官方语言"，但在社会交际上却是长期稳定地广泛使用多语，见表 3.2。

表 3.2　世界各国使用本国主要语言人口百分比

地　区	90—100	80—89	70—79	60—69	50—59	40—49	30—39	20—29	10—19	10—100（合）
欧　洲	17	4	2	2	2	—	—	—	—	27
东亚和南亚	5	3	4	3	—	4	—	—	1	21

（续表）

地　区	90—100	80—89	70—79	60—69	50—59	40—49	30—39	20—29	10—19	10—100（合）
大洋洲	2	—	—	—	—	—	—	—	—	2
中东和北非	8	6	2	3	1	2	—	—	—	22
赤道和南非	3	—	—	2	5	8	7	5	3	33
美　洲	15	6	—	—	2	2	1	—	—	26
全世界合计	50	19	8	10	11	16	8	6	3	131

　　双重语言现象在世界的许多地方都存在,其中最引人瞩目的有加拿大(英语和法语)、比利时(法语和佛兰芒语,即荷兰语)、瑞士(德语、法语、意大利语和罗曼语)、新加坡(华语、汉语方言、英语)等。

　　双重语言现象在中国是普遍存在的。少数民族地区许多居民既会说本族语,也会说当地汉语或当地的别族方言。例如东北的朝鲜族既会说朝鲜话,也会说东北的汉语方言的人很多。在汉语方言区,许多居民则会说当地汉语和普通话,或者会说两种或更多的方言。在大城市和方言区交界的地方,双重语言现象尤为常见。例如在浙南与闽语区交界的地带,吴语居民和闽语居民在当地杂居,居民使用双重语言:吴语温州话和苍南闽语。

四、双重语言的成因和发展趋势

　　双重方言现象的形成有一个前提,即两种(或多种)方言相互的差别较为明显,以致影响通话。如果差别小,在交际上就没有必要使用双言,双层语言现象不能长久维持,其结果是方言的同化或融合。例如,宁波人在上海说宁波话可以通行无阻,就不必采用双言制,或者改说带宁波腔的上海话,到了第二代就可能被上海话同化。在上海的双重语言现象只存在于差别较大的方言之间,例如上海话/粤语、上海话/官话、上海话/温州话。

　　在下述四种环境中,才有可能产生双重方言现象。

　　第一,杂居双重方言制。母语不同的居民杂居在同一个地方。例如福建的永泰、福清南部、惠安北部的沿边地区居民既说本地话(闽东话和闽西话),又说莆仙话。杂居双重方言制如果是出于社会生活的实际需要,如购物,有可能长期存在。

　　第二,城市双重方言制。城市中来自别的方言区的居民及其后裔往往兼用母语和这个城市的方言。例如上海人在北京，广东人在上海等。城市双重方言制往往只能维持一代人，到了第二代就会产生语言转用现象。

第三，边界双重方言制。一个地区居民内部互相交际时使用本地方言，当跟邻接的方言区的居民交际时，则使用外地人的方言。在这种情况下，本地话往往是劣势方言，外地话往往是优势方言。例如浙南的丽水人内部交际时用丽水话，跟温州人交谈可以用温州话，而不可能用丽水话，这种关系不能逆转。再如湘南的嘉禾、蓝山、临武、宁远、宜章、桂阳、新田、道县、江华、江永等县居民兼用两种方言，本地人日常交谈用本地土话，跟外地人交际或读书时则用一种接近郴州话的西南官话。湘南各地的土话差别颇大，各地居民互相交际也用这种西南官话。

第四，方言岛双重方言制。方言岛在产生的初期一般使用单一的移民方言，久而久之，也可能使用岛外的本地方言。例如浙江慈溪的闽方言岛，双重语言现象是很普遍的，目前的情况是"街面"上使用吴语，闽语只是在家庭内部使用。

从社会的角度看，双重语言现象是使用不同语言的社团(包括家庭)互相接触、交际中自然产生的。也就是说，一个社会之所以产生双重语言现象，是因为社会生活需要有一种以上语言，而这些语言各有自己的社会功能。但是双重语言现象的发展趋势，会因地区的不同而不同。它是受各地不同的文化背景所制约的，这些文化背景包括双重语言的社会地位是否平等、双重语言人对母语的忠诚态度、母语教育能否持续、母语社团的聚散等。

双重语言现象一旦在一个社会中形成之后，其发展趋势如何？是长期维持双重语言制抑或变为单一语言制？

双重语言在言语社区的发展大致有以下几种趋势。

第一，由双重语言现象发展到语言杂交，产生洋泾浜语或混合语。例如，自称格曼的僜人聚居在中国西藏与印度接壤的察隅县，他们使用僜语。200年前藏族迁居僜人聚居区，实行政教合一的统治，造成僜人的双重语言现象。但是200多年来，因受藏族政治和宗教的强大影响，僜语逐渐被藏语同化。目前的僜语，有60％以上的词汇是藏语来源的外来词，语法也基本藏语化。实际上今天的僜语是一种杂交的语言。僜语从与藏语并用发展到与藏语杂交，其大文化背景是藏语在政治和宗教上的优势地位。

第二，双重语言现象趋于消亡，即其中一种语言或方言被另一种同化。每一个地区都有一种地点方言是该地区的优势方言(或称权威方言)，这个权威方言往往是该地区最大的城市所使用的方言。方言的权威地位是由这个城市在该地区的政治、经济、文化的权威地位决定的。例如文昌话是海南岛闽语区的权威方言,厦门话是今闽南话的权威方言,上海话是今吴语北片的权威方言等。从别的方言区迁入这种城市的居民往往成为双重语言人。如果没有语言忠诚、母语教育等方面的特殊原因,双重语言人的母语往往不能长久维持,而被权威方言所同化。例如在上海市区的人口成分中有大量苏北人,据1949年的统计,在市内闸北、虹口、杨树浦一带,外省籍人口占95％以上,其中大部分是苏北人。从20世纪60年代开始,上海市区人口趋于稳定,迁出的多,从外地迁入的很少,所以今天上海的苏北人,中年人至少已是第二代,青少年已是第三代。老年苏北人在公共场合讲一种洋泾浜方言,即带上海腔的苏北话,或带苏北腔的上海话。中年苏北人多使用双重语言,在苏北人的社团里讲苏北话,对外讲上海话。很多第三代苏北人已经不再使用苏北话。原籍其他地方的上海人的双重语言现象也有类似的发展趋势。近30年以来,人口成分的稳定,即很少有外地移民迁入,一方面促使双层语言现象(不包括方言与普通话的双层语言现象)渐趋消亡,另一方面也使上海市区方言音系趋于稳定,即形成稳定的内部统一的上海方言特征。

　　在杂居双重语言制的环境中,如果两种方言有优势和弱势之分,那么以弱势方言为母语的居民经过若干代之后,可能放弃母语,即放弃双言,而转用单一的当地优势方言。例如苏南的溧水县太平天国战争后曾有河南移民移居,他们既说家乡的河南话,也会说当地的吴语,双重语言制已维持100多年。但是由于在人数、经济和文化上长期处于弱势地位,到今天新一代几近放弃母语,老一代的河南话也因借用许多吴语成分,而变得不纯粹。

　　第三,双重语言现象长久维持。双重语言现象得以长久维持的主要动力是对母语的"语言忠诚",此外,语言政策尤其是教学语言采用母语也是重要原因之一。语言忠诚并不是一种孤立存在的文化心理,语言和方言是民族或民系认同的重要标志。"语言忠诚"是民族或民系意识的一种表现。最典型的例证是东南亚华人的双重语言现象。现代东南亚的许多华人实际上只是当初出国谋生的华侨的后裔,但是他们仍能说先辈的汉语方言,并且能说侨居地的语言,例如新加坡、泰国等地的华人。他们对汉语的忠诚是与他们维持中华民族传统文化的理想和实践有关的。双重语言现象是与华文教育、同乡会馆、中华民族传统民俗(如端午划龙舟、清明扫祖坟)、传统庙宇、传统戏曲相辅相成的。语言行为只是文化行为的一个组成部分。东南亚华人双重语言现象的历史、现状和发展趋势问题,实际上还要复杂得多,需要专门的调查和研究。

在边界双重语言制的环境下双重语言现象一般可以长久维持,因为分居边界两边的居民为了交际的需要,常常使用对方的语言或方言。在杂居双重语言制的环境中,如果两种方言势均力敌,并无优势和劣势之分,那么双重语言制也可能长久维持。如浙南的苍南县吴语和闽语的双重语言制。

在社会对双重语言的需求降低,语言忠诚度又不够强的情况下,如果要人为维护双重语言,往往要付出高昂的人力和资源,例如创制文字、投资教育等。

五、多语现象和多语社区的共同语

移民使用多种不同的母语,生活在同一个社区里,需要有一种为大家接受的公共交际语,即共同语(lingua franca)。确立多语社区的高层语言有三种不同类型。

第一类,在多种方言中只有某一种方言是威望最高的优势方言,它就自然成为共同的高层语言。例如闽南地区的厦门话,两广地区和中国香港的广州话。再如马来西亚吉隆坡和越南大部分地区华人社会的粤语、柔佛州许多市镇的潮州话、槟榔屿的厦门话。以这种共通语为母语的人可能不懂其他方言,但其他人可能兼说共通语和自己的方言,甚至其他的方言。这样的社区在社会语言学上可以称为"内聚社会"。

第二类,在互相不能通话的多种方言中,没有一种在语言竞争力上占明显的优势,就引进一种外来的优势方言或语言作为共同的高层语言,如东北地区引进北京官话,新加坡华人社会引进华语(普通话)。新加坡汉语方言主要是闽南话(42.2%)、潮州话(17%)和粤语(17%),还有海南话(7%)、客家话(7%)、福州话、莆田话。官话人口只占0.1%,在语言的人口竞争力上是微乎其微的。但是它却以强劲的政治竞争力和文化竞争力而登上高层语言的宝座。再如在泰国华侨之间用泰语,在千里达、新加坡用英语,在大溪地、留里旺用法语。这样的社区在社会语言学上可以称为"外附社会"。

海外华人社会演变成为内聚社会或外附社会,有各种复杂的关键因素,本节不加详述,但值得注意的是,华侨社会的语言的复杂情况并不能与原居地的社会语言情况相提并论。在华人内聚社会里长大的小孩需要学会多种语言,包括家里用的母语,当地华人社会里的共同语,当地的语言,甚至包括有国际地位的外语和很多华文学校教授的国语。在华人外附社会里长大的小孩,语言的负担应该比较轻,但是在认同方面,对象已缩小到方言相同的社群,他们往往较早走上同化的道路。

第三类,在差异不大的互相可以通话的多种方言中,没有一种在语言竞争力上占明显的优势,这几种方言互相融合形成一种新的混杂型方言,即以这种新的方言作为共同的高层语言。上海话属于这一类。目前在中国台湾地区作为高层语言的闽南话也是一种混杂型方言,它由漳州腔和泉州腔融合而成。当闽南人大量移居中国台湾的时候,厦门话在闽南还没有确立它强势的地位。所以高层语言在今天的中国台湾是漳泉混合腔,而在闽南地区则是厦门话。不过厦门话最初也是漳泉混合腔,其形成的过程应该与上海话相似。

上海话是长江三角洲的高层语言,广州话是珠江三角洲的高层语言,两者都是高层语言,但是使用功能相差很远。上海话的功能比广州话要小得多,广州话在日常生活中可以使用的领域更多更广。在长江三角洲地区,普通话作为顶层语言已经渗透到一些本来属于高层语言或低层语言的领域,例如大中小学课堂、中小学校园、公司企业、公共交通、与外地人交谈。

第二节　民系、方言与地方文化

一、民系、方言和地方文化的层级性

语言是民族的重要特征之一,方言则是民系的重要特征之一。

方言是语言的下位概念,即一种语言由若干种方言构成。例如汉语由官话、吴语、闽语、粤语、客家话等组成。

民系是民族的下位概念,即一个民族由若干民系组合而成。例如汉民族的下属民系有客家人、广东人、福建人、江浙人等。同一民系有共同的地域、方言、民俗、文化心理等。例如广东人说粤语、看粤剧、吃粤菜,有许多独特的忌讳词和吉利词,有一批记录粤语的方言字等。"民系"(sub-ethnic group)这个概念跟"族群"有所不同,后者既可指民系,也可指民族。例如中国台湾地区的"族群"可以分为四大类:闽南人、客家人、外省人和原住民,其中原住民是高山族,其余三类则是汉族下属的民系。为行文的方便起见,涉及中国台湾地区时所谓民系也包括高山族。

民系和方言又都是分层次的,即大民系涵盖小民系,例如江浙人由上海人、宁波人、苏州人、杭州人等组成;方言又可分次方言,例如粤语可分广州话、台山话、四邑话、广西白话等。

民系和方言的关系类似民族和语言的关系,即同一个民系说同一种方言,例如客家人说客家话。但是这种一一对应关系常有例外,例如畲族人也说客家话,移居海外的客家人后裔有些已经不会说客家话,而改说当地通用的语言。

民系和民族一样有自我认同的意识,自我认同的依据有多种,其中最明显的是方言。换言之,民系自我认同的最重要的标志即是方言。同乡人在外地相遇,最直接、最可靠的互相认同的依据就是乡音。赣语和客家话的差别虽然在语言学上不容易说清楚,但是江西南部赣语和客家话交界地区的居民可以把两者的界线分得很清楚,而所凭借的就是方言和民系的自我意识。

文化也是有层级性的,一个民族有一种共同的民族文化,各地又有各具特色的地方文化,或称为民系文化。例如中华文化为中华民族所共享,所属又有大同小异的粤文化、吴文化、闽南文化、客家文化等。民系和地方文化的关系类似民系和方言的关系,不过,不同地方文化之间的界线更加模糊,更加难以划定。闽南人,包括潮汕人,喜饮乌龙茶,并配以别具特色的茶具(小茶杯、大茶盘),但是这种茶具也见于粤语地区。其中的原因也不难解释,文化的传播比语言的传播更加便捷,所以一种文化现象很容易越出它原来所在的文化圈,而一种方言却不可能轻易传播到别的方言区。

普通话是口语化的现代汉语书面语。全国通用的汉语及其书面语是中华民族的宝贵财富,也是中华文化的瑰宝。汉语标准语(及其书面语)的下位概念是方言,如粤语;中华民族的下位概念是民系,如客家人;中华文化的下位概念是地方文化,如吴越文化。中华文化是母文化,地方文化则是子文化。汉语标准语(及其书面语)与中华民族及中华文化相对应;方言与民系及地方文化相对应。他们处在两个不同的层面上。标准语的推广与中华民族及中华文化的繁荣发展可以相互促进。方言及民系的兴衰才与地方文化息息相关。换言之,影响地方文化传承的两大根本因素是方言与民系。

民系的区域、方言的区域和地方文化的区域三者的境界线虽然往往是不重合的,但三者的密切关系即同一性也是至为明显的。

二、语言使用场域的地理层级性

普通话是通行全国的标准语，不过大多数人所说的普通话实际上可以说只是"蓝青官话"，即带有方言语音特点的不标准的普通话。"蓝青官话"这个词虽然在现代汉语已经长久不用了，但是笔者认为这个术语还是很有用的，它可以用来概括这一类介乎普通话与方言之间的语言。为了便于讨论，本书把它当作方言来处理。

普通话或蓝青官话通行全国，是地理上使用范围最广的语言。地区共同语是使用地域仅次于普通话或蓝青官话的语言。地区共同语通行于整个方言区或该方言区的大部分地方。例如广州话通行于粤语区，上海话通行于吴语区的北部，厦门话通行于闽南和中国台湾地区，昆明话通行于云南的昆明地区。此外，地区共同语还有以下两个特点。

第一，地区共同语一定是某一方言区里的强势方言，例如广州话是粤语区的强势方言。

第二，它不仅通行于整个方言区，而且大多是跨方言区的。例如广州话不仅流行于粤语区，而且跨越粤语区，也流行于潮汕闽语区，许多潮汕人也会说广州话。苏北江淮官话区的居民在听的方面也能接受上海话。

地区共同语的普遍使用是汉语的特点，也是中国社会语言生活的特点。它的存在自有社会和文化方面的理据。汉语方言复杂，互相间差别较大，南方方言区的人要学会以官话为基础的普通话并不是轻而易举的，国家标准语难以普及到一般识字不多的百姓。在一种大方言区内部，次方言之间也往往难以通话，如吴语和闽语内部。人们需要有一种较为便利的、可以接受的口头交际工具，地区共同语恰好满足了这种需要，对于本地区居民来说，它的习得比普通话容易，在文化心理上也更具有亲和力。在旧时代尤其如此。

地区共同语的下一个层次是地点方言。地点方言使用于某一个地点，它有单一的语音、语法和词汇系统，通常是指城市方言，如梅县客家话、海口闽语。

普通话或蓝青官话、地区共同语和地点方言构成汉语方言在地理上使用场域的三个层级。

三、语言社会功能的层级性

从语言在社会生活中使用的功能出发，语言也是分层级的。

　　层级是什么意思呢？以第一章所载调查资料为例,中国香港白领在比较正式的场合,例如在工作上,使用英语,而在家庭生活中用粤语。这就显示出层级的差别。又如传统中国社会的书面语是文言文,文言文和白话文或方言口语也显示出层级差别。

　　层级是分高低的,威望较高的语言(或方言,下同)属高层级(high rank),威望较低的语言属低层级(low rank)。高层级的语言在同一个言语社团(speech community)用于较正式、较庄重的场合,同时有可能成为不同言语社团的通用语言。就传统的广东社会来说,在省城广州话当然最重要,但在省城以外的地区广州话也占很重要的地位。例如地方戏曲,广东地区都是广州话的大戏,不会出现四邑话的大戏或中山话的大戏。这说明广州话处于比其他地区性小方言较高的层级。如果我们将视线从珠江三角洲转到长江三角洲,也可以看到类似的现象。在长江三角洲一带,上海话比起其他地区性小方言,明显较为重要,即处于较高的层级。上面这些例子说明,在传统的中国社会各地区所使用的多种语言都有层级的区别,每一地区都有一种语言地位较为重要,属于高层语言(local high language),在官场、工作等场合应用,也用作本地区的共同语。与高层语言相对的是所谓低层语言(low language),一般用于家庭生活或非正式的场合,不用作地区共同语。就珠江三角洲而言,广州话是高层语言,四邑话、中山话等小方言是低层语言;就长江三角洲而言,上海话就是高层语言,而其他绍兴话、宁波话等小方言就是低层语言。图3.2是高层语言和低层语言相互关系的示意图。

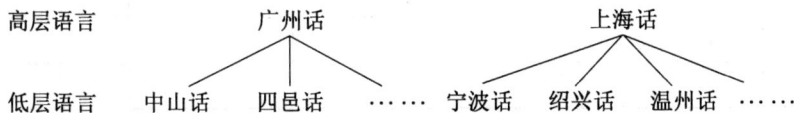

图 3.2　高层语言和低层语言相互关系

　　那么普通话的地位如何呢？就中国社会语言生活而言,在高层语言和低层语言之外,还有一种顶层语言(supreme language)。至迟从明代开始,中国的顶层语言就是官话,后来称为国语,现在称为普通话。图3.3是顶层语言、高层语言和低层语言相互关系的示意图。

　　我们再看看中国传统社会三层语言现象的变迁。笔者对广东传统社会和当代社会语言使用情况粗略研究的结果请见表3.3、表3.4。

顶层语言

高层语言　　　　　　　高层语言　　　　　　　高层语言

低层语言　低层语言　　低层语言　低层语言　　低层语言　低层语言

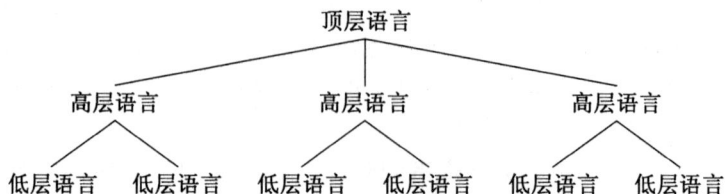

图 3.3　顶层语言、高层语言和低层语言相互关系

表 3.3　传统广东社会语言使用层级

	用语场合	低	高	顶
1	家　　庭	✓		
2	民间文艺	✓		
3	购　　物	✓		
4	蓝、白领界	✓		
5	基础教育	✓	(✓)	
6	中等教育	(✓)	✓	
7	高等教育	✓	(✓)	
8	地方戏曲	✓	(✓)	
9	与京官交往			✓
10	与省级官员交往		✓	
11	与外地人交往		✓	
12	新闻广播		✓	✓
13	诗　　词			✓
14	信　　件			✓

＊（✓）表示少用。

表 3.4　当代广东社会语言使用层级

	用语场合	低	高	顶
1	家　　庭	✓		
2	民间文艺	✓		
3	购　　物	✓		(✓)
4	蓝、白领界	✓		

（续表）

	用语场合	低	高	顶
5	基础教育	（✓）		✓
6	中等教育			✓
7	高等教育		（✓）	✓
8	地方戏曲		✓	（✓）
9	与京官交往			✓
10	与省级官员交往			✓
11	与外地人交往		（✓）	✓
12	新闻广播		（✓）	✓
13	诗　词			✓
14	信　件			✓

* （✓）表示少用。

这两张表左边列举语言使用的不同场合,右边的"低、中、高"分别指低层语言、高层语言和顶层语言。以珠江三角洲为例,低层语言是指台山话、开平话、中山话之类小方言,高层语言是指省城话,即广州话,而顶层语言就是国语(普通话)。

传统的上海社会的语言使用情况与表3.4所示的广东社会相似,较大的不同是地方戏曲也用低层语言,如越剧用绍兴话。表3.5所示的是当代上海社会语言使用情况。

表 3.5　上海社会语言使用情况比较表(1998 年)

	用语场合	上海话	其他方言	普通话
1	家庭生活	✓	（✓）	
2	电视广播	（✓）		✓
3	官方会议			✓
4	单位小会	✓		
5	闲　谈	✓		
6	购　物	✓		

	用语场合	上海话	其他方言	普通话
7	银行邮局	✓		
8	娱乐场所	✓		
9	大中小学课堂			✓
10	中小学校园	(✓)		✓
11	大学校园	✓		✓
12	机场车站			✓
13	法　　院			✓
14	医　　院	✓		
15	警　　察	✓		
16	公共交通	✓		✓
17	酒楼餐厅	✓		
18	电话录音服务			✓
19	到政府机关办事	✓		(✓)
20	到公司企业办事	✓		(✓)
21	与外地人交谈	(✓)		✓
22	地方戏曲	✓	✓	✓

* (✓)表示少用。

　　除了少数老年人外,上海市民都会说普通话,当然其中大部分人说的实际上是蓝青官话。"说普通话"上海话称为"开国语"。只有在下述两种情况下才有可能开国语:较正式的场合或与外地人讲话。例如电视台或电台采访新闻,记者一般用普通话提问,如果被采访者是政府官员,他会用普通话回答,如果是普通市民,多半用上海话回答,女性更是如此。纪录片中普通老百姓互相对话一般都是用上海话,旁白则用普通话。一方说普通话,另一方说上海话,这是很常见的。上海市区有约900万人口,另有近百万流动人口,包括外来务工人员、出差人员、游客、大学生等。与外地人说话多半会以普通话应对,如商店营业员对顾客说话,但也有可能只说上海话的,如回答问路。这也不难解释,前者的权势在顾客一方,后者的权势在指路者一方。

在家庭生活一项有其他方言,是指新来的外地人在家说外地话。电话录音服务一项是指公司企业等如有电话录音回答询问的,一定只说普通话。地方戏曲一项上海话、其他方言、普通话并列,因为地方戏曲有多种,所用方言不同,沪剧用上海话,越剧用绍兴话,京剧大致用北京话。

　　下面将普通话、方言和英语在中国香港、上海和广州三地的使用功能做一比较,见表3.6。表上列出14个使用语言的场合,每一场合所使用的语言有的是指主要使用这种语言,例如中国香港的警察也可能使用英语或普通话,但以使用广州话为主,所以表上只列广州话。

表3.6　中国香港、上海和广州社会语言使用情况比较表

地　　　点	中国香港	上　　　海	广　　　州
家庭生活	广州话	上海话	广州话
电视广播	广州话	普通话	普通话/广州话
官方会议	英语	普通话	普通话
工作报告	英语	普通话	普通话
闲　　　谈	广州话	上海话	广州话
购　　　物	广州话	上海话	广州话
报　　　刊	普通话	普通话	普通话
教学语言	广州话/英语	普通话	普通话/广州话
机场车站	广州话/英语	普通话	广州话/普通话
法　　　院	英语	普通话	普通话
警　　　察	广州话	上海话	广州话
公共交通	广州话	上海话	广州话
酒楼餐厅	广州话	上海话	广州话
地方戏曲	广州话	上海话	广州话

　　从表3.6来看,英语的用处在中国香港比其他两地大,普通话的用处,在上海最大,占7个领域,其次是广州,占5个半领域,中国香港最小,而方言的用处,在中国香港最大,占9个领域,其次是广州,占8个半领域,上海最小,只占7个领域。

　　在中国香港,高层语言是英语,低层语言是粤语,而汉语(普通话)在这

两者之外亦占有一定的地位。

　　普通话或蓝青官话相当于第一章所述的顶层语言,地区共同语相当于高层语言,地点方言相当于低层语言。

　　表 3.3 所示是传统广东社会语言使用的情况。可以看出在家庭生活和日常生活方面大多用低层语言,而在工作和文化活动方面,则高层和顶层语言参半。

　　第一章曾述及中国香港地区语言的使用情况在近 30 年间有不少的变化,中国内地的情况也类似。近三四十年中国政府全面推广普通话,使表 3.3 所示的传统社会语言使用情况有所改变,表 3.4 是当代社会语言使用情况。其中最重要的变化是高层语言使用的场合逐渐减少,顶层语言使用场合日益增加,而低层语言在很多方面基本上维持原状。这两个表上的资料显示,近三四十年来中国社会由三层语言结构逐渐向两层语言结构演变的趋势(见图 3.4)。

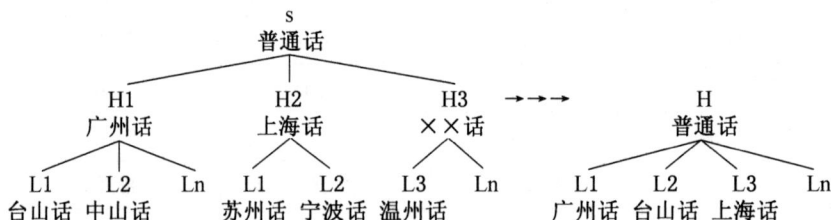

图 3.4　中国社会语言层次结构的变化

　　但是这种演变的速度还是很缓慢的。例如广州话无论在中国香港或广州,其高层语言或地区共同语言文字的地位还是很稳固的。广州话在电视、广播节目里还占有很高的比例。广东的小学还有以粤语为教学媒介的(参见第四章第三节)。

　　汉语的标准语普通话(国语)在新加坡称为"华语"。新加坡近年来大力推广华语。新加坡是以英语作为顶层语言,华语(普通话)是华人之间的高层语言。但方言在不少家庭及民众之间仍占有一定地位,属低层语言。新加坡政府所走的方向是想把低层语言(方言)逐渐消灭,保留英语及华语,想造成只有双层语言的社会。新加坡政府这个运动并不成功,小方言并没有消灭,反而增加人民多学一种语言——华语的负担(参见第八章第四节)。

　　顺便谈一谈西方一些国家的情形,以资比较。例如比利时是由两种语言背景的人民组合而成的,一种语言是法文,另一种语言是荷兰文。就人口来说,差不多各占一半。由于政府未能解决语言问题,这个国家几乎每年都出现政治危机。法文和荷兰文都可以算是比利时的高层语言,它们各有自己的低层语言。法语系的人和荷兰语系的人都希望自己的语言成为比利时的顶层语言,而对方都不能接受,冲突由此产生。加拿大的魁北克省的人民大多是法国人的后裔,说法语。他们经常反对政府的语言政策,原因是他们不愿意接受英语作为他们的顶层语言,而要将法语地位提高到跟英语平等。

顶层语言、高层语言和低层语言是方言或语言在使用功能上的分类,如果从语言竞争力的角度出发,方言或语言又可以分成强势和弱势两大类。与强势方言和弱势方言相对应的是强势文化和弱势文化。

四、强势方言和弱势方言

强势方言又称为优势方言或权威方言,与它相对的是弱势方言。一般来说,每一个城市方言相对于它的乡下方言来说,都是强势方言;在一个较大的地区里,中心城市的方言往往是强势方言。强势方言有以下几个特点:

第一,只有强势方言才有可能成为地区共同语。例如广州话是强势方言,又是粤语地区的共同语。

第二,强势方言的背后是强势文化。强势方言往往是某一个经济和文化比较发达的中心城市的方言。方言扩散的方向和文化扩散的方向是一致的,即都是由强势向弱势扩散。例如上海话在吴语地区是强势方言,它的背后是上海文化。上海话和上海文化都有向周围地区扩散的倾向。

第三,强势方言在它所在的方言区威望最高,因而成为弱势方言仿效的对象。语言心理跟其他文化心理一样,有追求时髦的倾向。在语言接触中,强势方言代表时髦。例如只有乡下人学说城里话,而没有城里人学说乡下话。再如在广东只有客家人或潮汕人学说粤语,而没有粤语区的人学说客家话或潮汕话。

第四,在方言接触中它有较多的词汇输入弱势方言,替换了弱势方言的固有词汇,例如以官话为基础的普通话词汇近几十年来大量替换各地方言词汇。

第五,方言的弱势和强势是相对而言的。甲方言相对于乙方言是强势方言,但是对于丙方言可能是弱势方言。例如一般说来,任何小城市的城里话,相对于乡下话都是强势方言,但是相对于该地区的大城市的方言来说,则是弱势方言。强势方言和弱势方言在历史发展过程中,有可能相互转换。例如上海话在 19 世纪对于苏州话来说是弱势方言,但是在 20 世纪变成强势方言。

五、语言与身份认同

"身份认同"(social identity)本来是社会学的概念,它是指将某人与他人分辨出来的个人和社会特征。"个人和社会特征"有多种,其中语言是最为明显的特征之一,也是最有效的分辨人群的特征之一,可以说是身份的标志。我们可以从两方面来看它的功效。

一方面可以根据某人讲的是什么语言来判别他属于什么样的人群。根据一个人所说的是什么语言,往往可以判断他大致来自哪一个国家或地区,例如某人讲美国英语,他应是美国人。如果某人讲的是粤语腔的普通话,他应是广东人或中国香港人。根据他的"谈吐",可以进一步判断他所属的社会阶层。如果谈吐文雅,那么他很可能属于知识阶层。历史悠久的移居他国的移民,在国籍和民族认同上,可能已脱离祖籍,但是我们从移民的语言还可以还原他的祖籍。例如在泰国的华裔,往往三四代以后,就会认同自己是泰族和泰国人。但是如果调查他们的语言使用情况,仍然可以辨别出他们的华裔身份。

另一方面,可以利用语言来表明自己属于什么样的人群。在 18 世纪的俄罗斯,上层社会以讲法语为时尚,法语可以说是贵族的象征。移民要想改变身份,认同当地社会,第一步就是要学会当地语言。一旦成为双语人以后,在公共场合,往往讲新学会的语言,以表明身份,例如移居中国香港的福建人和客家人,移居上海的外地人。在讲不同语言的人聚集在一起的场合,必要时,可能利用语言辨别身份,区隔谈话对象,聚合人群。

语言是民族的重要特征之一,方言则是民系的重要特征之一。语言是民族认同的重要标志,民系和民族一样有自我认同的意识,自我认同的依据有多种,对华人来说,其中最明显的是方言。换言之,民系自我认同的最重要的标志即是方言。在"他乡遇故知"、同乡聚晤、回乡探亲、寻根祭祖的时候,方言是联系同乡情谊不可缺少的纽带。国内外华人社区的各种"同乡会"以方言为特征,是普遍现象。使用方言母语是人类情感的需求,因此也是一种人权。例如上海人在外地或外国相遇,最直接、最可靠的互相认同的依据就是上海话。新中国成立前后有大量上海人移居中国香港等地,改革开放以来又有大量上海人移居北美、澳洲等地,上海话是他们认同祖国和家乡的情感标志。

自国家实行改革开放政策以来,中国各地方言或多或少都有萎缩的现象发生,但是近年来在上海进行的调查表明,从幼儿园到大学,上海籍学生的上海话能力,随年龄增长而提高,而使用场合也随年龄增长而增多。究其原因,可以说是上海人的身份认同愿望,随年龄增长而加强,而语言与身份认同关系密切,上海话是上海人身份认同的重要标志。

第三节　语言忠诚和语言态度——中国香港个案分析

语言忠诚(language loyalty)和语言转移(language shift)是一个问题的两个方面,语言忠诚度强的民族,语言转移慢,反之亦然。不同民族或民系的语言忠诚度是各不相同的,影响语言忠诚度的因素,也因民族或民系不同而不同。

语言态度(language attitude)是指个人对某种语言或方言的价值评价和行为倾向,例如一个会说普通话的人对粤语的价值评价和他实际上使用粤语的行为倾向,即他在什么场景使用粤语、使用粤语的实际频率。这种态度可能是积极的,也可能是消极的。例如对泰国北部的华裔中学生进行语言态度调查,要求从就对泰语、汉语和英语的印象,选择下列五项中的一项:“非常好听、比较好听、一般、不太好听、不好听”。调查结果表明,对华语汉语、泰语认为“非常好听”的学生比例分别是 41％和 42％,不相上下,而认为英语“非常好听”的比例是 30％,相对较低。这说明,泰北华裔中学生对汉语和泰语的语言态度比英语都更积极。又例如对上海中小学生调查对上海话的语言态度,要求对上海话从“好听”“亲切”“有身份”和“有用”4 个方面打分时,最低 1 分,最高 5 分。结果是 5 分的比例也是最高的,为 30％。4 分和 5 分合计为 51％。这就是说有超过半数的学生对上海话的态度是积极的。

影响语言态度的因素主要有三方面:一是这种语言的社会地位。例如广州话在两广以至华南地区是优势方言,地位较高,所以对广州话的价值评价自然也较高。二是使用这种方言在实际生活中的必要性。例如在广州,在买卖交易的场景中,如果不说广州话,有可能会因为"语言歧视"的关系,而有种种不便,这就自然导致会说广州话的双重语言人,在购物时宁愿使用广州话。三是语言感情倾向有时候可能导致提高对家乡话的价值评价。

调查语言态度除了可以用观察、记录、调查问卷和自评的方法外,还有一个特殊的方法,即"配对变法"(matched guise technology)。

语言态度的调查和研究有利于语言规划工作。

客家人有"宁卖祖宗田,不卖祖宗言"的说法。闽南人有"宁卖厅(屋),不变声(乡音)"的说法。下面以中国香港地区各民系为例,讨论语言忠诚问题。

中国香港居民的民系来源比一般所知复杂得多。研究民系背景和语言能力之间的关系是饶有趣味的。在由多民系组成的现代社会里,这种关系是促使各民系互动的重要因素。研究这种不断变化的关系对于研究文化同化是很有意义的,对于制定语言政策和教育政策也有潜在的价值。在中国香港,虽然英语在20世纪70年代以前多年来一直是唯一的官方语言,但是据1966年人口普查报告,把英语用作家庭语言的只占人口的0.8%。约占五分之四(81.43%)的人口用粤语作为家庭语言,其中只有略多于半数的人基本上是广府人。在较深入地研究各民系的语言变动之前,有必要略为介绍构成中国香港华人社会的各民系(sub-ethnic groups)。

一、中国香港华人各民系概况

1. 广府人

这是人数最多的民系,他们大致来自广州以及使用广府话的附近地区。广州历来是物产丰富、人口众多的珠江三角洲的文化和政治中心,是广东省的省会。其方言称为"广府话"。广府话的使用地区,除省城外,还包括三邑(即南海、番禺和顺德三县)和中山县(旧称香山县)。广府话实际上也是全省很重要的共同语,通行范围延伸到广西说"白话"的地区。国内一般人称这种方言为"广州话"或"广东话",海外侨胞称之为"广东话"或"广府话",而使用这种方言的人被称为"广府人"。

广府话是今天中国香港粤语的基础。中国香港粤语与广州城里所使用的粤语是非常接近的,直到近几十年来在词汇和语音上才有些差别。这种粤语在下述国家或海外城市的华人社会里具有权威地位：河内、西贡、吉隆坡、怡保，加拿大、美国、英国和近年来的荷兰。在新加坡和仰光的地位仅次于当地最主要的汉语方言。这种粤语又用于粤剧以及在海外畅销的粤语电影、电视剧和流行歌曲。有些国际航线也用它作为播音语言。

据 1966 年人口普查报告（见第八章第一节），广府人是与自称是中国香港本地人分列的，也与来自广州和中国澳门及其邻近地区的人、来自广东和广西其他地方的人分列。广府人占人口总数 60.74％。这个数字不是很准确，因为其中的客家人不应该算作广府人，下文将提供更准确的数字。

2. 四邑人

四邑包括位于珠江三角洲西边的台山县、开平县、恩平县和新会县。这些地方从 19 世纪就已经开始输出华工，到美洲及澳大利亚开采金矿、建造铁路、开发果园和蔗田。这四个县的方言非常接近，构成粤语的一个次方言。它与广府话或其他汉语方言不能通话。四邑人在海外如仰光、槟城等地，有特别强的凝聚力，独特的方言是形成凝聚力的部分原因。旅美华人绝大部分来自四邑。英国的华人大部分也来自这一地区，近年来才被来自新界的客家人超出。

四邑人在人口普查报告中另成一类，占中国香港地区人口总数的19.28％。

3. 潮州人

潮州原属潮州府，其地在广东省极东部沿海地区，汕头是它重要的港口城市。在早期的中国香港社会里，潮州人的职业大多是稻米商人和体力劳工。潮州人虽然在行政地理上是住在广东省的东部地区，但是他们一般并不自认是广东人，而以身为潮州人为荣，与广府人、三邑人和四邑人在意识上与广东人认同，有一定的区别。

在方言系属上，潮州话属闽语闽南话。闽南话主要使用于与之邻接的福建省南部。潮州话与厦门等闽南话通话程度较高，但与汉语其他方言不能通话。

潮州人广布于东南亚，潮州话在东南亚也是十分流行的，在曼谷的华人社会里它是主要的汉语方言，在西贡、柬埔寨、槟城、新加坡等地方，说潮州话的华人也很多。在中国香港的人口调查中，潮州人被称为"鹤佬人"或"福佬人"，"潮州话"被称为"鹤佬话"。"鹤佬"粤语的意思是"福建人"。粤语的"鹤"和闽语的"福"音近。在中国香港，"鹤佬"也指沿海、海南岛以及本地说闽语的渔民。潮州人占中国香港地区人口总数的 19.28％。

4. 客家人

这个名闻遐迩的民系分布在中国好几个省份，其中住在广东东部和北部内陆地区的人数很多，多以务农为生。梅县是广东客家地区的传统文化中心。在邻近中国香港的广东大埔的居民也以客家人为主，最接近中国香港的宝安也有很多客家人。中国香港新界的客家人大多数来自宝安，新界地区本来隶属于宝安县。客家话虽然分散各地，但是还是比较一致的。客家话是汉语的主要方言之一，它与官话或粤语不能通话，一般的感觉是，它是处于官话与粤语之间的一种方言。与广府人、四邑人和潮州人比较，中国香港的客家人家乡观念比较淡薄。

海外许多地方都有客家人和客家话分布，例如中国的中国台湾、印尼的加里各答及较为偏僻的地区，加勒比海地区的牙买加、千里达，太平洋的夏威夷、大溪地、怡安、吉隆坡、新加坡和印度洋上的毛里求斯、南非、留里旺。一般而言，客家人宁愿作为一个完整的民系互相认同，而不分他们来自不同的地区。中国香港的客家人在自我意识上与广东人不认同，尤其是与广府人相区别。

人口普查报告并没有特别提供客家人的人口数，不过还是可以推测仍然使用和忠诚于客家话的人数，客家人的最大聚居地是新界，客家话在那儿保留得最好。据 1966 年的人口普查报告，新界使用客家话的人口为 78 700，占新界总人口 527 000 的 14.91％。在新界从宽估计也只有 50％ 的客家人仍然保留客家话作为家庭语言。这样我们可以推论新界最多只有 150 000 客家人，约占人口总数的 30％。因为客家人主要集中在新界，所以其他地方的客家人不会超过新界，这样的假设应该是合理的。我们再来从宽估计一下，新界的客家人占总数的五分之三，那么整个中国香港地区的客家人不会超过 250 000。

5. 外省人

在中国香港，所谓"外省人"主要包括"上海人"和来自官话区的居民。"外省人"在香港有特殊的意思，它只包括上述两类人，并不包括来自南方其他省份的人，例如福建人、广西人、台湾人。"上海人"也有特殊的意思，它指江浙地区使用吴语和下江官话的人。在中国香港上海人虽然比较少，但社会地位却很高。20 世纪五六十年代有不少上海的工商界人士移居香港，他们对香港的工商业发展起了重要的作用。上海话属于吴方言。吴方言与上述各种南方方言互相不能通话，绝大多数在香港的上海人多少会说一点普通话。大多数所谓"上海人"并不来自上海市区，上海（市区）一个多世纪以来一直是中国的商业中心。上海历来不仅吸引长江三角洲的人,也吸引中国其他地方的人,包括广东人、潮州人。旧时的租界还有大量外国人。所以,上海人比中国其他地方人见多识广,没有明显的排外意识,在香港的上海人尤其如此。

外省人的职业多样化,其中部分人或跻身白领阶层,或经商致富,或蜚声文化艺术界。来自官话区的外省人的原籍分散在内陆各地。官话也有内部差异,如西南官话、东北官话等,但不妨碍通话。不过他们对家乡所处的地域有强烈的认同感。湖南与广东交界,与山东远隔千里,一个湖南人听不懂广东话,却听得懂山东话,而广东和山东作为异乡,对他来说并没有区别。并不因语言接近而增加认同感。

根据上文对中国香港地区客家人数的估计,对于广东人和非广东人的人数比率应修改如下。客家人估计为 250 000,占总人口 3 645 320 的 7%,广府人的比率应调低至 53.74%(60.74%-7%=53.74%)。这说明每 100个香港人中只有约 54 个是广府人。中国香港各民系家庭语言及使用人口见表 3.7。

表 3.7　中国香港各民系家庭语言和人口分布比较表(1966 年)

籍　贯	英语	广州话	客家话	福佬话	四邑话	其他方言	其他语言	聋哑	总　计
中国香港	2 400	200 250	36 290	5 320	100	400	300	190	245 250
广州、中国澳门一带	100	1 652 870	66 300	25 130	2 900	1 940	—	1 400	1 750 640
四　邑	100	588 830	300	3 400	108 830	600	400	400	702 860
潮　州	—	173 080	7 840	217 320	100	100	100	400	398 940
广东其他地方	100	205 880	9 500	1 000	300	1 000	500	100	218 380
中国其他地方	700	137 200	300	45 500	—	96 240	500		280 440
其他地方	25 600	7 200		800			1 300	9 600	45 400
未　详	300	3 110	—	—	—	—		—	3 410
总　计	29 300	2 968 420	121 430	298 470	112 230	101 580	11 400	2 490	3 645 320

非广府人的人口数在 1966 年应达到高峰。日据时期涌入不少难民,情况各异,惜无资料可资研究。1971 年中国香港各民系使用的各种家庭语言

百分比比较见表3.8。

表 3.8　中国香港各民系家庭语言百分比比较表(1971 年)

籍　贯	英语	广州话	客家话	福佬话	四邑话	其他方言	其他语言	聋哑
中国香港	0.2	85.5	12.8	0.8	0.1	0.3	—	0.2
广州、中国澳门一带	0.1	95.7	3.0	0.6	0.1	0.4	—	0.1
四　邑	—	92.3	0.3	0.5	6.2	0.6	—	0.1
潮　州	0.2	67.1	1.3	27.6	0.3	3.5	—	0.2
中国其他地方	—	78.4	2.0	7.6	0.2	11.7	0.1	0.1
其　他	58.9	15.8	0.5	0.5	0.1	0.9	23.2	0.1
总　计	1.0	88.1	2.7	4.2	1.2	2.3	0.4	0.1

1996 年中国香港 5 岁以上居民习用语言人数统计见表3.9。

表 3.9　中国香港 5 岁以上居民习用语言人数统计(1996 年)

习用语言/方言	出　生　地　点			
	中国香港	中国大陆及澳门地区	其他地方	总　计
广州话	3 368 837	1 719 837	107 733	5 196 407
英　语	16 611	4 260	163 437	184 308
普通话	4 553	53 299	8 040	65 892
潮州话	8 211	55 513	2 210	65 934
客家话	16 320	51 490	4 948	72 758
福建话	5 083	104 416	2 612	112 111
四　邑	859	13 945	168	14 972
上海话	1 606	27 637	255	29 498
其他汉语方言	4 420	39 944	601	44 965
菲律宾语	436	28	12 931	13 395
日本语	601	256	15 215	16 072
其他语言	4 726	2 919	36 767	44 412
总　计	3 432 263	2 073 544	354 917	5 860 724

1996 年各民系 5 岁以上人口习用语言或方言百分率如下:广州话
88.7%、英语 3.1%、福建话 1.9%、客家话 1.2%、普通话 1.1%、潮州话
1.1%、上海话 0.5%、四邑话 0.3%、日本语 0.3%、菲律宾语 0.2%、其他中
国方言 0.8%、其他 0.8%。

二、少数民系的语言忠诚

据 1966 年人口调查报告,中国香港各民系家庭语言使用情况如表 3.7
所示。可以看出虽然广府人只占人口总数的 55%,但是却有 81.43% 的香
港人在家说广州话。这就是说,虽然非广府人占总人口 45%,但是全香港
只有五分之一的人在家不说广州话。虽然五分之一不是小数目,但是非广
府人在总人口中所占比率要大得多。值得注意的是,占总人口 20% 的非广
东人的语言已经发生转移。向广州话转移的倾向到了 20 世纪七八十年代
更为明显,到 1996 年 5 岁以上人口以广州话为习用方言的占总人口数的
88.7%,加上把它作为非习用语言的高达 93.5%。

下文将探讨各民系的语言忠诚及其原因。

各民系语言忠诚的表现并不一致,见表 3.10。几乎占总人口五分之一
的四邑人的语言转移最为明显,平均五个人里有四个多人(83.78%)在家说
广州话,保留四邑话作为家庭语言的只有 15.48%。而大多数(54.47%)福
佬人,仍保留固有的方言作为家庭语言,少半(43.38%)人的语言忠诚转向
广州话,大部分福佬人来自潮州。外省人的语言忠诚则介乎四邑人和潮州
人。三分之一稍强(34.32%)的外省人在家说固有的方言,几乎一半
(48.92%)人已改用广州话作为家庭语言。根据上文宽泛的估计,客家的人
数是四邑人的三分之一,据人口调查报告,四邑人总数为 702 860。客家人
尚有 121 430 人在家说客家话。换言之,二分之一弱(48.40%)的客家人还
说客家话,估计人数为 250 000。总之,就保留固有方言而言,客家人比四邑
人和外省人强,仅次于潮州人。就语言转移程度的强弱而言,依次为四邑
人、外省人、客家人、潮州人。

表 3.10　中国香港各民系家庭语言分布百分比(1966 年)

籍　贯	英语	广州话	客家话	福佬话	四邑话	其他方言	其他语言	聋哑
中国香港	0.98	81.65	14.80	2.17	0.04	0.16	0.12	0.080

（续表）

籍　贯	英语	广州话	客家话	福佬话	四邑话	其他方言	其他语言	聋哑
广州、中国澳门一带	0.01	94.42	3.79	1.44	0.17	0.11	—	0.080
四　邑	0.01	83.78	0.04	0.48	15.48	0.09	0.06	0.060
潮　州	—	43.38	1.79	54.47	0.03	0.03	0.03	0.100
广东其他地方	0.05	94.28	4.35	0.46	0.14	0.46	0.23	0.046
中国其他地方	0.25	48.92	0.11	16.22	—	34.32	0.18	—
其他地方	56.39	15.86	1.98	1.76	—	2.86	21.15	—
未　详	8.80	91.20	—	—	—	—	—	—
总　计	0.80	81.43	3.33	8.19	3.08	2.79	0.31	0.070

三、影响语言忠诚的因素

1. 都市环境

一般地说,在语言接触中,少数民系的语言与多数民系接触机会的多少,对它被同化的快慢会起重要的作用。在中国香港,各民系接触新闻、电视等媒体中的广东话应该是机会均等的。不过,在都市化程度较高的城区比郊区或乡下,除了家庭环境以外,广东话在各领域用得较多。Joan Rubins 在巴拉圭所见的城乡差别,基本上也适用于小小的中国香港。在城里比在乡下有更多的公务和商务需要使用广州话,广州话在那儿也是少数民系的共同语。

人口普查报告列出的五个地区是:港岛、九龙、新九龙、新界、离岛。非离岛各区四邑人、潮州人、外省人的人口数见表3.11。与各区总平均比较,四邑人除在新界分布较少外,大致趋势相同,外省人更多住在城区,即港岛和九龙,而潮州人更多住在乡下,即新界。

表 3.11　中国香港三个民系人口地理分布(%)

	港岛和九龙	新九龙	新　界
四　邑	48.18	43.27	8.56
潮　州	31.65	56.40	11.96
外　省	61.09	27.03	11.88
平　均	47.47	37.63	14.90

根据上文所述及表 3.10 的资料,四个民系城市化程度从高到低依次如下:外省人、四邑人、潮州人和客家人。看起来城市环境和语言转移的关系并不是非常清楚的,四邑人和外省人住在城里较多,所以语言转移较快,但不是所有民系都是这样。为了进一步探讨语言转移的原因,必须考虑是否还有别的因素。

2. 人口数量

少数民系的人口数量及其凝聚力可能对同化会起重要的作用。如果语言接触关系到两个以上少数民系,一般来说,可能会设想人数较多的民系凝聚力较强,较难被同化。然而,表 3.12 的资料显示这个设想不足以说明同化的难易和语言忠诚强弱的关系。

表 3.12　语言转移与人口数量及城市环境的关系

	语言转移快慢位次	人口数量位次	都市化程度位次
四邑人	1	1	2
外省人	2	3	1
客家人	3	4	4
潮州人	4	2	3

四邑人数量最多,而语言转移最快,这与假设相反。潮州人的数量次于四邑人,而语言转移也较慢。这似乎可以支持上述假设,但是外省人的情况减弱了它的解释力。外省人数量比潮州人少,但是语言转移比潮州人快。所以只有部分资料支持人数直接影响语言转移的假说。

客家人数在四个民系中是最少的,但是语言忠诚却是最强烈的。相反,四邑人的数量是最多的,但是被同化是最快的。这似乎暗示人数越少的民系,越容易维持凝聚力,因而也越能抵挡语言转移的趋势。

上述经修正的假设只适用于人口数量占第二和第三的潮州人和外省人,他们的语言转移情况用未经修正的假设不能解释。看起来对中国香港各民系的语言转移问题不能用单一的原因来解释。如果把各民系在人口数量和都市环境这两项上的位次,不加权简单相加,那么重新排定的位次如下:①四邑人(3 分);②外省人(4 分);③潮州人(5 分);④客家人(8 分)。这个新的次序比原有的两个次序好得多,它较接近语言转移快慢的次序,较能反映实际情况。唯一不同之处是客家人和潮州人的次序倒过来了。

3. 传统观念及其他因素

虽然客家人和潮州人在广东定居的历史已很久,但是他们向来不认为自己属于以广州为中心的粤文化区。他们对广府人的看法与四邑人恰好相反,四邑人向来以广州为文化和政治中心。在广东,四邑人亲善广府人,从而心仪广州话,历史已久。在狭义的中国香港地区,四邑人在寻求自身发展和社会地位的过程中,有更多的机会同化于广府人。对四邑人来说,还有一个有利条件,他们人数多而职业多元化,社会接触面广,又散居在城乡各处,因而有更多的语言接触机会。

客家人大多聚居在乡下,与外界相对隔阂,至今仍有证据说明他们与广东人并不认同。并且对固有的方言和文化一向自爱,以至保守。客家有一条传统的庭训:"宁卖祖宗田,不忘祖宗言;宁卖祖宗坑,不忘祖宗声。"潮州人一般也不是处在城市环境中,并且也是向来与别的民系缺少认同感,而大多数人从事小规模经营或打工。潮州人与广东话的接触比四邑人或外省人少。人口数量较少、地理环境和社会环境相对隔阂,这三个因素在语言和社会同化过程中起消极作用。

外省人的情况就大不一样了,他们有以下几个特点与语言转移相关:

1)有许多不同的次民系;

2)每一个次民系人数都较少;

3)他们基本上都住在城里;

4)他们是技术人员、公司白领或商人,与广州话有广泛的接触;

5)他们对广东人向来没有抵触情绪;

6)许多外省人单身来中国香港地区,娶说广州话的女子为妻,不过第二代仍自称是外省人。

绝大多数民系也会有与别的民系通婚的现象,不过外省人的系外通婚比率更高。这些特点是促使外省人与广府人同化的有利条件,也是强大的动力。在四个民系中,外省人是最晚到来的。如果在语言转移方面,将来外省人赶上或超过四邑人,也不足为怪。

传统观念与四个民系语言和社会同化的关系,主要有三方面情况:①四邑人很容易接受与广府人同化;②客家人和潮州人都抵制这种同化;③外省人处于中间状态,既不欢迎也不反对同化。

别的因素如工作时接触广东话,与导致同化也有关。更重要的是,系外婚姻会极大地改变家庭的语言环境,从而有利于第二代接受社会上所使用的主要语言。这在工人家庭是常见的,他们不大遵循中国人同族而居的习俗。可惜的是,很难从人口普查报告中搜集有关这方面的资料。

四、结语

对少数民系语言忠诚类型的变化及其原因的研究,使我们看到在急速变化的中国香港社会里,边缘民系整合的复杂过程。这对于许多领域,尤其是语言规划和教育领域,制订和完成计划是很有意义的。中国香港最好与新加坡一样,在将来的人口普查中收集居民的双重语言和多语能力资料。进一步对少数民系语言类型转移进行纵向分析,将对观察香港社会的语言发展提供更坚实的基础。

思考与练习

1. 什么是双重语言现象?什么叫双层语言现象?两者有什么区别?双重语言现象发展趋势如何?

2. 多语社区是如何选择共同语的?

3. 举例说明语言使用功能的层级性。谈谈普通话、广州话和苏州话在语言层级上有何不同?

4. 影响中国香港居民语言忠诚的因素有哪几方面?

5. 设计调查问卷调查某一社区居民的语言态度。

第四章 言语交际

第一节 言语社区和言语交际能力

一、言语社区

在人类的各种交际工具中语言是最强有力的、使用最频繁的。人们用它进行交际时,在大多情况下有相对固定的社会环境和交际对象。有可能常在一起进行言语交际的人群就可能构成一个言语社区(speech community)。言语社区也称为"言语社团""言语社群""言语共同体"。对于言语社区的定义,社会语言学家意见不一。

可以从下述三个方面来定义"言语社区"。

第一,有相同的语言变项的运用特征。例如英语中后置的 r 这一语言变项,在纽约的运用特征如下:保留[r]音的富人比穷人多,白人比黑人多,女人比男人多,职位高的比低的多。而在英格兰南部,不保留[r]音却是最有权威的读音。所以纽约和伦敦属于不同的言语社区。

第二,有一定的交往密度。一般说来属于同一个言语社区的人,生活在同一个地区或地点,常有言语交际的机会。即使有相同的语言变项的运用特征,但是处于不同的地区,没有言语交际的一定密度,也不能构成同一个言语社区。

第三,自我认同。属于同一个言语社区的人对本社区有自我认同的意识。例如一个城市方言虽然有新派和老派之分,但是新派和老派都认同他们使用的是同一种方言,所以仍然可以构成同一个言语社区。如果两个人群互相不认同,就不能构成同一个言语社区。例如江西境内客家话和赣语交界地区,客家人和赣语居民互相不认同,这个交界地区就不构成同一个言语社区。

每一个言语社区可以是单语的,也可以是双语的或多语的。例如新加坡是一个双语社会,但是并不因为存在英语和华语双语现象,而将其分为两个不同的言语社区。

言语社区的范围可大可小。正如甘伯兹所说的:"大多数持久的集团,不论是小到面对面交往的伙伴,还是大到可以分地区的现代国家,或是同业公会,地段团伙,只要表现出值得研究的语言特色,均可视为言语社区。"①一个家庭往往也是一个言语社区。

言语社区的"社区"(community)这一概念显然是从社会学引进的,但是言语社区与社会语言学上的社区有很大的区别。社会学上的社区需要有一定数量的人口、一定范围的地域空间、一定类型的社区活动、一定规模的社区设施和一定特征的社区文化,凡此种种都不是言语社区必备条件。不过社区活动必须借助言语交际,而一定的言语交际密度是言语社区的特征之一。

必须区别传统方言学上的方言区与社会语言学上的言语社区。方言区是方言地理学和方言分类学上的概念,是根据语言结构特征划分出来的单位。言语社区是根据语言变项的运用特征划分出来的单位。方言区一旦划定,其同言线和边界都是明确的,不能改变的,除非根据新的标准重新划分方言。言语社区的范围可大可小。在方言地理学上,双方言区要么归属其中一种方言,要么当作两种方言的过渡区来处理。在社会语言学上,双方言区可以独立自成一个言语社区。

二、言语交际能力

"言语交际能力"和"语言能力"概念不同。"语言能力"(linguistic competence)本来是乔姆斯基提出来的,指人习得母语的能力。一个儿童能够从有限的语法规则出发,生成许多他从来没有听过、说过的句子。这种能力是先天的。海姆斯针对乔姆斯基的"语言能力",提出"交际能力"这个概念。他认为交际能力应包括下述四方面的内容:

第一,能分辨合乎语法的语言形式。

第二,能分辨实际可以接受的语言形式。

---

① 转引自祝畹瑾编:《社会语言学译文集》,北京大学出版社,1985 年。

第三,能分辨得体的语言形式。

第四,能分辨一种语言形式的常见程度。①

简而言之,"言语交际能力"是指说话人在社会交往的各种环境中运用语言的能力,也就是说如何针对不同的环境恰当地、得体地运用语言变体。换句话说,社会语言学上的言语交际能力就是言语得体性(appropriateness)能力,例如见到老师打招呼,不能直呼其名,而应该说"某老师""某先生"或"老师"。这就是言语交际能力,它是后天的,是人们在社会交往中逐渐学会的能力,或者是通过教育获得的能力。

影响言语交际的因素有四个:场景(setting)、话题(topic)、参与者(participant)和角色关系(role relationship)。说话者所使用的语言变体是否恰当、得体,是由这四个因素决定的。

第一,"场景"兼指说话的时间、场地、情景,例如在双言地区,亲朋好友聚餐时,不必用普通话。

第二,"话题"指谈话的主题,话题不同,所采用的语言、语体和措辞也可能不同。例如方言区的老师和学生课外谈论最近的体育比赛时,不必用普通话,也不必用严谨的学术语言。同时谈话的内容要围绕话题展开,否则会使听话者觉得文不对题,不知所云。

第三,"参与者"包括说话人和听话人,例如日常的家庭语言和待客的语言应有所不同,如对客人可能说"请坐、请喝茶",但对家里人不用"请"字。多用"请"字对客人是得体的,对家人却是不得体的。亲属称谓在各地方言中普遍有直称(面称)和叙称(背称)的区别。直称用于听话人和被称呼人为同一个人时;叙称用于被称呼人是说话人和听话人之外的第三个人时。例如吴语嘉兴话对"兄、弟、妹"的直称和叙称分别为,阿哥——大老;弟弟——兄弟;妹妹——妹子。

第四,"角色关系",每一个在社会上生活的人都会扮演多重角色,例如一个公司老板回到家里,所扮演的角色就会变成丈夫或父亲,到百货大楼购物就会变成顾客,如此等等。角色不同,谈话的策略、语气、风格也应不同。

不同社会的谈话的规则和策略也会不同,使用或懂得这些规则和策略,也是一种言语交际能力。如日本人在对话中常常点头哈腰,连声说"是、

---

① 转引自祝畹瑾编:《社会语言学译文集》,北京大学出版社,1985年。

是",但实际上并不一定是同意对方的意见。

三、礼貌语言

表达礼貌可以用非语言的方式,例如礼仪、肢体动作、馈赠等,也可以用语言表达。礼貌语言(politeness)是人际关系的润滑剂,也是树立个人良好形象的重要手段。

礼貌语言的原则和表达方式因民族或民系不同,也有所不同。在现代汉语里,礼貌语言的基本原则是"恭敬和谦虚",即对听话人表示恭敬,同时说话人应有谦虚的态度。在下列三种情况下尤其需要用礼貌语言。

第一,请求某人做某事。表达方式通常是在正式提出请求前,使用表示礼貌的话头。常用的话头有:"劳驾""借光""麻烦您""请您""对不起"等。在英语里惯用虚拟语气来表达礼貌,例如:"Could you possibly pass me the sugar?" "Would you please come tomorrow?" "May I use your telephone?" "I think that is the sugar beside your plate?"汉语中的话头有先假定对方同意帮助,而提前道谢的含义,英语中的虚拟语气带有询问的性质,事先并不确定对方一定愿意帮助。这与中美文化背景不同有关,在华人社会里,人与人之间的关系比较亲密。在西方社会里,个人有较多的自由空间,与他人的关系也比较疏远。

第二,在权势关系中处于较弱的地位,例如下级对上级、百姓对官员、下辈对上辈、学生对老师、徒弟对师傅等。礼貌语言主要表现在下对上的称呼,不能直呼其名,第二章已述及。这是与英语不同的。它的背景是根深蒂固的等级观念。

第三,需要顾全"面子"或需要客气的场合。谈话的对象往往是比较陌生的人。

礼貌语言的表达方式主要有三种。

一是对人用尊称、对己用谦称。在亲属关系方面旧时常用的尊称有:"令尊""令堂""令郎""令爱""令千金""贤侄""贤弟"等;谦称有:"贱内""拙夫""犬子""小儿""愚弟"等。这一类尊称和谦称在中国内地当代社会已不用或少用。有的地方亲属称谓还有昵称和一般称呼之别,例如浙江平阳温州话,年轻人称"母亲"为"阿奶",表示亲昵,长大后改用"姆妈"这个一般称呼。亲属称呼还有泛化的倾向,就是将亲属称呼用来称呼无亲属关系的陌生人,常用的有"叔叔""阿姨""老兄""小弟弟""小妹妹"等。

　　二是尽量使用文理语句。例如"贵姓""尊姓大名""芳名""贵国""贵方""贵校""贵店""贵庚""大作";"敝国""敝方""敝校""敝店""拙作"等。在书面语里有更多表示礼貌和尊敬的词语,如"奉告""奉劝""奉闻""奉上""敬告""敬白""敬悉""敬奉""承嘱""承教""承询""大作"等。

　　三是第二人称用"您"。在西方语言里也有尊称和常称的分别。例如在法语里第二人称单数是 tu,复数是 vous。在现代法语里称呼单独的一个人,既可以用单数形式,也可以用复数形式。但在较早的时代,复数的形式用于称呼地位较高的人,而地位较高的人称呼地位较低的人则用单数形式。

　　以上"第三"中提到的礼貌用词可以用"敬语"来概括。在许多语言里都有"敬语",藏语词汇有一般词汇和敬语词汇的区别。敬语主要流行于卫藏方言区,特别是拉萨等较大的城市。构成法有三种。

　　第一,使用不同的词。例如:

	头	你	快
一般	ko^4	chøʔ^1	cok^{2}po^1
敬语	u^4	che^{1}ra^4	tsø^{3}po^1

第二,外加敬语素。例如:

	鼓	头发
一般	ŋa^1	tʂa^1
敬语	tɕha^{1}ŋa^1	u^{1}tʂa^1

第三,将合成词中的一个语素换成敬语素。例如:

	饭	认识
一般	kha^{1}laʔ^2	ŋo^{2}ɕē^1
	口　手	脸　知道
敬语	ɕɛ^{2}laʔ^2	ŋo^{2}chē^1

　　藏语的人称代词第二、第三人称也有普通语和敬语的分别。

　　在古代社会里某些敬语只能用于一定的阶层,是阶层变体之一种。如皇帝或国王自称为"朕""寡人",逝世称为"驾崩",所用称为"御用",所读称为"御览",身体称为"龙体"等。在现代社会里,敬语有助于协调人际关系和社会和谐,也有益于树立彬彬有礼的个人形象。

华人重人际关系,应酬话是礼貌待人不可或缺的。华人社会应酬话的类别和常见用例见表4.1。

表 4.1　华人社会应酬话的类别和常见用例

大　类	小　类	常　见　用　例
寒暄用语	招呼话	您早啊! 上哪儿去?
	入题话	一路上还顺利吗?
	送别话	慢走! 走好! 一路平安。
	告别话	打搅了。请留步。
致谢用语	拜托话	劳驾。拜托了。
	感谢话	多谢。麻烦您了。
	谢罪话	对不起。请多包涵。
	自谦话	不敢当。过奖了。
祝颂用语	祝愿话	恭喜发财。多多保重。
	祝福话	白头偕老。寿比南山。
	祝贺话	开市大吉。万事如意。
	信尾颂辞	顺颂教祺。即颂近安。
抚慰用语	慰藉话	破财消灾。留得青山在,不怕没柴烧。
	吊唁话	某某某安息。某某某永垂不朽。

* 据孙维张《汉语社会语言学》(贵州人民出版社,1991年)制表,内容略有改动。

四、社区词

生活在同一个社区的人,方言母语可能不同,但在相互交往中共同使用不受母语限制的词汇,这一类词汇称为社区词。例如中国台湾社区词"干泳":打麻将。因搓麻将牌的姿势类似游泳而得名。上海社区词"马大嫂":戏称每天忙于家务事的人。原是上海方言词,音[mo⁶ da⁶ sɔ⁵],与上海话"买、汰、烧"谐音。中国香港社区词"一口价":不二价,售价设定后不再改变。

社区词和方言词有所不同。社区词是从言语社区的角度划分出来的词汇。同一社区的居民方言母语可能相同,也可能不同。以上海为例,虽然市民方言母语并不相同,不少人的方言母语并不是上海话,特别是新移民,但是大家都能听懂或使用,例如"淘浆糊""大兴货""黄鱼车""马大嫂"等词汇。上海是一个方言社区,这些词汇也就是上海社区词。方言词是从方言区或方言类别的角度划分出来的词汇。社区词不受方言母语的限制。例如"买单"广泛使用于中国内地各大方言区。社区词可能来源于方言词,例如"买单",也可能来源于外语,例如"打的",或当地的书面语,例如"高企"。社区词一般都有相对固定的书面形式,常出现于报刊。许多方言词没有正式的书面形式。当代社区词的传布和形成主要依靠媒体,方言词的传布和形成主要依靠人口流动或口头上的方言接触。

第二节　会话和语码转换

一、会话结构和会话分析

　　会话(conversation)是言语交际最基本的形式,也是社会生活的常态之一。社会语言学要研究的是会话的内部结构如何,会话自始至终是如何起承转合的,参与者在会话中要采取什么样的策略,才能使会话顺利进行。

　　会话的内部结构按时间的序列,由三个基本的部分构成:

　　1) 话头语或话头序列(opening sequence)。

　　2) 话轮替换(turn-taking)。话轮是会话的基本单位,即会话中某一个人的一次发言。话步(move)则是话轮的基本单位,即一次发言中的一个话题。一次发言大都只有一个话步。话步或话轮的长度可大可小,可以是一个单词、一个短语、一个句子,或一个语段,甚至几个语段。会话者至少应有一次轮换发言。每一次轮换发言如果在内容上是相承接的,就称为"邻接应对"(adjacency pair)。话轮替换一般都是在"邻接应对"中进行的。

　　3) 结束语序列(closing sequence)。

　　最简单的会话就是由以上三个部分组成的。例如:

会话一

　　① A:"咱们该喝了。喝点吧。"

　　② B:"不。"

　　③ A:"你不想喝?"

　　④ B:"想喝,可有演出,不敢喝。"

　　⑤ A:"那我喝了。"

(选自王朔小说《浮出海面》)

　　这段会话只有 5 个话轮,其中第 1、2 两个话轮是话头序列,第 3、4 两个话轮是话轮替换的过程,只有一次替换,第 5 个话轮是结束语。

　　较复杂的会话结构除了有三个基本部分外,还有插入序列(insertion sequence)和分岔序列(side sequence)。如果在会话中出现非邻接应对的话论或话步,但未逸出同一话题,这样的话轮或话步称为"插入序列"。逸出同一话题的话轮或话步称为"分岔序列"。

　　会话二是一个较复杂的会话的实例。

会 话 二

　　① A:"你笑什么?"我拉晶晶坐在后台门口的石阶上。

　　② B:"你瞧你吧,穷了叮了吭当响,还挺沾沾自喜,四处跟人说要发财,简直像个骗子。"

　　③ A:"我哪四处跟人说了,不过跟你说过,也是说着玩。哎,我那个倡议你考虑的怎样了?"

　　④ B:"你还真要这样呀,我以为你说着玩呢。"

　　⑤ A:"试试吧,怎么样? 不行就拉倒,什么也不影响。我问你,你讨厌我吗?"

　　晶晶摇摇头。

　　⑥ A:"那就这么定下了。"

　　晶晶光笑不说话。

　　⑦ A:"别光笑。"

　　⑧ B:"试试就试试。以后你对我好吗?"

　　⑨ A:"当然比现在好。"

(选自王朔小说《浮出海面》)

　　这是一对青年男女的对话，女的名叫晶晶，男的曾倡议和女朋友一起开店做生意。这个会话共有 9 个话轮。话轮 1、话轮 2 和话轮 3 的第一个话步构成"话头序列"。话轮 3 的第二个话步，即"哎，我那个倡议你考虑的怎样了？"是一个"插入序列"。它打破了有关"笑什么"的邻接应对，试图将对话转入关于开店发财的正题。话轮 5 的第三个话步，即"我问你，你讨厌我吗？"是一个分岔序列，离开了开店发财的话题，岔入男女朋友关系好不好的话题上去了。话轮 8 的第一个话步即"试试就试试。"是一个结束语序列。话轮 8 的第二个话步即"以后你对我好吗？"和话轮 9 又是一个分岔序列，重新岔入男女朋友关系好不好的话题上去。

　　最典型的会话是两个人之间进行的。会话也可以在一人对多人，或多人之间进行。

　　为了使会话顺利进行，通常采取的会话策略有以下几种：

　　第一，尽可能始终维持话轮替换和邻接应对。

　　第二，在同一个话题结束之前尽可能避免分岔序列。

　　第三，在会话中间出现冷场的时候，指名下一个发言人，或用提问的方式诱发下一个发言人。

　　第四，在话步或邻接应对有可能被打断的时候，发言人会用提高声音或加快语速、利用手势动作、面部表情等手段来制止他人打断他的发言。

　　第五，两人或多人同时说话时，会有人主动退出，以维持正常的话轮替换。

二、精密语码和有限语码

　　从会话的内容预测性强弱来分析，会话可以分为两大类。一类是参与者对会话的内容有共同的预测，或者说对会话的背景和预设有共同的认识，有限语码（restricted code）即用于此类会话。另一类会话是参与者对会话的内容没有共同的预测，或者说对会话的背景和预设没有共同的认识，精密语码（elaborated code）即用于此类会话。在这两类会话中，参与者的会话策略、遣词造句、词语简繁、咬字、语速等都会有明显的差异。

　　在有限语码所用的会话里，参与者预设相同、兴趣相同、身份相同、社会关系和行为准则相同。在这样的前提下，参与者只需要有限的词汇，就可以充分表达自己的意见,并且话说得很流利、很快,较少停顿,也较少可以让局外人辨音的线索。有限语码常见于结婚多年的夫妻之间、来往频繁的老朋友之间、有共同兴趣的小青年之间,也常见于封闭或半封闭的团体,如部队的战斗单位、流氓犯罪团伙、监狱牢房室友等。

在精密语码所用的会话里,参与者预设不同,对对方的意图和听话的效率难以预测。在这样的前提下,参与者只用有限的词汇,就难以充分表达自己的意见。说话人不得不更谨慎地遣词造句,以便详细阐明自己的意见,希望对方明白自己的意图。与局限语码比较,精密语码停顿较多、犹豫时间较长,这是因为说话者不得不根据听话者的反应,随时调整自己的会话策略、说话内容、词汇和句法,以达到互相理解、不致误会的结果。精密语码常见于与局外人谈话、与陌生人谈话、与外国人谈话、与一切生活经验和知识背景不同的人谈话。

就会话能力来说,只具备有限语码的人会话能力较低,同时具备精密语码的人会话能力较高。一个儿童在家居生活中很容易掌握有限语码,但是精密语码需要不断学习,积累经验,才能逐步学会①。

三、语码转换和语码混合

语码转换(code switching)是指说话者在对话或交谈中,从使用一种语言或方言转换到使用另一种语言或方言。语码转换作为谈话策略之一,可以用来显示身份、表现语言优越感、重组谈话的参与者、表明中立的立场、用来改善人际关系和谈话气氛等。因此如何转换语码,对于在谈话参与者面前树立个人形象是非常重要的。语码转换不仅是社会行为,也是树立个人形象的手段。

影响语码转换的因素很多,最常见的有以下几种。

1) 场景转换引起语码转换。例如开会时用普通话发言,会议中间休息时用方言聊天。甘伯兹称这种语码转换为"场景性语码转换"(situational code switching)。

2) 角色关系制约语码转换。谈话中的一方如果是尊长(上级、长辈、教师),另一方往往要服从对方的语码转换。例如教师上课时用普通话讲课,在校外用方言与同学谈话。教师上课时讲普通话是带有强制性的,并且在

---

① 转引自祝畹瑾编:《社会语言学译文集》,北京大学出版社,1985年。

课堂里师生的角色关系也是很明确的。教师在校外讲不讲普通话是没有强制性的,师生的角色关系也淡化了。当求人帮助的时候,如问路,也常常要服从对方的语码转换。

3) 双语熟练程度不等制约语码转换。双语人当需要表达个人的思想感情的时候,一般是使用母语更熟练。为了更直接、更细微、更生动、更便利地表达思想,往往转而使用母语。例如吵架、骂人的时候一般都改用母语。知识界因为所受教育的关系,对于学术问题反而觉得使用普通话更熟练,所以在谈话涉及学术问题或学术术语时,常常转而用普通话。这种因话题转换造成的语码转换,甘伯兹称为"喻义性语码转移"(metaphorical code switching)。

4) 语言情结制约语码转换。一般人对故乡的方言带有特殊的感情,两个陌生人在外地相遇,用非母语交谈一阵后,如果互相发现是同乡,往往会转而使用家乡方言,这是语言情结的影响。

5) 利用语码转换达到保密目的。谈话双方为了不让在场的第三者知道谈话的内容,转而使用第三者听不懂的语言,这在商业交易、体育竞赛、团伙犯罪中是很常见的。

6) 利用语码转换来抬高身份。语言是一种资源,在同一个言语社区里高层语言或顶层语言更是一种能体现身份的重要资源。在中国内地的各方言区,普通话是高层语言或顶层语言。能说流利的普通话能给人留下受过良好教育的印象。以至于在宁波的商业谈判中,讲普通话有时成了有文化、素质高、信誉好的标志。即使本地人之间进行业务洽谈也乐意用普通话①。

以上分析了语码转换的 6 种原因,这 6 种原因的形成都是有意识的。值得注意的是,语码转换有时候是无意识的,或者说原因未明。例如在调查宁波人的语码转换中,有一个问题是"你给普通话和宁波话都讲得很好的朋友打电话,开口一般说哪一种话? 如果谈话过程中,对方因为某种原因突然改换了另一种话,你会如何反应?"有 5 个选项供被调查者选择。结果无论教育程度如何,都有半数以上人,对于对方的语码转换表示"自然地随之改换,不觉得有什么"(见表 4.2)。

①　徐蓉:《宁波地区大众语码转换之调查分析》,载《中国语文》2003 年第 1 期。

表 4.2　宁波人对语码转换的反应

答 案 选 项	初中以下	高　　中	大专以上
随之改换,虽然觉得有些怪怪的	28	21	20
自然地随之改换,不觉得有什么	52	55	64
仍坚持说原来的一种	20	15	6
从来没有见过这种情况	0	10	6
自己也不知道	0	8	4

* 此表内容据徐蓉《宁波城区大众语码转换之调查分析》(载《中国语文》2003 年第 1 期)。

在语句中夹用其他语言的词汇,这种现象可有可以称为"语码混合"(code-mixing),例如一个上海中外合资公司的中方合伙人对下属说:"杰克逊这次来,总的来说,感到很 satisfaction(满意),谢谢大家的 cooperation(合作)。现在我有一个 good news 要告诉大家,我已经向杰克逊争取到了两个到美国总部接受免费培训半年的名额。下个月,我看你们谁的英语说得顺溜,单子接得多,I'll send him there。""明天是 Peter 的 birthday,我们开一个 party,好吗?"语码混合和语码转换不同,前者是个人行为,后者需要对话双方共同完成。语码混合产生的原因主要有二:一是第一语言的词汇不敷使用,大多是些专业术语或新词;二是追求时尚。语码混合目前在国内多用于知识界、白领和大学生。语码混合大多是句子内部的词汇替换,而语码转换的基本单位是语段,即语码转换一般是在语段之间发生。语码混合或可称为"句中语码转换"。

语码转换的调查方法是用问题表询问和实地观察、记录相结合。语码转换的调查,也可以深入一个双语家庭中进行。

第三节　语言或方言的可懂度研究

以某一种方言为母语的人与其他方言接触,通常会觉得有的方言容易懂,有的方言难懂。也就是说,方言或语言之间的可懂度(intelligibility)是不一样的。可懂度的不一致固然跟不同方言的语言结构接近程度不同有关,也跟方言的社会文化背景不同有关,方言或语言之间可懂度的不可互逆性就是跟文化扩散的方向密切相关。

一、方言间词汇接近率的计量研究方法

方言或语言之间的可懂度是一般人都可以模糊地感觉到的,那么能不能在计量研究的基础上精确地表述呢? 语言结构包括语音、词汇、语法三个平面,词汇异同应是可懂度的决定性因素,例如浙南吴语和粤语都把"翅膀"叫做"翼",虽然语音不同,但是勉强还可以听得懂,因为用的是同一个词;"小菜"浙南吴语叫"配",粤语叫"送",因为用的是完全不同的词,相互间口语可懂度很可能等于零。听懂一句话中关键性的词语,往往也就听懂这句话的一大半。所以可懂度的计量研究从词汇入手比较合理,也比较容易操作。

对方言间词汇接近率的计量研究,前人曾采用过三种主要的方法。

第一,语言年代学(glottochronology)方法。

日本学者王育德 1960 年发表用语言年代学方法研究汉语五大方言接近率及其分化年代的成果。王育德所做的统计工作包括两部分。第一部分是比较 200 个基本词汇在各方言中的异同数,所用的方法即是算术统计法。计算结果共同率最高的是北京话和苏州话,达 74.47%,最低的是北京话和厦门话,为 51.56%,北京话和广州话的接近率为 70.77%。第二部分根据 M. Swadesh 提出的计算公式,计算五大方言分化的年代[1]。

第二,相关系数统计法。

这种方法是郑锦全于 1973 年最早提出来的。他用"皮尔逊相关"(Pearson)和"非加权平均系联法"(non-weighted)来计算不同方言的字音和词汇的亲疏程度,同时提供方言分区的方法。参加比较的词目供 905 条。词汇相关度计算结果,北京和苏州为 0.2891,北京和广州为 0.2401。在相关系数统计结果的基础上,再做聚类分析[2]。

王士元和沈钟伟于 1992 年撰文批评郑锦全的方法在语言学上和计算

---

[1] 王育德:《中國五大方言の分裂年代の言語年代學的試探》,載《言語研究》1960 年第 38 期。

[2] 郑锦全:《汉语方言亲疏关系的计量研究》,载《中国语文》1988 年第 2 期。又,《汉语方言沟通度的计算》,载《中国语文》1994 年第 1 期。

上的不合理性,提出在汉语方言分类上,计算的基本单位应该是语素,而不是词。他们进一步完善了相关系数统计法和聚类分析法。并且对吴语内部33个地点方言词汇的亲疏关系进行计量研究①。

第三,算术统计法。

这种方法将不同方言的词汇的同或异,用加减法进行统计,从而以百分比计算接近率。詹伯慧和张日升曾根据他们所编《珠江三角洲方言词汇对照》(广东人民出版社,1988年)的材料,比较北京话和粤语词汇的接近率。参加比较的词汇有1 001个,两者相同的只有140多个,仅占10.4%。此后李敬忠又根据另三种方言词典的材料统计,这三种词典所收词汇的数量分别为5 623个、5 078个和8 000多个,结果北京话和广州话词汇的接近率分别为21.5%、24.1%和1.78%。

王育德和詹伯慧等人所使用的方法都是算术统计法,但是所得结果相差甚远。粤语与普通话的接近率,按王育德的计算高至70.77%,按詹伯慧等人的计算最高仅为24.1%。两者相差竟达47个百分点。其中的原因显然是两者参加比较的词汇的数量不同,王育德所用是200个基本词汇,詹伯慧等人所用的词汇则有1 000个至8 000个。可见基本词汇相同率较高,一般词汇相同率较低。一般说来,基本词汇在语言中出现的频率较高,一般词汇则较低,因此也可以说词频较高的词汇相同率较高,词频较低的词汇相同率较低。看起来词频在方言接近率的计量研究中是非常重要的因素。

郑锦全的相关系数统计法利用计算机处理繁复的方言资料,对多达18种方言之间的亲疏程度,用树形图做出直观而细密的描写。显然,相关系数统计法比算术统计法要精密和合理得多。不过它也有两个主要的缺点:一是没有考虑词频这个重要的因素;二是比较词汇异同,只考虑词形异同,并不顾及词内部词根或中心语素的异同。如"太阳"和"日头"词形不同,两者的相同率为0;"太阳"和"太阳佛"词形不同,两者的相同率也为0。实际上"太阳佛"的中心语素跟"太阳"完全相同,将两者的相同率也当作0来处理是不合理的。上述算术统计法也有这两个缺点。王士元和沈钟伟采用语素而不是词作为计算的基本单位,是一大进步,但是他们并未考虑不同种类的语素对方言亲疏关系的重要性是不同的,例如"阿爹"(爷爷)中的"阿"其重要性显然不如"爹"。

---

① 王士元、沈钟伟:《方言关系的计量表述》,载《中国语文》1992年第2期。

二、两个新的课题和新的研究方法

在总结前人已有成果的基础上,我们研究了两个新的课题,并且试图提出新的研究方法和对可懂度问题的新见解,希望有助于进一步研究方言的接近率和可懂度问题。

第一个课题是"广州话、上海话和普通话词汇接近率的研究"。该课题是由游汝杰和杨蓓共同完成的,其研究方法的特点是用加权(weighted)法统计不同方言词汇的异同;以词频作为权数;以中心语素为基准比较词汇的异同,分级加权统计;多人次测验方言词汇的口语可懂度。该课题所研究的可懂度还只是单向的,即只研究粤语对上海人的可懂度,而未研究上海话对广州人的可懂度。

第二个课题是"中日及沪港语言互懂度的研究"。该课题是由邹嘉彦和冯良珍共同完成的。该课题利用本书第六章将提到的语料库和"视窗",以车类词为例,对日文词和中文词的互懂度、上海方言词和中国香港方言词的互懂度进行考查分析。该课题所研究的可懂度是双向的,研究结果表明,语言或方言之间的可懂度与文化扩散的方向密切相关,所以可懂度是不可互逆的。详见第六章第二节。

下面介绍第一个课题"广州话、上海话和普通话词汇接近率的研究"的主要内容和研究结果。

我们试图改进现有的统计方法,以广州话、上海话和普通话为例,提出方言间词汇接近率计量研究的新方法。这个新方法有以下三个特点:

第一,用加权法统计不同方言词汇的异同,以词频作为权数。

第二,以中心语素为基准比较词汇的异同,分级加权统计。

第三,多人次测验方言词汇的口语可懂度。

下面介绍此项计量研究的方法和结果,计算的公式、过程、数据及各种表格因篇幅太长略去①。

(1) 粤语与普通话之间书面语词汇异同加权统计

1) 词汇材料来源。

普通话(北京话)和粤语书面语词汇材料取自北京大学中文系语言学教

---

①　游汝杰、杨蓓:《广州话、上海话和普通话词汇接近率的计量研究》,载邹嘉彦等编:《汉语计量与计算研究》,香港城市大学语言资讯科学研究中心,1998 年。

研室编《汉语方言词汇》(第二版,语文出版社,1995 年)。参加比较的词汇,包括少数词组,共 1 230 条。我们用 Microsoft Access 做了一个小型语料库,内容是上述 1 230 条北京话词汇,包括每条词汇的序号、词目、分组编号和词频。所有词汇按词义或词性分为天文、地理,时间、节令,介词、连词等 37 类。

2) 如何确定权数。

我们采用下述两种权数:

第一,词频权数。

在一种方言里,有的词汇常用,有的不常用,使用频率不同的词汇对于方言之间的词汇接近率的重要性是不同的。换句话说,词频对词汇接近率的计量统计应该是很重要的参数。所以我们将以词频为基础的词汇组组频率作为权数。我们把一种方言里的所有词汇及其频率看作一个系统,而不是单个不同的词的简单相加。在我们的词汇表中,列在表上的每一组的词汇都经过挑选的,它们是这一组所有词汇(包括未列在表上的)的代表。词汇组的组频率即是以这些词汇为基础计算出来的。所以将词汇组的组频率作为权数更能体现词汇的系统性。

第二,语素重要性权数。

单音节词中的语素负载这个词的全部语义和信息,语素重要性自然最大,权数也自然最大。

双音节词除了联绵词以外,是由两个语素(morpheme)组成的。前后两个语素,就所提供的信息而言,有的相等,即同义复词,如"休息";有的重要性不相等,例如"老虎"的全部语义信息在后一语素,前一语素"老"只有语法意义,而不含"老虎"的词汇意义。"逃跑"的信息重心则在前一语素,后一语素"跑"只含有附加的语义。所以我们以语素为加权的基本单位,又从语义、信息的角度出发判定语素的重要性。

在不同方言双音节词汇比较中,很多情况是两者可能只有一个语素是相同的,而另一个语素所提供的信息量不同。接近率的高低即由后一语素决定。例如"老虎"和"虎"的接近率比"逃跑"和"逃"的接近率高。因为"老"没有语义价值,而"跑"带有附加的语义。这就是说,双音节词内部的不同语素对词汇接近率的重要性是不同的。所以我们对双音节词内部重要性不同的语素,给予不同的权数。

根据上述原则给这 1 000 多个词汇分类并按权数大小的顺序排列如下,每类各举两个例子:

　　a．单音节词：头、嘴。

此类由一个语素组成一个词,这个语素负载这个词的全部词义和信息。权数应最大。

　　b．双音节单纯词：垃圾、蝙蝠。

此类是双音节单语素的联绵词,一般不会分割使用。权数大小应跟单音节词相同。

　　c．双音节叠音词：星星、常常。

由前后两个相同的语素合成,各负载这个词的一半词义和信息。在方言里往往不用叠音。权数应比 a,b 类小。

　　d．词根（root）＋词缀（fix）。
　　前加：老虎、老鼠（词义和信息的中心在后一语素）
　　后加：绳子、枣儿（词义和信息的中心在前一语素）

此类词在有的方言里不加词缀。权数应比 c 类小。

　　e．中心语素（head）＋附注语素（modifier）。
　　后注：月亮、露水、雷公（词义和信息的中心在前一语素,非中心语素的重要性比 d 类大）。
　　前注：颜色、风景、女婿（词义和信息的中心在后一语素,非中心语素的重要性比 d 类大）。

此类词中的中心语素在词义上是自足的,在古汉语或现代某些方言里常单用中心语素。权数应比 d 类小。

　　f．人称代词＋们：我们、他们。

此类词词义和信息的中心在前一语素,非中心语素的重要性比 e 类大,方言之间的差别主要是表示复数的后一语素。此类权数应比 e 类小。

　　g．物主代词＋的：我的、你的。

此类词词义和信息的中心在前一语素,非中心语素的重要性比 e 类大,方言之间的差别主要是表示领属的后一语素。此类权数应比 e 类小。

　　h．一般复合词：上午、扁担。

词义和信息由前后两个语素共同负载,缺一不可。权数应比 h 类小。

i. 动宾式短语：点灯、种地。

此类词词义和信息由前后两个语素共同负载,缺一不可。权数应跟 h 类相同。

以上各类应加权数大小依次为 a＝b＞c＞d＞e＞f＝g＞h＝i,即,a:0.9＝b:0.9＞c:0.8＞d:0.7＞e:0.6＞f:0.5＝g:0.5＞h:0.4＝i:0.4

3) 计算步骤和公式(略去)。

4) 计算结果:普通话和广东话的词汇接近率为 48.24％。

(2) 上海话和普通话之间书面语词汇接近率加权统计

1) 词汇材料来源:普通话同上;上海话请一位上海话发音人提供。

2) 统计方法同上。

3) 统计结果:上海话与普通话之间书面语词汇接近率为 64.88％。

(3) 粤语与上海话之间书面语词汇接近率加权统计

1) 词汇材料来源:北京大学中文系语言学教研室编《汉语方言词汇》(第二版,语文出版社,1995 年)。

2) 统计方法同上。

3) 统计结果:粤语与上海话之间书面语词汇接近率为 41.926％。

根据上述统计结果,现在将北京话、广州话、上海话之间书面语素接近率列成表 4.3。

表 4.3 北京话、广州话、上海话之间书面语词汇接近率表

	北 京	广 州	上 海
北 京	1	0.482 4	0.648 8
广 州	0.482 4	1	0.419 26
上 海	0.648 8	0.419 26	1

(4) 粤语对上海话和普通话口语词汇可懂度加权统计

郑锦全曾对各大方言间的可懂度进行计量研究,提出沟通度(可懂度)的计算,必须建立方言间语言成分对当的类型。再根据不同类型对沟通度的重要性不同,决定不同的权重,然后进行加权统计。他还只是对语音沟通度进行理论上的而不是实际口语上的计算。计算结果北京话对广州话的可懂度是 0.475[①]。

---

① 郑锦全:《汉语方言沟通度的计算》,载《中国语文》1994 年第 2 期。

(5) 广州话对上海人的口语词汇可懂度

1) 词汇材料采用《上海话音档》(上海教育出版社,1994 年)所录常用词汇,共 182 个。这些词汇共分 17 类,如自然现象、动物、植物、房舍等。其中第 17 类是高频词,是指频率在 0.5 以上的词。因为每组词汇数都很少,如果某组高频词略多,组频率就会增大过多,所以把高频词集中起来另列一类。17 类共包括 182 个基本词汇。

2) 调查对象:被调查人是以上海话为母语,并且会说普通话的大学一年级学生,共 40 人。

3) 调查方法:先请一位以广州话为母语的发音人将 182 个词按意义分类各读三遍,同时用录音机记录。然后播放录音带,请被调查人用汉字记录听懂的词。词汇是分类播放的,每播放一类前都说明此类词的内容,例如"房舍""植物"等。播放录音及记录的时间共 45 分钟。

4) 计算步骤和公式(略去)。

5) 计算结果:粤语对上海话和普通话口语词汇可懂度为 67.21%。

此项研究结果表明,粤语词汇与普通话之间的接近率,按语素加权统计为 48.24%;粤语词汇与普通话和上海话的接近率,按口语可懂度统计为 67.21%。粤语词汇和普通话的差异并没有李敬忠等人认为的那么大,但是比王育德的研究结果要大。兹将本节与各家统计方法和统计结果列表(见表 4.4)比较如下。

表 4.4　各家统计方法和统计结果比较

学　　者	统　计　方　法	词汇数	统计结果
王育德	语言年代学、算术统计法	200	70.77%
郑锦全	皮尔逊相关法、非加权平均系联法	905	24.01%
詹伯慧、张日升	算术统计法	1 001	10.40%
李敬忠 a	算术统计法	5 623	21.50%
李敬忠 b	算术统计法	5 078	24.10%
李敬忠 c	算术统计法	8 000	1.78%
游汝杰、杨蓓	语素加权法	1 230	48.24%
游汝杰、杨蓓	口语可懂度加权法	182	67.21%

各家统计结果各不相同,相同率最高为 70.77%,最低为 1.78%,相差

竟达 69％。本节所得结果介乎两者之间。造成统计结果不同应有下述几方面的原因。

第一，参加比较的词汇数量不同。词汇总数越多，其中常用词汇就越少；词汇总数越少，常用词汇就越多。而常用词汇在方言之间相同的较多。

第二，统计时是否加权。因为不同的词在语言系统中出现的频率(即常用的程度)是不同的；不同的语素在同一个两音节以上的词中，重要性也是不同的。采用非加权统计法显然是不合理的。

第三，统计时是否考虑口语可懂度。方言间的词汇的接近程度，如果仅仅从词汇的书面(即字面)形式出发，那么实际上只是注重语源异同的比较，或历时的比较。口语可懂度的调查研究则是一种共时的比较。同时考虑历时和共时比较才会更合理。

词汇是影响方言之间可懂度的最重要的因素。词汇相同，语音不同，有时还能听懂或勉强听懂；词汇不同，则可懂度即等于零。方言间语法的差异毕竟较小。由于词汇必须借助语音得以表达，所以口语词汇可懂度实际上已经包含语音因素。

我们曾设计一种测验可懂度的方法。先选取一两千个基本词汇，按意义分成若干类别。然后由以甲种方言为母语的发音人分类读给使用乙种方言的人听。读每类词汇前，应由测试者说明同类词汇的内容，如"天气"类、"服饰"类等。因为语言在实际使用时总是有一个语言环境，听话人也会有预设，所以预先告诉听话人每类词汇的内容或范围，更接近语言实际使用时的情景。不过应注意不能给听话人更多的别的暗示，例如按顺序排列数词或人称代词。根据听话人能听懂其中多少词汇，再加以词频和语素重要性分级加权统计，即可得出可懂度的百分比。除了本课题外，早些年我们还曾用上述方法做过另两个课题：一是测试温州话对东阳话的可懂度；二是测试温州话对绍兴话的可懂度。根据我们的实践，这个方法是可行的。

不过，上述方法虽然已经考虑到听话人的预设因素，但是毕竟没有实际的语言环境，又有同音词问题。为了克服这个缺点，可以设计一套类似"托福"(TOEFL)中的"听力综合测验"(listening comprehension)那样的测验题。请听话者先听一段话，再就其中的内容回答问题。

方言间口语可懂度测试的受试人在理论上应该只会说母语，没有任何别的方言、标准语或书面语知识,但是事实上很难找到理想的受试人。其结果是可懂度测试往往不能逆转,例如广东话对上海人的可懂度如果是40%,那么上海话对广州人的可懂度有可能达到60%,因为广州人多少有些普通话或书面语知识,而上海话比较接近普通话或书面语。

我们测试广东话口语词汇对上海人的可懂度,受试者是大学一年级学生,结果可懂度高达67%。如果受试者换成老年人,可懂度可能大为降低。因为近年来上海的青少年喜欢听粤语歌曲,对粤语多少有些感性认识。

方言间的可懂度会随时间的发展而提高。两个使用不同方言的人相处,开头几星期的可懂度可能很低,但几个月之后,可懂度就会有所提高。提高的速率会因方言不同而有所不同,例如吴语使用者听懂粤语所需时间比听懂闽语可能要少得多。可懂度在不同的方言之间和在不同的语言之间,提高的速率会大不一样。在不同的方言之间提高得快,在不同的语言之间提高得慢。例如官话使用者到闽语区生活,最初的可懂度可能等于零,或近乎零,但几个月后可懂度会很快上升;官话使用者到西班牙生活,最初的可懂度等于零,几个月后可懂度可能依然等于零,或近乎零。对可懂度提高的速率,也应该有计量研究。

三、关于可懂度的两点思考

1. 语言之间的可懂度是不对等的

我们将中文和日文进行了对比分析,又在中文五地中选择了上海和中国香港进行了对比分析。中日的对比结果表明:从日语的角度看汉语词,可懂度达到51.27%,而从中文的角度看日语中的汉字词,其可懂度达到77.96%。上海和中国香港的可懂度为:从中国香港看上海可懂度为80.72%,从上海看中国香港可懂度为91.67%。其结果表明,可懂度是不对等的。也可以说没有单一的互懂度,互懂度因方向不同而有差异。比较方言之间的差异,不能是单向的,而应该是双向的。

2. 互懂度的差异与文化扩散方向相关

汉语的译词进入日语的比较少,故日本人对汉语的词语看不懂的多。而日语中的汉字词大都是早期的译词(现代日语中的外来词大都为音译、用片假名而不用汉字书写),有些已进入中文,所以中国人看懂的多。同样,从上海看中国香港方言词语的可懂度,比从中国香港看上海高得多,可以认为,也是因为中国香港的词语进入上海的多,而上海的词语进入中国香港的较少。

我们是否可以说,至少在"车"类词语(仅指汉字词语)方面,日本向中国扩散较多、中国香港向上海扩散较多。进而言之,可懂度的差异在某种程度上可以反映出文化的扩散方向。互懂度因方向不同会有差异,因而不能只以单向的一个数据,来说明双方的互懂度,而只能以双向的两个不同的数据来表示双向可懂度。

思考与练习

1. 什么是"言语社区"? 它与社会学上的"社区"和方言学上的"方言区"有什么不同?

2. 会话的内部结构由哪三个基本的部分组成? 试举例说明。

3. 什么叫精密语码? 什么叫有限语码? 两者有什么区别?

4. 请设计一种计算可懂度的方法,并试用于个案调查。

第五章 汉语的形成、发展和华人社会

第一节 汉语的历史源头和地理扩散

一、南方各大方言的形成及其历史层次

全世界语言的名称有 5 000—6 000 个,目前实际使用的语言约有 4 000 种。历史比较语言学上的谱系树说(德文 Stammbaum,英文 genealogical theory)认为,历史时期的某一种内部一致的原始语(proto-language),因为人口迁徙等原因,散布到不同的地域,并且各自走上不同的发展道路。久而久之就分化为不同的语言。如果人口迁徙再次发生,语言就可能再次分化。这样一来,世界上的语言就越来越多。

语言的分化就像一棵树,从树干即"语系",成长为较粗的树枝即"语族",再成长为较细的枝条即"语支",一直到树梢即各种现代语言及方言。这些有共同来源的方言称为亲属方言。亲属方言往往分布在不同的地域,所以又称地域方言。从社会语言学的角度来看,同一种地域方言的使用者有相同的社会和文化背景,所以也是社会语言学意义上的语言变体。例如大约公元前 4000 年,古代印欧人从他们的故乡四散迁居,谱系树说认为原始印欧人的家园在东南欧。他们约在公元前 2000 年开始分化,东至印度、伊朗,西至欧洲大陆。西迁的一支有一部分往北到达日耳曼、斯拉夫,往南到达地中海一带。原始印欧语也因此分化成东、西两大支。东支称为 Satem,西支称为 Centum。原始印欧语也因此分化成为英语、法语、俄语、印地语、伊朗语等,约 100 种语言。

在世界各大语系中,汉语属于"汉藏语系"。汉藏语系约在距今 6000 年左右分化,同属汉藏语系的主要语言除了汉语外,还有藏语、缅甸语、苗瑶语

等。原始汉藏人的家园可能在喜马拉雅高原,即是黄河、长江、澜沧江、雅鲁藏布江、怒江、伊洛瓦底江的发源地。也许在公元前 4000 年左右,汉藏人沿这些河谷慢慢地扇形迁徙,到达中原的一支就成为原始汉人。

据《中国语言地图集》(第 2 版,商务印书馆,2012 年)的分类法,汉语方言第一层次分为十大方言,即官话、晋语、吴语、徽语、闽语、粤语、湘语、赣语、客家话和平话。对其中晋语和平话在方言系属上的地位,还是有争论的,反对者的意见认为,晋语是官话的次方言,而平话是粤语的次方言。先简略地谈谈汉语各大方言是如何形成的。

1. 吴语

据《史记·吴太伯世家》,周太王的长子太伯和次子仲雍让贤,南奔至今江苏无锡、苏州一带。这是见于史籍的第一批移民吴地的北方汉人,他们带来的是 3 000 年渭水流域的汉语。吴语作为一种独立的方言,在《世说新语》《颜氏家训》等南北朝时期的文献里,已经有明确的记载。吴语在地理上是从北向南扩散发展的,最初形成于无锡、苏州一带,然后扩散到浙北的宁绍平原、杭嘉湖平原,继而进入浙江中部、南部和西南部。历史上北方汉人移居吴语区有三次大浪潮:第一次在三国时代,孙吴时代对江南的开发和经营吸引了大批北方移民;第二次在两晋之交,北方人不仅因战乱逃难,大量移入江南的宁镇地区,而且越过钱塘江,深入浙东;第三次是在两宋之交,北方移民不仅造成后世的杭州方言岛,而且继续大批南下,在浙南的温州地区定居。历代北方移民带来的方言与吴语区原住居民的方言相融合,逐渐形成现代吴语。

2. 湘语

先秦诸子、汉扬雄《方言》、汉许慎《说文解字》和晋郭璞《方言注》屡次提到楚语,楚语的使用地域是荆楚、南楚、东楚、荆汝江湘、江湘九嶷等。这些地方相当于今湖南、湖北。楚语在晋代以前的汉语方言中是非常突出的。据《世说新语》"豪爽篇"和"轻诋篇"的有关记载,对于当时的北方人来说,楚语的可懂度很差,听起来像鸟鸣,不知所云。古湘语的最早源头应该是古楚语,但是因受历代尤其是中唐北方移民带来的北方话的冲击,现代长沙一带的湘语,反而跟官话接近起来,较古老的湘语特征应保留在南片湘语中。

3. 赣语、客家话

赣方言和客方言的核心地区在江西以及与之邻接的闽东和粤北。今江西一带在汉扬雄《方言》、汉许慎《说文解字》和晋郭璞《方言注》里没有作为一个独立的方言地名出现过,其地在《方言》中包含在"南楚"或"吴越扬"之中,在《说文解字》中包含在"吴楚"之中,在《方言注》中包含在"江南"之中。可见其地独立的方言特征并不显著。古江西在地理上被称为"吴头楚尾",在赣语和客家话形成以前,古江西方言可能是一种兼有吴语和湘语特征的混合型方言。唐初大量北方移民进入赣北鄱阳湖平原。这些移民的方言和古江西方言接触形成最原始的赣语。中唐和晚唐陆续到来的北方移民,从赣北深入赣中和赣南,赣语进一步得到发展。北方来的客家人起初定居在赣语区,于宋元之际西移至闽西和粤北。他们原来所使用的赣语与赣东南、闽西和粤北的土著方言相交融,于元明之际,形成客家方言。

4. 粤语

据《淮南子》,秦略扬越,出兵50万人,越平,置桂林、南海、象郡,以谪徙民,与越杂处。东汉初马援出征南越,其士卒多留越不归。又据《通鉴》载,东汉末士燮为交趾太守,兄弟雄踞两粤,中国人士多往归之。宋代因北方辽金的侵袭,大量汉人南下广东避难。这些新来的移民被称为客户。据《北宋元丰九域志》载,客户占广东总人口的39%。看来正是宋代的移民带来的北方方言最后奠定现代粤语的基础。宋代朱熹《朱子语类》一百三十八云:"四方声音多讹,却是广中人说得声音尚好。"这说明宋代的粤语语音比较符合当时中原的标准音。清代音韵学家陈澧《广州音说》云:"广州方音合乎隋唐韵书切语,为他方所不及者约有数端,余广州人也,请略言之。"他指出广州音有五条特征与切韵音相合,如四声皆分清浊、咸摄韵尾不与山摄混读等。所言甚是。看起来正是宋代的移民带来的北方方言最后奠定现代粤语的基础。

5. 闽语

第一批汉人入闽时代应是西汉末,当时中原政权在闽地设置了第一个县,即治县,地当今福州。两汉间第一批入闽的汉人可能是从吴地去的。吴地人民大规模入闽应在汉末、三国、晋初的百年之间。移民入闽有两条路线:一是从海路以治县为中途港在沿海地带登陆;二是从陆路移入闽西北。为了安置移民和行政管理,政府在沿海地区新置罗江(今福鼎)、原丰(今福州)、温麻(今霞浦)、东安(今泉州)、同安五县;在闽西北新置汉兴(今浦城)、建安(今建瓯)、南平、建平(今建阳)、邵武、将乐六县。由于沿海地带和闽西北的移民来源不同,加上长期以来沿海地区和闽西北交通不便,至今这两个地区的闽语还是有明显的差别。到了唐宋时代闽语作为一种具有明显特征的独立的大方言才最后明确起来,为人所注意。"福佬"这个代表闽语居民的民系名称,最早也是见于唐代文献。宋太宗时,福建泉州南安人刘昌言曾任右谏议大夫,时人"缺其闽语难晓"而不服。

　　关于徽语形成的历史,由于缺少研究资料,无从深入讨论。从方言的特征来看,大致可以认为它的底层是吴语,或者说它是从吴语发展而来的。

　　狭义的汉语方言可以不包括官话,所以上文未予讨论。从上文的讨论可知,中国南方的吴语、闽语、粤语、湘语、赣语、客家话这六大方言,从方言发生学的角度来看,吴语、粤语、湘语、赣语是从北方方言直接分化出来的,闽语和客家话则是次生的,即是分别从吴语和赣语分化而来的。从方言形成的历史层次来看,吴语和湘语为最古老的一层,粤语其次,赣语最晚。图 5.1 是汉语方言分化历史层次图。

　　北方的汉语向南方扩散的过程不仅是汉语分化为方言的过程,而且也是汉语与当地土著语言融合的过程。这些土

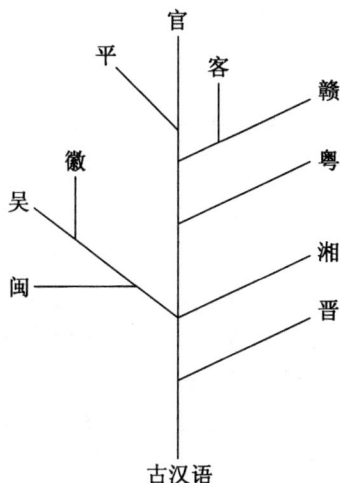

图 5.1　汉语方言分化历史层次示意图

著语言后来发展成为现代侗台语、苗瑶语、南亚语和南岛语,它们在汉语南方方言里留下了底层成分。如果把汉语的分化和融合的过程结合起来看,图 5.1 是不完整的,我们不妨用图 5.2 来示意。

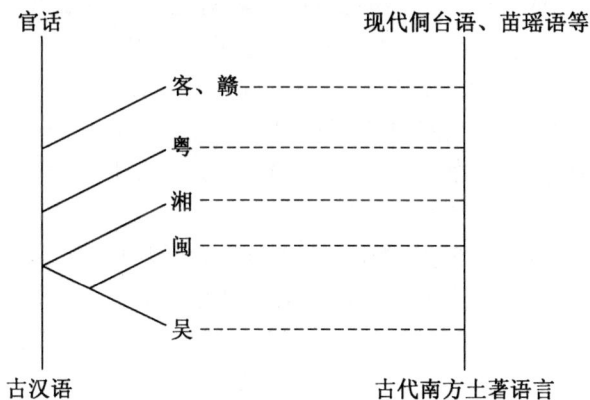

图 5.2　汉语方言分化和融合示意图

二、域外方言

汉语在海外的分布情况将在第三节讨论,这里先谈谈因间接接触形成的域外方言。

在语言地理上跟汉语邻接的越南语、日本语和朝鲜语在不同的历史阶段吸收了大量汉语字音和字形,这些字音和一部分字形一直沿用至今。语言学上把这三种语言里所吸收的汉语成分称为汉语的"域外方言"。

1. 越南语

越南语里的汉语成分可分为三个层次。最早的一层是古汉越语,指汉至唐初传入越南的零星的汉字汉音,例如"箸、舞"越南语读作 dua^4、mua^5。这些字音带有上古汉语的特点。第二层次是汉越语,指唐代之后大量输入越南语的成系统的汉字和汉音。例如"六、难、见"在越南语里分别读作 luc^6、nan^1、kien^5。这些字音带有中古汉语的特点。汉越语大多见于越南语的文言。唐代的科举制度促使今越南地区的知识分子诵读汉文的经典、书籍,从而造成系统的汉越语。其历史背景跟汉语方言文读音一样。第三层次是越化汉语,产生的时代晚于汉越语,它是汉语和越南语融合的结果,在今天的越南语里很难辨别哪些是地道的越南语,哪些是越化汉语。

2. 朝鲜语

自汉武帝在朝鲜建立郡县制度以后,汉文化和汉字大量输入朝鲜。到7世纪的新罗时代,产生了一种汉语和朝鲜语混合的书面语,称为"吏读"。字形采用汉语,实词多直接用汉字写出,虚词只用汉字记音,语法则仍用朝鲜语系统。在朝鲜语里与汉语有关的字音称为"高丽音",从中可以看出古汉语的遗迹,如"三、方、湿"在朝鲜语里分别读作 sam、paŋ、sɯp。"吏读"一直使用到 20 世纪初期日本侵占朝鲜的时候。

3. 日本语

据文献明确记载,中国和日本正式交往始于汉光武帝。此后 2 000 年日本全盘输入中华文化,包括汉语的大量词汇和汉字。日语里的汉语词汇分为三个系统:吴音、汉音和唐音。吴音是模仿中国唐代以前的南方语音的,如"京"字的三种读法:在"东京"里读作 kyo;在"京畿"里读 kei;在"南京"里读作 kein。

域外方言研究不仅是汉藏语言学,特别是汉语音韵学研究的重要领域,而且也是研究古代中国和这三个邻国文化交流史的重要资料。例如,这三个邻国不仅从汉语输入大批汉字、汉字的读音、声调系统(限于越南语)和词汇,而且知识分子学习汉字、汉语和汉文化也蔚然成风。在很大程度上中国文化是通过汉字、外来词、汉语及其文献直接传播到这三个邻国的。这三个国家的政府也颇重视汉字和汉文化的学习,例如朝鲜李朝的科举,设置了吏文科,所谓吏文是指古代朝鲜官方奏章文牍中所使用的汉字。官方还设了讲录院专门教授吏文和汉语。在这种文化背景下,16世纪的朝鲜诞生了著名的汉学家崔世珍(?—1542)。他不仅精通吏文,而且通晓汉语口语。他编写的《老乞大》和《朴通事》,是供古代朝鲜人学习汉语文的两本入门书,流传很广,影响很大。这两本书也是研究16世纪初期汉语北京话的价值极高的重要资料。朝鲜另有一种拼音文字,称为谚文。谚文是一种音节文字,创制于15世纪。不过20世纪初期之前,汉字一直是朝鲜的正式文字,国家文献都是用汉字出版的。

古代日本的贵族也谙熟汉文,日本现存的最古老的史书《古事记》,用掺杂日文风格的汉字写作,并用汉字做音符来标记诗歌、专有名词和古语。古代日本贵族用汉字写作的原文,保存至今的有:法隆寺金堂释迦像铭和法华经义疏等。8世纪前后他们模仿汉字的偏旁和笔画,创造、推行了"万叶假名"。古代日本能写汉诗的知识分子也大有人在,如大友皇子和大津皇子能做六朝风格的汉诗。汉字在4—5世纪经朝鲜传入日本,成为古代日本的官方文字。后来日本另行创制由平假名和片假名组成的音节文字,平假名假借汉字草书造成,片假名假借汉字楷书偏旁造成。汉字在日本一直沿用到当代,不过字数受到限制,日本文部省1981年公布的"常用汉字表"上的汉字只有1 945个。

在古代越南情况也类似,例如《全唐文》卷四四六载有唐代德宗年间日南人姜公辅所著名篇《白云照春海赋》。汉字对于推动这三个邻国的古代文明发展史曾产生极其重要的作用。13世纪以前越南没有自己的文字,书面语言采用汉字。汉字被称为儒字(chy⁴ nho¹)。13世纪创造了记录越南语的文字——字喃(chy⁴ nom¹)。字喃是借用汉字的笔画和部首,重现组合成的新方块字。来自欧洲的传教士Rhodes神父创造了用罗马字拼音的越南文(Quoc ngu)。19世纪末期法国人侵占越南后,拼音的越南文逐渐盛行,至今已取代字喃和方块字。

第二节　语言演变和社会、文化的关系

　　语言演变的原因是多方面的,语言的宏观演变一般都是社会、文化方面的原因造成的,语言的微观演变有一部分也与社会文化方面的原因有关。本节以汉语方言为例,讨论两者的关系。

一、方言的据点式传播和蔓延式扩散

　　人口迁移是方言形成的最直接最重要的原因。原居一地的人民,其中有一部分人迁移到别地,久而久之形成与原居地不同的新方言,这是很常见的,例如部分闽人离开福建,移居海南岛,形成新的闽语(闽语琼文片)。

　　汉语的几大南方方言形成的初始原因即是北方人民迁徙南方。秦汉之前,长江以南是百越所居居地,《汉书·地理志》颜师古注曰:"自会稽至交趾,千八百里,百粤杂处,各有种姓。""百粤"即"百越"。字异义同,《史记》写作"越",《汉书》写作"粤"。

　　北方人民移居南方的方式大致是,先在交通要津建立大的居民点,然后在乡下合适的地点,建立较小的居民点,再向四野逐步蔓延扩散。北方汉语也随之向南方各地传播。起初只是在汉人居住的城邑里通行汉语,广大农村仍是当地土著民族语言的天下,后来才渐渐通过杂居等途径扩散。其情况正如《后汉书·西南夷传》所载:"凡交趾所统,虽置郡县,而言语各异,重译乃通。……后颇徙中国罪人,使杂居其间,乃稍知言语,渐见礼化。"唐代柳宗元贬官广西柳州,所著《柳州峒氓歌》载:"愁向公庭问重译",可见当时柳州一带土著民族的语言还是相当流行的。这个渐进的过程从汉代开始连绵不断,至今在西南地区仍在继续。例如,就浙江而言,这个过程从秦代开始,一直到明末才结束。但就广西的大部分地区而言,这个过程远未结束。目前的一般情况是,在城市和县城里,使用官话或粤语,在城镇里使用平话(一种汉语方言),在广大乡村还是使用壮语。

　　从历史行政地理的角度来看,北方汉人移居南方的过程是分两大步:第一步是县的建置,即在汉人集中的居民点建立一个县(母县);第二步是县的析置,母县人口增加到一定数量,就将部分人迁移到附近的地方,建立新的居民点,即子县。在一个县的内部,县城是最大的居民点,随着人口的增加,又在乡下建立较小的居民点,即镇,镇下则有村。北方的汉人和汉语就是随着县的建置和析置在南方落脚和扩散的。来源于同一母县的子县,其方言自然也较接近,甚至在现代仍属同一次方言区。因为一则方言来源相同,二则来自同一母县的子县,因人文和地理的关系,其人民往来较多,方言容易保持一致。例如西汉在浙江中部今台州一带建置回浦县,三国时代析置天台,东晋又从天台析置仙居,唐代再从回浦析置黄岩,明代再从黄岩析置温岭,三门则是 1940 年从台州(即古回浦)析置的。上述天台、仙居、黄岩、温岭、三门都是从同一个母县回浦析置的,至今这些地方的方言仍较接近,在吴语内部自成一个次方言区,即台州片。见图 5.3。

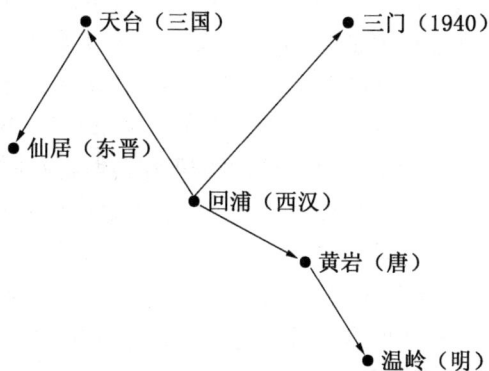

图 5.3　浙江台州地区行政地理历史沿革与方言地理关系表

　　总而言之,北方汉语自秦汉以来,在南方随郡、县和镇的建置形成大小据点,然后向四野蔓延、扩散,此过程开始于秦汉,至今仍在继续。

二、历史行政地理与方言地理的关系

　　中国的地方行政区划及其管理制度,论历史之悠久、区划之严密、管理之有效,都是世所罕见。中国几千年来一直是农业社会,除非战乱或荒灾,一般人都视离井背乡为畏途,在升平时代活动范围大致限于本府之内。这样的文化背景使历史行政区划与汉语方言区划,尤其是次方言区划有极为密切的关系,这主要表现在两方面:一是以旧府、州(二级政区)为单位,方言内部有较大的一致性,各省都有这样的例子。如江苏省的徐州府、福建省、广东省内部的方言界线。二是就南方方言而言,方言区或次方言区的界线

有一大部分甚至可以上溯到南宋时代二级政区的境界线。如从唐代开始,徽州(唐宋时称歙州)就下辖六县:绩溪、歙县、休宁、黟县、祁门、婺源,一直到清末没有变动。今安徽和江西境内的徽语也就是分布在这几个县市。今江西的婺源,其方言属徽语,其行政区划唐代以来即属歙州(后称徽州)。行政区划对方言区划的形成所起的作用,远远超过别的人文地理现象。从普遍方言地理学的观点来看,行政地理对方言地理多少会有些影响,但是没有别的国家的行政地理对方言地理会有如此深刻的作用。

其中的原因主要有两方面。

第一,同属一府的县往往是从相同的母县析置的,方言的源流本来相同。例如浙江温州府的几个县,其最原始的母县都是西汉时的回浦(今临海)。由回浦析置永宁(东汉前期)和瑞安(三国),由永宁析置平阳(晋)和乐清(晋),由平阳和瑞安析置泰顺(明)。

第二,在中国古代农业社会里,"府"是一个不大不小的地域,在升平时代一般百姓常年生活在一府之内,不必涉足府外,即可安居乐业。除赴考、经商、游历之类不寻常的事外,稍大的事皆可在县城或府城解决。所以一府之内的方言容易自成体系,与外省有别。而府城是一府的政治、经济、文化、交通的中心,其方言自然是强势方言。在一般明清时代的县志里,常常会提到方言视府治为重。例如嘉靖《上海县志》说:"方言语音视华亭为重。"上海县属松江府,华亭为松江旧名。府城的强势方言具有向心力和凝聚力,是维系全府方言一致性的重要因素。

历史行政区划对方言区划的形成和稳定,在一般语言里多少都会起些作用。不过中国的历史政区的形成和发展对方言地理分布所起的作用之大,实为世所罕见。在早期欧洲,宗教地理对方言地理的影响更为深刻。在法国,主教所在的城市,其方言会影响整个教区;德国的情况也一样;在瑞典,同一教区内的方言往往相同,方言界线很少不跟教区界线相重合的。在中国,情况恰好相反,各种人文地理对方言地理能够产生深刻影响的,依次为历史行政地理、交通地理、戏曲地理、民俗地理、商业地理和宗教地理。宗教地理对方言地理的影响是最不重要的。

三、文白异读和科举制度

"文白异读"是汉语方言的普遍现象,不过因方言不同,有文白异读的字在常用字中所占的比例也不同,如在闽语里几乎占一半,在吴语里只占不到十分之一。汉语的方言纷繁歧异,书面语却是统一的。中国历史上的政治和文化重心是在官话区,书面语也向来是以官话为标准的。隋唐以后实行考试取士制度,读书人普遍重视字音的标准和辨别,各地因此产生尽量向标准音靠拢的文读音。文读音本来应该只用于读书,但是后来文读音也渗透到方言口语中,同时文读音伴随着历代产生的以官话为基础的书面词汇大量进入方言口语。例如上海话里的"见组开口二等字"有文白异读,白读声母为[k],文读声母为[tɕ]。"我交拨侬一本书"中的"交"为白读,"交通、交易、交涉、交叉、交换、立交桥"等中的"交"皆用文读音,不用白读音。从现代方言的立场来看,文白读不一定是读书音和说话音的差别,而是不同历史时期产生的字音的并存现象。一般说来,文白异读不是社会方言的不同,而是字音的历史层次不同,只有极少数方言是例外,如浙江的寿昌话。当地人内部交际用白读音,与外地人交际则用文读音。

字音的文白异读反映字音的不同历史层次。就方言而言,白读代表较古老的层次。文读音多是唐代实行科举制度之后产生的。有文白异读的字,往往白读用于较古的词汇,文读用于较新的词汇。例如在厦门方言里,"家"在旧词"家官(公婆)"里白读作[ke¹],在新词"家长"里文读作[ka¹];"行"在旧词"先行"(先走)里读[kiã²],在新词"行动"里文读作[hiŋ²]。

文读音产生的直接原因是唐宋时代的科举制度。文读音在历史上长盛不衰、在现代愈益发展的更深刻的文化背景,则是各地方言中的文读音更加接近北方话,而北方话向来是民族共同语或标准语的基础方言。

汉武帝时代开始建立"五经博士制",由注重政治、历史、教育、文化的学者担任博士官。这些博士官不但有参政、议政的职责,而且还要教授弟子。此辈弟子称为太学生,都是各地18岁以上的优秀青年,由各地郡县政府选送京城深造,即所谓"乡举里选制"。太学生最初的名额只有50名,后来逐渐增加,到东汉末多至3万多名。各地来的学生自然都有自己的方言,这3万多人的教学和交际都是使用什么语言?史籍没有记载,当时全国方言分歧严重,其中秦晋方言是强势方言,但是可以猜想教学语言一定是秦晋方言。太学生毕业之后,除少数成绩列甲等者留京城充任皇帝的侍卫郎官外,其余基本回原籍充任地方政府的属吏。方言中文读音的始作俑者应该就是这些从京城回乡做官的知识分子。以上所说是官学,即"国立大学",同时已有私学产生。因文风日盛,向学者日众,地方名儒四方从学者往往多则逾千,少则数百。私学的兴盛无疑有利文读成分的产生和发展。

　　三国魏晋时代因地方政治解体,选举无法实行,代之以"九品中正制",即由来自各地的京官将原籍的地方人士,分为九等,造为簿册,作为政府选用人才的依据。

　　汉代的"乡举里选制"和三国魏晋时代的"九品中正制"有一个共同的流弊,就是官员个人的权力过大,难免私心,而失去公平。

　　唐代创设新的科举制度,这是一种公开竞选的才智考试制度,它比上述两种制度都要更公平合理,也给一般百姓以更多的机会。科举制度起初只考策论或训诂,即国家政策的理论问题或古代经籍的训释。这两种考试内容往往雷同,答卷常常流于空泛,难以考出才智的高低,所以后来改为偏重诗赋一项①。

　　诗赋讲究平仄,有种种韵律限制,因此读书人普遍重视字音。诗赋的音韵标准自然是帝都所在的北方话的语音。以北方话为基础的文读音因而在各地方言里越来越发达。各地文读音的形成、稳定和发展大多得益官方和民间的教育事业,即由教师传承,然后进入民间。汉唐两代国家的公立学校极盛,宋元明清则盛行私立的书院制度,还有大量遍布城镇和乡间的私塾,而教师中有一大部分是科举考试的落选者。

四、方言扩散和语言融合

　　北方汉人自秦汉以来陆续南下,他们带来的北方汉语,渐渐演变成各种汉语方言,与此同时,与南方固有的百越土著语言接触,互相吸收对方的成分,发生双向的语言融合现象。一方面少数民族语言大量吸收汉语词汇,另一方面汉语也吸收少数民族语言词汇。

　　在西南各种少数民族语言里都可以找到大量汉语来源的借词,汉语词汇在侗语里占总数四分之一以上,在壮语里用于日常谈话的词汇有 10% 来自汉语,如果谈话内容涉及政治时事,借词通常超过半数。例如"筷子"(箸)在壮侗语族里读音如下:

壮 taw^6	布依 tw^6	傣语 thw^5	侗 ςo^6
么佬 $ts\emptyset^6$	水语 tso^6	毛难 tso^6	

　　"筷子"在古汉语里称为"箸",是澄母御韵字,上古应读 t-声母(舌上读

---

　　①　钱穆:《中国文化史导论》(修订本),商务印书馆,1993 年。

舌头)。所以壮语、布依语、傣语里的"筷子"借自上古汉语。其他语言则借自中古汉语。

各个历史时期都有汉语词汇借入少数民族语言,从这些借词的语音面貌往往可以判断借入的时代。就壮语来而言,除了少数上古时代的借词(如肥 pi² 锣 la²)外,大部分是中古或近代借词。中古借词在各地方言的读音和对应规律比较整齐,保留促声韵和闭口韵及其韵尾-p -t -k -m,保留八个声调。一般认为中古借词是从粤语借去的,近代借词则是从当地的西南官话借入的。近代借词的语音与本族语固有词的语音变化规律不相吻合,没有-p -t -k -m韵尾,只有四个声调。

伴随借词的是语音成分和结构的渗透,例如黔东苗语的韵母一共有 27个,其中有 9 个是专门用来拼汉语来源的借词的,即 uei ie ua au iau uen uaŋ。从这些韵母的语音面貌可以判断它们借自西南官话。

伴随词汇的借用,也有可能借入相应的句法结构。例如在壮语里数词"一"是本族语,"二"以上即借自汉语。"一"与量词及名词结合,用的是本族语固有的词序:量词+名词+数词,如 to va deu (一朵花);"二"以上与量词及名词结合,用的是汉语词序:数词+量词+名词:so:ŋ to va(两朵花)。

第三节　海外汉语分布和华人社会

一、海外汉语形成的原因

汉语不仅在中国境内使用,而且也传播到中国疆域之外的许多地方。海外汉语的形成有下述两方面的原因。

一方面,在古代的东亚中华文化是强势文化,汉语是强势语言。汉语曾经是多个亚洲国家文人学士的共同语。朝鲜和越南曾经以汉语为官方语言,正式文件都用汉语汉字记录,一直到近代,学校都教授汉语。当地语言则用于家庭生活、个人交往等非正式场合。汉语在古代东亚的特殊地位与拉丁语在欧洲的地位差不多。日语、朝鲜语和越南语中至今还有许多汉语成分,即所谓汉语的"域外方言",详见第一章第二节。

另一方面,因为最近两三百年以来,西方列强,尤其是荷兰、英国和法国,对外实行殖民地扩张政策,而中国内政不靖,经济困顿,国运衰颓,所以大量中国人,主要是粤语区、闽语区和客家话区的人民,移居海外谋生。华人出国谋生有四次高潮:鸦片战争后的 19 世纪后半叶;清末西方国家殖民地扩张时期;20 世纪二三十年代军阀混战时期;20 世纪四五十年代前后。在 19 世纪早期以前也有陆续移居海外的华人,那时候他们的目的地主要是东南亚。移居海外的华人初期的身份大致可以分为四类:①人口劳工;②工匠;③买办;④零售商。在海外华人的聚居地自然形成许多使用汉语方言的社区。海外汉语的使用者几乎都是华人,只有亚太少数地区例外。

海外汉语方言社区在历史上的分布情况不甚明确,难以在中国的史籍找到有关的资料,据国外文献记载,中国近邻远至泰国、马六甲,早年都有汉语社区存在(海外汉语社区的地理分布见邹嘉彦、游汝杰《汉语与华人社会》,复旦大学出版社、香港城市大学出版社,2001 年)。

华侨社会最主要的方言是闽南话(在海外常称为福建话)、粤语(广州话)与客家话。虽然在这些社区里以官话为母语的人只占少数,但是官话的地位却日趋重要。官话是联合国的工作语言之一,也是新加坡的官方语言之一。这里所说的"官话"相当于普通话、国语或华语,在海外惯常称为 Mandarin Chinese 或 Mandarin。

历史悠久的汉语方言社区,有的情况比较单纯,主要只使用一种汉语方言,也有许多社区使用多种不同的语言与方言,内部关系和历史来源相当复杂。它们究竟算不算汉语方言社区,有时难以界定。一般有关华侨社团的文献,很少着重讨论他们的语言情况。本节资料主要来自本书作者之一邹嘉彦多年来实地调查的结果。

二、海外汉语方言和华人社区的共同特征

海外的汉语方言和华人社区有如下共同特征可资识别。

1. 历史遗迹

当地华裔祖先的墓园可以提供确凿的证据,证明他们在当地并非短暂旅居,而是早已安家落户。这些墓园还可以与有关文献记载相映证。不过早期华裔的墓园在许多地方已荒废不堪,甚至烟灭无存。例如南非开普敦市太蒲顶山上的早期华裔墓穴几已荡然无存,只有该市郊外一处 19 世纪建造的华裔墓园迄今犹存。不过早期华裔的后代一般都会记得先人的事迹,所憾多无文字记载。

2．社会组织

各种社团组织与社团活动也可证实华人社区依然生机蓬勃。一般有下述组织和活动：

1）同姓或宗亲组织；

2）同乡会馆；

3）同业会馆，包括中华总商会或类似的机构；

4）护养组织，包括医院、疗养院和养老院，往往得到同乡会馆、同业会馆或宗教组织的支持和资助；

5）民俗和体育活动，所开展的活动一般有农历新年庆祝活动、划龙舟、清明节或重阳节扫墓祭祖及武术竞技等。

3．宗教组织

传统的佛教、道教庙宇，新兴的华人基督教堂或天主教堂。

4．教育机构

各地的中文学校大多由华人社团发起，学生纯为华人或以华人为主。中文学校的兴办，说明华人社区尚有使用华语文和维系中华文化的主观愿望。

5．文艺和大众媒介

较大的华人社区一般都出版或销售中文报刊，有汉语节目在无线电台或电视台播放，有汉语录像带租售服务，有中文书店出售武侠小说等，还有粤语对白和中文字幕的电影放映。有些华人社团支持业余演艺团体，不过录像带的风行和国内演艺团体的到访，减弱了华裔演艺团体的活跃程度。

6．家庭

在华裔社区许多两代同堂的家庭里，两代人用汉语口语沟通，或下一代能听懂汉语。有些华人聚居的地方，多半家庭只是父亲说汉语方言，而母亲是不懂华语的当地妇女，这些社区不列入调查和讨论的范围。

许多海外华人社团都具备上述特征，但是也有的只具备其中一部分特征。特征不全的社区分两类：一类是历史不长的社区，自然没有可观的墓园，可能尚未设立养老院之类护养机构，也未必有种类齐全的社会组织；另一类是虽然历史悠久，但是日渐萎缩，上述特征渐渐减少或变得模糊，最后通常只是维持有名无实的中文学校。中文学校的入学人数趋少往往是华裔社区萎缩的先兆。不过也有些别的因素影响中文学校的发展，有些地方，如美国加州，中文教学以前是由华裔社区承担的，现在已部分改在公立学校进行。有些国家不准在公立或私立学校教中文,如印尼实行这种政策已经有20多年,泰国也断续实行过这种政策。官方的禁令对作为教学语言的华语有直接的影响,而对华裔社区维系汉语和中华文化则要经过一段较长的时间才能显现出来。

不同的社区可能处于不同的历史发展阶段,如果一个地方有数目可观的华裔在日常生活中使用一种或更多的汉语方言,那么我们就确定这个地方存在一个汉语方言社区,即使这个地方在过去二三十年曾有重大变迁,只要社区不致解体,我们仍将它当作汉语方言社区看待。在有些社区,例如法国的一些扬州人、温州人聚居地,菲律宾许多小城镇的闽语社区(人口少于20万),只有男性家长会说汉语方言,而他与土生妻儿之间并不使用汉语方言。这些社区没有上述特征,按我们的定义就不能算汉语方言社区了。同类例子还有斯里兰卡使用山东话的华人聚居地、北欧使用汉语方言的越南难民聚居地。这些小社区有的已经有几十年历史,有的不久才形成。

海外汉语方言社区外分布在世界六大洲,而大半社区形成于过去100年内,只有少数超过200年历史,如印度与南非的社区。华人在邻近中国的地区和国家,有更早与更大规模的人口迁移,但这些不属本书讨论范围之内。值得注意的是这些早期华人社区成员多为单身劳工。社区里的华人时多时少,有的早期劳工被遣送回国,又有新的移民前来定居。他们在当地定居后,往往转业经商。他们才是现有华人社区的真正祖先。

很多汉语方言社区往往与印度语言社区比邻。这些印度语言社区的形成过程与不少汉语方言社区不无相似之处,很有比较研究的价值。

三、海外汉语方言社区的由来和分布

1. 粤语社区的由来与分布

19世纪后半叶,在西方国家中,中国与英国的接触较多,大量粤籍居民远赴英国殖民地及其海外领土,包括澳洲、新西兰、新几内亚、新加坡、马来西亚、缅甸、印度、南非、斐济和加勒比海上的岛国。有些后来又再次移民他处。例如:粤籍人士从中国香港移居瑙鲁岛,从马来西亚及新加坡移居圣诞岛和可可岛,从毛里求斯移居南非,也有跟英国人到日本横滨通商而定居的。他们的移民方式跟印度人到其他英国殖民地或外国,包括早期青岛、上海和中国香港,有不少相似之处。

掘金热也是粤籍居民远涉海外的重要动因之一,珠江三角洲的许多居

民皆曾投入这股浪潮,先是到北美洲,接着到南非与澳洲。其他目标还包括建筑铁路与种植甘蔗。很多早期移民是以契约劳工身份,包括"卖猪仔"及奴隶,到北美洲建筑跨洲铁路,或到北美洲西部的果园、古巴和其他加勒比海地方、南美洲、毛里求斯、南非和斐济及其他海岛的甘蔗园工作。19世纪法国通过中南半岛的殖民地也在广东西部招收华工,导致大量华工在法国西印度洋殖民地落脚。

使用粤语的海外华人可以分成三类:

1) 三邑(即南海、番禺、顺德)人。这三个县邻近广州省城,方言很接近广州话,有些海外华人社团以南海人与顺德人为主,并设有南顺会馆,例如在加尔各答、毛里求斯、约翰内斯堡等地。

2) 四邑(即台山、开平、恩平、新会)人。这四个县在珠江三角洲西部,处于三邑之南。方言虽属粤语系统,但四邑方言与三邑方言互通程度不高。

3) 中山人。这个临海地区在珠江口的西边,处于中国澳门的北邻。中山方言与标准广州省城话很接近。中山人有时也包括龙都人与南郎人。他们的方言属于闽语而与粤方言迥然不同。

一般来说,操粤语的海外华人包括大量的技工与小本商人,前者以三邑人较多,后者以中山人较多。这些社团的地位有一定的差别。三邑人可能因为比较接近省城,或因为有一技在身,常常在华人社区里占比较重要的地位。三邑人多生活在经济比较发达的城市或城市化地区。三邑话也往往成为其他粤籍人士,甚至其他华人的共通语。例如在越南一带、西马来西亚的中部大城市吉隆坡、芙蓉、怡保与太平等地。相比之下四邑人聚居较多的地方在经济地位上相对偏低,如缅甸、泰国、新几内亚。

2. 闽语社团的由来与分布

使用闽语的海外华人可以分四大类:

1) 闽南(主要有泉州、漳州、厦门)人。此三地有特别多的人移居海外,尤以南洋一带为最。有时也把闽南话称为福建话。

2) 潮、汕地区(主要包括潮州、汕头、潮阳及海丰县和陆丰县)人。这些沿海地区虽然行政上属广东省,但它们的语言、文化却相当接近闽南。

3) 海南(主要有文昌、定安、林高等地方)人。海南话虽然不能与闽南话或潮州话直接互通,但属于同一方言系统,所以略加学习以后,互通的可能性就会很快提高。

4) 闽北、闽东(包括福州、福清与莆田)人。人数比较少,其主要分布在南洋一带。这些方言很独特,与闽南话或粤语迥然相异,不能通话。

　　闽籍居民有悠久的出洋历史。在加尔各答、毛里求斯、南非等地的华人坟场与中华会馆都可以看到他们艰苦奋斗的历史足迹,感受到他们早期开发当地的巨大贡献。南非的早期闽侨来自荷属爪哇,而印度的主要来自印度支那半岛。可惜的是南非与印度闽籍社区已经不存在了。目前闽籍社区主要集中在南洋一带,还有一些新兴的台籍闽语社团在美洲出现。

　　3. 客家话社团的由来与分布

　　使用客家话的海外华人可以分成两大类:

　　1) 来自广东省东部(包括梅县、大埔等县)。这些人散居各处,地理分布最广,住地包括千里达、牙买加、夏威夷、大溪地、毛里求斯、加尔各答和南非。

　　2) 来自福建省西部(永定、武平)。来自闽西的客家社区集中在南洋,他们多半与闽南社区比较接近,有时候也自认是福建人。

　　4. 国语社团的由来与分布①

　　以国语(官话)为母语的海外华人不多。在国外,他们的社区主要在毗邻中国内地的一些地方,例如缅甸北部、泰国北部、印度东北部、中亚细亚地区、朝鲜以及日本。泰国与缅甸北部的华人社区用西南官话,在加尔各答的少数官话社区主要来自湖北省,而俄罗斯"东干"人社区用的东干语与西北官话很相近。

　　近年来新加坡极力推动华语(即国语)。因而促使新、马一带的年轻华人使用华语,可是以华语为主要方言的家庭未见显著增加。还有毛里求斯与南非的教育部也于近年接受"中文"为中学会考科目,使华语在当地的地位提高不少。不过这一改变不足以促使大量华人家庭改用华语作为家庭语言。

　　在美洲,由于近几十年有大量中国台湾移民定居,形成新兴的国语社区,最显著是南加州的特利公园与纽约市的"福来兴"(Flushing)区。在南美洲巴西、阿根廷与巴拉圭交界的新兴市镇 Ciydad、Presidente、Stroessner 也开始有大量的中国台湾商人与中国香港人定居。这些地方有可能形成三个华语社区:闽语社区、国语社区与粤语社区,它们最后会不会形成内

---

　　① 邹嘉彦:《中国方言海外分布》,载《中国语言地图集》,香港郎文集团(远东)有限公司,1988年,第二册图 36a, b 附文字说明。

聚社会或外附社会(详见第四章第三节),尚待今后观察。

在俄罗斯境内的东干族所使用的语言可以说是一种兰银官话。19世纪后半叶中国西北地区回民起义,失败后迁往俄罗斯,他们的后裔自称"中原人",说"中原话"。前苏联和日本学者称他们为"东干族"。东干族在国内的原居地是甘肃、陕西、新疆的吐鲁番和伊犁,在境外聚居于哈萨克斯坦、吉尔吉斯斯坦和乌兹别克斯坦,1989年时约有7万人口。各地东干话的语音系统基本上与西北官话相同,他们的文学语言是以甘肃官话为标准音的,不过声调已简化,只有三个,目前使用的文字是以斯拉夫字母为基础的拼音文字①。

海外汉语方言社区大多是多语(multilingual)区,很多成员能说一种以上方言或语言,这跟中国大陆方言区的一般情况不同。对于他们来说只有某一种方言是母语,其他方言是后来学会的。比较各种方言作为母语和非母语的使用人数,可以看出各种方言在华裔社区的不同地位(见表5.1)。

表 5.1　海外各大汉语方言使用人数比较表(单位:百万人)

		粤语	闽语	客家	官话	合计
A:母语＋能说	估计最少	10.10	6.00	0.50	3.00	19.50
	估计最多	12.00	11.00	1.00	5.00	26.00
	平　均	11.00	8.56	0.75	3.50	23.81
B:母语	估计最少	5.00	5.00	0.50	0.15	8.65
	估计最多	6.00	6.00	1.00	0.20	13.00
	平　均	5.00	5.00	0.75	0.18	10.93
占总数的百分比		45.77	45.77	6.86	1.60	100.00
B占A的百分比		45.45	58.82	100.00	5.00	

估计以粤语或闽语为母语的人口各有500万,各占以汉语为母语的总人口的46%左右。估计以粤语为母语的人口为400万—600万,加上粤语非母语而能说粤语的人口总共为1 000万—1 200万。换言之,以粤语为母语的人数只占粤语使用者总人数的四成半,就是说粤语并非大多数使用者

①　胡振华:《中亚的东干族及其语言文学》,载戴庆厦主编:《跨境语言研究》,中央民族学院出版社,1993年。

的母语。至于闽语,59％的使用者是以它为母语的,使用者主要是厦门人、汕头人或潮州人。客家话与粤语或闽南语大不相同,它的使用者几乎都是以它为母语的,这就是说,客家话大体上是本民系自用方言。此外,以官话为母语的人数只占以汉语为母语的总人口的5％,但地位越来越高。

　　表5.2显示在海外以汉语为母语的总人口估计为865万—1 320万,平均为1 100万。海外华人(不包括港澳)总数为2 200万—3 000万。将这两项数字加以比较,可知海外华裔社区的方言归属度平均大约是55％。必须指出的是上述数据仅仅是对整体的粗略估计,并不是对个别逐一统计的归纳。还必须强调,很多社区正处于同化过程的转型阶段,语码替代现象非常明显。总的说来,在一个社区里,方言的归属度以老一辈较高,这里的"老一辈"既指年龄较长,也指在社区生活时间较长。就社区所在的地点与语言归属度的关系而言,城镇社区的归属度比乡村高。上文述及的社会组织对维持语言归属度也有明显的正面影响。此外,别的因素也有可能影响语言归属度,例如南非长期实行的种族隔离政策有利维持语言归属度。

　　下面将粤语、闽语和客家话在海内外使用的人数(见表5.2)和有关情况做些比较分析。

表5.2　海内外粤闽客方言使用人数比较(单位:百万人)

地　区	粤　语	闽　语	客家话
两广、海南	38	15	5
福　建		21.60	4
中国台湾		15.50	0.50
港　澳	5.75	0.25	0.25
合　计	43.75	52.35	9.75
海外(母语＋能说)	11.00	8.50	0.75
海　内　外	55.75	60.85	10.50
海外(不包括港澳台)占海内外总数百分比	20.09	13.97	7.14
海外(包括港澳台)占海内外总数百分比	30.54	39.85	15.29

　　由表5.2可知,粤语使用者约有20％居住在海外,闽语使用者则约有14％居住在海外。表中的闽语包括闽南方言、闽东方言和闽西方言,这些方言相互间的可懂度是很低的。估计在福建省的闽南方言使用者约为1 000

万,加上系属上较接近的广东省境内的潮汕方言使用者约 1 000 万,在中国内地的闽语使用人数总共约 2 000 万。而在中国内地以外的闽语使用人口为 2 420 多万,比内地的闽语人口多,而且光中国台湾一地的闽语人口也比他们的祖籍福建多。因海峡两岸生育政策不同,两者的差距将会加大。

四、官话和粤语在海外的地位

从社会语言学的角度来看,中国内地传统的社会语言可以分为三层来分析。官话是全国性的"顶层语言",就一个地区来说,"高层语言"就是通行整个地区的强势方言,各地的小方言则是"低层方言"。目前的实际趋势是"三层减略为两层",也就是说尽量把地区性的高层语言的语用领域让位给顶层语言。这种趋势与多年来中国内地推广普通话的语言政策有关。关于语言的语用分层第二章第二节已深入讨论。

顶层语言在中国境内历来是官话,但是对海外的方言社区来说,却不是官话。在绝大多数社区,官话不是母语,而是一种引进的"外来"语。如果硬要提高官话的地位,把它当作顶层语言,就会引起原有的社会语言系统的困扰,而达不到最终目的。

如果海外华人社区并不通行官话,而在中文学校里用官话作为教学媒介,常常引起不良后果。因为这些社区没有足够的社会和文化环境来维护官话。这样做不但会加重学生的负担,而且可能适得其反,促使年轻人干脆放弃学习和使用汉语,进而使他们在文化认同上也发生变化,甚至在民族认同上也有所改变。

上文提到官话和粤语的非母语使用者都比母语使用者多,究其原因,并不相同。母语和非母语使用者人数的差异,就官话而言,主要是因为官话在海峡两岸、新加坡、联合国具有官方地位,并且在第二次世界大战后官话已经在一些社区里成为教学语言。可是值得注意的是,以官话为母语的社区在四种方言社区中是最少的。以它为母语和会说的人数也远远少于粤语和闽语。还有,有能力使用官话的人数实际上可能比估计的还要少。在中文学校里念过书的人常常自认为能使用华语,但是实地调查所得资料表明,许多人对华语只能程度不同地达到被动的理解。他们在与说官话的人对话时,必须借助粤语、闽语或客家话来回答。在加尔各答、南非和越南这种现象是很常见的。

从母语和非母语的比率来看,官话的地位与影响力是最大的。这与官话被定为官方语言有极大的关系。但是如果从母语使用人数、非母语但会说的人数和分布地域这几个角度来看,官话的功能不比其他方言大。以母语人数来说,官话跟其他方言相差数倍至三四十倍,估计全世界华人中还维持汉语方言为母语的人,70个之中只有一个以官话为母语,而以粤语或闽语为母语的人10个里就占了9个多。

从地位与功能方面比较,可与官话分庭抗礼的,大概只有粤语。相对于闽语、客家话而言,粤语是强势方言,除了官话以外,粤语的社会语用领域最广泛。在海外有的社区,有些中文学校还保留粤语作为教学语言,例如在北美、澳大利亚和越南。在许多海外华人社区,粤语就是共同语,例如越南的西贡(今名胡志明市)、马来西亚的吉隆坡和怡保、北美的多个唐人街,包括其中最大的纽约、温哥华和旧金山唐人街。在这些社区以粤语为母语的人通常只会说粤语,而以其他方言为母语的人往往兼通粤语。

粤语在海外的至高地位是与粤语在中国香港的地位分不开的。中国香港在中国大陆与海外华人社区之间一向扮演重要的中介角色。粤语长期以来在中国香港是英语之外的官方语言,在立法、执法和行政方面都兼用。在教育方面,粤语口语是唯一从小学到大专学校都通用的教学语言。在国际航空服务方面,在汉语各种方言中,除了用官话作为广播语言以外,许多航空公司也用粤语,甚至有些航空公司只用粤语。正因为如此,粤语在中国香港的基础和地位十分稳固。还有,中国香港的大众传播事业非常发达、成功,粤语电影、电视节目和流行歌曲在海外华人社区备受欢迎,从而推动了各社区对粤语的认识和使用。

五、方言社区的语言标志

有不少汉语方言社区通过与其他语言或方言的接触,形成了独特的群体内部的语言标志。各社区成员根据这些语言内标,可以分辨、认同各自的社区。这些标志常常是独特的词语,是从其他语言或方言引进的外来词。例如"小木棍"在一些越南的汉语方言社区里变成了来自法语的batong,这个词在中国香港称为"士的",借自英语stick。马来语的roti,在马来西亚的汉语方言社区里普遍取代了"面包"这个固有词。在东南亚一带的"南洋华语"里有原来在汉语里不读入声的字,也读成入声。例如"剃头"的"剃"变读入声。再看几个见于欧洲华人社区的例子。

1) 试比较英国 Tyneside 粤语和中国香港粤语的两个词①:

	英国粤语	中国香港粤语	英　语
浴室	bafong(bath＋房)	saisanfong(洗身房)	bathroom
酒	toijau(table＋酒)	jau 酒	table wine

2) 再比较法国巴黎的温州话和中国温州话的三个词:

	巴黎温州话	中国温州话	法　语
公共汽车	bøy sı(法语译音)	goŋ dʑyɔ tshɿ tsho(公共汽车)	bus
地铁	mi thu(法语译音)	dei thi(地铁)	metro
法国	ho la sei(法兰西)	ho kai(法国)	France

这几个词汇很明显是从英语和法语借入的。

这样的演变,假以时日,也可能形成新的语言变体或新的小方言。英语的情况就是这样,海外英语方言社区的历史比海外汉语方言社区的历史长,现在已经公认的有美式英语、澳大利亚英语、印度英语、西印度群岛英语、星马英语等。海外或境外的汉语已经成为新方言的只有"东干语","南洋华语"和"中国台湾地区国语"虽然已经出现了一些内标,但是还没有被公认为是新的语言变体。

以上资料是根据 20 世纪 80 年代的资料统计的结果,近二三十年来又有大量中国人移居海外,海外汉语的人口数量、民系、语言种类、共同语、社区等又有了新的进展。

1) 华人及华语使用人口数量激增。尚缺乏全面的统计资料或估计资料。据泛泛的观察,各大洲的华人都明显增加。例如澳洲的华人,据近年的调查,已增至 100 万人。新增了许多新的华人社区,例如意大利中部的 Prato(普拉托),是温州人聚居的城市;纽约的 Brooklyn(布碌仑)、Flushing(法拉盛),多伦多的 East China Town(东华埠)等。

2) 民系结构及语言种类大变化。非广东人、福建人和客家人近 30 多年来大量移民海外,改变了华裔人口结构。但无统计资料。

3) 普通话替代粤语、闽语等成为强势语言,并有进一步成为海外华人

---

① Li Wei, Three Generations, Two Languages, One Family, *Language Choice and Language Shift in a Chinese Community in Britain*, Multilingual Matters Ltd., Clevedon,1994.

社区共同语(lingua franca)的倾向。改革开放以来移居海外的中国大陆居民,把他们原有的"共同语"普通话带到海外,极大改变了华裔的语言结构。

4) 人口地理和语言地理格局变化。近30多年来人口地理和语言地理的变化有三大特点:一是出现新的华人社区,例如意大利的普拉托;二是在老华埠的附近出现卫星华埠,例如曼哈顿的东哈莱姆(East Harlem),法拉盛的艾浒(Elmhurst,或译为艾姆赫斯特),布碌仑的本生浒(Bensonhurst,或译为本森社区、宾臣墟)和 U 大道(Avenue U),多伦多的东华埠(East China Town)等;三是散居,例如移居海外的上海人多散居在不同的社区,他们的内聚力远不及广东人、福建人或客家人。教育程度较高的新移民或经济地位较高的老移民也并不刻意落户华埠,或渐渐离开华埠。

5) 简体字渐趋流行。虽然繁体字仍是主流,印刷品、政府告示基本用繁体字,即使是新近的移民所开设的商店,招牌和菜单之类,也是基本用繁体字。例如法拉盛的一家上海小吃店,老板和店员都是来自上海的新移民,但是正式印刷的菜单,却全是繁体字。不过已由少量的新移民开设的商店招牌或菜单已采用简体字。手写用简体字更为普遍。可以说简体字已有流行端倪,繁体字和简体字有并存并用、自由竞争的倾向。

六、语言接触和文化同化

在海外长期居住的华人难免与当地的语言和文化接触,进而与当地文化融合,甚至发展到被完全同化。由于各种因素,主要包括移民是否陆续到来、种族、文化和宗教上的差异、移民的主要职业、居住环境等,同化的情况与过程,会因时因地而异。就语言能力而言,海外华人可以分为三类:①只会说汉语方言的华人;②汉语方言与当地语(非汉语)兼通的华人;③只会说当地语言(非汉语)的华人。

一般而言,同化的过程可分为五个连续的阶段,由最初的"做客期"蜕变到最后的"融合期"。第八章第一节将深入讨论这一话题,这里先略而述之。各阶段具有如下特征。

1) "客居期":华侨社群里主要只有会说汉语的华人,他们的心态是把自己视为客居异地,想在适当的时候从"侨居地"回到原居地,初期的移民,或第一代移民常有这样的心态(以①类为主)。

2) "聚合期":双语现象开始出现,同时会说方言与当地语言(非汉语)的华人逐渐增加,但人数比不上只会说汉语方言的华人。这些社团里的成员主要是为了生活,开始适应他们群体之外的语言和文化。当移民的子女开始上本地学校并且能够掌握当地语言,甚至以当地语言回答父母的问题,这就形成相当典型的聚合期(①类多于②类)。

3)"过渡期":使用双语的华人数目增加到比只会说汉语的华人或只会说当地语言(非汉语)的华人还要多(②类多于①类或③类)。

4)"混同期":双语人数比只会说当地语言的华人多,同时只会说当地语言的华人比只会说方言的华人多(②类多于③类,而③类又多于①类)。

5)"融合期"(或同化期):只能说当地语言的华人比只能说汉语的华人与能操双语的华人多(③类多于①类及②类的总和)。

从语言行为来看,这文化同化上的五个分期也有显著的社会语言特征。

1)"语言移借":从当地语言吸收大量词汇,创造音译的借词,用来表达新的概念或事物。

2)"语言替代":用来自当地语言的新词来替代汉语里原有的词。

3)"语讯交替":在句子里或句子与句子之间交替使用汉语与当地语言。

4)"双重语言":可以适当地运用汉语与当地语言。

5)"残余干扰":除了在特别场合里掺用极少数的汉语词汇外,只能用当地语言。有时候还保留一些华人的"口音"。

语言与文化融合过程的五个阶段是互相对应的。从婚姻方面也可以看出一种与之相应的趋势,就是在第一阶段到第五阶段的同化过程,一般情况是先有同族联婚,而发展到同时出现同族联婚与异族通婚的现象,最后发展到差不多全为异族通婚。

思考与练习

1. 语言演变与社会、文化有什么关系? 社会发展是不是语言演变的唯一原因? 为什么?

2. 汉语方言在地理上的扩散与中国社会、文化有什么关系?

3. 海外华人的文化同化,一般要经过哪些阶段?

4. 历史行政地理与方言地理有什么关系?

第六章　基于语料库的社会语言学研究

社会语言学常用的研究方法是定量分析和概率统计。而定量分析和概率统计需要搜集大量的语料,作为分析的基础。社会语言学自20世纪60年代兴起以来,搜集语料和定量分析的惯用方法是人工调查和人脑统计。近年来产生的语料库语言学(corpus linguistics),为社会语言学带来崭新的研究工具。不过社会语言学界至今利用电脑语料库的研究成果还不多。本章着重讨论电脑语料库和"视窗"式研究方法,对于比较研究不同社区的词汇及其演变的优越性,并介绍基于电脑语料库的四个相关课题的研究成果。

第一节　各地中文异同比较和共时语料库

华语文及其背后的中华文化,历史悠久,地域辽阔,人口众多,本来就千姿百态,而近一个多世纪以来,随着社会的发展,经济和文化中心格局的变迁,华人侨居世界各地的倍增,在不同地区使用的现代汉语书面语又有了新的特色。将这些不同地域的汉语进行对比研究,无论从社会语言学的角度还是从实用的角度来看,都是很有意义的。

一般人都以为各地华语文具有相当高的一致性,也就是说,要是能认得相当数量的汉字,或者会说普通话或国语,就可以和其他华语文地区居民自由沟通,这种看法与事实有一定距离。只要翻看各地出版的中文报纸和杂志,或者与其他华语区人士交谈,立即会觉得上述观点不妥。国内和海外各地华语文在词语上存在不少差异,除了方言因素外,主要是由于受外来文化影响衍生的新词不同。

　　社会的变革和时代的发展,必然会在语言的变化上体现出来。香港和澳门地区在回归祖国之前长期由欧洲人管治,第二次世界大战后,中国和国际上的一些巨大政治变动,导致了新的华语地区形成,新加坡1965年独立以后,汉语提升为官方语言之一。在这些不同地区,当地华人的母语和官方语言多不相同,因为受不同文化背景和政治实体的影响,同时在相当长的一段时期内相互缺乏交流,所以渐渐形成了各具特色的华语文。造成各地华语文差异的主要因素是一些词汇,而这些新词在各地现代汉语的词汇重整(re-lexification)中,渐渐取代旧词,成为现代汉语的一个相当重要的组成部分①。

　　近年来,在社会语言学和中国语言学的领域内,对于不同地区使用的汉语的比较研究,已经取得一些成果。虽然这些成果大多属于记录性或描述性的比较和泛泛的讨论,而缺乏全面的语料、计量研究和系统比较,并未提供详细的论证数据以及更有价值的综合结论,但是也提出了许多很有意义的理论和实际问题。比如新的语言形式有多少? 是如何产生的? 在中国内地境内有什么独特的语言变化? 海外各地区的变化又如何? 它们相互之间的变化关系怎样? 各地华语文之间的互懂度有多高呢? 为研究解决这些问题,就需要有一个涵盖各地区并具备相当数量的共时语言资料库,以供研究者用足够的语例来做全面的、数据性的研究分析和探讨。

　　研究词汇与研究语音、语法又有所不同。一种语言中的语音或语法系统是封闭性的,找一个合适的发音合作人(informant),来提供语音和语法资料,如果问题表(questionnaire)或调查项目得当,所得的资料可能有较高的代表性。但是词汇是开放性的,难以穷尽的,词汇牵涉社会生活可以说是全方位的。从个人或少数人收集的语料,其代表性令人怀疑。尤其在社会变革剧烈的年代和不同文化频繁接触的时代,更是如此。词汇变化本来就比语音和语法快,在这样的时代变化更快。如果研究者采用自身反省、推理的方法来探讨一个语言现象,难免有遗漏。如果采用随机抽样的实地调查方法,简单地把结论延伸到整体,也往往缺少说服力。不过,如果我们把

---

　　①　邹嘉彦:A Window on Re-lexification in Chinese(《有关汉语词汇重整的窗口》),载台湾"中央"研究院语言学研究所和华盛顿大学合编:《语言变化与汉语方言》(李芳桂先生纪念论文集),2000年。

焦点放宽,以一个群体的语言现象的总和作对象,就会使结论较为可信。现代信息科学为社会语言学研究提供了更为有利的、方便的条件,使我们有可能处理大量的群体语言资料,也可以有计划地按照自己的意图去抽样。

　　可以用于比较研究的语言资料,新闻报章是相当合适的,尤其是那些在当地有代表性的受欢迎的综合性报章,它们能最直接、最迅速地用书面语言传送现实社会及大众所关注的信息。也正是由于这个原因,这些报章文字也最能反映其时其地读者所处的社会及其读者所使用的语言。

　　基于上述认识,香港城市大学语言资讯科学研究中心于 20 世纪 90 年代建立了称为 LIVAC(Linguistic Variety in Chinese Communities[中文各地区语言异同])的共时语料库。语料库收集对象是中国的香港、澳门、上海、台湾和新加坡的报纸,每四日选定同一天的报纸。内容包括社论、第一版的全部内容、国际和地方版的主要内容以及一些特写和评论。每天所收集的分量约为 2 万字,从 1995 年 7 月至 2014 年年底为止,LIVAC 语料库已处理 5.5 亿字。积累并持续提炼出 200 多万词条。它所收集的各地语用数据可供各种比较研究,并有助于信息技术发展和应用。有了这个语料库,可以就不同的专题,选取相应的资料,把它们展现在一个"视窗"内,既可以在同等可靠的客观条件下,观察到同一时期不同言语社区的群体语言使用情况,又可以观察到同一言语社区不同时间的群体语言使用情况。

　　我们曾提出"视窗"式语言研究方法这一构想,并付诸实施,结果十分理想。我们采用定时间定地点的"视窗"式抽取语料的方法,把同一个镜头对准同一时限各群体的语言现象,获得较为全面的文字资料及丰富的词例,据此进行全面的统计分析。"视窗"式的语言研究方法是社会语言学研究方法的新尝试。它无疑是十分可取的,是大有潜力的。

第二节　中日及沪港语言互懂度研究

　　此项研究在方法上与第四章介绍的上海话、广州话和普通话的互懂度研究有四点不同之处:①所用的是 30 天视窗内各地对等的、实际使用的新闻语料,这些语料具有鲜活性、共时性,能反映现实语言使用状况;②所考查的词汇不是词汇表上孤立的词汇,而是实际使用的有上下文的词汇;③所选择的是有关同一类事物的词语,虽然词语的总量并不很大,但是一个词族里的成系统的所有词语,显得更有可比性,可以从同一个角度反映中日及中文五地间的语言文化差异;④着眼于双向比较,探讨互懂度是不是可以互逆,即参加对比的双方,甲方对乙方的可懂度,是不是与乙方对甲方的可懂度一致。

除了将日语与中文五地词语做比较外,我们还选取了中文五地中较有代表性的上海、香港两地做比较。具体的做法是查阅视窗中 30 天(中文方面还查阅了一年视窗、两年视窗)的资料,从两个不同的方向,将相同、相近、相异的词语进行分类统计、分析。然后计算出各项所占的比率,从而得出双向的可懂度数据。下面分别介绍日文词和中文词的互懂度研究、上海方言词和中国香港方言词的互懂度研究。

一、中文和日文新词的衍生与词汇重整

下面我们以"车"类词为例,利用语料库,比较研究中文和日文里新概念词语的衍生特征,以及在发展过程中词汇重整的规律。

首先为这个专题设计一个"视窗"。我们所利用的是 1996 年 12 月—1997 年 1 月 30 天间,五个使用汉语的地区(中国的香港、澳门、台湾、上海和新加坡)的报章资料和日本《朝日新闻》报章资料(日本通讯网络电子资料)。我们所选取的是"车"这个"词族",它有悠久的历史,在东亚可以追溯到远古时代[1];而它又在不断地更新,由现代车文化发达的西方陆续输入许多新的种类和样式。况且,车与现代人的生活紧密相关,是生活中不可或缺的,因此它在各地新闻媒介中的出现频率也相当高。由于日本的汽车科技与工业发展甚至于已经超过西方国家,到了青出于蓝而胜于蓝的阶段,我们也可以从中探讨语言如何反映与适应这种社会文化的演变。在这一词族中,我们既可以看到传统的词、后来衍生的新词,又可以看到还处于吸收改造过程中的不稳定的词语。所以选择"车"类词语作为着眼点来考查词汇衍

---

[1]　E. G. Pulleyblank, The Chinese and Their Neighbors in Prehistoric Times, *The Origins of Chinese Civilization*, edited by David N. Keightley, University of California Press, Berkeley, Los Angeles, London, 1983. 译文刊游汝杰《中国文化语言学引论》(修订版),上海辞书出版社,2003 年,第 269—334 页。

生与重整,是较为理想的。

　　经过从上古到当代的历史积累,"车"类词已经成为一个庞大的词族。如果查阅较大的辞书,其种类之繁多,总数之庞大,甚为可观①。而这里我们只是就共时"视窗"中出现的词语进行研究。先看一些数据统计。

　　我们对中文五地及日本 30 天间所出现的"车"类词进行检索统计,中文共有 353 个有关"车"的词汇,日文共有 166 个。"车"类词语的种类数(表6.1 上略称"词种")、分布及其出现的频率见表 6.1。

表 6.1　日、中车类词语种类数及频度对比表

地　区	日　本	中国香港	中国澳门	上　海	中国台湾	新加坡
词　种	166	144	129	166	95	114
词　频	2 094	1 184	1 094	1 180	431	823

　　日本与中文五地中的中国香港、上海的词频大致相同,但日文的词频比中文地区高出将近一倍。这说明中日"车"的种类不相伯仲。而各地词频大相径庭可能另有原因②。

　　日文与中文有关"车"类词的另一不同之处是:中文全是汉字词,而日文中有汉字词、汉字＋假名词、纯假名词三类。汉字词 118 个,词频 1 762 次;假名＋车 17 个,词频 79 次;汉字＋カ(カ即英文 CAR 的音译写法)3 个,词频 7 次;纯假名 28 个,词频 246 次。这是由于日语在最初引进外来文化时,尤其是明治时期(19 世纪末 20 世纪初),全都找适当的汉字词来意译,而后来(尤其是"二战"以后)又改用片假名书写,致使日语和汉语的外来概念词差异加大,这一点在下文还会提到。

　　这些"车"类词有些是在中文(五地)和日文共同出现的,有些则是其中

---

　　①　日语《广词苑》第四版(CD-ROM 版)中收车字开头词 134 个,车字尾的词 400 个。中文新《辞海》合订本收车字开头的词 50 多个,《现代汉语逆序词目》收车字尾及居中的词 114 个(当然这些数目中均含有部分与交通工具无关的词)。

　　②　中文五地中中国台湾的总词数和词频都明显地少于各地,其原因还有待究明。但有可能和新闻抽样的内容有关。如果扩展"视窗"到一年,则词标可增加到 633 个,到两年,则词标可增加到 909。虽然数量增加了,但与本文所提出的分析结果,没有太大的差异。此外,另一个原因是,由于所利用的中文报章资料为抽样标本,故总字数少(平均每日为 2 万多字),而日文方面的资料则为每日全部资料,故总字数相对较多(互联网每日平均字数在 3 万多字),另外,是否可以考虑车类事物与文化在日本社会生活中往往引发较多的新闻事件。

的五地或四地共同出现的。下面分别对各地间相同的词及其原因进行论述
和分析。

中文五地与日本都出现的,共 4 个:车、车辆、列车、货车,属于较基本的
词汇。日文里的这些词与中文同义,并且也属高频词。车、车辆作为有轮的
运输工具,远古时代东方即已有之,而"列车""货车"则是 19 世纪末从西方
引进这些事物后产生的译词。

日文和中文五地中任何一地或几地都出现的,共 16 个,见表 6.2。

表 6.2　日文与中文共同出现词语表

序　号	词　　语	地　　　　区					
		日本	中国香港	中国澳门	上海	中国台湾	新加坡
1	车	758	127	142	233	52	62
2	车辆	30	40	63	49	30	44
3	列车	19	19	10	41	4	7
4	停车	14	2	1	5	5	6
5	货车	1	23	17	17	4	10
6	下车	1	11	3	11		4
7	车轮	1	3	4	5		1
8	马车	1		2			1
9	车种	22			1	1	
10	车库	1				1	
11	单车	1	33	1	1		
12	电车	19	7	1	5		
13	三轮车	1			5		
14	小型车	2		2		1	
15	飞车	1*	1				
16	车座	1*				1	

表 6.2 上的词语中日字形完全相同,但是意义有的相同,有的不完全相
同,大体有以下几种情况:

1)"车、下车、停车、列车、货车、车库、车种、车辆、车轮、马车、小型车"

等,亦属早期译词或一般词语,与中文同义。这类词有些出现频率相对较高,如"车、车辆"等。车,由于可以泛指所有的车,所以在单独使用时,频率特别高。尤其在日本,家用小车常常称为"车"(KURUMA),所以,车单用的频率特别高。

2)"电车、三轮车、单车"等,亦属早期译词,但与中文含义略异。"电车",在日语中指电力发动的行驶于铁道的列车;而中文多指行驶于城市街道的无轨或有轨的电力发动车,类似于大型"公共汽车"。"三轮车",在日本过去也指与中国相同的三轮车,而现代却多指儿童用的小型三轮车,有的也将"摩托三轮车"省作"三轮车"。"单车",指的是"摩托车",中国有的地区指"摩托车",有的地区则指"自行车"。

3)"车座、飞车"(以上表中加了 * 号以示其特殊性)等,则与中文形同而义不同,日语的"车座"意为像车轮样坐为一圈,即围坐。"飞车"为下棋时用的术语,意为"丢车保卒",日常生活用其比喻义。

以上各类中,还是以 A 类为多,反映中日最基本的词语从古到今一致性的一面。后二类则反映二者在使用和发展中的变异,尤其是日文中一些词语的特殊用法。

日文中,有些词与中文的词极为相似,只是用字即词符有微细差别,如"大车"—"大型车"、"车身"—"车体"等。下面举出 10 个。诸如此类的差别,在中文五地之间同样存在(见表 6.3)。

表 6.3　中日文相似词举例

中			文			日　文
大车 2	中国香港 1	中国澳门 1	大型车 3			
车身 9	中国香港 6	中国澳门 2	上海 1			车体 4
洗车房 1		中国澳门 1				洗车场 1
废弃车 1			中国台湾 1			废车 3
前导车 1				新加坡 1		先导车 1
私家车 103	中国香港 59	中国澳门 44				自家用车 3
公车 9①			上海 1	中国台湾 8 (指公共汽车)		公用车 6

---

① 公车,在中国台湾指公共汽车而不是公用车。

（续表）

中				文	日 文
警车 24	中国香港 8	中国澳门 4	上海 9	中国台湾 1　新加坡 2	警护车 1
肇事车 1			上海 1		事故车 3
宣传车 2				新加坡 2	宣传力 1

　　日文与中文地区之所以出现这一类相似词,是因为汉字词语可以用同义或近义词素(复音词的一个字)组合而成,在中文地区内部也有这一类相似词。日语和汉语是两种不同的语言,但是用汉字造词的时候,会有相同的趋向,这反映中日汉字文化的一致性①。

　　为了观察中文五地间用词的异同,下面我们将在这五地共同出现词汇列出(见表6.4),并加以分析。

表 6.4　中文五地共同出现词语表

序　号	词　语	词　频	序　号	词　语	词　频
1	车	616	13	车站	39
2	汽车	409	14	轿车	38
3	车辆	226	15	卡车	37
4	驾车	103	16	车主	35
5	车祸	94	17	消防车	35
6	列车	81	18	救护车	31
7	火车	77	19	坦克	31
8	货车	71	20	火车站	24
9	停车场	56	21	停车	19
10	车厢(车箱)	49	22	装甲车	15
11	车牌	45	23	车速	15
12	客车	45	24	军车	10

　　中文五地同时出现的词语共 24 个;大多数是比较传统的旧词或是早

___

　　①　值得注意的如"宣传车"和"宣传力"不同,后者反映日语中汉字假名夹杂组词这一特殊情况,反映了日语里也输入了模仿英语 car 的发音,以及日本社会接受西方文化的趋向。不过中文里也可以见到少数模仿英语的词,如卡车,处理的方式相同,只是词符不同。

期翻译的词,如:"车、车辆、驾车、停车、车主"等属于前者;"汽车、火车、火车站、列车、车祸、车站、车速、车牌、卡车、轿车、客车、车厢、货车、停车场、军车、装甲车、消防车、救护车"等属于后者。这些词语是输入西方的"车"文化之后产生的,大多是早期翻译的,也有的是后来从"车"衍生出来的词语。

从词频上来看,处于高频的词语有两类:一类是基本词语,如"车、汽车、车辆、火车、驾车、货车";另一类是"车祸、停车场、车牌、车站",这些词的高频率反映了现代社会因汽车增多而造成交通事故增多,以及因车文化发达而建立的必要的秩序。

还值得注意的是"坦克"与"坦克车"两者同时出现,显然"坦克"一词,是由"坦克车"演变而来的。而不是先有"坦克",后有"坦克车"。为什么呢?大概是因为当初坦克车是一种新事物,所以有必要用"车"注明它是一种战车,经过一段时间了解、熟悉之后,觉得没有必要再用"车"注明。于是理所当然地向双音节演变。外来词与现代汉语其他词汇一样都有双音节化的趋势。这种情况也反映了词汇重整的层次。

另外,中文五地中的四地共同出现的词共18个。与五地共同出现者相比,传统词与旧词已经减少,只有"下车、乘车"等,较多的是"巴士、巴士站、摩托、吉普车"这样的音译外来词。

有些词只在某一个地区出现,在别的地区不出现,各自反映了一定的社会文化背景。如在上海的同期语料中,"巴士、巴士站"不出现,"电单车"只出现了一次,这说明"巴士、巴士站"这一类音译词在上海使用还不够普遍,还不能取代上海原有的"公交车"这个词。因为"巴士"是来源于中国香港的语言文化。"空中巴士"没有在中国台湾的同期语料中出现,也是同样的道理。

以上列举了中文与日文相同与相近的词语,同时也列举了中文五地或四地相同的例子,用以说明各地用词的一致性,这反映中文五地具有共同的语言和文化背景。这些词汇在日语里的出现率略少,但也不同程度地反映了汉字文化的共同根基。

下面看一看"视窗"内各地独有词的数据,并加以分析。

先看一看中文和日文各自独有的词。日文共有166个独有词,其中有48个是假名加汉字的词,自然为独有词。其余118个汉字词,除了表6.2所列共同出现词16个之外,有102个为独有词,包括上述一些极为接近的词。不过也有没有在"视窗"出现的完全相同的词,暂不讨论。

这些独有的词有以下特点:

1) 音译词多。例如:バス(BASU)、タクシ(TAKUSHI)、マィカー(MAIKAA)選挙カー(KAA)等;日语的音译词,用片假名书写,既省事,又接近外语原词的发音,而且在日本人自己的感觉上,似乎用假名书写时,更现代化一些,更国际化一些。比如私人车一词,说"マィカ"比说"自家用车"要符合时尚一些;就好像到了饭店,要米饭时,说"ラィス"比说"御飯"(ごはん)要感觉洋味一些一样。再比如,说"車用品"(くるまうひん)虽然谁也明白,但商店提示板上还会用"カ一用品"这样的词。对西方人学习日语来说还是音译的片假名词比汉字词更受欢迎。而对日本的老年人和中国人学日语来说,正好相反,认为难懂难记,怨言连声。然而,日语中音译外来概念的方法已经完全固定下来,不仅新的外来概念用片假名,连原来有日语词或意译词的概念也改用音译片假名词,如"車"又说"カ一","駐车"现又说"バーキング"(PAAKINGU)等等。从车类词语的总体来看,外来语的词语中音译所占的比例,占到40%左右①。

2) 车牌名多。例如:本田車(HONDASHA)、トョタ車(TOYOT-ASHA)、フォード車(FOUDOSHA)等。这是否反映日本汽车业发达,已到了成熟的阶段,所关注的不仅是代步的工具,而且还有车的牌号呢?值得注意的还有,不仅外国的车牌用片假名书写,日本生产的车牌名有时也用片假名书写,如"豐田車"又写作"トョタ車"、"本田車"又写"ホンダ車",这种情况大概也反映了日本人国际化心理,因为这些车牌已经成为国际知名的商标。用假名书写时,或许有一种站在国际舞台而不是仅仅面对日本市场的心理吧。

3) 高科技词语多。例如:カーナビゲーション(KAANABIGEIS-HON)、ソーラーカー(SOURAAKAA)、レシングカー(RESHINGU-

---

① 我们曾统计一些辞书。《汉日常用生活词汇》(丁夏星,1990年)收车类词58个,其中意译27个,占46.55%;音译20个,占34.48%;意译音译二者兼有6个,占10.34%;意译+音译(如游览车=观光バス)5个,占8.62%。又《英和/和英中词典》CD-ROM版(竹林滋等,1994年)收车类词(以CAR为检索条件)56个,其中意译34个,占60.71%;音译16个,占28.57%;意译音译兼有5个,占8.93%;意译+音译1个,占1.79%。而《英汉大词典》(陆谷孙,1995年)中与此相应的56个词,除了"碰碰车(BUMPER)"以外,几乎全是意译。因为以CAR来检索,所以不含有バス〈BUS〉之类的词。

KAA)、レジャー用車(RV)等,如果说日语生活用语中假名外来词增多是一种时尚,那么高科技方面的用语则完全是为了尽快地与世界尤其是西方接轨。在这一点上不能不说用假名写外来语有其方便快捷的长处。但这也就形成了日语新词理解的社会问题,所以日语的外来语词典不得不无限增多。仅笔者所接触到的就有 20 种以上,比汉语的三五种多得多。

4) 新创车种多。例如:"国際戦略車、図書館車、土足厳禁車(禁止穿鞋上的车)"等,而"最新式試作車、モデル車(MODERUSHA 模型车)",这反映发达的汽车工业不断推出新产品。

5) 反映行车秩序的词多。例如:"車規制、車検、犯行車輌、駐車違反、駐車禁止、事故車、降車口"等。日本车多、道路相对狭窄。为尽量减少交通事故,对车的限制相对也较为严格。这些词在某种意义上反映这一社会背景。

中文五地共有的 353 个词中,在日语里没有出现的有 337 个,也有很多大同小异的词,另有些在"视窗"没有出现的词。

中文的独有词,与日文比较,主要特点是意译多而音译少,而且音译的词也全用汉字书写。中文五地之间又有一些各自的特色。下文将会较为详细地分析各地的特色。

中文五地共有的 353 个词中,有 209 个(中国的香港 45 个、澳门 30 个、上海 73 个、台湾 22 个,新加坡 39 个)只在一地出现,这些各地单独出现的词,除了个别属偶然情况外,大多可以反映当地同一时期的某些社会文化背景和语言特征。

在香港单独出现 45 个词反映出香港语言文化的以下几个特点:

1) "小巴、巴士线、城巴、旅游巴、校巴、绿巴",这些词将"巴士"简略为"巴"与别的词组合起来表示一个概念,已广泛使用。这种情况与其他地方有所不同,可以说反映香港巴士文化的特色,反映"巴士"在香港已成为基本词语,也反映香港社会的英语环境及创新意识。

2) "尾班车(或尾站)""上落车"等反映香港的方言特色。另外音译词"巴士""的士"的"士"及"的士"的"的",也是按方言发音选取的。因为在北方"的"不是入声,"士"字多读卷舌音 shi,其语音与英文相去甚远。

3) "的士业"之类的词,在某种程度上也反映了香港在交通事业方面的特征。

澳门单独出现的词语共 30 个,其中"房车赛、赛车场、车手、赛车会"等,反映澳门所独有的赛车文化。"空巴"一词可以归根于香港影响,是从"空中巴士"省略而来的,可谓青出于蓝,因为在香港"视窗"中至今尚未出现"空巴"。

上海独有词语 73 个,在中文五地中最多。所反映出的特点可以归纳如下:

1)"三轮车、自行车棚、候车室、骑车人、售票车、公交车票"等反映大众民生文化。

2)"送水车、公交车、便民车、服务车"则一定程度上反映了社会体制的特征。这与香港等地相比,形成鲜明的对照。

3)"送款车、运钞车、运金车"这些词也似乎反映了金融事业与新的市场经济活跃的状况。

4)"空调车"反映了车内设空调在内地属于新事物,因为并非所有的车都有空调,而在中国的香港、台湾等地普遍有空调,无需特别加以形容、区别。

5)"打的"一词为上海独有,实际是源于中国北方,在北方这是使用极为普遍的词语。"打的"是一个动宾结构词。北方将"的士"省略为"的";"面包的士"称为"面的";甚至有"板的"(出租板车);"摩的"(出租摩托车);另外,还有"的哥、的姐"(指开"的士"的男、女驾驶员);"打的"(或"打出租")即乘"出租车"。北方话单用"巴士""的士"很少,而"公交车""出租车"的说法已根深蒂固。在上海方言口语里"出租汽车"称为"差头","乘出租汽车"称为"乘差头"。"打的"在口语里几乎不用。为什么有些地方用音译词"的士",有的地方用"出租车"? 这涉及社会语言学的理论问题,有待进一步研究。

中国台湾单独出现词语共 22 个,五地中最少。有一些特点或可归纳如下:

1)"主战车、轻战车、敌战车",这些词反映了"视窗"内的所关注的事物与战争有关方面的内容比起其他地方多。

2)"宾士"是德国名牌豪华车 Benz 的中文商标,与其他地方不同。它可以有这样的含意:"贵宾、绅士所使用的",可谓音义兼顾,是商务翻译的杰作,北京叫"奔驰",着重它行驶的雄姿与速度;香港叫"平治";澳门叫"平治车",是简单的音译词。

新加坡单独出现词语共 39 个,所反映的特点如下:

1)"巴士车、新巴"等反映新加坡文化对中国香港文化的吸纳。

2)"牛车、车路、包车、脚车、脚踏车"等反映了新加坡文化与邻近发展中国家文化的交融。

3)"德士(即出租车)、罗厘(运货的卡车,英式英语 lorry)",这些音译词颇具特色,因为采用当地方言的语音。闽南话"德士"为[teksi],有入声,与英语 taxi 接近,反映方言特征。

总之,新加坡的车类词语反映地处东南亚的一种混合文化的特色。

在语言的词汇系统中,可以有本民族固有词与外来词之分,而外来词又可分为各种类别的译词。在"视窗"中所看到的"车"类词语,也同样可以分出这些类别。为了探讨词汇衍生的一些规律,下面将对各地词语进行较详细的分析和比较。

首先分出本族词和译词二类,本族词即指"马车、车道、下车"这一类本民族固有的词语,以及"转车、挤车、车线、土足严禁车"等这样一些按惯常的构词方式创造的新词语。译词指不论用哪种方式翻译的表示外来概念的词,例如:"装甲车、的士、選挙カー"等。

将中文(五地)和日本的车类词语按上述两类分别计算,结果见表 6.5。

表 6.5 有关"车"类词的词语分类比较

地 区	总词数	本 族 词		译 词	
		数 量	百分比	数 量	百分比
日 本	166	76	45.78%	90	55.22%
中国香港	144	61	42.36%	83	57.64%
中国澳门	129	60	46.51%	69	53.49%
上 海	166	81	48.79%	85	51.21%
中国台湾	95	46	48.42%	49	51.58%
新加坡	114	57	50.00%	57	50.00%

由表 6.5 我们发现中文五地及日本外来概念译词均约占 50%或以上。译词自然是词语衍生的方式之一。译词之多,和现代的"车"这类事物多源于西方有关。

为了详细考查这一类衍生词语在各地所反映出的不同倾向,我们将译词分为意描、摹译、音译、音译意译混合及音译加注这些类别,再分别对各地译词进行统计分析。

译词分类如下:

A 类为意描、摹译词,如"救护车、装甲车、搭载车、自转车"等。

B 类为音译词,如"罗厘、的士、バス(BASU)、タクシ(TAKUSHI)"等。

C 类为音意混合词,如"巴士站、的士业、バス停、カー用品"等。

D 类指音译义注词,如"卡车、摩托车、ワゴン车(WAGON)、ボンプ车(PONPU)"等。

各地总词数减去本族词数等于译词数。各地各类译词占各地译词总数比率见表 6.6。

表 6.6　译词分地分类所占比率比较表

地　区	词　数	A		B		C		D	
日　本	90	42	46.6%	27	30%	19	21.11%	2	2.22%
中国香港	83	60	72.29%	15	18.07%	3	3.61%	5	6.02%
中国澳门	69	58	85.05%	3	5.35%	4	5.79%	4	5.79%
上　海	85	72	85.70%	3	3.53%	5	5.88%	5	5.88%
中国台湾	49	40	81.63%	3	6.12%	3	6.12%	3	6.12%
新加坡	57	47	82.46%	4	7.02%	3	5.26%	3	6.12%

A 类纯意译词(包括意描、摹译)的比率由高到低的顺序为:

①上海＞②中国澳门＞③新加坡＞④中国台湾＞⑤中国香港＞⑥日本

而从数字来看,前四地为 81%—85%,相差不远。中国香港72.29%,比中文前四地明显低 10%左右。日本最低,为 46.67%,不到一半。这反映了中文五地基本以意译为主,其中中国香港略低;日本则不是以意译为主。

B 类纯音译词的比率,由高到低顺序为:

①日本＞②中国香港＞③新加坡＞④中国台湾＞⑤中国澳门＞⑥上海

这类的日本词全用假名书写。同时反映出汉语虽然没有像日语那样专用的字体(字符),也同样可以用音译来吸收外来词。

A 类和 B 类排序结果正好相反,说明各地对意译或音译取向不同。

即,纯意译以上海、中国澳门为最多;而纯音译则以日本为最,中国香港次之。

一般来说,音译最为直接、简单,而意译则较为缓慢。日语因有片假名直接记音,方便简单,所以改变了早期从古汉语中找适当词语的意译法,越来越多地运用音译。当然这也和日本一向积极接受、引进西方文化的历史传统有关。中国香港音译词多则不能不说与香港社会长期处于英语和汉语并用的状态有关。上海与之相反,意译最多,这可以说代表更广大的汉语地区,一方面可能是由于中国内地相当长的时期没有对外开放,另一个更主要的原因可能与汉语本身向心力强的特点有关。日文中的汉字本来就是借自中文,后来又有了假名这样的表音文字。如果说汉字是日本语言文字的基础、轴心,那么,日本在处理外来概念词的时候,融入轴心的力度要显得弱些。而相对来说,中国的汉语文字系统在处理外来概念词时显示的特征,则是融进本民族的词汇系统,即其轴心的吸引力要大一些。换言之,可以说,音译倾向强的向心力弱,而意译倾向强的向心力强。

我们从词汇重整的角度考察“视窗”内的车类词,发现日文中用几个不同的词表示同一个概念的情况大大地超过中文。如日语中私人汽车这一概念,有“自家用車”“マーカー(car)”等说法。再如:“乗用車”“カー(CAR)”;“電動二輪車”“単車”“オートバー(AUTO＋BICYCLE)”“バイク(BIKE)”;“車庫”“ガレージ(GARAGE)”;“運転手(汽车司机)”“ドライバー(DRIVER)”;“駐車場”“パーク(PARK)”。上文介绍日语音译词时也举过几个同类例子。

据我们统计,日文的车类词语中大约有近 30％的新概念词有两种说法。相反,汉语中同一概念有几种不同说法的情况,如“公共汽车”“巴士”;“出租汽车”“的士”;“坦克车”“坦克”;“摩托车”“摩托”“电单车”;“卡车”“货车”“罗厘”等,大概不到 10％。这说明日文的重整度比中文要高。而在词汇重整中所显示出来的特点,日语几乎都是由意译到音译,而汉语则似乎与之相反,以由音译到意译为主流,间或也有从意译到音译的。当然,在中文五地的横向扩散中,尤其是近年来随着华语各地区的交往和交流的增加,由意译到音译的现象也是有的。如“公共汽车”—“巴士”,“出租车”“计程车”—“的士”等,由“巴”和“的”构成的车类词语已有相当的地位,也大有抗衡和取代之势。诸如此类,都有待深入观察和研究。

二、中国香港方言词和上海方言词的互懂度对比分析

研究方法与上一节有所不同。我们先将两种方言的词语各自分为四类：

1）两地共同出现的词；

2）两地共有的词（虽然不见于 30 天视窗，但是见于放大的视窗）；

3）两地中仅一地有，但对方可懂；

4）仅一地有而对方又不懂。

根据上述分类原则进行统计，结果发现中国香港与上海之间的互懂度也不是对等的。香港人了解上海词语的程度，不如上海人了解香港的词语多。下面分别加以说明。

香港共有词语 146 个，上海共有词语 166 个，两者共同的词有 55 个，占两地平均数的 34.55％。55 个共同词语中，未发现词义有别者。

仅在香港出现的词有 91 个，仅在上海出现的有 111 个。其中，大部分可以互懂，只有少数不能互懂。分类举例如下：

1）有的是两地都应该有的词语，只是在这一视窗中两地都没有出现，如火车、火车头等；

2）有的词义对方可以猜出，如香港的巴士线、尾班车、私家车（上海叫自备车，未出现）、泵水车、救伤车、柜车等，上海人可以猜出。上海的冲洗车、自行车等，香港人可以猜出。

3）香港方言词语中，上海或内地人看不懂的有：上落车、木头车、民车、吊臂车、吊鸡车、地车、房车、溶架、泊车仔、猪笼车、单车径、九巴。

4）上海方言词语中，香港人看不懂的有：土方车、巨龙车、打的、差头、车扒、车巡、面包车、飞虎车、起步价、彩车、挂车、单机车、残的、搬场车、黄鱼车、过山车、压缩车、翻斗车、助动车、铁厢车、车斗、拉臂车、定位车、服务车、运草车、平板车、车客渡、车风、宿营车。

根据上述分类资料，上海和香港两地词汇的互懂度，可以按以下几个数据计算：

1）两地共有词有 55 个，占香港 144 个的 38.19％；占上海 166 个的 34.13％。

2）虽未共同出现，但双方均有或可猜出者：香港为 77 个，占 54.48％；上海为 79 个，占 47.59％。

也就是可以反过来说:上海人对香港方言词语不懂率为 8.33％;香港人对上海方言词语不懂率为 19.28％。

由此可见上海人对香港词语了解的多,而相对来说香港人对上海词语了解的少。这种不平衡、不对称的情况不是预知的,原因是什么呢？语言扩散的方向是否决定于文化、经济等层次的高低呢？词语扩散的方向是不是从文化、经济较发达的地区扩散到较不发达的地区？换一角度说,是否有可能香港词语流行广,许多已进入上海,上海人耳熟能详;而上海词语打进香港文化的比率相对来说要低些呢？

为了方便对比,我们将两组数值列在表 6.7 中。

表 6.7　中一日、港一沪可懂度比较总表

	项　　目	中→日	日→中	沪→港	港→沪
1	形义皆同	44.06％	23.30％	38.19％	34.13％
2	相近可猜	34.90％	27.50％	54.48％	47.59％
3	可懂度	78.96％	52.27％	92.67％	81.72％

＊表中的箭头,表示可懂度的方向,即"从……看……"。

从上表 6.7 中我们可以看到:在中文和日文、上海和香港的两组对比中,其可懂度从中文看日文高于从日文看中文;上海看香港高于从香港看上海。其可懂度是不相等的,也就是说,不可简单地认为两种语言或方言的互懂度与比较的方向无关,只需要单一的数据。事实上因比较的方向不同,可懂度也不同,可懂度是不可互逆的。考虑到近代以来与西方交流的实际情况,以及经济、文化发展的情况,我们觉得这种可懂度的不平衡,与经济、文化的扩散方向有关。

三、各地中文词汇重整的几个特点

综上所述,我们可以得出以下三点结论。

1. 各地具有以汉字为纽带的共同文化根基

中文五地有着共同的汉语、汉字文化;中日两国从汉代以来,就有共同的汉字文化。日语虽然不是汉语方言,但是因其移植了汉字文化,并接受了汉语的词语,至今日语中的"词干"仍然是用汉字汉语表达的。因此我们可以说,中文五地自不必多说,就是中日二语也有着共同的源,共同的根。"视窗"中有不少中文五地,乃至中日六地共同出现的词。"车"一词,就是六地所共有的词语,而且在中文五地及日语中,都是频率很高的词。在《朝日新闻》中仅"车"以及用"车"组成的复音汉字词就有1 762个,比在中文五地中出现频率较高的中国香港和上海还要高出约30%(参见表6.4下注释)。当然这与所抽取的新闻资料的数量有关,同时,大概跟日本的交通信息在新闻事件中所占的比率也有关,但是仍可见汉字词语在日本语言中根深蒂固之一斑,即使在西洋文化的猛烈冲击下,还是保持优势的地位。共同的汉字文化,是赖以比较中日语的基础。

2. 各地不同的历史背景造成新概念词的分歧

社会处在不断变化发展之中,每一种语言及其词汇系统也在不断变化发展。地理的分隔,历史风云的变幻,文化背景的差异,可以引起语言在一定程度上分化。中文内部及其与日文之间,在词汇方面本来有更多的相同或相似之处,随着时代的推移,在西方外来文化大量涌入的情况下,各自在不同的文化背景下沿着不同的方向向前发展,呈现出了诸多的分歧。在中文五地及日本都有一些在别的地方不出现的词。造成分歧的具体原因,简单地说,是日文中有假名,可以用片假名来书写部分外来词;中文五地中有些地区英语汉语兼用;有的地区相对而言与外界交流较少;另外,对于外来新概念词各地处理的方法不同。所以,虽然自古同出一源,但是今天却不完全同流。例如:"车"是一个同根的词,但是英语的"bus"一词,今天却有"公共汽车、公交车、公车、巴士、乘合自动车、バス"等多种不同说法。

3. 日文词汇重整率高,中文词汇重整率低,中文各地相互影响大、移用多

词汇重整主要是指词语在发展演变中不断地改变词形或者词义,淘汰旧词或衍生新词的过程。据我们对"视窗"中的日语和汉语词语考察的结果,日语中一个概念用两个以上词表达的占到30%以上,而且大多是先有意译词,后来又衍生出音译词,这大概和日本社会追求国际化的心态有关,在日本不同的场合使用不同的词,这种现象是常见的。

汉语中就每一个地区而言,一个概念用两个以上词表达的较少,实际不足10%。但是同一个词在不同的地区有不同的说法,相对而言较多一些,而且随着近年来各地交流增多而相互影响、扩散。如上文详细分析的"巴

士""的士"两组词语便是典型的例子。由这两组例子中,我们可以看出,中文在词汇重整中所表现出来的三个特点:

1) 各地间新词横向相互扩散;

2) 扩散的速度因词而异;

3) 由意译变为音译,除"巴士""的士"外,还有其他例子,如洗发水、护发素又叫"香波(shampoo)""润丝(rinse)"等。由此我们也可看出,中文在词汇重整中,也有追求国际化的一面,并采用更精确的"音义兼译"的方法。

第三节　当代汉语新词的多元化趋向和地区竞争

国内和海外各地华语文在词语上存在不少差异,除了原有的方言词汇以外,主要是由于受外来文化影响衍生的新词不同。这些新词在产生的初始阶段,大多有多种不同的形式,从而呈现多元化倾向。这些不同的形式在产生之后即开始竞争在当代汉语的地位,因受社会、文化条件和语言内部规律的制约,其结果是有的形式使用频率趋高,有的形式使用频率趋低,甚至废弃不用,有的形式始终只用于某一地区,也有相持不下、并行不悖的。将这些在不同地域产生的新词进行比较研究,无论从社会语言学的角度还是从实用的角度来看,都是很有意义的。

近年来,在社会语言学和中国语言学的领域内,对于不同地区使用的汉语的比较研究,已经取得一些成果。虽然这些成果大多属于纪录性或描述性的比较和泛泛的讨论,而缺乏全面的语料、量化研究和系统比较,并未提供详细的论证数据以及更有价值的综合结论,虽然也提出了许多很有意义的实际问题。比如表达同一个新的概念,词汇形式有多少? 是如何产生的? 在中国大陆有什么独特的语言变化? 海外各地区的变化又如何? 它们相互之间的变化关系怎样? 各地华语文之间的互懂度有多高呢? 但是还缺乏有关语言发展方向、速度、起因等方面的理论建树。为进一步研究这些问题,就需要有一个涵盖各地区并具备相当数量的共时语言资料库,以供研究者用足够的语例来做全面的、数据性的研究分析和探讨。

　　本节所依据的语料即取自上述语料库,包括与下述六地报纸相关的语料:中国的北京、上海、香港、澳门、台湾和新加坡。时间跨度为 1995 年 7 月至 2001 年 6 月。

　　当代汉语的新词,除了各地新产生的方言词汇以外,大多是受外来文化影响所产生的外来词,以及由这些外来词衍生的词汇。本节选择其中一些常见的外来词作为主要的研究对象,也涉及几个方言词。

　　对"外来词"(loan word)有狭义和广义两种不同的理解,因此也有两种不同的研究方向,详见第八章。本节采用广义的观点来寻求和研究当代汉语中的外来词。

一、新词地区分布的统计

　　我们调查分析了 42 组 157 个新外来词,以及 5 组 23 个带方言特征的词汇。使用频率的升降是衡量词汇竞争力的尺度,所以本节的统计以词汇在各地的使用频率作为基础。本节将每组词汇调查结果的有关数据列成一张表格。表心是每一个词在每一地出现的频率占总频率的百分比。例如,"电子邮件"在各地出现频率的百分比如下:中国香港 14.67％,中国澳门 18.31％,中国台湾 10.06％,新加坡 22.94％,上海 23.34％,北京 10.66％。表的右端所列是每一个词在六地出现的次数占本组全部词出现频率的百分比。词汇的排列以百分比的高低为序。

二、各地新生外来词的竞争和发展趋势

1. 新外来词始生的多元化倾向

　　一个新的外来概念输入初期在不同地区,甚至同一地区往往有两个或多个词汇来表达。例如 internet 共有 12 个相对应的外来词(见表 6.8)。除了"因特网"只用于上海外,每一个词都用于两个以上地区。其中"互联网"在中国香港最常用,"网际网络"在新加坡最常用,"因特网""互联网络"和"信息网"在北京最常用,"网际网络"在中国台湾最常用,"国际网络"在中国澳门最常用,"交互网"在北京最常用,"交互网络"在上海最常用,"讯息网"在北京和中国台湾都常用,"国际网"在中国香港最常用。

表6.8 "互联网"(internet)在各地的使用频率

序号	词语	中国香港	中国澳门	中国台湾	新加坡	上海	北京	频率	总%
1	互联网	43.48	14.12	0.65	21.29	10.34	10.12	100.00	49.35
2	网际网络	0.43	0.53	0.21	98.72	0.00	0.11	100.00	20.09
3	因特网	0.00	14.24	0.00	0.17	40.17	45.42	100.00	12.65
4	互联网络	11.84	25.99	0.00	1.32	25.66	35.20	100.00	6.52
5	网际网路	4.95	15.90	78.45	0.71	0.00	0.00	100.00	6.07
6	国际联网	13.73	68.63	6.86	6.86	0.98	2.94	100.00	2.19
7	信息网	4.21	4.21	1.05	3.16	28.42	58.95	100.00	2.04
8	交互网	0.00	0.00	0.00	0.00	45.83	54.17	100.00	0.51
9	因特网	0.00	0.00	0.00	0.00	100.0	0.00	100.00	0.21
10	讯息网	0.00	12.50	38.50	0.00	12.50	38.50	100.00	0.17
11	国际网	33.33	16.67	16.67	0.00	16.67	16.67	100.01	0.13
12	交互网络	0.00	0.00	0.00	0.00	75.00	25.00	100.00	0.09
									100.02

2. 方言词汇在不同地区之间互相渗透

在不同地区产生的新词在地区之间往往互相渗透。例如"的士"本是港澳粤语词,今北京和上海也用。"计程车"本是中国台湾闽语词,今中国香港、中国澳门、新加坡也用(见表6.9)。"泊车"(park)本是港澳粤语,今新

表6.9 "的士"(taxi)在各地的使用频率

序号	词语	中国香港	中国澳门	中国台湾	新加坡	上海	北京	频率	总%
1	的士	58.48	38.63	0	0.13	2.86	0.90	101	40.24
2	出租车	1.76	2.40	0.24	0.80	85.35	9.45	100	22.50
3	德士	0	0	100	0	0	100	21.76
4	出租汽车	1.03	1.29	0	3.09	80.93	13.66	100	6.99
5	计程车	4.59	4.32	88.30	3.78	0	0	100	6.66
6	小车	8.84	9.80	2.94	3.92	53.92	21.57	100	1.84
7	差头	0	0	0	0	100	0	100	0.02
									100.01

加坡、上海也用。"拍拖"本来是粤语,今中国台湾、新加坡也用。"资讯"本是海外汉语,今中国大陆也用。只有"德士"仅用于新加坡,"差头"仅用于上海(旧时上海的出租汽车按时付费,20分钟为"一差","一差"意谓"出一次差"。故称出租汽车为"差头")。方言词汇的地域界线越来越模糊。

3. 新词有从南向北扩散的倾向

近20年来,以外来词为主的新词大都始用于港台,然后向北扩散到大陆。这些新词扩散的方向其实即代表时尚扩散的方向。

"埋单"本是港澳粤语词,今中国台湾、北京、上海也用。书面形式改为"买单"。这是"俗词源学"的一个佳例。此词源自粤语"埋单"(也写作"孖"),因为"买"和"埋"读音相同,"买单"在字面上也较容易理解,遂将"埋单"写作"买单"。旧有的词汇"结账"各地仍用(见表6.10)。

表6.10　"买单"在各地的使用频率

序号	词语	中国香港	中国澳门	中国台湾	新加坡	上海	北京	频率	总%
1	结账	11.76	13.45	11.76	14.29	40.34	8.4	100	70.41
2	买单	3.45	3.45	51.72	10.34	24.14	6.9	100	18.16
3	埋单	65	15	0	5	15	0	100	11.83
4	买单费	0	0	0	0	100	0	100	0.59

100

其他如"写字楼、巴士"等。"写字楼"始用于港澳地区,上海和北京本来不用,今中国台湾也用,新加坡少用。今上海使用频率比北京高。新词"写字楼"和原有的词"办公楼"的使用比例,上海为18.7%：82.3%,北京为11.5%：88.5%。"写字楼"仅指"商务用的楼宇",政府机构办公用的楼宇仍称"办公楼"。

4. 新词演变有三种状态

第一,竞争已结束,某种形式已占优势。如"峰会""欧元""黑客",这三个词的使用频率大大超过与之相对应的"高峰会议""最高级会议""欧罗""黑客"。"summit meeting"港台最初译为"高峰会议",后来缩减为双音节的"峰会",中国内地最初译为"最高级会议",近年来转用港台地区译法(见表6.11)。

表 6.11　"峰会"(summit meeting)在各地的使用频率

序号	词语	中国香港	中国澳门	中国台湾	新加坡	上海	北京	频率	总%
1	峰会	28.88	6.81	3.82	55.07	2.79	3.63	100	88.11
2	高峰会议	11.78	14.81	73.4	0	0	0	100	12.68
3	最高级会议	0	20	0	0	20	60	100	0.21
									100

　　第二,势均力敌,尚不分胜负。如"快递""速递";"卡通""动画"。除中国台湾只用"快递"外,其余五地都是"快递"和"速递"并用,六地综合统计,"快递"和"速递"的使用频率不相上下,见表 6.12。发展趋势,谁胜谁负,有待时日,难以预料。

表 6.12　"快递"(express mail)在各地的使用频率

序号	词语	中国香港	中国澳门	中国台湾	新加坡	上海	北京	频率	总%
1	速递	43.09	20.21	0	6.38	29.26	1.06	100	54.18
2	快递	11.32	5.03	49.69	3.77	18.61	12.58	100	45.82
									100

　　第三,井水不犯河水,可能长期对立。如"乳酪""奶酪""芝士","笨猪跳""蹦极"。类似的例子还有"三文治""沙发""恤衫""雪柜"。"笨猪跳"或"蹦极"都是音译外来词,源自英语 bungy,指一种从高处悬空跳下的运动,运动员需用安全带系住脚踝。"笨猪"两字据粤语读音(bɐn⁶ tɕi¹)译出(见表6.13)。造成这种对立现象的主要因素是方言。

表 6.13　"蹦极"(bungy)在各地的使用频率

序号	词语	中国香港	中国澳门	中国台湾	新加坡	上海	北京	频率	总%
1	蹦极	0	0	0	12.5	88.5	0	100	28.59
2	蹦跳	10	0	0	10	80	0	100	34.48
3	笨猪跳	28.27	72.73	0	0	0	0	100	38.93
									100

5. 上海地区对外来文化和外来词的兼容性比北京强

文化"兼容性"(compatibility)是制约词汇输入的最重要的因素。文化"兼容性"包含亲近(accessibility)、投合(agreeability)、熟悉(familiarity)三层意思。上海地区对外来文化的向来比北京强,所以港澳台地区产生的时尚新词也较容易为上海地区吸收。

"发廊"始用于珠江三角洲,上海和北京本来不用,今中国台湾地区少用,新加坡也少用。今上海大量使用,频率超过原有的词"理发店"三倍,并且派生出别地不用的"发廊女"和"发廊主"两词。今北京也用"发廊",但频率偏低。上海的频率超过北京甚远(见表 6.14)。

表 6.14 "发廊"在各地的使用频率

序号	词语	中国香港	中国澳门	中国台湾	新加坡	上海	北京	频率	总%
1	发廊	8.16	9.18	0	2.04	78.06	2.55	100	69.01
2	理发店	12.33	5.48	9.59	6.85	58.90	6.85	100	25.70
3	理发室	0	100	0	0	0	0	100	0.35
4	发廊女	0	0	0	0	100	0	100	2.82
5	发廊主	0	0	0	0	100	0	100	1.06
6	发廊妹	100	0	0	0	0	0	100	1.06
7	发廊业	0	100	0	0	0	0	100	0.35
									100

"打工仔"本是粤语地区流行的词,在上海和北京与之相对应的词本是"民工",今也用"打工仔",上海用得比北京多。

始用于港澳粤语的词汇,上海与香港的接近率远远超过北京与香港的接近率,见表 6.15。以"写字楼"为例,设此词在香港使用 100 次,那么在上海的使用次数为 14.78 次,在北京的使用次数为 8.86 次。平均起来算,始用于港澳粤语的词汇在上海的使用率为 22.1%,在北京的使用率仅为 8.72%。

外来词"秀"(show)始用于中国台湾地区,目前也还是在中国台湾地区的使用频率最高,为 321 次。这个词或类后缀虽然在内地各地都用,但是以

表 6.15　港澳粤语词汇在上海和北京的使用频率

港澳词	中国香港%	上海%	北京%	港澳词	中国香港%	上海%	北京%
写字楼	100	14.78	8.86	菲林	100	4.73	0
打工仔	100	59.93	5.79	速递	100	81.53	6.04
埋单	100	38.51	0	的士高	100	6.11	0
的士	100	10.76	3.75	迪士尼	100	5.51	0.63
巴士	100	25.1	2.12	沙律	100	24.62	0
太空船	100	5.59	0	三文治	100	0	28.66
太空人	100	6.9	0	峰会	100	21.35	26.4
泊车	100	29.08	14.52	电脑	100	87	56.09
电邮	100	8.91	0	高球	100	32.9	10.66
光碟	100	8.52	8.14	拍拖	100	3.64	0
程式	100	18.49	8.86	安全套	100	10.36	0
伺服器	100	8.53	0				

上海地区的使用频率最高,有 52 次,构成的新词最多,有 14 个,即作秀、选秀、脱口秀、作秀、模仿秀、玫瑰秀、时装秀、猛男秀、内衣秀、状元秀、泳装秀、钻石秀、大选秀、谈话秀。

6. 新词的音节数目有趋简的趋势

　　新词的音节数目有趋简的趋势,即音节少的形式竞争力强。例如"电脑"始用于中国台湾和港澳地区,"计算机"始用于中国大陆。目前"电脑"的使用频率在上海和北京都超过"计算机",见表 6.16。用"电脑＋后加成分"构成的词语有 59 个,其后加成分是:化、卡、史、台、局、狂、系、店、性、房、板、版、狗、盲、股、亭、型、城、室、屋、界、科、员、展、库、书、桌、班、站、纸、迷、商、族、组、通、部、章、单、报、椅、街、费、业、节、罪、署、网、厂、热、课、学、战、灯、馆、营、键、虫、类、体。但用"计算机＋后加成分"构成的词语只有 14 个,其后加成分是:化、仔、局、系、房、所、室、界、班、业、网、课、赛、类。"电脑"比"计算机"的结合能力强得多。

表 6.16 "电脑"(computer)在各地的使用频率

序	词语	中国香港	中国澳门	中国台湾	新加坡	上海	北京	频率	总%
1	电脑	21.22	15.92	13.96	25.33	15.97	8.60	100	82.19
2	计算机	2.19	19.89	0.92	1.48	38.38	38.14	100	15.41
3	电脑化	19.56	15.56	12.44	43.56	3.11	5.78	100	1.77
4	电脑室	30.36	30.36	0	35.71	3.57	0	100	0.44
5	电脑屋	0	0	0	0	90	10	100	0.16
6	计算机化	0	40	0	0	60	0	100	0.04
7	计算机室	0	0	0	0	50	50	100	0.02
									100

"电子邮件"也有将被"电邮"取代的趋势。

"台风"的正式名称四音节的"热带风暴"于近年推出,但是至今仍不能胜出两音节的旧词"台风"。

双音节词加上一个后缀或类后缀构成一个新的三音节词,这是当代汉语新词构成的重要途径,"2+1"也比"3+1"更符合汉语的音步特征。

音节数趋简的例子还有:电冰箱→冰箱;流动电话/行动电话/手提电话/随身电话/无线电话→大哥大→手机;出租汽车→出租车→的士/差头;桑塔纳车→桑塔纳→桑车;最高级会议→高峰会议→峰会;高尔夫球→高尔夫→高球;笔记本电脑/便携式电脑→手提电脑/袖珍电脑等。

外来词的双音节倾向由来已久。下面举些国名的例子:美利坚→美国,法兰西→法国,德意志→德国,英格兰→英国,"荷兰、印度、瑞士、波兰"因为已是双音节,故不必称为"荷国、印国、瑞国、波国",而"印度尼西亚"因为是多音节,故常简称为"印尼"。今称"桑塔纳车"为"桑车",与以前称"法兰西"为"法国",原因相同。

三、华语各地区新词接近率比较

中国香港与中国澳门之间的接近率是最高的,这是很容易理解的,因为两地的方言相同,都使用粤语,并且交流也非常频繁。

新加坡和中国台湾都有闽语的方言背景,但是新加坡还是与港澳地区比较接近,而与中国台湾较为疏远。这可能是因为当代的新加坡与港澳地区的交流更多。

始用于港澳粤语的词汇,上海与香港的接近率远远超过北京与香港的接近率,但是综合起来看,与港澳台地区的接近率,上海略逊于北京。上海的报章词汇还是有相对的独立性(见表6.17)。

表6.17　华语各地区新词接近率比较表

加　权	中国香港	中国澳门	中国台湾	新加坡	上海	北京
中国香港	100.00	58.60	44.29	50.65	29.39	33.09
中国澳门	58.60	100.00	39.39	48.34	40.41	41.96
中国台湾	44.29	39.39	100.00	41.81	31.06	38.76
新加坡	50.65	48.34	41.81	100.00	38.44	38.82
上　海	29.39	40.41	31.06	38.44	100.00	54.28
北　京	33.09	41.96	38.76	38.82	54.28	100.00
未加权	中国香港	中国澳门	中国台湾	新加坡	上海	北京
中国香港	100.00	55.63	48.33	53.12	29.37	38.36
中国澳门	55.63	100.00	39.63	46.77	38.36	40.26
中国台湾	48.33	39.63	100.00	49.01	34.00	46.59
新加坡	53.12	46.77	49.01	100.00	41.88	45.29
上　海	29.37	38.36	34.00	41.88	100.00	54.25
北　京	38.36	40.26	46.59	45.29	54.25	100.00

第四节　报刊词汇和社会文化演变

一、新闻媒体与社会文化

一个地区的社会文化发展倾向及其演变,可在当地的新闻媒体上找到蛛丝马迹。一方面新闻媒体紧贴瞬息万变的社会动态,将各种各样的信息及时地带给受众,另一方面新闻媒体为了满足受众的要求,获得受众的欢迎,从而维持和发展发行量,也必须反映受众的观点,两者是相辅相成的。所以媒体在一定程度上反映了社会文化的发展倾向。因此,要考察一个地区的社会文化,当地主要媒体或畅销传媒便是一个很好的客观对象。

媒体对新闻内容的取材和报道、新旧词语的流行和消亡、读者对各类新闻的关心程度及兴趣的变化,等等,都可以作为研究一个地区的文化倾向的参考。而其中有关新闻人物及地名的见报率是一个十分重要的指标,因为绝大多数新闻都与人物、地点有关。所以,新闻人物及地名在报刊上的出现频率,可以反映出编者及受众关注哪一方面的新闻,对哪一方面的社会动态感兴趣,从而反映出当地社会文化走向。例如中国香港和中国澳门地区的中文报章人名和地名见报率可视为港澳地区华人社会文化发展趋势的一个风向标。

由香港城市大学语言资讯科学研究中心开发的"LIVAC 共时语料库",取材自中国的香港、台湾、北京、上海、澳门及新加坡六地有代表性的中文报纸,以及电子媒介上的新闻报道,选取同日语料,提供前所未有的"窗口"式共时比较研究。"LIVAC 共时语料库"其中一项词语指针是"各地新闻名人榜"和"地名榜"。"名人榜"是每两星期对各地的主要传媒统计一次,分别排列出各地见报率最高的前 25 位新闻人物,并在网上公布,称为名人"双周榜"。而"地名榜"的统计方法类同"名人榜"(网址 http://www. rcl. cityu. edu. hk/livac/chinese/index. htm)。

词义的变化往往反映社会文化的演变。"今非昔比"这个成语的基本词义是指"现在比不上过去",两岸三地用法的差别很有意思,先看一下中国内地的用法:

例1:沙钢已今非昔比,成为江苏冶金行业第一家省级集团。

例2:先锋村用发展生产和节省的吃喝费办了公益事业,使先锋村发生了今非昔比的变化,一幢幢砖瓦房替代了过去的茅草屋。

例3:他亲眼看到了中国电影今非昔比的制作水平和精湛的艺术质量。

这些中国大陆的语用例子有一个言外之意的共同点,就是表达褒义。但是同样"今非昔比"在中国台湾及中国香港地区就可以常常见到相反的贬义了,例如:

例1:外围环境今非昔比,尽管集团一再促销,出租率仍然不佳。

例2:客队主力流失,实力今非昔比。

　　例3：宏观调控紧缩银根,银行获利已今非昔比。

　　这种语用差别的变化反映两岸三地社会文化的差异和演变。个中原因是什么呢?

　　先比较一下过去十几年两岸四地的媒体报道所见贬褒义用法的实际差别。

表 6.18　1995 年至 2013 年"今非昔比"褒贬义在各地使用比率

今非昔比	褒%	贬%	无法识别%
中国香港	19.6	76.8	3.6
中国台湾	28.6	64.3	7.1
北　京	78.6	16.7	4.8
上　海	54.1	35.1	10.8

　　从表 6.18 可以看到每一个地方的褒贬用法不是绝对的,然而可以看到主导性的倾向和其他地方的差别。

　　以下图 6.1 把两岸四地的用法综合起来以便展示全面的比较。

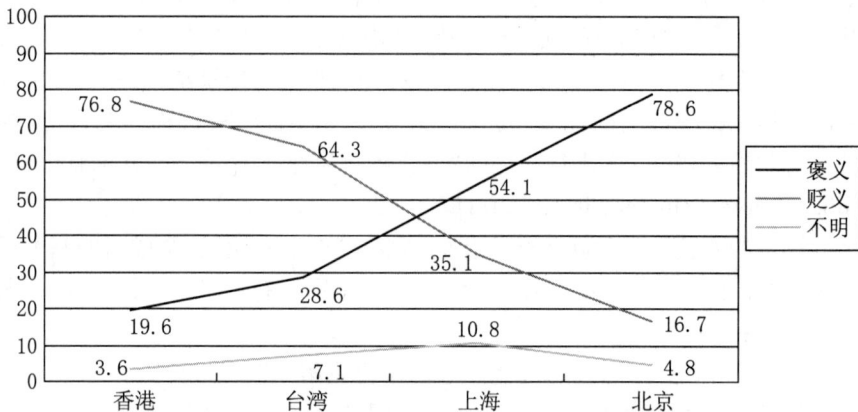

图 6.1　1995 年至 2013 年"今非昔比"褒贬义在各地使用比率综合表

　　图 6.1 展示出"今非昔比"各地褒贬不同的对比,我们可以问为什么北京和上海与中国香港和中国台湾会有这样显著的分别。原因可能有多种,其中似乎可以推测,词语可以反映社会的集体认知倾向,以两岸之间为分水岭,尤其是以1949 年先后为界线。有调查显示中国内地对现在与过去相比,对现在比较有好感。而相比之下,中国香港与中国台湾的集体感觉是缅怀过去,认为现在没有过去好。"今非昔比"本身不带情感,只让语用者从自己的体验和文化背景传达

对事物的情感色彩。语用者的情感变化改变了"今非昔比"的贬褒义①。

在新闻报道中,人名地名所占的比率是相当高的,据统计,自 1995 年 7 月至 2000 年 6 月的五年语料中,人名、地名在"LIVAC 语料库"的词语中所占比例见表 6.19。

表 6.19　1995 年 7 月至 2000 年 6 月"LIVAC 语料库"人名地名比率(%)

	中国香港		中国澳门		中国台湾		北　京		各地总和	
	人名	地名	人名	地名	人名	地名	人名	地名	人名	地名
词种	16.43	8.15	19.13	10.18	19.96	7.74	18.41	11.28	27.74	11.72
词频	2.04	3.87	1.89	4.69	2.75	4.50	1.87	4.46	2.09	4.27

从上表 6.19 可见,在 5 年语料库词语中,人名地名占近四成,说明其影响力不可低估,也间接显示,新闻媒介中的人名地名对一个地区的社会文化具有颇大的影响力。

现在以"地名榜"为例,来探讨港澳两地的社会文化发展倾向。

先比较六地过去 5 年首 200 个见报率最高地名。结果发现各地所关注的地名有颇大差异。若将任何两地地名榜比较,一般只有 50%—60% 的地名相同(见表 6.20)。

表 6.20　两地同时出现地名的百分比

	中国澳门	中国香港	中国台湾	北　京	平　均
中国澳门		64	58	67	61
中国香港	64		59	55	58

除中国香港外,中国澳门和其余五地所关注的地名较相似,平均 61% 的地名是相同的。最相近的是中国澳门与北京,相同率为 67%;差别最大的是中国香港与北京,相同率只有 55%。虽然港澳两地十分相近,但从表 6.21 可见,在中国澳门和内地见报的地名较相近,中国香港则与中国台湾较接近。

此外,从各地 5 年的语料库中抽出首 50 个最常用的地名,并把它们分

---

①　详见邹嘉彦《如果市场"今非昔比"是好还是坏呢?》,刊香港《信报财经月刊》第 440 期(2013 年),第 156—158 页。

为"本地""大中华"和"国际"三类,以分析地名的分布情况。"本地"泛指所有属于该地区的地名。"大中华"包括所有中国内地及港澳台地区的地名,但若该地名已属"本地"类,则不计入"大中华"类。"国际"包括所有不属于"本地"和"大中华"类的地名。例如,"浦东"一词对上海来说属"本地"类,但对于其他地区应算作"大中华"。三类词的分布见表6.21。此表所谓"见报率"是指所有地名词,不论是否复出,在报刊上出现的频率。

表 6.21　各地三大类 50 个最常用地名词见报率比较(%)

地名类别	中国澳门	中国香港	中国台湾	北　　京
本地	32	18	24	7
大中华	38	39	36	48
国际	30	43	40	45

按表6.22资料从高至低排列出各地对"本地""大中华"和"国际"的关注程度如下:

　　　　本地:中国澳门＞中国台湾＞中国香港＞北京
　　　　大中华:北京＞中国香港＞中国澳门＞中国台湾
　　　　国际:北京＞中国香港＞中国台湾＞中国澳门

按上述排序,可以对各地报章关注项目做比较。三类地名中,"本地"一般低于"大中华"和"国际"。以地区论,在中国澳门语料中,"本地"及"大中华"地名见报率最高,"国际"地名在四个地区中出现最少。中国香港和北京以"大中华"及"国际"地名见报率较高,"本地"类相对较低,其中以北京最明显,"本地"只占7%。中国台湾地名的分布相对较平均(见表6.22)。此表所谓"出现率"是仅指50个地名词,不计复出的在报刊上出现的频率,这大致显示六地和国际社会关系亲疏的差异。

表 6.22　三大类 50 个最常用地名词在各地出现率比较(%)

地名类别	中国香港	中国澳门	中国台湾	北　　京
本地	6	10	20	8
大中华	30	38	24	26
国际	64	52	56	66

就词的种类(不计复出的)而言,在中国澳门语料中,与"大中华"相关的地名远远超过其他四个华人地区,"国际"则逊于其他地区。以上两项统计(表6.21、表6.22)大概反映中国澳门报章较关注本地及大中华事项。

表6.23列出港澳两地首十个见报率最高的地名。澳门的本地地名较"香港"的排名高,这大概和澳门较关注本地消息有关。除此以外,两地地名排序都很相似。大中华地名以"中国"排名最高,接着是中国"台湾"和"北京"。国际地名方面,"美国"是继"中国"之后见报率最高的国家地名。其次是"日本"和"英国"等。值得注意的是"葡国"在中国澳门的见报率甚至低于"英国"。这大致反映这几个国家在港澳的关注度,也间接显示它们在国际社会的地位。

表6.23　1995年至2000年港澳报章首十个最常用地名

次序	1	2	3	4	5	6	7	8	9	10
澳门	澳门	中国	美国	澳	台湾	香港	日本	北京	英国	葡国
香港	中国	美国	香港	台湾	港	日本	北京	大陆	两岸	美国

二、地名词见报率的变化

地名词汇因地区和时间不同而变化。上述LIVAC语料库有系统地收集六地5年的语料,是研究地名纵向(longitudinal)变化的重要资料。

先分析整体地名词汇变化。

群体对各地消息的关注程度一般都有时间性,地名随着事件发生或过去而有所增加或减少。例如选举、天灾、恐怖袭击等较触目的新闻都会令某区域的地名见报率暂时提高。语料库每年都收集到不少新的地名,同时也有不少消失。据统计,过去5年中国澳门语料库共有11 211个不重复的地名,但仅有765个在5年内持续出现。事实上,大部分(71%)的地名都只是在其中一年出现(见表6.24)。

表6.24　地名词持续见报年数

出现年数	5　　年	4年以上	3年或以上	2年或以上
数量	765	1 020	1 899	3 286
百分比	7%	11%	17%	29%

　　仔细分析连续 2 年之间的地名的转变,发现每年均约有 60％地名词种未在上一年出现。换句话说,每年有 60％新的地名词出现。新地名见报率一般较低,占每年的 8％—10％。新增地名的现象在各地都相当一致(见表 6.25)。

表 6.25　历年新增地名百分比(％)

年　　份	1996—1997	1997—1998	1998—1999	1999—2000
词　　种	59	59	60	63
词　　频	8	8	9	10

　　除了整体的变化外,更有研究价值的是某些地名见报率的变化。下面分析回归前后有关中国、葡国和中国澳门等地名见报率变化。虽然中国澳门于 1999 年回归涉及中国、葡国和中国澳门三方,但中国澳门回归前,"中葡/葡中"的见报率远高于"中澳/澳中"和"澳葡/葡澳"。回归后,"中葡/葡中"见报率很快下降,由 1998—1999 年 0.65％急跌至 2000—2001 年 0.13％。这说明了中葡关系在中国澳门回归前是社会关注的重大事项,但回归后中葡关系的重要性大为减退(见表 6.26)。

表 6.26　"中葡""中澳""澳葡"等词历年所占比例(％)

年　　份	中葡/葡中	澳葡/葡澳	中澳/澳中
1995—1996	0.50	0.04	0.05
1996—1997	0.60	0.02	0.04
1997—1998	0.69	0.16	0.06
1998—1999	0.65	0.21	0.02
1999—2000	0.49	0.38	0.03
2000—2001	0.13	0.27	0.01
总　　计	0.55	0.16	0.04

　　相似的现象在香港回归前后也曾出现。1997 年前,中英关系成为香港报章焦点,"中英/英中"一词占香港语料所有地名的 0.2％—0.3％。当英国撤出后,"中英/英中"一词见报率逐年(1997—2001 年)下降。"中港/港中"则在回归后仍保持稳定(见表 6.27)。

表 6.27 "中英""中港""港英"等词历年所占比例(%)

年　份	中英/英中	港英/英港	中港/港中
1995—1996	0.37	0.07	0.10
1996—1997	0.29	0.06	0.21
1997—1998	0.08	0.01	0.07
1998—1999	0.04	0.02	0.11
1999—2000	0.04	0.03	0.16
2000—2001	0.02	0.03	0.14
总　计	0.13	0.04	0.13

上述情况说明了澳门和香港在回归后,葡国和英国的影响力已下降,两国和中国以及中国港澳地区的消息已不再像以前受人关注。

若再比较一下跟中国、葡国和英国有关的地名,中国在港澳地区的重要性较葡国和英国高得多。为方便统计,我们把以下地名归纳为三类,并加以统计。

1) 跟中国有关:中国、中、大陆、中国大陆、中华人民共和国;

2) 跟葡国有关:葡、葡国、葡萄牙、葡萄牙共和国;

3) 跟英国有关:英、英国、大不列颠、大不列颠及北爱尔兰联合王国、大不列颠岛、大不列颠联合王国。

在中国澳门地区,中国地名见报率平均是葡国地名见报率的 7.6 倍;在中国香港地区,中国地名见报率平均大概是英国地名见报率的 7.5 倍。港澳两地社会早已较认同中国。过去 6 年,中国地名见报率稳占两地 9%—12%的地名词标(见表 6.28 和表 6.29)。

表 6.28 与中国和葡国有关的地名历年增减比较(%)

地名 (中国澳门语料库)	1995—1996	1996—1997	1997—1998	1998—1999	1999—2000	2000—2001	总计
跟中国有关	11.3	10.4	12.6	9.8	9.9	8.4	10.7
跟葡国有关	1.3	1.2	1.5	2.2	1.2	0.7	1.4
						相差:	7.6 倍

表 6.29 与中国和英国有关的地名历年增减比较(%)

地名 (中国香港语料库)	1995—1996	1996—1997	1997—1998	1998—1999	1999—2000	2000—2001	总计
跟中国有关	12.1	11.7	10.6	12.5	10.2	10.5	11.2
跟英国有关	1.9	1.8	1.5	1.1	1.5	1.4	1.5
						相差	7.5 倍

有关葡国词标在 1998—1999 年则在回归后急速下滑,由 2.2% 跌至 0.7%。相反,葡国撤离中国澳门后,政治地位已消失,从前澳葡间的联系已迅速减弱。英国地名词在中国香港回归后也开始减少。但比较之下,减幅并没有葡国地名词标在中国澳门的那么大。

三、复合地名的演变

复合地名也是很有研究价值的。复合地名是指以两个或以上的地名简缩而成的地名词,例如"港澳""中美""粤港澳"等。这些简缩词的出现某种程度上反映出地区之间的交往频繁。从六地 5 年语料抽出所有和当地有关的复合地名。结果发现中国澳门的复合地名特别多,而且使用的频率也特别高,其中大部分都是周边城市,如中国香港、珠海和中国台湾。这显示中国澳门和周边地区的关系的密切性(见表 6.30)。

表 6.30 各地复合地名的种类和频率

	中国澳门	中国香港	中国台湾	北　京
种类	26	18	11	13
词频	2 402	1 424	900	390

此外,若比较复合地名中的地区关系(见表 6.31),我们发现"沪"和"京"只和城市名结合成复合地名。但"澳""港"和"台"可以与城市名或国家名结合成复合地名,例如"澳葡""港英"和"美台"。这都反映中国内地城市和港澳台地区间对其他地区认知上的差别。

表 6.31　高见报率复合地名

次序	中国澳门	中国香港	中国台湾	上海	北京
1	港澳	港澳	台港	沪深	京九
2	澳葡	港台	港台	京沪	京沪
3	港澳台	中港	台港澳	沪宁	京广
4	中澳	港英	台澳	沪港	京津
5	粤澳	台港	闽台	沪杭	京珠
6	澳台	港澳台	台闽	淞沪	京港
7	粤港澳	深港	美台	沪青平	京津塘
8	珠澳	粤港	台马	沪嘉	京哈
9	台港澳	沪港	台美	江浙沪	京津沪
10	澳珠	台港澳	港澳台	沪台	京通

四、结语

利用"共时视窗"方法,能较客观地、较有系统地分析过去数年地名在报章语料中的变化,以及比较港澳与其他华人地区的差异。港澳传媒在回归后有以下几个特点:

1) 港澳传媒在报道国际新闻方面与台京一样,注重国际大事,显示港澳与国际社会有紧密关系,体现港澳两地国际都市的定位。

2) 港澳回归后虽然分别与英国、葡萄牙仍有藕断丝连的关系,但相对于回归前关注度已日见减弱。

3) 在两岸四地的关系上港澳两地起到了桥梁作用。

4) 中国澳门与中国香港、中国台湾的关系显得较为薄弱,尤其是与中国香港的政治关系更见疏远。

综上所述,港澳自回归后社会区域意识认同的定位正在转变,英、葡的重要性已渐见下降,港澳社会正逐步走向与中国内地认同。

思考与练习

1. "视窗"式语言研究方法有什么优越性?
2. 试从社会的角度分析各大华人社区含"车"字词语的异同。
3. 试从社会的角度分析港澳报刊所见地名词的演变。
4. 举例说明当代汉语新词始生阶段有什么特点。

第七章 语言接触

　　语言是文化的代码,语言的背后是文化,不同的语言代表不同的文化。当不同的语言互相接触的时候,不同的文化也随之产生交流。在中国历史上的各个时期,语言接触都是非常频繁的。在汉语内部、方言间的互相接触和地方文化间的互相接触比较隐秘,不易觉察,而汉语和外族语言的互相接触,以及汉文化和外族文化的互相接触,就非常明显,引人注目了。

　　例如北方少数民族入主中原,先后建立北朝、金、元、清,长达近800年,他们的阿尔泰语和阿尔泰文化跟汉语和汉文化的接触与交流是不可避免的。日本学者桥本万太郎力主"北方汉语阿尔泰语化"之说。他认为在各朝代的早期,阿尔泰族的移民和汉族居民中间流行一种洋泾浜语,其词汇和部分句法是汉语的,而语音结构和另一部分句法是阿尔泰语的。清代早期宫廷语言和书面语言是满语,但是民间满人却是说一种洋泾浜语,即高度满语化的汉语或高度汉语化的满语,这种语言的现存标本是《子弟书》。虽然此说的确凿证据尚嫌不足,但是当时的社会环境确实有利于语言交融。例如清代有供汉人学习满语的教科书,如乾隆二十六年刊刻的《兼满汉语满洲套话清文启蒙》,此书将满语句子和当时北方汉语口语对照编排,便于学习。在阿尔泰族建立的朝代,曾有汉人主动教学胡语,以求仕进,如北朝颜之推《颜氏家训·教子篇》载:"齐朝有一士大夫尝谓吾曰,我有一儿子,年十七,颇晓书疏,教其鲜卑语,及弹琵琶,稍欲通解,以此伏事公卿,无不宠爱,亦要事也。吾时俛而不答,异哉此人之教子也。若由此业,自致卿相,亦不愿汝曹为之。"

　　语言接触大致有四种结果:一是语言的同化;二是语言的借用,以词汇的输入和输出为主;三是语言的融合,即产生洋泾浜语和混合语;四是双语或双言现象的产生。第四种"双语现象"已在第三章讨论,以下详细讨论其余内容。

第一节　语言同化和文化同化

本节主要讨论使用双语(bilingual)及多语(multilingual)的社会,在历史发展过程中所经历的各个阶段,并讨论移民语言的演变过程,进而研究此类语言行为(language behavior)的演变与某些文化同化现象的相互关系。并且用社会语言学观点,探究同类黏聚问题。

一、语言同化的五个阶段

语言同化可以分为以下五个阶段。

1. 语言移借

语言的形成,离不开它的文化背景。在一个社会里,如果有两种文化同时存在,这两种文化可以从各自的语言中反映出来。当不同的文化互相交流的时候,不同的语言亦互相影响。互相影响的语言,可以分为施惠语言和受惠语言两类,施惠语言影响受惠语言。受惠语言承用或模拟施惠语言的词语谓之"语言移借"。此种承用,多在受惠语言中没有对应词语的情形下发生。一般来说,施惠语言的确比受惠语言在文化上占有优势。但是,有时问题并非如此简单。英语承用法语一些烹饪用语是符合上述的一般趋势,例如 casserole(有柄瓦锅)和 salad(色拉);而英语承用汉语的杂碎(chop suey)和炒面(chow mien)则不能等量齐观。表 7.1 是一些旅美华人粤语"语言移借"的例子。

表 7.1　北美华人粤语"语言移借"例词

序号	英　　　语	粤语口语	粤语书面语	普 通 话
1	apartment	paat-man	柏文	公寓
2	(super)market	ma-kit	孖结	超级市场
3	order	o-da	柯打	(食物)份
4	insurance	yin-so	燕梳	保险
5	film	fei-lam	菲林	胶卷、胶片

序号	英　　　语	粤语口语	粤语书面语	普通话
6	motor	mo-da	摩打	马达、发动机
7	modern	mo-dang	摩登	时髦、摩登
8	shirt	seut(-saam)	恤衫	衬衫
9	hot dog	yiht-gau	热狗	热狗
10	fail	feih-lou	肥佬	失败

以上的借词是百分之一百的粤语词汇,语音结构和语法特点与其他粤语词汇无异。例如在数量词组中,数词和名词中间要加一个正确的量词,而英语加 s 构成复数的语法规则,则不适用。如(词语前的星号表示此词语不合语法,不通,实际上不用):

英语		粤语	
three apartments	saam	kaaan paatman	三间柏文
	* saam	kaaan paatman-s	三间柏文 s
	* saam	paatman-s	三柏文 s
three oders	saam	go oda	三个柯打
	* saam	go oda-s	三个柯打 s
	* saam	oder-s	三柯打 s
three rolls of film	saam	gyun feilam	三卷菲林
	* saam	gyun feilams	三卷菲林 s
	* saam	feilams	三菲林 s

英语 beer 一词更能证明通过移借来承用外来语的过程。beer 本来已经是指一种含有酒精的饮品。然而,按照常用的粤语复合词构词法(如"黄酒")变成啤酒。这说明这个借词的造成是据"名"而非据"实"。以上的语料清楚地显示出两种语词移借方法:①取音舍义;②舍音取义。热狗就是舍音取义的例子,而表 7.1 中的 1—8 却是取音舍义,它们都是现代生活所常见的事物,所以,这些词比较容易接受下来。热狗等词在文化上显然需要较长时间的适应后才会被普遍接受和使用。借词"肥佬"是个动词,使用时服从汉语语法规律,而不受制于英语语法:

Keuih feihlou jo saam chi　　　　　　　　渠肥佬咗三次

* keuih feihlou-ed saam chi　　　　　　　渠肥佬-ed 三次

马来西亚粤籍华侨有一个很特别的语言移借例子:食风,是呼吸清新空气的意思(马来语 makan＝食,anging＝风)。这也是词语移借中舍音取义的佳例。

语言移借可能在一个需要调整文化差距的外籍居民社团中发生,也可能在一个易于接受外来文化及物质文明的本地居民社团中出现。语言移借可以在这两种情形下发生正说明一个外籍居民或群体,从他们移居的社会中移借语言,与他们在家乡时接触外来文化而移借语言是没有分别的。我们这项研究说明,语言移借在存有"做客心理"的外籍居民中是一种极为普遍的特征。他们都有暂时寄居异域、将来荣归故里的信念。一个外籍居民的群体刚好和一个当地居民的社会相反,后者通常停留在语言移借阶段,而前者则有进入语言同化另一阶段的倾向。

2. 语言替代

语言替代是指用施惠语言的词语代替受惠语言的词语。可以认为语言替代有文化增补的功能,而语言移借则有文化减损的功能,两者有很大的分别(见表 7.2)。

表 7.2　英语词替代粤语词举例

序号	粤语原有词		替　代　词		英　语	普通话
1	se-jih-lauh	写字楼	→o-feih-si		office	办公楼
	baahn-gung-sat	办公室				办公室
2	sih-tau	事头	→bi-si	波士	boss	老板
3	deui	对	→pe	披	pair	双、对
4	kauh	球	→bo	波	ball	球
5	houh-sou	号数	→lam-ba	林吧	number	号码
6	sin-sang	先生	→a-seuh	阿 sir	sir	先生

这些词语同样可以接受上述句法测验,而所得结果也是一样。

这些测验证明上列词语已经成为粤语。现在要问,这种替代的动机和原因是什么呢? 答案就在导致此种替代的社会环境中。粤语里的基本词语,食、去、睇等都是永远不会用相对应的英语词来替代。事实上,被替代的词很明显在文化上是有局限性的。用相应的英语词替代中文词表明文化压力演变成为语言压力,以求语言和文化一致。此种情形亦见于儿童语言学习中。美国和马来西亚的粤籍儿童在很短的时间内,便积极地选择英语(或马来语)词语,而最多只不过消极地保留一点对中文的认识而已。最主要的原因是来自同龄伙伴的压力(peer group pressure)很大。

　　除了语言移借以外,语言替代在一般聚居的粤籍移民中也可以观察得到。语言替代现象陆续出现,可以视为由做客心理阶段开始发展至聚合阶段的标志。所以,虽然心理上他们可能还自以为是做客暂居,而事实上开始被文化和语言上占优势的社会同化。即使生活在一个与社会相当隔离的较小社区里,也难免发生同样的情况。

　　语言移借与语言替代相互间的关系很明显,语言移借可以视为文化替代的开端,而语言替代又是语言移借稳定发展的结果。

　　3. **语码转换**(code switching)

　　到目前为止,我们讨论的还只是因为移民还没有熟悉移居地的语言,而引起语言运用上的小问题。正如上面所述,外来词与土语语词一样受土语语法支配。这种词语替代可以视为语言信号系统交替使用的开始。移民在并未完全融入所移居的社会的时期,虽然对当地语言没有充分的把握,但是逐渐能够在一个句子里,或者句子与句子之间交替使用不同的语言讯号系统。

　　① ngoh yiu saam order chow mien. (我要三份炒面。)

　　我要三 order of chow mien.

　　这是一个在句子内部语码转换的例子,出现在造句层面上,而不是在较低的构词层面,可以称之为句中语码转换。如果这个例子只是简单的词语替代,那么数词"三"后应当有一个量词,而英语介词"of"也不应出现。又,如果 order of three chow mien 整个名词结构要像一个单词一样代入的话,order 便要以复数形式 orders 出现。这里的语码转换是属于语法层面的。

　　② ngoh yiu maaih ga meih gwok heiche. Ford cars are very nice.

　　(我要买辆美国汽车。福特汽车很好。)

　　我要买架美国汽车。Ford cars are very nice.

　　例句②的语码转换出现在句子与句子之间。

　　句子与句子间的语码转换很容易阐明,但是句中语码转换则须花些力气探究。例句①和②显然代表造句层面的语码转换,而又各自代表移民在语言行为上显著不同的阶段。我们应当注意句中语码转换的出现比句间语码转换早。但更应注意的是,在句间语码转换之前,通常还出现诸如单句语码转换的现象。例如,两人用粤语交谈时偶然说出"no"或"Are you sure?"都是可能的。不过这些句子都可以视为词语替代的特例,因为这种情形并没有能产性(productivity),所以我们并没有发现诸如"Is he sure?""Is Mr. Wang sure?"之类推导出来的例子。这种现象对于研究某些自然而无规律的语言学习过程,很有启发性。

从语言替代到句中语码转换,到句间语码转换,在这一系列过程中,除了语言方面的变化外,一个移民事实上也从移居地渐渐接受更广更深的文化影响。他不再局限于使用少量文化词语,也开始接受而且夹杂使用支配这些词语的语法系统。在稳定或半稳定的移民社会中,这种情形极为普遍,尤以儿童为最。语码转换在一个社会中发展的速度和频率,决定于外来压力和内在凝聚力的大小的对比。一个惯用语码转换的人,事实上已经进入"过渡期"。客居心理已经隐而不显,荣归故乡不再是实际的目标,而只是虚幻的期盼。虽然他仍然生活在聚合的社会环境中,但是由于惯用语码转换,他与当地的其他社会成员交际更为方便。这样,他便可以在社交上或精神上自由选择是否脱离移民的群体,而成为参与当地社会的一个边缘人物。参与社会的程度,受很多因素影响,而是否已经真正成为双重语言使用者,则是其中最主要的因素。在能够与当地社会交际以前,他只能在一个与当地社会隔离的环境下生活。而一旦能够流利地与当地社会人士交谈,在新的价值观念冲击下,他原有的价值观念便可能退居次要地位。如果没有其他社会因素干扰,通常都会出现这种趋向。整个群体是否也会进入过渡期,则要看该群体中处于过渡期的移民所占比例。可以根据语码转换能力的分布状况,来说明一个社团所处的时期的特征。

移民群体的凝聚和组合是减慢同化过程的主要因素。一个组合稳定而循规则行事的群体,比不稳定不规则的群体更易于改变它的双重语言状态。麦加伦法案(McMarren act)阻止粤籍华人不断移入美国,结果很多第二和第三代的美国土生粤籍华裔很快便渡过双重语言阶段。另一方面,南洋一带由于不断有新一代华侨移居,很多粤人社会仍然停留在语码转换阶段的过渡期。在美国加利福尼亚州和马来西亚 Negri Sembilan 的被隔离在农村里的粤人社会,比不断有大量移民涌入的三藩市和吉隆坡(或中国香港)的市区粤人社会,更快地度过过渡期。整体上说,由于政治局势、地理环境

和人数多寡的不同,在马来西亚的华人社会比在美国的更能维持过渡期的
状态。在马来西亚的三个主要市区中心地带,作为当地最通用的中国方言
粤语,与英语和马来语鼎足而三。可是,粤语在美国却没有同样的地位。外
省人在中国香港地区也有同样的语言同化问题,例如移居中国香港的第二
或第三代上海人,大多数已经不懂乡音了。

4. 双重语言

一个兼通两种语言(或两种以上)的人谓之双重语言使用者(以下简称
双语通)。如果对某两种语言都同样流利,他可以称为一个真正的双语通。
对这个双语概念需要加以补充说明,因为没有人在社会交际中会不加选择
地使用任何一种语言,更不可能同时并用两种语言。选择使用哪一种语言
或其不同的层次,都会受社会环境支配,所以讨论双语情况的时候,必须考
虑社会因素。

一个只能作句中语码转换的人算不上是双语通,一个能作句间语码转
换的人,或者能随环境,选择适当语言的才是双语通。导致语码转换的原因
很多,包括各式各样的词语替代所引起的作用和私下单独交谈的需要。一
个英语及粤语的双语通,在改变话题的时候,例如从讨论三藩市的堂会问
题,转而谈到教育厅用校车把华裔学童送到各白人及黑人学校等有关种族
问题时,使用的语言亦往往从英语改为粤语,为的是要传达不愿意公开的
意见。就是没有第三者的环境下,也会发生同样的情形。在私人交谈中,
语言信号经常交替,这跟工作时用英语,在家时改用中文的现象不同。后
者比前者更能导致增加双语能力,因为后者只可以用一种语言作为主要
交谈媒介。

社会环境与使用频率都能引起双语形态不稳定。较少用的语言渐次
减弱,而较常用的语言则乘机加强。从这个角度来看,真正的双语形态只
可能在某一片段的时间里出现。因此,从宏观上看,双语通的社会似乎存
在,但是从微观上看,双语形态并非一种稳定的现象。绝对双语形态是不
可能长期存在的,因为其中一种语言会转而占优势。这种不平衡的趋向是
可以从社会环境预测到的。就是同声口译人员也不能例外。纵使不是全都
也有大部分同声口译人员承认,对译两种语言时,把甲语言译成乙语言比把
乙语言译为甲语言容易。这一点,也可以从他个人偏爱翻译哪一种语言看
得出来。

成人双语形态发展有下列特征:

$$AB \quad \rightarrow aB \rightarrow \quad a'B \quad \rightarrow \quad B$$

$$A \rightarrow Ab$$

$$AB' \qquad aB' \rightarrow \quad a'B' \quad \rightarrow \quad B'$$

$$1 \rightarrow 2 \qquad\qquad 3 \qquad 4 \qquad 5 \qquad 6$$

（小写 a 和 b 代表语言，而大写字母表示对小写字母所代表的语言有使用能力）

　　理论上一个成人可以在第三期发展成为双语通，但事实上这种情形并不多见。通常是在过了语码转换阶段以后，会出现对 b 语言有稳定但不完满的运用能力，这里用 B′ 代之，代表一种不纯正的"洋泾浜"语言。如果 b 语言在他的生活中继续维持重要的地位，a 语言一般都会退化，并受 A 语言的干扰(变成 a′)，直到最后全都消失为止。许多在战争年代与异国情人结婚的年轻新娘，本来只能说本国语言，但是后来随夫归国，在完全不同的文化中生活，她们及后代在语言上发展到 B 这个阶段，也足以支持这个假设。

　　当一个人接近或者已经成为双语通时，他正从过渡期转入混同期。他在学习第二语言时所做出的努力正说明他的学习欲望和动机。个人学习的成绩也足以作为对他的文化混同程度的衡量准则。一般人在这种情形下开始抛弃他那已经是十分淡薄的客居心理。

　　也许可以辩称双语形态与文化混同不一定可以相提并论，因为一个文化上经已混同的人不一定是个双语通。我们需要用客观的事实来说明这个问题。试比较一个从未学好侨居地语言的粤籍祖母和她那些略谙粤语的孙儿，后者混同的程度很可能比前者深。反过来说，以任何一个已经混同美国的语言和文化的粤籍华侨为例，不管懂不懂粤语，他一定使用流利的英语。在这里，我们必须考虑两种可能性：如果他对粤语有完全的使用能力，他便是双语通，正如上文假设所料；如果对粤语一无所知，他便是处于第五期或第六期。如果他是美国土生粤籍华裔，那么很可能在早年便放弃粤语，甚至根本从未听到过粤语。这样的话，他就不算是接受文化混同的人，而理应视为当地社会中的一个成员。现在很多美国土生粤籍华裔学生云集在中文班里学中文，主要原因就是希望藉学习语言而重新吸收中国文化。他们不是受文化混同的人，而是受同化或混同的少数民族当中的一员。他们可能循着上文所述的相反方向发展。一个战时与异国情人结婚的新娘，只可能自认为是受文化混同，而非具有双重文化。所以，双语形态不能离开社会环境孤立讨论，同时又要区别于层次更多的多语形态。语言发展的方向对双语形态及文化混同的研究甚为重要。以上的例子也说明,如果真的有双重文化期的话,也只不过可能是与语码转换相关的过渡期而已。

5. 残余干扰

我们已经论述过双重语言的第五期通常包括成人对 b 语言学习得不完全。在这一时期他已经超过文化混同的饱和点。如果他对本国语言与文化也同时忘得一干二净,我们可以把他视为受同化的少数民族的一员。如果他对本国语言还保留消极的认识,那么他还不算是完全被同化。从比较广的角度看来,要是只是维持本国文化的残余形式,那么早期移民的后裔可以视为已被同化,但是如果本国语言依然维持有效程度的使用,他们只可以算是受异国文化混同而已。

一个人或一个群体经过整个语言与文化同化程序后,他们通常停留在同化状态中。最有趣的是从过去演变阶段这留下来的残余干扰,如幽魂不散。在已经同化而只会说英语的美籍日本人中,倒流式的词语替代经常产生。虽然日本语便所 benjo 是指茅厕,与美国现代卫生设备中的厕所完全不同,但是便所 benjo 还是用作一般厕所的通称。残余的日本语词同样仍用于猥亵语及其与性有关的事上。在已经同化的粤籍华侨当中,粤语仍然用于猥亵语言和藐视当地人的言谈。

二、海外华人社会的语言和文化同化

我们的假设是基于下述两点认识:一是语言乃人类文化不可缺少的一部分;二是语言行为也可以作为文化演变的指标。我们要讨论的是语言发展在文化接触下的进程,以及各种语言行为与各期文化同化彼此之间的相互关系。

如果这些资料能证实上文提出的社会语言学上的假设,那么这个假设将有助于文化同化的探讨。因为研究语言行为的资料比各期文化同化的资料容易收集和比较。我们的假设也可以作为探讨和评价文化同化理论的钥匙。语言行为和文化同化的进程及其相互关系的简要情况见表 7.3。

表 7.3 语言行为和文化同化进程的关系

语言行为进程	a. 语言移借	b. 语言替代	c. 语码转换	d. 双重语言	e. 残余干扰
文化同化进程	a. 客居期	b. 聚合期	c. 过渡期	d. 混同期	e. 同化期

1. 美国粤语研究资料

在美国调查研究粤语所得资料可以证实这项从社会语言学角度对文化

同化的假设。

　　我们挑选、会见为数不多的粤籍华侨。根据会见调查所得，把语料提供人按照文化同化程度分类，然后按上述类型分析他们的语言，其结果如表7.4所示。

表7.4　文化同化各阶段的语言同化表现

语料提供人		1	2	3	4	5	6	7	8	9	10	11	12
文化同化状况		a	a	a	b	b	c	c	d	e	e	e	e
语言同化	语言移借	4.3	3.0	5.0	8.0	5.0	8.5	7.0		7.0	2.0	2.5	2.6
	语言替代	0.6			2.0	2.6	8.0	15.0	13.0	21.0			8.5
	语码转换					2.5	5.0	10.0	45.0	40.0			5.0
	B′或 B 语言								30.0	27.0	100	100	100

　　表中语言移借及语言替代的百分比是以词为单位，例如第2号语料提供人在每100个词中便有3个借词。语码转换的百分比是以句子为单位，例如第6号语料提供人在每100个句子有5句是涉及语法层面的英语句子，其余是粤语句子。但第12号语料提供人则相反，他主要用英语，100句中只有5句夹用粤语（句中语码转换）。一个句子如果出现句中语码转换，便根据该句子的主要成分来决定是英语句还是粤语句。第12号语料提供人有5次句中语码转换出现于以英语为主要成分的英语句中，所以他的语料里没有一句是粤语句。因此，这两项总和不是100。第8号和第9号语料提供人在双语形态发展上只到达第三或第四阶段，通常对B语言还没有充分的使用能力。所以，确切地说，末项的百分比是B′的百分比，有别于第10、11和12号语料提供人。这个表虽然没有指出与文化同化相对应的语言同化绝对百分比，但是两者之间平行持续发展的关系是一望而知的。还处在客居期的第1号语料提供人没有语码转换现象。已经完全同化的第11和第12号语料提供人还有少量的语言移借，那是粤语的残余遗留，亦即残余干扰的现象。过了过渡期的移民，如第8和第9号，才开始以移居地的语言（B′或B）作为句子主要成分。

　　这些资料显示了粤籍华侨社会的一个定态横切面，并且清楚地显示出语言行为的进程是连贯不断的，而语言行为与文化同化之间存在着一种普遍的相互关系。详细的纵切面研究结果现在还没有，不过据作者自己对与作者过从甚密的人的观察所得，也有足够的证据支持这个假说。

2. 南洋粤语研究资料

初步的比较研究结果表明,在南洋的粤籍华侨社会比在美国的较为不一致。南洋华侨在五期语言同化的分布上比在美国的较为平均。这种差异也许是出于移民的历史不同,不过还有一些其他重要的因素,如方言教学、方言电影等尚待详加研究。

在马来西亚或新加坡,粤籍华侨的方言教学已经被普通话或英语教学取代,而美国大部分的中文学校仍沿用粤语作为主要教学语言。直到近年,美国中文学校才在课程中增列普通话一科,其地位等于外国语。粤语电影被普通话电影不同程度地取代也是有关原因之一。在南洋,普通话电影凌驾粤语(或其他方言)电影比在美国来得早,普通话也就因此更为得势。

3. 中国香港粤语和美国粤语的一些比较

我们也可以从多语社会结构的角度,继而比较美国粤籍华侨和长期以来受外来文化影响的中国香港粤籍居民在文化上的差异。上文所举粤语借词,除了"柏文"和"孖结"在中国香港粤语没有出现以外,其余的对中国香港读者一定不会陌生。反过来说,以下的粤语借词,则仅用于中国香港而已(见表7.5)。

表7.5　中国香港粤语外来词举例

英语原词	粤语注音	粤语用字	词　义
fit	fit	弗	适合
smart	sih-maak	士麦	聪明
kid	kit-jai	咭子/女	小孩
fashion	fa-san	花臣	时髦
cheque	jik-ji	仄(纸)	支票
major	me-ja	咩者	大多数
sergeant	sa-jin	沙展	警官
file	faai-lou	快劳	文件
spanner	sih-ba-la	士巴拿	扳手
store	sih-do	士多	商店
size	saai-si	晒士	尺寸
tips	tip-si	贴士	小费
spare	sih-be	士啤	备用(物)

apartment 一般译为公寓,为什么旅美华侨不用公寓一词而另译作"柏文"呢？因为美国"柏文"与中国香港公寓含意完全不同。公寓在中国香港人和一般海外华人的心目中总引起色情的联想,而且住公寓的多是不举炊的单身男客。美国的柏文是一个完整的居住单位,所以厨房、浴室和客厅都齐备,正当人家买不起四面有花园的洋房,或者付不起昂贵租金的都住在柏文里。从经济的观点来看,在美国住洋房与住柏文的分别,跟中国香港人住一层楼与住一间房的分别差不多。在中国香港,各种居住楼宇都已有固定的名称,不必借用柏文这个词。但是,如果我们追溯早期华侨在移居前后所居住的是完全不同形式的屋宇,从中国农村的古老大屋到美国城市的双层(或多层)柏文,他们需要一个新(借)词来表达这种新事物,这是可以理解的。Supermarket 近年来在中国香港甚为流行,在美国叫"孖结",在中国香港却称超级市场,其中亦有原因。狭义的市场本来指街市摊档,以买瓜菜鱼肉鸡鸭等为主,这种市场在美国大城市已经很难找到,至于罐头米油盐等则属杂货店的经营范围。美国孖结不独合二者为一,其规模大者更兼营日用品、衣着、电器用具,甚至汽车轮胎。初到美国的华侨自然不能以市场或街市一词强套在如此庞杂的机构上,所以直称"孖结"以示有别于中国的市场。此乃从事物的实质来命名。Supermaket 在形式上的特点是自助。目前中国香港一般超级市场的营业范围和规模似仍未能真正配称 supermarket,但其自助购物的方式则与 supermarket 相符。同时中国香港还保留"传统"的市场和街边的摆贩,所以"超级市场"这个词的移借是基于事物的形式而已。

现代中文词以双音节为多,外来词亦受这一语音规律约制。上文 beer 译为"啤",本已意足,加"酒"字于"啤"后成为"啤酒",虽有蛇足之嫌,但实则更合乎中文构词法则。所以 kid 音译为"咭仔、咭女",cheque 也有人译作"仄纸"。其译法从"银纸"一词类推而来。

中国香港粤语外来词比美国粤语外来词多。基本上用于美国的,大部分也用于中国香港。两地借词在数量上虽然很悬殊,但是外来词所代表的事物对个别的社会都是与日常生活或工作有密切关系的。在一个社会里,属于不同经济阶层的人用不同的词汇。各行业的人也有自己的行业语。同样,外来词不一定与每一个社会成员日常生活都有密切关系。例如"士巴拿"(spanner 扳手)只有常常接触机器的人才会熟悉。一个主妇或在写字楼工作的文员也许觉得很陌生。我们并不因为缺乏绝对普遍性,便否定这个词属于移借的假设。其实与每一个社会成员都发生关系的外来词,如"巴

士""的士""士多"等,在整个外来词词汇中所占的百分比并不大。个别行业
的行业外来词也会因为其他因素逐渐普遍化,而为一般社会成员接受,成为
日常基本词汇,如"士啤"(spare 备用物)、"泵"(pump)等。

为什么美国粤语借词属于中国香港粤语借词的下位层次呢?虽然可以
用美国粤籍华侨移民的历史来解释两地借词密切的关系,但是这样的解释
并不能说明美国粤词借词不继续扩展的原因。旅居美国的华侨,从他们的
语言同化进程来看,大概可以分为两类。一类是居住在唐人街的移民,他们
自我封闭,与当地社会隔离,不仅鲜有与人交往,而且一切生活习惯都因循
守旧,与当地新事物除了与日常生活不可分割的,如柏文、孖结等外,少有接
触,因此没有创造借词用以表达新事物的必要。这些人包括不懂英语而又
不必为谋生而工作的家庭主妇,或只在为唐人店从事内勤工作,无需与外界
接触的工人。另一类包括一般年轻移民及第二、三代的土生华裔。由于工
作的关系和社交的需要,他们频频与当地社会接触。结果,他们比第一类移
民吸收更多的当地文化。不过这种文化的吸收并不间接反映在借词上,而
直接演变为语码转换,进而发展为双重语言,因为这样做更适应客观语言环
境的要求。反过来看中国香港,情况大不相同。外来文化平均地与几乎社
会每一个成员接触。每一行业都创造反映外来新事物的借词。这种创造是
对语言横截面的开拓,有别于美国华侨语言直线式的发展。同样在外来文
化冲激下的社会,产生两条不同的语言发展途径,其决定性因素是客观语言
环境的要求。殖民地的社会组织是以外来民族统治本土民族。外来民族语
言虽然是当然的官方语言,但是社会上应用哪一种语言是与人口成正比的。
如果本土民族占人口总数99%,外来民族语言肯定不能替代本土语言而成
为社会上一般应用的主要语言。它只是一种应用于高层统治阶层的官方语
言,或藉以表示身份的上流语言(prestige language)。虽然学习英语在中国
香港是有可能产生经济价值的,但真正需要用英语与外籍人士交谈的语言
环境并不多。试比较中国香港和美国两地语言环境的差异,见表7.6。

表7.6 美国华人社会和中国香港语言环境比较

场 合	应 用 语 言	
	美国华人社会	中国香港
工作场所	英 语	粤语为主,英语为辅
家 庭	粤语为主	粤 语

场　　合		应　用　语　言	
		美国华人社会	中国香港
社交场所		英　　语	粤　　语
大众传媒		英　　语	粤语为主,英语为辅
学校	课本	英　　语	中文或英语
	教学	英　　语	中文或英语
	同伴	英　　语	粤　　语

　　表 7.6 上的比较还是比较粗略的,实际情况要复杂得多。譬如中国香港的政府机关的公务员,与同事在公事或非公事上的交谈,以及日常与市民的接触都以粤语为主,只有为数甚少的高层主管间或对其下属才用英语。社会场合也有非用英语不可的,例如一个中国人和一个外籍朋友或客户聚晤等,不过这只是个别特例而没有代表性。至于电台、电视及报纸等大众传播的媒介,虽然有中英两种语言随意选择,但是懂英语的中国人大部分还是不愿意放弃母语作为阅读媒介。中国香港虽有中文教学及英语教学双轨并存的制度,但英文学校也并不一定以英语作为教学媒介。纵使教师上课时用英语教授,但下课时仍多以粤语与学生交谈。从港美两地语言环境的比较,可以理解为什么美国华侨在语言同化上不能停留在语言移借、语言替代或语码转换这几个阶段,而一定要进入后期的语言发展,以适应环境要求。反之,中国香港在缺乏绝对需要英语的环境下,语言同化一般只停留在前二、三期中。同时为了适当地反映所吸收的外来文化,在没有条件直线发展的情况下,只有作横向的开拓,大量增加外来词。

　　语言移借和语言替代都属词汇范畴,但是也可以反映出不同程度的文化同化。一个完全没有接触过英语的人是不大会用"语言替代"的。例如,他不会说:"你有几多个咭仔呀?"只会说:"你有几多仔呀?"(你有几个小孩?)也不会说:"你件衫几弗番!"只会说:"你件衫几合身番!"(你的衣服多合身啊!)也许会有人提出相反的例证,如"士咇"smart 一词妇孺皆知,不说"渠好醒目",而说"渠好士麦"(他很漂亮)。这究竟是语言移借还是语言替代呢? 要是我们认为是语言替代,那么为什么没有学过英语的人也懂呢? 其实这是个别"语言替代"的借词,被"语言移借"所吸收,而成为地位同等的基本借词。其他如

"波士"boss 也是一个很好的例子。语言替代可以说是一种不必要的累赘,间接反映使用者文化同化的深度,而语言移借则直接反映新事物的输入。

三、方言趋同

"方言趋同"(dialect leveling)是指下述现象:同一地区的两种或多种方言互相接触、交融,各自在语音或语法上的特点数量减少,方言之间的差异变得越来越少,而共同点越来越多。从言语交际的角度来看,方言趋同的原因是,会话双方都希望对方能听懂自己的话,也希望能听懂对方的话,这样在语言表达上就自然互相尽可能靠拢,达到互相适应的目的。这在社会语言学上称为"言语适应理论"(speech accommodation theory)。

"方言趋同"的结果导致方言差别缩小,进一步有可能形成新的混合型方言。

混合型方言有三大特点。

1) 缩减(reduction):不同方言中具有标志性的功能范畴减少。

2) 多元化(multiplication):词汇和表达方式多元化。

3) 同质化(identification):规则性加强,标志性减弱,音系稳定,形成同质的方言,成为当地居民的母语。

例如现代闽南的中心城市是厦门,但是近代闽南地区的中心城市却是漳州和泉州。鸦片战争后厦门成了"五口通商"的口岸之一,漳州和泉州等闽南人士大量移居,他们带来的泉州话和漳州话与本地的厦门话互相趋同,融合成混合型的现代厦门方言。在当代闽南话内部,泉州音和漳州音的差别较大,而厦门音介乎两者之间。从声母和韵母系统来看,厦门音比较接近泉州音,而在声调系统方面,厦门音和漳州音差别很少。中国台湾闽语称为"漳泉滥",情况类似。

四、柯因内语

柯因内语(Koine)本是公元前 4 世纪至公元 6 世纪希腊的通用语,Koine 的希腊文含义是"普通"。社会语言学上的所谓柯因内语"是一种稳定的交际变体,是一些较为相似、可互相通话的地域方言与社会方言之间融合和趋同的产物。这种现象发生的背景是这些变体的说话人之间越来越多的互动和融合"①。柯因内语是"方言趋同"的结果。趋同导致方言差别缩小,进

---

① J. Siegal, "Koines and Koineization", *Language in Society*, 1985, 14:357-378.

一步形成在同一个地区的同质的通用语。

柯因内语有两大类型:①地区型柯因内语:如古代希腊的柯因内语、中国的地方普通话。特点是没有替代原有方言。②移民型柯因内语:不同方言母语的移民聚居在同一地区,他们的方言趋同而形成混合型方言。这种新的混合型方言取代移民原有的方言,成为地区共同语。例如现代上海话、中国台湾闽语、杭州话。

Siegel 认为,柯因内语的主要特点是"缩减(reduction)和简化(simplification)"。"缩减"是指原有语言变体中具有标志性的功能范畴减少,"简化"要么表现为规则性的加强,要么表现为标志性的减弱①。

上海话是一种柯因内语,或者说混合型的城市方言,它是在互相接近的基础方言——松江话、以苏州话为代表的苏南吴语和以宁波话为代表的浙北吴语——趋同的基础上混合而成的。其区别于周边吴语的最明显的特点是:只有五个单字调、前字调形决定连调调形。作为混合型方言,在结构上的特点是:音系混合、音系简化、音变规律多不规则现象、同义异形结构并存并用。例如声母 dz 来自宁波、韵母 ø 来自苏州、单字调和入声韵减少、一字多音现象较多、反复问句有多种等义的句式。与上海话类似的是厦门话,它是泉州话和漳州话趋同,最后形成混合性方言。

柯因内语和地区共同语(lingua franca)都是一个地区通用的语言,但后者不一定是混合而成的语言,可能本来就是本地区的权威方言,如广州话在广东。

五、结语

一般说来,语言只不过是文化的一个组成部分,但是文化其他成分的扩散、传播,往往离不开语言。我们提出以语言现象作为文化演变的指标,并没有排除思想、信仰、道德、法律、礼俗等在文化中所扮演的重要地位。从微观来看,凡是语言程度已经到达与当地人无异的移民或其后代,并不一定在文化上已经完全被同化,但是凡是在文化上已经完全同化的移民或其后裔,其语言必定会达到与当地人无异的流利程度。不过语言是有机体,它随着社会文化的发展而做相应的调整、增减,这是绝对可以断言的。文化演变在语言上的反映首先是词汇变化。从历时(diachronic)的观点来看,农业社会

---

① J. Siegal, "Koines and Koineization", *Language in Society*, 1985, 14:357-378.

在走向工业社会的道路中,不仅家庭制度发生变化,人与人之间的关系也从密切变为冷漠,用作沟通思想主要工具之一的语言同样也会发生变化,以适应时代特征。从共时(synchronic)的观点来看,两个社会接触时,文化交流在语言上的表现更为显著,而不同程度的语言替代和交配,亦足以反映文化影响的深浅。我们不想把借词研究仅仅限于语言学的范围内,仅仅视为词汇的增减损益,那只是词典编纂的工作范围。我们也无意把语言现象作为唯一解释文化演变的缘由和程序,因为这样做会把文化的综合性过分简单化了。我们只是要指出语言和文化不可脱离的关系在其演变过程中会产生平行对应,而这种平行对应可以作为客观的尺度,来衡量文化的演变。

双重语言的不对称性也足以影响和干扰使用者对一种语言的热爱程度。我们希望通过研究及比较华侨在欧美移居地和南洋前殖民地的不同语言行为,去认识文化同化过程,并提供语言学的方法来研究社会学以及双重语言教学等问题。

第二节　语言接触和词汇传播

一、词汇的借用和文化的散播

不同的语言互相接触,不管是个人之间的直接接触,或是通过媒体的间接接触,都有一个共同的结果,就是文化跨越语言的地理疆界进行扩散。文化扩散的一个明显的表现是受惠语言里出现新的词汇项目。这些新的词汇项目是从施惠语言复制出来的,它们是借词或译词,借用的是语音或语义。"借词"所要研究的就是词汇在语言学意义上的借用的全过程。传统的借词研究主要关心的是借什么、如何借,而不是为什么要借这些词。在考察这些问题以前,先讨论一下汉语借词研究的两种倾向。

一种倾向强烈地主张借词只是指语音上借用的词汇,而不是指语义上借用的词汇。语义上借用的词汇是受外语影响而产生的新词汇。这种主张可以看作对借词的狭义理解。另一种倾向则主张以更广阔的视野来看待借词,不仅以语言学的视野,而且也以社会和文化的视野来研究来自外语的词汇,不管它是语音上的借用或是语义上的借用。从这个观点出发就不必考虑借词与外语原词在语音上是否相同或相似,这样做有利于研究语言与文化更广泛的关系。我们采用这一观点,下文所要讨论的正是这种广义的借词。

狭义的观点不能忍受广义的观点,是因为狭义的观点是从结构主义语言学理论出发,认为语言是严格地按层级系统构成的。所以,他们认为不仅分析音位时不允许考虑语素或语法层面,而且研究借词也不能涉及非词汇因素,如社会和文化及其影响。他们在分析借词时严守这一原则。按照这一原则,他们对这一类借词从语言结构和来源的角度进行了很好的分类,从中可以推论一些中外文化交流现象。

广义的观点则允许尽可能分析文化在语言接触中的地位和影响,如果肯花力气深入探讨,有可能为研究中外文化交流的许多方面及其性质提供具体的线索,在中国文明的研究中难以找出别的标准,来具体衡量中外文化交流的广度和深度。广义的观点还有助于对不同地区的外来词进行比较研究,因为有的外来词在甲地区是音译的,在乙地区则可能是意译的。如上海的"胶卷",中国香港称为"菲林"。

一般都认为音译借词的产生是文化接触和扩散的结果,这句话如果倒过来说就不对了。文化扩散并不仅仅限于或表现为产生音译外来词。为了探究因语言接触引起的文化扩散的全貌,不必把借词研究局限于音译词,而可以引进"词汇的输入"(lexical importation)这个概念。

从历时的观点来看,"词汇的输入"是见于语言接触初始阶段的现象,如果继续发展,有可能导致双语现象,甚至语言和文化的变化。一般人不大会察觉这种发展变化,因为在任何社会里通常只有处于社会边缘的群体,例如移民,才会经历变化的全过程。这种变化发展在世界其他地方比在美洲更为明显,有更多的实例。满语和其他通古斯语言如契丹语、女真语被汉语同化,爱尔兰和苏格兰的凯尔特人的语言变化,这些都是全球性的语言大规模变化的实证。在美洲,也许除了 Navaho 语和 Guarani 语之外,没有重要的土著语言会保留下来。克里奥尔语(例如在海地和牙买加的克里奥尔语)也许是不完全过渡的唯一例子。

不同语言和文化接触的结果是占强势的一方取胜,虽然强势和弱势的关系并不一定涉及社会和语言的每一个方面。在甲和乙两个社会和文化接触的时候,甲可能在除烹饪外的绝大部分领域都占优势,而乙在烹饪上占优势。结果文化扩散的方向在绝大部分领域是从甲到乙,只是烹饪方面的方向是从乙到甲。中国和西方文化近代以来的接触也许是最明显不过的例子。语言和文化的扩散会从"输入"(importation)开始,而继之以"替换"(substitution)。例如两种文化接触,其中一种文化中的食品和烹饪方法及其名称会进入另一种文化,最终其中一部分词汇会替代本地固有的词汇,即发生"替换"现象,这样一来,就在某种程度上改变了接受新词的文化。显然在语言和文化的紧密关系上,词汇的输入是文化的增加,词汇的替换是文化的减损。

可以以中日语言和文化接触为例。语言接触的结果是日语输入了大量词汇和其他语言成分,最后也导致词汇替换。我们首先看一看日语数词以及与之相搭配的名词类别(表7.7)。

表 7.7 日语数词系统

序号		单 用	数 物	数 人
1	ひと	hi(to)	hitotsu	hitori
2	ふた	fu(ta)	futatsu	futari
3	み	mi	mittsu	sannin
4	よ	yottari	yoyottsu	yonin, yottari
5	いつ	i(tsu)	itsutsu	gonin
6	む	mu	muttsu	rokunin
7	な(な)	na(na)	nanatsu	nananin, shichinin
8	や	ia	yattsu	hachinin
9	ここ	koko	kokotsu	kyunin, kanin
10	と	to	to	junin

在日语数词系统中,数人时十个基本数词有五个(3, 5, 6, 8, 10)用汉语词替换。另增加三个日语固有数词(4, 7, 9),中日数词并存并用。帮助计数的语素或数词也是日语的-tari 和汉语的-nin 并存并用。而-tsu 是日语固有的量词,这样的量词还有十几个:-ashi(步)、-ban(夜)、-fukuro(整袋)、-hako(整箱)、-heya(房间)、-kire(片)、-kumi[(相匹配)的一群或一套]、-ma(房间)、-sara(整盘)、sako(汤匙)、-sorol/soroi(一组或一套)、-taba(束或球)、-tsuki(月)。

这个系统里的量词在语义上的分类,与从中文输入的是很不相同的。

日语里的中文量词的语义分类超出了词汇输入的范畴，因为它涉及抽象的语义上的类别，跟日语固有的量词系统大不相同。采用这样的系统对文化和认知的其他领域也产生影响，并且与日语里中-日语素底层的建立相关。例如表 7.7 上的有些中-日语素代替了日语固有的语素。同化的全过程还有待研究，不过同化的阶段很容易推测。中-日语素先是与固有语素交替使用，然后在相当大的范围里取代原有的系统。中文书写系统的输入在工具上加快了"词汇（书面语素）输入"扩散的进程。在朝鲜语里也可以看到同样的情况，在朝鲜语里有一个庞大的中-朝语素底层，虽然在数量词方面的替换没有日语多。越南语也有一个庞大的中-越语素底层。朝鲜、日本和历史上的越南采用中文书写系统，并没有加快"词汇输入"和"词汇替换"的进程。中国西南地区的少数民族语言在数量词方面，不同程度地被汉语的语素所替代，可以与日语、朝鲜语和越南语类比。但是这些语言并没有真正试图采用中文书写系统。中国的许多藏缅语也采用汉语的数词。因语言接触的广度和深度不同，"词汇输入"和"词汇替换"的程度也各不相同，常见的情况是只保留很少一部分固有的数量词。例如台语只保留数词"一"（如壮语 deu）和一些常用的基本量词。

二、文化对"词汇输入"的兼容和制约

有一种普遍的成见，认为在词汇扩散方面最没有规律的是借词在语义上的分类系统。结构语言学有一条原则是，词汇借用是语言演变三个允许有例外的领域之一。Gleason 对这一原则的解释是最好的，他认为借用多少是任意的不成系统的过程。借用所涉及的是个别的词，很少是成组的词汇。

表 7.8 提供一些有趣的实例，作为讨论"词汇输入没有预见性"假说的起点。表上的 16 个词汇代表受惠语言中新的或曾经是新的文化词。语音和语义借入的例子都不少，不过在官话和粤语中这两种借词的数量不同。在 16 个例子中，音译借词粤语有九个，官话只有 5 个。粤语的音译借词，除了例 14 外，都是在文化上可以兼容的事物，而意译借词文化兼容性较差。文化"兼容性"（compatibility）包含亲近（accessibility）、投合（agreeability）、熟悉（familiarity）三层意思。表 7.8 上的"泵"（5）、"公共汽车"（6）、"出租汽车"（7）比"录像机"（11）、"洗衣机"（12）在使用者的心目中觉得更加亲近。"咖啡"（1）或"马达"（3）比"热狗"（8）或"裸跑"（14）更加投合。"底片"（2）和"打"（4）比"鸡尾酒"（9）或"长颈鹿"（16）更加熟悉。综上所述，"泵"（5）、"公

共汽车"(6)、"出租汽车"(7)、"咖啡"(1)或"马达"(3)、"底片"(2)和"打"(4)
比"录像机"(11)、"洗衣机"(12)、"热狗"(8)、"裸跑"(14)、"鸡尾酒"(9)、"长
颈鹿"(16)有更强的文化兼容性。简而言之,这些借词已经自然分为两类。

如果将粤语的情况跟官话比较,文化的兼容性和词汇输入方式的关系
也是很明显的。粤语区比处于内地的官话区较早接触西方文化,接触的规
模也较大。中国香港是粤语文化区的中心,香港人生活在现代的城市里,生
活的城市化程度比内地人高。这可以用来解释为什么"照相机"(2)、"交通
工具"(6、7)和"复印机"(10)对粤语区和官话区的文化兼容性不同。

表 7.8 官话和粤语词汇输入方式比较

	施惠语言	受 惠 语 言		
序号	英 语	官 话	粤 语	
1	coffee	咖啡	咖啡	ka-fe
2	film	底片	菲林	feilum
3	motor	摩托、马达 机器	摩打	moda
4	dozen	打	打	da
5	pump	泵、抽(水)机	泵	bam
6	bus	公(共汽)车	巴士	basi
7	taxi	计程车、小汽车、的士/德士	的士	dik-si
8	hot-dog	热狗	热狗	yiht gau
9	cocktail	鸡尾酒	鸡尾酒	gai-meih-jau
10	photo-copier(xerox)	复印机	斯洛士 影印机	si-lok-sih yin-yan-gei
11	video-recorder	录映机、录像机	录映机	lok-ying-gei
12	washing machine	洗衣机	洗衣机	sai-yi-gei
13	refrigerator	冰箱	雪柜	syut-gwaih
14	streaking	裸跑	裸跑	lo-paau
15	hippy	颓废派、嬉皮士	嬉皮士	hei-peih-sih
16	giraffe	长颈鹿	长颈鹿	cheung-gen-luk

表 7.11 提供的是比较中日词汇输入的资料。例 1—10 是用中-日语素意译的借词,在中国和日本都常见。这些词是日本先引进的,然后为中国所吸收。这 10 个词所代表的是文化上的新事物,与例 11—20 比较,它们的亲近性和熟悉程度较低。例 11—20 在日文里是音译的,在中文里除了例 12"高尔夫"和例 20"嬉皮"外都是意译的。中日两种语言之间的差异,是因为日本人对来自外国的事物或观念,在文化上有更大的兼容性。这种差异与中日两国社会历史不同有关。当 19 世纪中日两国都与西方接触的时候,日本最初的反应比中国积极得多。伴随积极态度而来的是更加宽泛的文化上的兼容性,反映在词汇输入上就是大量音译词的产生。这与中国的情况形成鲜明的对照,中国只是近几十年来才更加积极地与西方接触。

汉语里音译词不仅比日语要少得多,并且有些词开头是音译的,后来渐渐改为意译(例见表 7.9)。

表 7.9　汉语外来词从音译变为意译的例子

英语原词	音译形式	意译形式
piano	披霞娜→	钢琴
violin	怀哑铃→	小提琴
telephone	德律风→	电话
comprador	刚白度→	买办
ultimatum	哀的美顿书→	最后通牒
bourgeois	布尔乔亚→	资产阶级
penicillin	盘尼西林→	青霉素
vitamin	维他命→	维生素

日语中有些音译的外来词,在日语固有常用词中很容易找到等义词,就表达的需要来说,是多此一举的(例见表 7.10)。

总而言之,因为中国的文化兼容性比日本弱,所以汉语里的意译词比日语要多得多,中国内地和沿海城市在词汇输入方式上的差异原因也相同。

表 7.10 日语外来词与固有同义词的比较

英语词	音译形式	日语固有词	汉语对应词
nap	ナップ	居眠	打盹儿
switch	スイッチ	開閉器	开关
pond	ポント	池	池塘
coal	コール	石炭	煤
rice	ライス	飯	饭
door	ドア	門、戸	门
game	ゲーム	游戯	游戏
button	ボタン	鈕	按钮
ban	バン	禁止	禁止

表 7.11 例 1—10 这 10 个借词中日相同,这说明书写系统相同的两种语言,从第三种语言输入词汇后,容易互相借用。不过还要指出,并不是成批地借用。同一个外语词在中日两种语言里译法不同的例子也不少,例如 logic 在中国曾译为"逻辑"。曾有人认为中文用意译,日文用音译,是因为音译对日文更方便。表 7.8 和表 7.11 上的例子说明这个观点不对,音译或意译对中文和日文同样都不难。

表 7.11 日语和汉语外来词输入方式比较

序号	施惠语言 英语	受惠语言 日语		官话
1	recession	不景気	fukeiki	不景气
2	police station	派出所	hashutsujo	派出所
3	authority	権威	ken-i	权威
4	experience	經験	keiken	经验
5	procedure	手續	tetsuzuki	手续
6	esthetics	美学	bigaku	美学
7	beautify	美化	bika	美化

序号	施惠语言	受　惠　语　言		
	英　语	日　　语		官　话
8	court	法庭	houtei	法庭
9	statutory	法定	houtei	法定
10	degree	学位	gakui	学位
11	ski	スキー	suki	滑雪
12	golf	ゴルフ	gorufu	高尔夫球
13	piano	ピアノ	piano	钢琴
14	television	テレビジョン	terebijion	电视
15	tape-recorder	テープ・レコーダー	tepurekoda	录音机
16	radio	ラジオ	rajio	无线电
17	violin	バイオリン	baiorin	小提琴
18	typewriter	タイプライター	taiburaita	打字机
19	supermarket	スーパー(マーケット)	supa(maketto)	超级市场
20	hippie	ヒーピー	hippi	嬉皮

相反,有人认为,中文的音韵和语素结构,以及与之相应的语素文字,使中文比日文更倾向于意译。必须指出,音译时对忠实于原有语音的标准不得不降低要求,除非施惠语言和受惠语言的语音系统非常接近。就汉语和中国的一些少数民族语言而言,当需要容纳新的音位时,有很大程度的灵活性,为了容纳它们,甚至会创造新的字(见表 7.12 某些实例)。声母通常读舌面音的字用于外来词,则改读舌根音,例如"咖喱"(2)、"咖啡"(3)、"卡片"(5)、"卡路里"(5)、"卡车"(5)。也可能创造新的字来表示新的语音,例如泵(11)和呔(12)。化学元素名词,除了 12 个常用的普通名词,如金、银、碳外,都是新造的用来译音的字。这些新造的字充分利用部首系统进行语义分类,这样,这些元素的化学性质可以从部首得到反映,例如气态元素从"气"旁,金属元素从"金"旁。

表 7.12 普通借词的特殊用字①

序号	汉 字		例 词	词 义
1	叻	le^4	叻币	Singapore Currency
2	咖喱	gali^4		curry
3	咖啡	ka^1 fei^1		coffee
4	加仑	jia^1 lun^2		gallon
5	卡^a	ka^3	卡片	card
			卡路里	calorie
			卡车	lorry(car)
6		ka^3	咔叽(kǎjī)	khaki
7	佧佤	ka^3 wa^3		A minority group in China
8	喀	ka^1	喀布尔	kabul
9	仫	mu^4	仫佬(mùlǎo)	A minority group
10	台^b	tai^2	台风	typhoon
11	泵^c	beng^4		pump
12	呔^d、钛	tai^1		tyre

我们接着讨论语言的内部结构会不会影响词汇输入的问题。

三、音义混译词和音译义注词的结构制约

音译对语音的准确度不得不降低要求,详尽的例子请见高名凯和刘正炎及 Novotna 的著作。探讨语言的内部结构对借词方式的影响,对于社会语言学是很有价值的。

如果用意译,汉语倾向于采用双音节词。到目前为止,我们所提出的假设是,借词的方式是音译和意译二分的。然而也有兼用音译和意译而处于中间状态的类型,即音译义注词(hybrid forms)和音义兼译词(loan blends),用上文提到的理论还难以解释这一中间类型。

---

① a)在"关卡"中读 qia^{214}。b)广州话读 tai^{55} 或 toi^{21}。c)原来用于粤语和闽语。d)粤语也用"呔"指领带。最早用于粤语,近年来为现代汉语词典所采纳。

　　表 7.13 所列除了波兰、爱尔兰、关岛、瑞士和老挝之外,都是音译义注词。第一个音节是音译的,第二个音节是意译的。这些都是线性地或一前一后地既顾及语音又顾及意义的借词。这样的例子还有鸡尾酒、坦克车、卡片、啤酒等。每一个词的最后一个音节所代表的语素,并不见于外语原词,在大多情况下是羡余的。

表 7.13　双音节的汉语国名

Thailand	Poland	Ireland	Iceland	guam	Switzerland	Laos
Taiguo	Bolan	Ai'erland	Bingdao	Guandao	Ruishi	Liaoguo、Laowo
泰国	波兰	爱尔兰	冰岛	关岛	瑞士	寮国、老挝

　　可以看出汉语转译国家名称一般都用音译的方法。除了上述的音译义注的国名外,外语原有的地名由两个以上语素构成的不多。例如 Ivory Coast(象牙海岸)、Central Africa(中非)、South Africa(南非)、Iceland(冰岛)。加勒比海地区的 Virgin Island(维尔京群岛)的 Virgin 造词之初只是取音而已,与有实义的 virgin(处女)只不过是偶合。另有些同类的国名用例,纽西兰(New Zealand)、纽几内亚(New Guinea),近年才改为音译义注词:新西兰、新几内亚。这一方式也沿用于新近出现的政治实体:新赫布里底斯(New Hebredies)、新加里东尼亚(New Caldeonia)。值得注意的是新加坡独立后中国称它为"新加坡",代替海外沿用至今的"星加坡"。这是一个"超词汇重整"(hyper-relexification)的例子。

　　为什么 Thailand(泰国)、Poland(波兰)、Ireland(爱尔兰)、Iceland(冰岛)、Switzerland(瑞士)的最后一个音节 land,会有这么多不同的译法? Switzerland 如果音译的话,可能要四个音节,根据中文借词双音节的趋势,缩减为两个音节。America(美国)、英国(Britain/England)、法国(France)、德国(Germany)的情况也一样,这些国名的第一个音节都是基本含义,后面加上描写性的词"国"。这种方式是能产的,可以为其他地名翻译所采用。泰国(Thailand)和寮国(Laos)就是如此。冰岛因其孤悬海外的自然地理环境而被译为"冰岛"(Island)。关岛(Guam)也是孤悬海外的,即添加语素"岛"以凑成双音节。

　　我们已经看到两种倾向,一是将多音节缩减为双音节,下面两个词也是这样缩减的:花生油→生油、芝麻油→芝麻。二是在通常是音译的单音节词后面加上一个描写性的标志:啤酒(beer)、卡片(card)、寮国(Laos)、关岛(Guam)。这两种倾向可以用图 7.1 示意。

多音节词→ 双音节词 ←单音节词

音译或意译→ 音义混译 ←音译

图 7.1　双音节倾向的词汇重整

有一批多音节的音译义注外来词也有音节趋简的发展趋势,即用来"义注"的语素失落,大部分是从三音节变成双音节。例如:

champagne(香槟酒→香槟);coffee(咖啡茶→咖啡);cigar(雪茄烟→雪茄);

tango(探戈舞→探戈);ping pong(乒乓球→乒乓);sofa(沙发椅→沙发);tank(坦克车→坦克);brandy(白兰地酒→白兰地);golf(高尔夫球→高尔夫)

"义注"失落的原因是:这些外来的事物渐渐为人们所熟悉,不必义注也完全可以接受,毫无问题。这些词大多原来是三音节,义注失落后变成双音节。义注失落只限于原来是多音节的词,如果原来是双音节的,就不再失落。这说明义注失落与音节结构也相关。例如:啤酒(Beer)、芒果(Mango)、轮胎(tire)。

现在来讨论意译的两种类型:逐字翻译(calque or translation loan)和添加描写性的标志(descriptive labelling)。

表 7.14A 栏是字译的例子,汉语借词里的每一个语素都可以追溯到施惠语言里的相应语素。这些借词都是多音节的。B 是添加描写性标志的例子,在施惠语言里它们都是单音节的。汉语的转译通常是描写性的,包含原词词义的外延和内涵。如 B 2 giraffe 就译为"长颈鹿"。从文化的角度思考,此种动物应属鹿类,而突出的特点是头颈很长,这个特点就用描写性的标志添加在"鹿"的前面表示。B 3 kangaroos 译为"袋鼠"的情况也一样,看起来它属于啮鼠类,体形大似乎并不重要,重要的是带有有袋类动物的袋。Platypus 也同样被加上标志,译为"鸭嘴兽"。rifle(来复枪)声光惊人,用"枪"后置。streaking(裸跑)光着身子跑步,抢人眼目,用"裸"前置。

表 7.14　意译的两种方式比较

序号	A. 逐字翻译		B. 描写性标志	
1	录音机	recorder	裸跑	streaking
2	牛津	Oxford	长颈鹿	giraffe
3	无线电	wireless(radio)	袋鼠	kangaroo
4	洗衣机	washer	来复枪	rifle
5	影印机	photocopy	浪漫史	romance
6	拖拉机	tractor	邮票	stamp
7	爱人	lover	鸭嘴兽	platypus

　　多语素的词逐字音译,当需要表义时,就添加描写性的标志,这是很合理的。另有一种情况值得研究,就是施惠语言里的多音节词的语素的直接成分,有一部分或全部恰好在受惠语言里有相对应的语素。上文已述,音译的单音节语素词所代表的是文化上不能兼容的事物。这就是说,当没有相应的语素时,添加描写性的标志就成为可供选择的好方法。

　　最成功的意译也许就是音义兼译(loan blends),它最大限度地把音译和意译两者结合起来。一般都认为这种译法比音译、意译或音译义注都好,音译义注虽然已经包含音译和意译,但是音译和意译是线性地或一前一后地排列的。表 7.15 所列是音义兼译词。每一个词汉语和外语在语音上的相似程度都是非常高的:包括音节数、第一个辅音、第二个辅音和元音的很大一部分的有规则对应。意译绝大部分是采用添加描写性标志的方法,这种标志包含原词词义的外延和内涵。例1"站"来自蒙古语,原义是"路、通道",在元代输入汉语,当时驿传制度很发达。用汉语动词"站"来译"站在"路边的驿馆是很合适的,这种驿馆后来发展为车站。例2"佃农"反映农场租佃制度的特点。例3"雷达"形容像雷到达那样快地在空间传递信息。例4"体素"字面的意思是"构成身体的成分"。例5"维他命"字面的意思是"维持生命"。例6"幽默"意谓"隐含着的很有意思的信息"。例7"逻辑"字面的意思是"搜罗和编辑"。例8"霓虹(灯)"是"彩虹"。例9"引得"是"引导和获得"。例10"抬头"是"抬起头"。例11"模特儿"是"提供范型的人"。例12"安琪儿"是"能带来平安的品质如玉的人"。例13"嬉皮(士)"表达了这类人贪玩、顽皮和不负责任的形象。例14"靠背轮"指一种倚靠于他物的轮子,是对离合器的很好的描摹。例15"盖世太保"意谓无所不在的歹徒,也是很好的描摹。例16"纳粹"的译法也相似,意谓"集合精粹"。

表7.15　音义兼译词举例

1	站	tsam(Mongolian)	12	安琪儿	angel
2	佃农	tenant	13	嬉皮(士)	hippie(s)
3	雷达	radar	14	靠背轮	coupler(Clutch)
4	体素	tissue	15	盖世太保	Gestapo
5	维他命	vitamin	16	纳粹	Nazi
6	幽默	humour	17	可口可乐	Coca Cola
7	逻辑	logic	18	百事可乐	Pepsi Cola
8	霓虹(灯)	neon(light)	19	富豪	Volvo(car)
9	引得	index	20	席梦思	Simmons(bed)
10	抬头	title	21	喜来登	Hilton(Hotel)
11	模特儿	model	22	思高洁	Scotch(guard)

例17—22是大众化的商品名,为了达到广告宣传的效果,费尽心思翻译而成,也许可以说是音义兼译的登峰造极之作。例17"可口可乐"意谓"可口而令人愉快",此种饮料在今天的华人社会也极为普遍,以至于可以用最后两个音节略称为"可乐"。例18"百事可乐"意谓"凡事皆可取乐"。例19"富豪"意谓"富有、豪爽、慷慨"。例20"席梦思"意谓在此种床上容易入梦安睡。例21"喜来登"有两可的解释:"喜事来临"和"欢迎入住",给客人下意识的吉利之兆。此译名始用于中国香港喜来登酒店。例22"思高洁"是Scotch制造商的新产品,也有给顾客下意识的吉利之兆的效果。

这些译名是有意识地利用语言效果的佳例。密合的音译和妥帖的意译两丰收。如果新事物在文化上尚未被容纳,那么借助建立在妥帖义译基础上的音译,可能较容易最终被容纳。

国外产品广告的效果可以说明其中的道理。Citizen钟表在国外销售一直很好,仅次于精工(Seiko)牌。其商品名在中国香港译为"星辰"(粤语音 sing-san),其内涵"计时"已包含其中。然而为了超过精工,这个商品名在中国内地改译为"西铁城",附加了"来自西方"和"像铁那样坚固"这两个内涵,这个译名改得很好。中国是一个庞大的潜在市场,为了现代化,中国需要吸收西方技术,而人民很节省,希望产品牢固。新的音译和意译相结合的商品名称,将有利于它在中国销售成功。

四、词汇输入的原因

词汇输入的首要原因是出于表达外来新概念的需要。当一种语言没有现成的方式表达外来的新概念时,就有可能吸收外来的成分。绝大多数外来词的产生都是出于这个基本原因,这是显而易见的。

但是并非所有语言借用现象都可以用这个原因来解释。有时候一种语言并不缺少相应的成分,但是宁可借用外来的语言成分,并且最终用它取代固有的相应成分。例如"兄"和"哥"在今天是等义词,但魏晋以前,汉语没有以"哥"称"兄"的。"哥"字在辞书类的古代文献里初见于《广韵》歌韵古俄切:"哥,古作歌字,今呼为兄也。""哥"是北方阿尔泰语言来源的外来词。"哥"蒙古语族作 aka,土耳其语族作 axa,通古斯语族作 aga。这个词是北魏鲜卑人入华后带来的,大约先流行于宫廷,如《旧唐书·舒王元名传》载高社十八子元名语:"此我二哥家婢也,何用拜?"又《旧唐书·让帝宪传》引李隆基悼李宪书,四次称大哥,以后又为民间所仿效,在口语中逐渐取代了兄。但闽语至今仍用"兄"称 elder brother,而不用外来词"哥",有的吴语则"兄""哥"并用,"兄"仍保留在某些词汇里,如"兄嫂"(哥哥的妻子),或用合璧词"兄哥"称 elder brother。类似的例子还有上海话中的第一人称复数,本来是"我伲",但近几十年来被等义的"阿拉"所代替。"阿拉"是宁波方言来源的外来词。20 世纪 50 年代之前宁波人在上海的商业势力较强,经济地位较高,宁波方言常为上海人所仿效,"阿拉"一词也就进入了上海方言,并逐渐取代了"我伲"的地位。这两个例子说明,语言的借用,有时并不是出于表达新事物的需要,而是出于仿效时髦的趋新心理,这种文化心理与人们在民俗上追求时髦可以类比。

五、外来词的本土化

外来词一旦输入就会本土化,即受到受惠语言的语音结构、语义结构和社会文化背景的制约,变成受惠语言的词汇。外来词的本土化,表现在以下四方面。

第一,外来词的读音纳入受惠语言的语音系统,不再读外语的原音,而是经本地语言的语音结构改造,用本地语言现成的音节来读,或使它的读法符合本地语言语音系统的要求。例如汉语外来词"沙发"和英语原词 sofa 两者读音异同见表 7.16。

表 7.16 "沙发"和 sofa 读音异同比较表

	词	读音	音节数	首音节辅音	首音节元音	次音节辅音	次音节元音	重音	声调
英语	sofa	ˈsoufə	2	s	ou	f	ə	有	无
汉语	沙发	sa1fa1	2	s	a	f	a	无	有

因为英语和汉语语音结构不同,所以两者的元音读法不同。此词最初用上海话翻译,上海话原读[so¹faʔ⁷],第一音节因上海话无[sou]音节,故用[so]对应,第二音节因无[fə]音节,故用[faʔ⁷]对应。进入普通话后"沙发"的字音变成[sa¹fa¹]。并且 sofa 的第一音节为重读音节,而无声调,但"沙发"前后两个音节都有声调。

第二,与外语原词相比,词义缩小或扩大。例如英语词 engine 有三个义项:发动机、机车和火车头,但是来源于英语 engine 的汉语外来词"引擎",却只有其中第一义"发动机"。又如"菲林"只取英语词 film 的胶卷、胶片义,而无影片义,更无"拍电影"等动词用法。

第三,外来词演变为构成新词的语素。例如英语词 bar 最初输入汉语时,只有"酒吧"一词、一义,近年来以"吧"为构词的语素,构成许多新词,如网吧、氧吧、陶吧、书吧等,词义也扩大为一切对外营业的小型休闲场所。类似的还有"秀"(show):作秀、走秀、时装秀、谈话秀、模仿秀等;"的"(taxi):打的、的哥、的姐、面的、残的等;"巴士"(bus):大巴、中巴、小巴、村巴(来往于居民小区和市中心的公共汽车,用于中国香港)等。

第四,与外语原词比较,词性类别减少或增加。例如英语词 model 原有名词和动词两种用法,名词义为样式、型、模范、典型、模型、原型、模特儿,动词义为模仿、模拟。但汉语"模特儿"只取名词义,并且只取其中"模特儿"这一个义项,而无动词用法。

六、结语

本节开头曾假设语言和文化有互相依赖的关系,语言和社会结构也一样,并且主张研究语言接触以及由此而来的跨过语言疆域的词汇扩散,不能局限于音译的词汇,也应该包括意译的词汇。文化的兼容性是制约词汇输入采用音译或意译方式的主要因素。文化上的兼容性对词汇输入而言,主要包括三方面:亲近、投合、熟悉。要证实上述观点还要进一步研究对这些文化上的新事物的认知过程,包括"熟悉"和"容受(即投合)"的认知过程,而实用和经济是容受与否的决定因素。对不同程度的文化同化要作定量的比较分析,本节比较了中文和日文的差异;沿海地区汉语和内地汉语的差异。本节还探讨了书写系统在同化过程中的特殊作用。此外,在低一层次的语言内部的结构制约,例如汉语词汇的双音节倾向,也对词汇重整产生重要影响。本节用这一制约的观点分析了音译义注词的分化,分析了作为商品名称的音义兼译词。

第三节　语　言　融　合

　　语言接触不仅可能产生双语现象、造成词汇的输入或输出,并且有可能达到语言融合的境界。语言融合现象可以从微观和宏观两方面来观察。
　　微观的语言融合是指两种不同语言的成分交配成一个新的语言单位——词或较固定的词组,在其中一种语言里使用。这样的词可以称为"合璧词"(hybrid word)。从宏观的角度考察,语言融合的结果是产生洋泾浜语、混合语和混合方言。从宏观方面考察,两种不同语言的交融,有可能产生第三种新的语言。曾有一派语言学家认为不同语言交融的结果不可能产生第三种语言,而只可能是其中某一种语言战而胜之,另一种语言以消亡告终。但是后来的大量调查研究表明,事实上世界上有许多这样的第三种语言,包括已经废弃的和正在使用的。这种交配而成的语言又可以分成两大类:洋泾浜语(pidgin)和混合语(Creole)。不过从严格意义上讲,洋泾浜不能算语言,因为它没有语言的全部功能,也没有成为任何人的母语。

一、合璧词

　　合璧词分成两大类。
　　一类合璧词是异义复词,即两种不同语言的成分,语义不同,结合成一个新词。例如下列三个壮语龙州方言中的合璧词,都是由壮语和汉语交配

而成的:日子 van²¹ tɕi³⁴(壮语＋汉语官话方言)、竹竿 tɕu²¹ θa:u³⁴(汉语官话
＋壮语)、不用 mi³⁵ ɕai³⁵(壮语＋汉语粤方言)。汉语"新西兰"也是合璧词:
新(汉语)＋西兰(英语 Zealand)。

另一类合璧词是同义复词,即两种不同语言的成分,语义相同,叠床架
屋组合成一个新词,例如在西双版纳著名的傣文长诗《召树屯》中有巴利语
和傣语的合璧词:母亲(mada mɛ)、生育(phasut kɤt)、池塘(sla nɯŋ)等。这
些词的前一音节是巴利语,后一音节是傣语。这些合璧词说明印度文化通
过宗教传播对傣族文化影响之深。

二、洋泾浜语

洋泾浜语(pidgin),又称作"比京语"或"皮钦语"。"洋泾浜"一词的来
源可能与老上海的苏州河的一条支流——洋泾浜有关。1845 年英租界在
上海建立以后,洋泾浜成为租界和华界的分界线,沿岸也成了上海最繁华的
地段,也是英语和汉语接触最频繁的地方。上海的洋泾浜英语就是在这里
诞生的。"洋泾浜英语"英语称为 pidgin English。而英语 pidgin 与 pigeon
读音和拼法都相近,又被误为 pigeon English,译成中文,就变成"鸽子
英语"。

洋泾浜语是指两种或多种不同语言频繁接触的地区,由这些语言杂糅
而成的语言。洋泾浜语言在一个社会中通行的范围是有限的,大致只使用
于操不同语言的人有必要相互交际的场合,而不用于同属一种语言的社团
内部。不过,洋泾浜语是因实际需要产生的,在某些场合也是非常实用的。
1912 年上海出版的《上海旅游指南》(英文本)说:"你千万不要认为鸽子英
语读音可笑,语法错误,但它确实是上海最为实用的英文,否则你一定会闹
出许多笑话。"

目前了解比较多的洋泾浜语言,大多是哥伦布发现新大陆之后,欧洲人
在世界各地通商和扩大势力的结果。欧洲人和当地居民交际时,为了互相
听懂交谈的内容,谁也不讲究华丽的辞藻或严密的语法,而都希望有一种简
便的工具。这样,土著语言中逐渐混入欧洲语言的因素,形成一种语法结构
和词汇用法都十分简便的语言。

洋泾浜语言是殖民地和半殖民地文化的产物。它的形成过程是单向
的,即在土著学习欧洲语言的过程中形成,其底层是土著语言,绝没有以欧
洲语言为底层的洋泾浜语。例如上海的洋泾浜英语,将"三本书"说成 three

piece book,其汉语底层表现是:有量词 piece;名词无复数,book 不用复数形式;没[piːs]这样的音节,所以 piece 读成[pisi]。

中国的洋泾浜语言,比较引人注目的有洋泾浜英语和洋泾浜协和语两种,而又以洋泾浜英语较典型。

洋泾浜英语是 18 世纪初期形成的,其使用的地点主要是广州、中国香港、上海,也使用于其他通商口岸,如宁波、海口、汉口、芜湖、北京、南京等地。使用者主要是英美人和他们在中国的雇员或佣人,以及与他们接触的中国商人。开头用于业务上的联系和买卖交易,如用于供外国人购物的零售商店,后来也用于中外人士互相接触的别的场合,除了佣人和商人之外,较高阶层也有使用洋泾浜英语的。

洋泾浜英语的历史可以分成四个时期:诞生期 1715—1748 年,诞生于广州和中国澳门;早期 1748—1842 年,使用于广州;扩展鼎盛期 1842—1890 年,使用于中国香港和各地通商口岸;衰落期 1890 年至今。衰落的原因除了英语教学逐渐普及,一般人宁可使用较纯正的英语外,还有别的社会文化方面的关系。

不过在 20 世纪前半期的上海,在与外国人接触的华人中间,洋泾浜英语还是相当活跃的。当时上海的洋泾浜英语内部并没有严格的规范,往往因使用的场合不同而不同,因人而异,只是以满足最低限度的交际需要为目的。共同的特点是语音、词汇和语法的全面简化和杂糅。例如社会下层的车夫、小贩、搬运工等,甚至只能说个别必需的词汇,如也司(yes,是的)、温大拉(one dollar,一块钱)、铜生斯(一分钱的铜币,"生斯"是 cent 的译音)、哈夫哈夫(half half,利益均分)、生发油抹来抹去(Thank you very much,非常感谢)、long time no see(长久不见)等。有一种以说洋泾浜英语为职业者,称为"露天通事",大致是由转业的西崽、马夫等组成,专在马路或游览场所,为初到上海的水手、游客等外国人,充任临时译员和向导。

在《华英初阶》之类学习英语的教科书出版前,上海曾流行《洋泾浜英语实用手册》之类书,民间还流行便于记忆的歌诀。下面一首著名的歌诀见于汪仲贤所著《上海俗话图说》(上海社会出版社,1935 年),开头四句如下:

> 来是"康姆"(come),去是"谷"(go),廿四铜钿"吞的福"(twenty four),是叫"也司"(yes),勿叫"拿"(no),如此如此"沙咸鱼沙"(so and so)。

此类歌诀多是宁波人所作,所以最好用宁波话诵读。

下面举两个典型的洋泾浜英语用例,先写出洋泾浜英语,次写标准英语,再用汉语翻译。

① My go topside. He have go bottomside.

I am going upstair. He has gone downstair.

我到楼上去。他到楼下去了。

洋泾浜英语的两个句子从标准英语的立场看,动词时态用错,代词未用主格,并且出现了英语中根本没有的 topside(汉语"上边"的字译)和 bottomside(汉语"下边"的字译)这两个词。但是从汉语的立场来看,这两个句子似乎没有错误,完全可以理解,因为汉语没有时态和格的问题,并且用"上边"表示楼上,译为 topside,用"下边"表示楼下,译为 bottomside,也说得通,听得懂的。

② Afternoon my come.

I'll come in the afternoon.

我今天下午来。

从标准英语的立场来看,头一个句子的时态、格、词序、句子成分(afternoon 不能直接作状语)方面都有错误。但是从汉语的立场来看,时态和格固然不必顾及,词序也没有错,"下午我来"是很正常的词序,并且时间词"下午"也可以直接作状语的。

这两个例子说明,洋泾浜英语的造句思想是从汉语出发的,或者说洋泾浜英语的骨头是汉语的,肉是英语的。

在上海开埠后不久还流行一种"洋泾浜字"。华人和洋人接触交往初期尚无英文教育,华人对英文 26 个字母颇能学舌,但是因为拉丁字母字形与汉字迥异,难以描摹,所以选用 26 个汉字部首,如丨丿凵等来代表 26 个字母,用于拼写。这种文字清道光末年盛行于下层社会。咸丰时刘丽川领导小刀会起义,为对清政府官吏保密,曾以此种洋泾浜字与洋人通信。

洋泾浜协和语是日军侵占东北期间(1905—1945)在东北产生的一种汉语和日语杂交的语言,其特点是不少词汇和语法结构,尤其是词序用日语(宾语前置于动词)。例如"优秀大型货物船热田山丸大连着……"其中"着"是日语词"到达"的意思,这是个动词,却用在宾语后。类似的例子还有"日小铁工业满洲移驻""日邮便业务协定修正"等。协和语主要使用于东北铁路沿线,尤以大连为最。协和语只使用于汉族人之间,这与洋泾浜英语使用于英美人与中国人之间不同。因为协和语是由学校强迫教学日语引起的,所以文化程度较高的人和城镇居民用得较多,并且也用于报纸的新闻报道、教科书等出版物上。20世纪50年代协和语仍可在口语中听到,60年代以后已趋于消亡。

　　旧时代上海的洋泾浜英语虽然早已不用,但是其中的某些词汇仍然一直沿用至今,例如瘪三、那摩温、麦克麦克。"刚白度"(买办)也用于早期的现代汉语书面语。那么洋泾浜语里的外来词与普通的外来词有什么区别呢? 洋泾浜语只用于口头的语言接触,普通的外来词大多是通过书面翻译产生的。洋泾浜语里的外来词的使用范围一旦扩张到本地人之间日常交际的领域,或进入书面语,也就成了普通的外来词。

三、混合语和混合型方言

　　混合语(Creole),又称克里奥尔语,是两种不同的语言长期接触、交融,最后交配而成的第三种新的语言。如加勒比海的现代海地语是法语和当地土著语言交配而成的,青海同仁县的五屯话是由藏语和当地汉语方言交配而成的。

　　海南岛回辉话是中国境内最典型的混合语。回辉人信仰伊斯兰教,是我国唯一有独立语言的回族(其他回族人都已改说汉语)。回辉人是宋元以来从越南的占城迁移而来的,说回辉话的人口约3 700。说回辉话的人的祖先是在宋代和明代因受交趾所逼,从越南的占城迁至海南岛的。据《宋史》(卷四百八十九)载,雍熙三年(986)"儋州上言,占城人蒲罗遏为交趾所逼,率其族百口来附"。"端拱元年(988),广州又言,占城夷人忽宣等族三百一人来附。"又据《明宪宗实录》(卷二八四)载,成化二十二年(1486)十一月"癸丑,巡按广东察御史徐同爱等奏:占城国王子古来……率王妃王孙及部落千余人,载方物至广东崖州,欲诉于朝"。

　　今天的回辉人自称 u^{11} tsa:n^{21},其中第二个音节与"占"音近。回辉人的祖先说的是古代的占语,这是南岛语系(Malayo — Polinesian language family)占语群的一种语言。一直到1 000年后的今天,还可以在回辉话与南岛语(如印尼语)之间,找出许多同源词和语音对应规律。现代的回辉话和越南中部的拉德话(属南岛语系)同源词还有39%。例如回辉话的元音

ai 和印尼语的 i 相对应。"绳"回辉话作 lai^{23}、印尼语作 tali;"脚"回辉话作kai,印尼语作 kaki。但是由于回辉人长期留居中国,与当地中国人频繁接触,其语言也与汉藏语相交融,所以今天的回辉话又有一些重要特点与汉藏语相同,而与南岛语大相径庭,例如回辉话的语素是单音节的,并且有五个声调;而语素单音节和有声调正是汉藏语的重要特征,南岛语的语素是多音节的,没有声调。回辉话是一种非驴非马的混合语。

此外,在中国境内还有五屯话和艾努话。甘肃的五屯话本来是一种汉语方言,因受当地藏语和土语的影响,失去声调,同时产生许多表示形态的词尾。新疆的艾努人的祖先是从伊朗迁来的,本来是说波斯语的。因长期与维吾尔语接触,艾努话失去了原有的屈折语类型的语法特征,所有词类都采用与维吾尔语一样的粘着语类型的附加成分,但仍保留一套完整的基本与波斯语相同的数词系统。在海外,典型的混合语有海地法语和牙买加英语。

混合语和洋泾浜语至少有以下几点不同。

第一,混合语使用于整个社会,也使用于家庭内部。洋泾浜语不是全民的语言,仅使用于若干有必要使用的交际场合,在家庭内部只使用于母语不同的主仆之间。

第二,混合语可以是一个人的母语,洋泾浜语是在母语以外,在社会交际中学会的第二语言。

第三,洋泾浜语是殖民地和半殖民地文化的产物,而混合语则不一定,如五屯话是汉藏人民杂居和文化交流的结果。

第四,混合语内部有完整的语音、词汇和语法规范,洋泾浜语则不然。

第五,有的混合语是从洋泾浜语发展而来的,如海地语起初就只是一种洋泾浜语;但不是所有洋泾浜语都会发展成为混合语,洋泾浜语常因殖民地、半殖民地文化的中止或衰微而消亡,如中国的洋泾浜英语。

方言与方言也有可能发生杂交,而产生一种新的混合型方言。"混合型方言"这个概念相当于混合语或称为克里奥尔语(Creole),只是层次不同。在哪些地方有可能产生混合型方言及混合型方言的特点第二章第三节已述及。

语言的借用和语言的杂交没有截然的界线。大致语言杂交背后的文化交流更深刻,并且大多有操不同语言的居民杂居的背景。语言的杂交大致是从语言的借用发其端的,从语言的借用发展到语言的杂交,其中有一个从量变到质变的过程。但是甲乙两种语言互相借用,不一定会发展到杂交的阶段,而有可能仅仅停留在借用阶段,不再前进,例如汉语和日语有互相借用词汇的历史,但是这两种语言并没有发生杂交。甲乙两种语言(或方言)杂交之后,也有可能进一步发展,进入同化阶段,即由其中一种语言战而胜之,同化了另一种语言。例如现代苏北扬州一带至迟在隋代以前应该是使用吴语的,因为隋代曹宪《博雅音》反映出吴语的语音特征。现代的苏北的江淮官话,应该是古吴语经过借用北方话阶段,进一步与北方话杂交,最后才被北方话同化的。这个过程的残迹还遗留在江淮官话的若干地点方言中,例如在现代方言分类学上,靖江话属吴语,因为它保留浊塞音和塞擦音声母,但是其词汇已为北方话所同化。

语言借用会不会向语言杂交和语言同化发展,这是受文化背景制约的。苏北吴语被北方话逐渐同化,在秦汉以来北方文化不断南移的大文化背景之下,是必然的结果。一直到今天这种趋势还在继续发展中,据实地调查,今天只有靖江人学泰兴话,而没有泰兴人学靖江话的。泰兴与靖江相邻,泰兴话属江淮官话,靖江话属吴语。皖南也有类似情况,芜湖市的四山原来是说吴语宣州话的,但是现在男人已改说市区的江淮官话,当地原来的"土话"被认为是妇女话,这种妇女话也正在向江淮官话演变。

四、语言接触和句法结构的输入

语言的借用在语音、词汇和语法三个层面都可能发生,其中最常见的是词汇。就汉语输入西方语言成分而言,除了词汇为最大宗外,还有句法结构,语音则不受影响。

西方语言对汉语句法结构的影响,是从五四运动以后开始的。五四运动以前翻译西方著作是用文言文的。文言文已有数千年历史,它的结构非常稳定,而译者对文言文的运用也都是十分娴熟的,所以西方语言对文言文的译本,如严复《天演论》等,并不产生影响。

"五四"运动以后提倡白话文。白话文是一种新兴的文体,在"五四"时期,它的结构还不是十分稳定的,不像文言文那么成熟。虽然白话文力图接近口语,但是书面语和口语毕竟不同。况且方言区的译者并不都谙熟标准语,因此白话文的译本极易受到西方语言原文的影响,而将西方的语言结构输入汉语。新输入的结构,又由翻译作品传播到一般白话文作品。输入的结构到后来有的被扬弃了,有的则保留了下来;也有的不仅保留在书面语中,而且进入日常口语。那些在汉语口语中获得生命力的结构,才是真正在汉语里扎了根。

以下略述因受西方语言影响"五四"以后汉语语法的新发展,它又可分已经进入口语的新结构和只进入书面语的新结构两大类。

(1) 已经进入口语的结构

1) 动宾结构的词大量产生,如"动员""保险""罢工"。此类词起初从日文引入,后来也自造新词,如"脱产""转业""定点"。

2) 部分构词成分的词缀化,后缀如"手""者""师""化""主义";前缀如"非""反""超""泛"。这类词缀起初是用以对译西方语言中相应的词缀,多半从日译本转驳。

3) 名词和代词数范畴的最后确立。用"们"(前身是"每")表示复数,元代白话碑已屡见不鲜,但到近代汉语,仍是不完善、不稳定的。许多南方方言根本没有名词和代词的数范畴,而是以词汇手段表示复数的。

4) 一些连词的普遍使用,如"因为 …… 所以 ……""如果 …… 那么 ……"。

5) 被动句的普遍使用。本来汉语惯常不用"被"字句,如用,则带有不愿意、不愉快的感情色彩;因受西方语言的影响,被动句现在变成中性的了,所以普遍使用。

(2) 只进入书面语而未进入口语的结构

1) 连词"和"在多项并列结构中的位置放在末两项之间。

2) 第三人称代词的"性"分化,即分为"他"和"她"。

3) "的""地"分用。

4) 定语复杂化。如"香港是一个充满活力的现代化的动感之都"。

5) 人称代词带定语。如"在雨夜里我遇见新婚的她"。

6) 多个动词管一个宾语。如"创造和改进了工具"。

7) 多个助词共管一个动词。如"他不愿也不能参加会议"。

能够在口语中扎根的外来成分,大致限于词汇和词法结构,句法结构的影响大致限于书面语。

五、底层语言、上层语言和傍层语言

底层语言的产生可以说是一种特殊的语言借用现象。底层成分和一般的所谓借词(loan word)都是指从一种语言渗透到另一种语言的成分。但是借词的产生不必以底层民族作为前提；底层成分的渗透更深入、更隐秘、更不易觉察；底层成分可以包括语音、词汇和语法结构。

底层语言理论(substratum theory)认为在一种上层语言里有可能残留底层语言的成分；底层语言以多种不同的形式对上层语言产生影响；上层语言的演变与底层语言的影响有关；如果一个地区的语言被另一种语言所替代，那么前者就有可能成为后者的底层。所谓底层语言(substratum)是指两种不同的语言互相接触、竞争的结果，战胜的语言所吸收的战败的语言成分。战胜的语言即是上层语言，战败的语言即是底层语言。

语言底层须有民族底层作为前提。外来民族在征服土著民族或移居到土著民族的住地的时候，同时带来一种新的语言。新的语言如果在文化、经济或使用人口上占优势，那么就可能成为上层语言。土著民族不得不放弃土著语言，改而使用新的语言。他们在使用新的语言的时候，一方面受到原有的语言习惯的制约和影响，造成有规律的错误；另一方面有时候在新的语言里找不到相应的表达方式(多是词汇)，就保留原来语言中那些有用的成分。这些有规律的错误和保留下来的有用的成分，即是底层语言成分的两大源流。底层语言成分可以包括语音、词汇和语法三方面，但是以词汇为最常见。

底层语言证据举例如下：

西班牙语的音位系统接近巴斯克语(Basque)，也就是说西班牙语有巴斯克语的音位系统底层。巴斯克语是黏着语，印欧语是分析语或综合语。一般认为巴斯克语是印欧人到来之前，欧洲大陆的土著语言。现代使用于法国和西班牙交界处，使用人口 250 万左右。

Russia(俄罗斯)其地为使用斯拉夫语的民族所居，但是地名 Russia 却是斯堪的纳维亚语。Rus 是斯堪的纳维亚语的一个部落名。Leipzig(莱比锡)其地在使用日耳曼语的德国，但是其名却是斯拉夫语。英国、爱尔兰有些古冰岛语的地名。

在爱尔兰使用的英语中有许多结构不见于不列颠英语，这些结构很明显是在爱尔兰语的语法影响下产生的。爱尔兰语属于哥德语支(Goidelic branch)凯尔特语群(Celt group)。例如凯尔特语有一种特殊的结构，即将现在时单数第三人称置于句首，后接其他相应的结构。在爱尔兰使用的英语也是如此。底层语言研究有较特殊的对象和方法。

在罗马帝国时代，高卢语(Gaulish)或伊比利亚语(Iberian)被拉丁语所代替。常有人认为这些语言的使用者将某些语音或其他方面的特征带进拉丁语,这些特征在现代罗曼语方言里仍然可以见到。

英格兰曾于 1066 年被说法语的诺曼人征服,法语词汇因此对英语产生影响。一方面说法语的人后来学英语的时候,把许多法语词汇带到英语中,另一方面,有些当地的英语使用者希望通过模仿上层阶层的言语,也会输入这些法语词汇。英语中法语来源的外来词,分布在许多领域(举例见表 7.17)。

表 7.17　英语中来自法语的外来词举例

政　府	tax, revenue, royal, state, parliament, government
宗　教	prayer, sermon, religion, chaplain, friar
法　律	judge, defendant, jury, jail, verdict, crime
科　学	medicine, physician
文　化	art, sculpture, fashion, satin, fur, ruby
战　争	army, navy, battle, soldier, enemy, captain

有些法语来源的外来词和英语固有词往往表达事物的不同种类,例如用英语词 theft 指小偷,用法语词 larcency 指大盗。用英语词指家畜,用法语词指家畜的肉,例如 sheep(羊)、mutton(羊);cow(母牛)、beef(牛肉)。对于作为底层语言的英语来说,法语即是上层语言。

汉语南方方言区的民族底层应该是百越。今南方方言中仍保留古越语的底层词汇。下面举一个例子。《广韵》宵韵符宵切载:"《方言》云:江东谓浮萍为藻。"现代的一些吴语和闽语仍称浮萍为藻。例如:

温州	建瓯	建阳	政和	潮州
biɛ^{31}	phiau^{33}	phyo^{334}	phio^{334}	phio^{55}

"藻"这个字的上古音可以拟为 * bjiaw,中古音可以拟为 * biæu。现代一些台语里称"浮萍"的词的语音,可以与上述方言语音和古音相证合。

壮语 piu^2　水语 piːŋ^6 pieu^2　毛难语 puk^8 pjeu^2　临高话 fiu^2

浙闽一带在汉代以前是古越族所居地,在汉族进入浙闽一带之后,在当地的汉语方言里留下这个表示南方事物的底层词应该是很自然的。浮萍是用作猪和家禽的饲料,元代王祯《农书·畜养篇·第十四》载:"尝谓江南水地多湖泊,取萍藻及近水诸物,可以饲之。"江南在新石器时代就开始养猪,浙江河姆渡遗址有猪骨骼出土。浮萍是猪的主要饲料,在古代农业社会里应占重要地位,"藻"这个字的产生也应该是很早的。

除了"上层语言"和"底层语言"外,还有所谓"傍层语言"(adstratum)。底层语言和上层语言在互相交融时或交融后,另有第三种语言对它产生影响。这第三种语言就称为傍层语言,它可以没有民族学的前提,即在地理上并没有侵占过底层语言。"傍层语言"这个概念是 Edwin Bryant 在研究吠陀语(Vedic,即后来的梵语 Sanskrit)词汇输入达罗毗荼语(Dravidian)问题时提出来的。日语从西方语言输入大量外来词,西方语言对于日语来说就是"傍层语言"。

思考与练习

1. 海外华人的语言同化一般要经过哪些阶段?
2. 举例说明汉语外来词的类型。
3. 举例说明音译义注词在结构上的发展趋势,并分析其中的原因。
4. 汉语与日语吸收外来词的方式有何异同?
5. 举例说明洋泾浜语和混合语的异同?
6. 对于英国的英语来说,为什么法语是上层语言?请写出本章中没有提到的 5 个英语里来源于法语的外来词。

第八章　社会发展与语言竞争

不同的语言或方言互相接触,有可能在三方面相互竞争:一是语言的使用功能,即竞争用作高层语言或顶层语言的地位;二是语言的使用领域,如课堂教学、新闻报道、公共交通;三是借贷关系,即甲方输入乙方的成分多,或反之。

使用两种不同语言的民系生活在同一个社会或社区的情况下,会发生语言竞争,如中国香港的粤语和客家话。在他们不处在同一个社会或社区的情况下,也可能有语言竞争问题,如上海话和广东话。

语言竞争胜负的决定因素是各方的语言竞争力。语言竞争力可以分为以下几种:

1) 政治竞争力,主要指政府的语言计划或语言政策有利于哪一种语言。例如在中国普通话的政治竞争力最强。

2) 文化竞争力,指语言背后的文化是强势或弱势。例如在中国香港粤语文化相对于其他文化是强势文化。广义的文化竞争力也包括教育竞争力,即某一种语言是否被采用为学校教学语言。例如在新加坡教学语言是英语。

3) 经济竞争力,指民系经济地位的高低。例如在旧上海苏北人的经济地位很低,所以其方言的地位也很低。

4) 人口竞争力,指民系人口的多寡。在不同民系杂居的情况下,人口竞争力才会发生明显的作用。如中国台湾的客家人比闽南人少,是客家话萎缩的重要原因之一。

5) 文字竞争力,指某一种语言有无文字,或文字化的程度如何。粤语的文字化程度较高,所以有可能用于报纸、杂志的部分版面,特别是娱乐版、通俗文艺版和广告版,从而取代顶层语言——普通话的部分功能。

6) 宗教竞争力,指一种宗教是否有统一的常用语言,以及教徒对这种语言的忠诚度。例如新加坡的马来人信仰回教,当地回教的常用语言是马来语,所以新加坡的马来语将会长期保存,不像汉语方言很可能消失。

在以上六种竞争力中以政治竞争力最为重要。例如新加坡的人口(2007年),华人占75%;马来人占14%;印度人占9%。华人的人口占绝大多数,并且在文化、经济和文字方面的竞争力也是明显占优势。虽然英语、华语、马来语和泰米尔语都是官方语言,但是新加坡却以马来语为国语,国歌也是用马来语演唱的。这是马来语强劲的政治竞争力带来的结果。

第一节　中国香港的语言竞争

一、中国香港语言历史背景述略

中国香港缺少自然资源,她今日的经济成就与国际地位不仅有利于当地社会,也有利于中国现代化建设,这些成就有赖于居民谋生致富的能力,其中包括多方面担当西方与中国的桥梁的能力。而语言能力是一个基本条件。中国香港今天多种语言或方言并存的局面是历史发展的结果,今后的语言政策和语言教育也可以从近100多年的历史里汲取不少教训。

根据几个不平等的中英条约,中国香港为英国所侵占,其中包括1858年签订的《天津条约》。该条约中有两项条款,对中国香港后来的社会与语言的发展有重大的影响。现在把有关条款中英文版本做一比较,就更加可以看出它的关键作用。

第五十款

一、嗣后英国文书俱用英字书写,暂时仍以汉文配送,俟中国选派学生学习英文、英语熟习,即不用配送汉文。自今以后,凡有文词辩论之处,总以英文作为正义。此次定约,汉、英文字详细校对无讹,亦照此例。

Article 50：

All official communications, addressed by the Diplomat and Consular Agents of Her Majesty the Queen to the Chinese authorities, shall, henceforth, be written in English. They will for the present be accompanied by a Chinese version, but it is understood that, in the event of there being any difference of meaning between

the English and Chinese text, the English Government will hold the
sense as expressed in the English text to be the correct sense. This
provision is to apply to the Treaty now negotiated, the Chinese text
of which has been carefully corrected by the English original.

第五十一款

一、嗣后各式公文,无论京外内,叙大英国官民,自不得提书夷字。
Article 51：

It is agreed, henceforward the character 夷*"I"(barbarian)*
shall not be applied to the Government or subjects of Her Britannic
Majesty, in any Chinese official document issued by the Chinese au-
thorities, either in the capital or in the provinces.

《天津条约》第五十一款,从外交史上来看是很独特的,因为在两国签订的条约中,史无前例地订明,英方不容许中方在国内各类公文中继续使用"夷"这个表示藐视的字眼,这反映出当时中英双方彼此之间都有鄙视的心理状态。这种现象不难理解,因为双方接触不久,互相了解不深。当时英国有两类人对中国"情有独钟",一类是商贾,他们热衷于将印度出产的鸦片销往中国,再换取中国货品销售到欧洲,从中渔利,出发点是为财;另一类是传教士,他们竞相来华,出发点是为了所谓"拯救中国人的灵魂"。

中英两种语言在中国香港的不平等地位,可从条约的第五十款中看出来。此款也为日后中国香港长期只以英语为唯一的官方语言奠定了基础,直至 10 多年前才稍有改变。值得注意的是,条约的中英文版本在条款上存有重大的差异,在外交史上是罕见的。条约的中文版上有这样的一段:"俟中国选派学生学习英文、英语熟习,即不用配送汉文。"但在英文版本上则未见此段。第五十款末尾还有一句"此次定约,汉、英文字样详细校对无讹",实属荒诞无稽。这反映出当时清廷的翻译官员或有私心,或另有图谋,试图今后借此强化英语学习。这种玩弄言辞的手法在第五十一款中也可看到。该条款英文版开头有这样一句:"It is agreed"意即"达成协议"。但在中文版中却未见提及这一点,这使该条款变成带有强制性质,即由英方强制中方执行。由于少了这一关键性的字眼,中方负责谈判的官员就不必承担有关条款写明的责任,而使有关条款变成只是英方可以利用的强制令。条约的中文版与英文版文字增减有很大的不同,这不是无心失误,而是故意之作。

　　另一方面,英方的政策制定者也弄辞取巧。当时清朝的官制,省级地方首长称为"巡抚";省级以上长官称为"总督",惯常统辖两省,如"两广总督";每省在巡抚之下再设"布政司",主管税务和其他官员升迁及地方具体事务。当时广东省人口远远超过中国香港,可是中国香港的政府长官中文官名不称"巡抚",而称为"总督",副手称为"布政司"。有意思的是,虽然中国自清朝以后已停止使用这些称谓,但在中国香港却一直沿用到回归前夕。由于这种取巧的语言处理,使小小的中国香港英方领导班子成员,在与清廷官员谈判时超越了其应有的官职,而轻易与巧妙地取得了与清朝官员平起平坐的优越地位。

　　由英方与清廷制定的"两语"即英语、汉语之间的不平等关系,只代表社会语言的一个层面,即作为书面语言的英文和中文。在清代社会里,官话就是朝廷在首都使用的语言。中国历代都以在首都官场使用的语言为标准语,即使是非汉族统治者如蒙古族与满族最后也接受这种语言政策。对官话与地方方言的关系,朝廷也有定论,例如1722年雍正皇帝就下诏明令,以后的地方官不可只讲本人的方言,而要熟习和推广朝廷的官话:

《东华录》雍正六年(1728)

　　　　七月甲申谕内阁,官员有莅民之责,其语言必使人人共晓,然后可以通达民情,而办理无误。是以古者六书之例,必使谐声会意,娴习语音,所以成遵道之风,著同文之治也。朕每引见大小臣工,凡陈奏履历之时,惟有福建广东两省之人,仍系乡音,不可通晓。夫伊等以见登仕籍之人,经赴部演礼之后,其敷奏对扬,尚有不可通晓之语,则赴任他省,又安能于宣读训谕,审断词讼,皆历历清楚,使小民共知而共解乎。官民上下,语言不通,必致吏胥中代为传述,于是添饰假借,百弊丛生,而事理之贻误者多矣。且此两省之人,其语言既皆不可通晓,不但伊等历任他省,不能深悉下民之情,即伊等身为编氓,亦必不能明白官长之意。是上下之情,捍格不通,其为不便实甚。但语言自幼习成,骤难改易,必徐加训导,庶几历久可通。应令福建广东两省督抚,转饬所属各府州县及教官,遍为传示,多方教导,务期语言明白,使人通晓,不得仍前习为乡言。则伊等将来引见,殿陛奏对,可得鲜明,而出仕他方,民情亦易于通晓矣。

由此可见,当时朝廷的想法是要以北京朝廷里使用的方言作为官方口语,并不要求分派到各地的官吏学习当地的方言或语言。实际上,当时朝廷的语言政策是出于地方官吏使用的口头语言要向中央官话靠拢的构思。从诏谕中也可以看出,由于科举的最高一级考试是殿试,当着皇帝的面,以面试形式进行,方言会造成语言不通而令面试有沟通上的实际困难。中国的语言和方言十分复杂,几千年各地沟通主要依靠全国统一的用汉字记录的书面语,而书面语则以超方言的文言文为主。也就是说,居住于不同方言区的人,借书面语互相交流,并无大碍。一个书生虽然不生长在京城,也可以在当地寒窗苦读,饱读诗书,金榜题名。虽然从春秋战国时代开始,已形成在官场使用的共同口语,当时称为雅言,明清时代称为"官话",但是到了清代雍正年间,皇帝还要重申地方官员要学讲官话,可见推广共同的口语并不容易。

香港社会今天的"多语"(multilingualism)环境是与上述诸多复杂的历史因素分不开的。"多语"是指"三言""两语","三言"即口语层面有英语、地方方言(粤语)和官话,"两语"即两种书面语言系统:英文和中文。

二、语言转移和身份认同

中国香港今天的繁荣是由各种内在和外在的因素互相配合取得的,社会语言因素是其中之一。香港的"三言两语"经过了长期的平衡与协调,推动着社会的进步。香港的各民系来自不同的地区,语言背景本来不同,但是在多语环境里达到了某种程度的融合,都能顺利融入香港这个现代社会,成为社会发展新的活力。

香港人口从1946年的150万增加到1966年的360万,大多数是1949年前后从中国内地移居香港的。当时香港华籍居民分别属于五个不同的民系,即广府人、四邑人、外省人、客家人、潮州人,至少有五种不同的语言背景。据人口统计资料,香港的人口自1961年以来一直是增加的,到1981年已超过500万(近年已超过600万了)。在同一时期,香港本土出生的人口数目也是一直上升的,由10多万上升到20多万。但是香港人对香港的认同,却有不断下降的趋势。这是根据香港人口统计的资料发现的。在1961年,有20几万人认为自己的籍贯是香港,到1981年,这个数目已下降到12万至13万。从这个数字可以看出,香港人对香港的认同有下降的趋势。这是人口和籍贯认同方面的情况。

现在考察一下香港人在家庭中所使用的语言的情形。先看表8.1和表8.2。

这两张表是根据 1966 和 1977 年香港人口统计的资料制成的。表上端的"福佬话"即闽南话,表心的短横表示"无",表下端一行是平均数。

表 8.1　中国香港各民系家庭语言比较表(1966 年)　(单位:%)

家庭语言 籍贯	英语	广州话	客家话	福佬话	四邑话	其他 方言	其他 语言	聋哑
中国香港	0.98	81.65	14.80	2.17	0.04	0.16	0.12	0.080
广州、 中国澳门一带	0.01	94.42	3.79	1.44	0.17	0.11	—	0.080
四 邑	0.01	83.78	0.04	0.08	15.48	0.09	0.06	0.060
潮 州	—	43.38	1.97	54.47	0.03	0.03	0.03	0.100
两广其他地区	0.05	94.28	4.35	0.46	0.14	0.46	0.23	0.004
中国其他地区	0.25	48.92	0.11	16.22	—	34.32	0.18	
世界其他地区	56.39	15.86	1.98	1.76	—	2.86	21.15	
不 详	8.80	91.20	—	—	—	—	—	
总 计	0.80	81.43	3.33	8.19	3.08	2.79	0.31	0.070

表 8.2　中国香港各民系家庭语言比较表(1977 年)　(单位:%)

家庭语言 籍贯	英语	广州话	客家话	福佬话	四邑话	其他 方言	其他 语言	聋哑
中国香港	0.2	85.5	12.8	0.8	0.1	0.3	—	0.2
广州、 中国澳门一带	0.1	95.7	3.0	0.6	0.1	0.4	—	0.1
四 邑	—	92.3	0.3	0.5	6.2	0.6	—	0.1
潮 州	—	68.1	1.3	28.6	0.3	3.5	—	0.2
中国其他地区	0.2	78.4	2.0	8.4	0.2	11.7	0.1	0.1
世界其他地区	58.9	15.8	0.5	0.1	0.1	0.9	23.2	0.1
总 计	1.0	88.1	2.7	4.2	1.2	2.3	0.4	0.1

　　表 8.1 和表 8.2 所示是中国香港一般居民所认同的籍贯和在家里所使用的语言。由这两张表可以看出香港一般家庭所使用的语言转移的方向。例如自认籍贯是四邑的居民,在 1964 年有 15.48% 在家里使用四邑方言。从表 8.1 的统计可知潮州人对自己所用的方言是最保守的,仍在用的有

54.47％,其次是外省人(两广除外),有 34.32％,再次是四邑人,有
15.48％。如果将这三个数字跟 1977 年比较,可以发现非广州原籍方言的
使用人数一般都是下降的。潮州人由 54.47％降至 28.6％,外省人由
34.32％降至11.7％,四邑人由 15.48％降至 6.2％。非广州话使用人数下
降,正意味着使用广州话的人数增加,也就是说家庭语言朝广州话的方向同
化。从广州话一栏我们可以看出,在家庭中使用广州话的人数比率1961 年
是81.43％,而 1977 年已上升到 88.1％。这种趋势发展到 1981 年更增加
到约 98％。可以说港人的家庭语言就是广州话。

　　香港的人口是增加的,土生长的人数也是增加的,语言同化的现象也是
向上升的,但对香港有认同感觉的人数却是逐渐减少,是下降的。

　　要解释这种现象不是很容易的。在试图解释之前让我们从社会语言学
角度,看看香港人在不同场合使用语言的一些情况。邹嘉彦在 1977 年曾做
过一次调查研究。调查的对象是当时收入较高(每月超过 8 000 元)的公务
员,包括大学教师。将语言分成英语、粤语和汉语三类,这里的汉语是指普
通话或书面白话。将使用语言的场合分成 30 种,然后询问被调查者在不同
场合使用上述三类语言的惯常性。0 表示不用,1 表示少用,2 表示有时候
用,3 表示常用。调查的结果如表 8.3 所示。

表 8.3　中国香港中产阶层家庭用语比较表(1977 年)

用　语　场　合		粤　语	其他方言或普通话	英　语
家庭	1　与配偶	3.0		1.2
	2　与子女	3.0		0.6
	3　与父母	3.0		0.2
	4　与兄弟姐妹	3.0		1.0
	5　与邻居	3.0		1.0
	6　看　报		2.5	2.8
	7　看消闲刊物		2.7	2.4
	8　电　视	3.0	0.4	1.3
	9　电　影	1.0	2.0	3.0
	10　私人广告		0.5	2.7
合　计		19.0	8.1	16.2

用　语　场　合		粤　语	其他方言或普通话	英　语
工作	11　公务会议	1.0		3.0
	12　与同事交谈	3.0		1.1
	13　书　信			3.0
	14　报　告			3.0
	15　参考资料		1.0	3.0
	16　正式议事	0.7		3.0
	17　非正式交谈	3.0		0.7
	18　公务访客			3.0
	19　给下属便条		1.8	2.6
	20　给工人便条	0.5	3.0	
	合　计	8.2	5.8	22.4
其他	21　法　庭			3.0
	22　电话公司	2.3		2.8
	23　税务局			3.0
	24　投诉政府			3.0
	25　警　察	3.0		
	26　公共交通	3.0		
	27　购　物	3.0		
	28　酒楼餐室	3.0		
	29　流行歌曲	1.1	2.1	2.8
	30　外地旅行	0.6	0.7	3.0
	合　计	16.0	2.8	18.6
总计		43.2	16.7	56.2

　　据表8.3统计,这些收入高的阶层的家庭用语总指数是:粤语1.9、英语16.2、汉语8.1;工作用语总指数是:英语22.4、粤语8.2、汉语5.8;其他场合用语的总指数是:英语18.6、粤语16、汉语2.8。30个用语场合的总指

数是:英语 56.2、粤语 43.2、汉语 16.7。这些被调查者所提供的资料显示,香港收入较高的阶层,例如高薪的公务员,英语和粤语在不同的场合使用的频率大不相同。

"语言转移"(language shift)是指社会成员因为某些因素的影响,没有继承上一代的母语,反而转而使用另一种语言。这种情况属于"个人"语言转移。一般来说,如果他们除了继承上一代母语以外,又学会另一种语言,就不应属"语言转移",而只是通过附加语言而发展成为具备双语或多语能力的社会成员。如果某些场合的原有惯用语言或法定正式语言被另一种语言代替,这是"功能"性的语言转移。与语言转移互相制约的是"语言忠诚"(language loyalty),这两种相对的现象会受到相反的因素支配,当相反的因素得不到平衡的时候,这两种现象就会发生转化。要防止或减缓语言转移,就要推行有效的"语言维护"(language maintenance)政策,许多国家制定双语教育政策都以此为出发点。

第三章第四节曾述及中国香港四个民系语言转移的幅度由高到低的排列为:(1)四邑人;(2)外省人;(3)客家人;(4)潮州人。

四邑人语言转移幅度最高是可以理解的,因为从社会文化关系看,他们是属于粤语的旁系。他们早已接受广府话为他们的"高层"语言,所以向"高层"文化靠拢是完全可以理解的。外省人从中国内地不同地方移居到香港,时间不长,特别是与其他三个民系比较,他们之中有很多成功的工商界和文艺界杰出人士。由于历史原因,这批人预料不易重归故里,于是便积极适应当地的新环境,留在香港或其他地方谋生致富,开花结果。虽然他们是新的外来者,并且仍保留"寄居的心态"(sojourner mentality),视中国香港为"借居地",但他们尽量通过各种手段包括语言来适应当地文化,进而融入当地文化。客家人有务农的背景,历代聚居新界地区,他们意识到通过粤语可以提供条件以提升社会地位,所以也酌量适应粤语,并于近年开始大量移居市区,参与城市发展,分享繁荣。潮州人是最保守的民系。他们与海外地区,特别是东南亚的关系比较密切;而在内地,潮州人与广府人之间在文化认同上历来也有隔阂,以致有助于保留他们自己的语言。不过他们的语言也有所转移,到 1971 年保留潮州话为家庭语言的人数已不足一半。

语言的同化如果有异于个人身份的认同,会引起心理上和社会上的矛盾。一方面,向一种优势语言靠拢是有好处的,因为如果掌握了这种主流语言,可以免除主流社会排外心理的不利影响,但是另一方面,保留自己原有的身份包括祖籍的语言,对个人的归属感和自尊心往往也是必不可少的。可是两者不可兼得,矛盾不可避免。大多数香港居民的心态是追求更高的社会地位和发财致富,所以很自然地愿意实现语言转移,以适应新的社会和语言环境。这种语言转移的方向在海外华人社区甚为明显。从中国香港或其他华语地区移民到北美或其他地方的人不少,有意思的是,这些移民到了他们的第二、第三代,大多数已经放弃了祖宗的语言,也就是经历了全面的语言转移,而他们对身份的认同方面也渐趋模糊,甚至只能指出中国香港或中国是父母早期祖居的地方。这种语言与身份认同的转移是很常见的。

在中国香港社会定型的主要时期,即 20 世纪五六十年代,居民的语言大幅度向当地的粤语转移。这种现象与其他华人社会不同。例如中国台湾光复后,当局推行的语言政策就是以国语代替日语作为教育语言和官方口语,而当地有 85% 的人口的家庭用语,不是官话而是扎根当地的闽南话、客家话或原住民(高山族或山地人)的高山语,这种语言政策所造成的语言环境的变化是很大的。因为在此之前半个世纪,日语是教育语言,也是官方语言。中国台湾当局在过去半世纪用上不少时间与资源推行新的语言政策,结果成功地普及了官话,扫除了文盲。一直到近年,鼓吹和推动提高“台语”(闽南话)地位的主张才逐渐出现。在中国大陆,在 20 世纪 50 年代制定的语言文字政策的指导下,在很多地方成功地推广了以官话为基础的普通话,并且全面实现了以普通话为政府官员语言的政策。在其他华语地区,华语的地位也相应的受到重视,并且普遍成为华侨学校的教学语言。

中国香港的情况大不相同,在关键的社会定型期,由于历史的原因,中国香港与中国内地的接触,除了经贸以外,各方面都受到很大的限制。当港英政府在语言方面采取了“没有政策”的政策时,前述的历史因素就继续发挥作用,加上经济上的价值,因此很自然地,英语顺利地演变为唯一有地位的官方语言。同时,对港英政府来说,如果中国香港人对中国内地的认同逐渐疏远,就会更方便地形成一种独特的自我认同,对港英政府来说是有利的。因此中国香港人一方面要适应对高层英语的需求压力,同时又与中国文化的主流脱节,促使中国香港发展自己的一套独特的文化。换言之,新到中国香港的移民主要的语言学习目标是英语,每一个人都抱着少数服从多数的心态,不抗拒接受以粤语为华人大众的共同语言。同时,值得注意的是,自 1919 年的“五四”运动以来,从文言文转到现代汉语的语体文,中国香港官方书面语言比其他地区来得晚。一直到 20 世纪 60 年代还可以看到

"沿步路过""如要落车,乃可在此"的通告。

由于上述背景,中国香港社会特别是近年来往往受到其他华人社会成员的批评,把它看作是一个顽固的"方言岛"和使用方言过热的"方言文化区"。提出这种批评的人,有些是来自使用单一语言的华人社会,或没有广府人的背景,另一些没有在以汉语以外的语言作为官方语言的社会谋生的经验,只是单方面肯定普通话对学习改善中文程度的好处。他们往往没有考虑到英语在中国香港已广泛地渗透到社会的许多关键领域,不了解英语的使用和地位对中国香港过去与将来经济发展的重要性。不了解在这种情况下,要求达到"三言""两语"的全面能力是不容易的。也就是说,这些人只是从单一语言系统的汉语社会出发立论,最多只接受"双方言社会"现象,而不理会"双语社会"的结构与真正意义。他们只接受"双语"观念上的好处,而忽略了"三言"的功能与实际情况。以中国其他大城市为例,移入的外地人,往往向当地语言转移。比如,上海的广东人、潮州人与福建人的第二、三代都放弃祖籍语言而转移到上海话;到北京定居的"移民",包括上海人,到了第二代,也都会只说当地的北京话。

这种语言转移的情况不是完全依照自然规律的,例如新疆石河子的沪籍家庭,虽然生长在新疆,可是到了第二、三代,大多数还是不会说当地语言,并且"寄居"心态特强,一有机会就设法回上海。上文提到的抗拒或靠拢这两个因素的平衡与否,很显然对在中国香港与在石河子的沪籍移民有相反的结果。移居少数民族地区的汉人,其第二、三代也很少能掌握当地少数民族的语言。

比较中国台湾殖民地地位改变前后 50 年的语言环境是很有意思的。50 年的日本统治造成日语普遍使用,并深入民间,同时闽南语作为母语的主流也变得根深蒂固。摆脱殖民地后的 50 年,当局成功地推广国语与中文,同时在功能上也取代了日语,使日语变得日渐式微。这种功能性的语言转移与个人语言转移是出自有心的政策。相比之下,英语在中国香港使用了接近三倍长的时间,大家公认中国香港回归后中国香港尚需维持英语的重要性。是否可以同时维持英语的地位,并在短期内积极推行提高普通话的地位? 这是一个关键性的课题,值得深入研究。

三、英语的社会地位

对中国香港中上层人士在不同环境使用语言的调查结果(见表 8.3)表

明,在工作环境里,英语的使用远远超过粤语,而书面中文用处不多;在家庭
环境里,粤语虽然使用率最高,但比起英语差别不太多,书面上的汉语就比工
作场合略多。如果从被调查人与其同辈人(即兄弟姐妹或邻居)交往为出发
点来比较,就可以看到他们虽然都是以粤语为主,但在某种程度上也使用英
语;可是他们与下一代使用的英语远远比他们与上一代多,这显示他们鼓励
下一代使用英语。在他们的私人通信方面,用英语也远远多于用中文。从这
个详细的调查结果可以看到,英语在中上阶层的渗入程度有多深,而中上阶
层通常是一般居民追求上进的典范。英语取这种地位的原因可以从几方面
理解:①因为中国香港是一个国际化城市,管理者来自外国,并且100多年一
直以英语为官方语言,在政治、法律上都用英语。②同时英语也演变成国际
间经济和文化交往的首位语言。可以在语言上适应英语环境的人,有更多的
上进机会。这两个条件结合在一起,发挥了重大的作用。③接受英语教育机
会多了。到了20世纪70年代,中国香港的教育系统已以英文学校称霸,华文
学校收生逐渐减少。④社会内在沟通功能。中国香港华籍居民首选粤语为
内部沟通的语言,英语与普通话都没有这个功能上的优势,以致有一些来自
英国的公务员都要学会粤语才可以在某些工作上留任。这四个关键因素可
以提供一个有用的比较架构。表8.4尝试做一个初步的比较分析。

表 8.4　各地语言功能与地位比较

	中国香港			中国澳门		印　度		新加坡			中国台湾		
	英	粤	普	葡	英	英	印	英	华语	方言	日	国语	台
1　政治要求	+	?	?	+	−	?	+	+	?	−	−	+	?
2　经济价值	+	?	+	−	+	+	+	+	+	?	?	+	+
3　教育条件	+	+	−	?	+	+		+		−		+	+
4　社会功能 内在沟通	−	+						+		?	+	−	+	+

如果与中国澳门比较,可以看出其中个别因素的重要性,葡语是中国澳
门的官方语言,但是促使其成为语言转移目标的因素不多,因为除了政治要
求以外,它对其他三个因素不起作用。相比之下,英语在中国澳门的经济上
与教育上都有其重要性,因此实力就强多了。在印度,虽然英语在政治与教
育上都不重要,但它在经济上有价值,同时社会内在沟通功能很高,所以英语

在印度的实力还是可观的。从表8.4可以看到,新加坡的英语与华语实力上主要差别是社会内在沟通功能,当地政府近年来一直积极鼓励加强华语的实力,让它在各方面与英语的距离可以拉近。目前政府以英语为主要的官方工作语言,大专教育方面英语还是占首位。但是与20年前相比,华语在新加坡的地位确实提高了很多,不过实力上与英语尚有一段差距。新加坡华语地位与实力的成功提高是由多种因素促成的,其中的三个因素是:①当地没有一种汉语方言发展到有像中国香港粤语那样的地位;②英语是传统的个人语言转移目标,并成为主要的社会内在沟通工具;③多语现象和能力是新加坡传统社会的特点,因加强华语学习而产生的负担比中国香港少。

　　表8.5提供近年来各地的英语"托福"考试成绩比较,五个地区的考生都是以华籍为主。最明显的是新加坡考生平均成绩一直上升。而中国内地考生,虽然经济条件不同,并且已经过自然挑选,其成绩也是一直上升。相比之下马来西亚的考生已从可以跟新加坡比美的高峰下降。这与政府推行马来文为主要官方语言大有关系。中国香港考生的成绩本来可与新加坡考生比美,可是自20世纪70年代以来,已经下降到与中国台湾考生差不多,其中原因固然复杂,主要是教育失策。不过英语每况愈下的情况是否有利于学习别的语言呢? 如果成功的话,当然很好。如果不成功,后果影响深远,可能助长"语言迷惘"(anomie)和"文化太监"现象。

表8.5　华人考生英语"托福"考试成绩比较(1964—1991年)

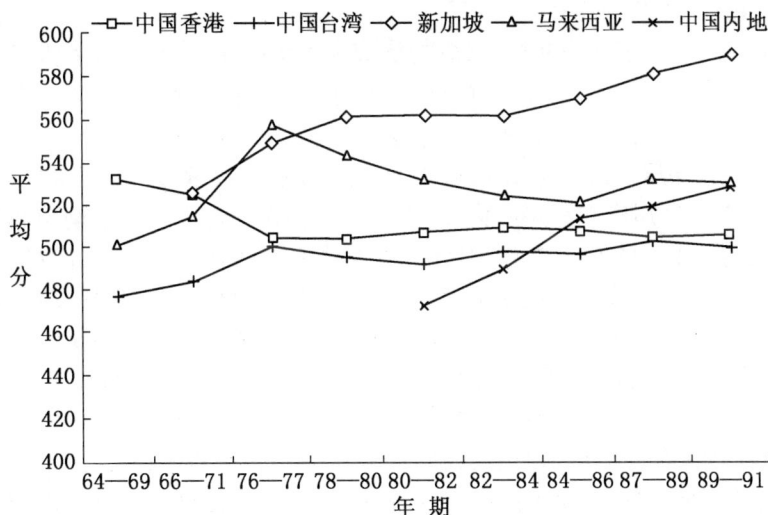

四、结语

中国香港的"三言""两语"问题,并非三言两语可以说清楚。尚有多方面因素需要了解、分析,如法律与司法方面的"三言""两语"问题、政府工作语言、长远教育语言政策的议定。中国香港的《基本法》,只有两处提到语言,其中主要的精神是"除了中文以外英语也可以使用",与《天津条约》相比,中国语言应有的地位,的确得到了纠正。可是只解决了历史性的"两语"问题,而"三言"问题尚大部分存在,特别是方言与官话或普通话的法定关系。

第二节　中国台湾的语言竞争

一、中国台湾各民系和方言

中国台湾地区总人口为 21 507 000(1995 年),其中汉族占 98.8%,高山族占 1.2%,其余为回族、蒙古族、藏族等。中国台湾共有 29 种语言,其中有七种已死亡。中国台湾的汉族有三个民系:闽南人、客家人和外省人。这三个民系和高山族占人口总数的比率如下(黄宣范,1993):闽南人 73.3%、客家人 12%、外省人 13%、高山族 1.7%。各种语言和方言使用人口比率如下(郑良伟,1990):闽南话 75%,客家话 11%,国语 13%,高山语 1%。

1. 闽南人和闽南话

南明永历十五年(1661),郑成功从荷兰人手中光复台湾,此后大量闽南地区的人民移居台湾,距今已有 300 多年的历史。早期移民的原籍以泉州府为多,这显然与郑成功是泉州府南安县人有关。郑成功败亡以后,清政府禁止大陆人民移居台湾。其后开禁,乾隆、嘉庆以后再次掀起移民台湾的浪潮。移民原籍以泉州府和漳州府为多,也有闽东福州一带人和广东潮州的鹤佬人。因为郑成功的军政中心在台南,所以移民初期集中在中国台湾岛的南部,后来向北开拓发展。闽南人移居台湾比客家人早,他们定居的地方多是平原地带、浅山地带、河流下游和海滨,地理环境相对较好。所谓闽南人来自泉州、漳州、厦门、兴化(莆田)、潮汕等地,方言本来不同,有泉州腔、漳州腔、潮州腔等之分。据 1926 年台湾总督府"中国台湾在籍汉民族乡贯别调查"的统计,当时台湾各种闽语的使用人数见表 8.5。闽人入台以后因交往频繁,方言渐至混化,以至今天台湾的闽语是不漳不泉,亦漳亦泉的一种闽南话,而福州话、兴化话、潮汕话已不见踪影,它们被闽南话同化了。闽南话在中国台湾又称为"鹤佬话"。

表 8.6　中国台湾各种闽语的使用人数及百分比比较(1926 年)

闽南语为主		
泉州腔为主		
泉州府	1 681 400 人	44.8%
永春府	20 500 人	0.6%
漳州腔为主		
漳州府	1 319 500 人	35.2%
龙岩州	16 000 人	0.4%
潮州腔为主		
潮州府	134 800 人	3.6%
其他闽语为主		
福州府	27 200 人	0.7%
兴化州	9 300 人	0.3%
总　　计	3 208 700 人	85.6%

2. 客家人

中国台湾客家人的原籍大多在广东东部的嘉应州和惠州,所使用的方言为四县方言和海陆方言。四县是指嘉应州的兴宁、五华、平远和蕉岭。今梅县所在地为嘉应州州治。海陆是指惠州府的海丰和陆丰两县。此外有少量来自闽西汀州府。客家人移居台湾比闽南人晚,灌溉便利的河口或平原地带已为闽南人先行开垦,他们只好远涉河流上游、山区或丘陵地带建立新的家园。据 1926 年台湾总督府"台湾在籍汉民族乡贯别调查"的统计,当时台湾客家人的原籍人数比较见表 8.7。今天的客家人和客家话主要分布在台北至彰化之间,以新竹和苗栗为最多,此外在东部的花莲和台东,南部的高雄和屏东也有少量分布(参见丁帮新《台湾语言源流》,台湾学生书局,1985 年)。

表 8.7　中国台湾客家人的原籍及百分比比较(1926 年)

客家话为主		
嘉应州	586 300 人	8.9%
惠州府	154 600 人	4.1%
汀州府	42 500 人	1.1%
总　　计	783 400 人	14.1%

3. 外省人

据 1926 年的调查,台湾不使用闽语和客家话的汉族人口为 48 600 人,只占人口总数的 1.3%。据 1946 年的调查,"其他省籍"人口为 31 700 人,只占当年总人口(609 万)的 0.52%,大多为日据时期的"华工"。

在台湾"外省人"是指 1949 年至 1950 年之间从大陆迁移台湾的军民及其后代,他们在语言上的特点是"说国语",与以闽语或客家话为母语的台湾原有居民明显不同。这个民系及其名称是 20 世纪 50 年代以后形成的。据估计,1956 年外省人的人口高达 121 万;1988 年增至 2 657 400 人,占总人口数的 13.35%。关于他们的原籍分布并无资料可以查考,不过从他们的语言特征来看,江浙人应占很大的比率,这些人多是军政要员或公司白领,这些人的江浙腔兰青官话当然具有较大的影响力。所以台湾一般人所说的国语带有明显的江浙腔,不像北京话,而更像三四十年代上海电影演员所说的国语。在台湾国语里不难发现上海方言词汇,例如"打烊"(商店结束一天营业)、"穿绷"(露馅)、"摆平"(平衡各方面的关系)、"灵光"(精巧、管用)、"笃定"(形容很有把握)。

4. 山地人

山地人并不是汉族的一个民系,而是一个独立的民族,即"高山族"。"高山族"旧时也称作"高砂族",今或称为"山地人""山胞""原住民"。在荷兰侵占台湾时期(1624—1662),人口为 15 万—20 万,1995 年增至 349 120 人。高山族的语言属南岛语系(Austronesian),与汉语所属的汉藏语系大不相同。台湾的高山族语言有二十几种,按费罗礼的意见,可分为三个语群:泰雅语群、邹语群和排湾语群。这些语言互相不能通话,其中有七种已经死亡。高山族又有"熟番"和"生番"之分。这两个民系的名称初见于清代,带有大汉族主义的色彩。"熟番"是指居于平原,愿意接受汉化或已被汉化的民系,又称为"平埔人"或"平埔番";"生番"是指居于山地,不愿意接受汉化或未被汉化的民系,即今高山族。除了花莲和台东之外,"平埔人"固有的语言几乎已消失殆尽,不再使用。凡与闽南人杂居的平埔人转而使用闽南话,与客家人杂居的,则改而使用客家话。

方言是民系最重要的特征,也是民系自我认同意识的最重要的组成部分。以上四个民系中有三个属于汉族,即闽南人、客家人和外省人。黄宣范(1993)曾对这三个民系的自我认同意识进行调查和比较,结果发现自我认同意识以外省人最强,闽南人其次,客家人最弱。调查所用的问卷上有以下六个问题,要求被调查人回答。

　　A. 一般来说,你比较习惯与下列哪一种人在一起? 客家人/外省人/闽南人/其他

　　B. 如果不管省籍问题,你觉得自己比较像什么人? 客家人/外省人/闽南人/其他

　　C. 假如你自己选择,你希望你是哪一种人? 客家人/外省人/闽南人/其他

　　D. 你觉得自己是不是道地的客家人?

　　E. 你觉得自己是不是道地的闽南人?

　　F. 你觉得自己是不是道地的外省人?

　　根据各人的答卷打分,结果如表8.8所示。表中民系意识指数最高为11,最低是1。

表 8.8　中国台湾民系意识指数

民系意识指数 序号	闽南人		外省人		客家人	
	人数	％	人数	％	人数	％
1	2	0.5	0	0	0	0
2	1	0.2	0	0	0	0
3	7	1.7	0	0	3	5.6
4	8	1.9	0	0	0	0
5	16	3.8	2	3.8	5	9.3
6	15	3.6	1	1.9	2	3.7
7	34	8.1	2	3.8	7	13.0
8	24	5.7	1	1.9	6	11.1
9	48	11.4	8	15.1	3	5.6
10	75	18.8	13	24.5	14	25.9
11	191	45.4	26	49.1	14	25.9

　　从表8.8可知,外省人的民系自我认同意识指数最高,客家人最低。指数额超过9的人数,外省人有88.7％,闽南人有74.6％,而客家人只有

58.4％。

二、高层语言之间的竞争

在荷兰侵占台湾时期高山族相对于汉族是强势民族,人口为 15 万—20 万,当时汉人只有 5 000 至 2.5 万人,而白人不到 3 000 人。荷兰人治台所用的高层语言是高山族的西拉亚语(Siraiya)。这种语言曾使用于台湾西南部今台南一带,入侵的荷兰人当年正是聚居在这一带。荷兰人为西拉亚语设计罗马字,用作行政、传教和贸易的工具,称为"新港文字"。这种文字一直使用到清嘉庆年间始废。1661 年曾出版以这种文字翻译的《圣经》单篇,这是用中国少数民族语言翻译的最古老的《圣经》单篇。总之,在荷据时期,汉语及中文是一种低层语言。

郑成功治台期间(1662—1683)台湾的高层语言,书面语应该是中文,口语是官话或是闽南话不得而知。郑成功是泉州南安人,并非朝廷命官,手下又多泉州人,所以当时的官场语言用泉州话是有可能的。

清政府管治台湾时期(1683—1895)高层语言可能是官话。按易地为官的惯例,派往台湾的朝廷命官,不大可能是闽南人,所以高层语言很可能是官话。低层语言是闽南话、客家话和山地话。

日本侵占中国台湾先后 50 年(1895—1945),当局的语言政策不仅以日语为高层语言,而且将日语强行推广到原来属于中文或低层语言的领域,例如报章杂志、学校教育,甚至家庭生活。

据洪惟仁(1992)的研究,日本侵台期间实施语言政策,可以分为三个时期:

1)"怀柔期"(1895—1912)。日本教师和官员学习闽南话,学校用闽南话教授日语,并且每周有 5 小时用闽南话教中文。

2)"收缩期"(1913—1936)。中文课减至 2 小时,高年级改以日文教中文。日语课改以日文教日文的直接教学法。

3)"严厉期"(1937—1945)。停办报纸的中文栏。禁绝中文私塾。学校停开中文课,严禁学生在学校说闽南话,否则处罚。公家单位禁止说闽南话。奖励"国语常用家庭"。

日语与汉语竞争的结果,一方面,会说日语的中国人比率大为提高,1941 年达到 57％,1944 年更达到 71％,汉语的使用功能因受限制,而有所萎缩;另一方面,汉语方言极力维护原有的使用领域,抵制日语。例如虽然日本当局实行皇民化运动,禁止中文课程和中文私塾,但是中文教育一直在民间延续。虽然会讲日语的人越来越多,但是"国语常用家庭"只占0.9％。汉语方言仍然没有放弃"家庭"这一领域。

　　1945年,日本战败,台湾光复。国民政府推行国语运动,台湾人这时才第一次接触中国的国语。苦心经营50年的日语在所有领域败退,国语取而代之,成为台湾的高层语言。1950年前后,来自大陆的120万军民涌入中国台湾。他们的母语是大陆各地的方言,不过他们多少会说一些兰青官话。这种兰青官话即是中国台湾国语运动的基础。这些新移民的第二、第三代,放弃了祖辈的母语,改以国语为母语,从此国语在中国台湾扎根。并且中国台湾当局实行在全社会全面推广国语的政策,开展"说国语运动",规定各级机关和各种公共场所一律使用国语,取缔罗马字方言《圣经》,要求改用国语传教,从1950年至1987年甚至禁止在学校说方言,从而迅速地在全社会普及国语。在当今的中国台湾,国语不仅是高层语言,用于政界、教育、电视、电台等领域,可以说也是低层语言,用于日常生活和社会交往,外省人更将它用作家庭语言。国语的功能在中国台湾比在内地南方方言区任何一个城市都大。

　　在台北市有99.2％居民会说国语,这样高的比率是任何一个内地南方方言区城市所不敢奢望的。台北市的外省籍人口只占26.7％(1986年)。有50％的客家人和43％的闽南人在上学以前就学会国语。在台北母语不同的居民互相交际主要是依靠国语进行,国语的沟通指数几乎是1,即用国语交流毫无问题,各语言的沟通指数(communicative index)详见表8.9。表上"民系"一栏中的数字含义如下:①外省人,父母皆外省籍;②客家人,父母皆客家籍;③闽南人,父母皆闽南籍;④父母混合通婚,国语为母语。

表 8.9　台北市三种主要语言的沟通指数[①]

语　种 民　系	国　语	客　家　话	闽　南　话
①—②	1.000	0.030	0.356
①—③	0.985	0.001	0.459
①—④	1.000	0.004	0.420
②—③	0.985	0.025	0.720

---

① 黄宣范:《语言、社会与族群意识》,台北文鹤出版有限公司,1993年。

　　从表8.9可知在各民系间国语的沟通度几乎达到100%,闽语的沟通度平均约为50%,客家话几乎没有沟通度。闽语的沟通度虽然也有一半左右,但是在各使用语言的领域,闽语在中国台湾的地位与广州话在中国香港的地位还是远远不能相比的,甚至不能与上海话在上海的地位相比,见表8.10。表上各领域各地使用的语言,"国"指"国语","粤"指"粤语","闽"指"闽南话",右肩有星号者为以此种语言为主。在中国香港后四个领域高收入人士也用英语,表上未列。

表 8.10　台沪港各领域所使用的语言比较表

	家庭	社交	电台电视	教育	政界	书面
中国台湾	闽*	国*	国*	国	国	国
上　海	沪	沪	国*	国	国	国
中国香港	粤	粤	粤	粤	粤	国*

　　闽南话在当代中国台湾的使用功能比20世纪50年代以前要小,那时候闽南语是社交、教育和电台的主要语言。由于国语的成功推广,闽南话不得不退出某些领域,而青少年一代的闽南语能力也有所减弱。电视台的闽南话节目的时间比率最高曾达到20%左右(20世纪60年代初),到1978年降至5%—7%。不过近年来闽南语的使用功能似又有增强的趋势,电视台方言节目的时数限制已经取消,闽南话节目时间大为增加。闽南话甚至进入政治领域,例如用于立法院和竞选发言。闽南话社会功能的扩大在中国台湾南部更为明显。并且步粤语的后尘,有文字化的倾向,例如重印传教士的闽南话词典,重新翻译出版闽南方言《圣经》,出版闽南话刊物。将来它在中国台湾能不能成为用作地区共同语的高层语言,而国语升为顶层语言,我们拭目以待。

　　中国台湾的高层语言历经多次更迭,从西拉亚语变为泉州话(?),再变为官话,再变为日语,最后又变成国语,每一次更迭都是出于政治上的原因,即依靠语言的政治竞争力。不过需要说明的是,各个时期的高层语言,其使用的功能和范围并不相同。例如清政府管治时期的官话的社会功能,与今日的国语,不可同日而语。

三、低层语言之间的竞争

　　除了明郑成功时代短暂的20年以外,闽南话和客家话在中国台湾一直处于低层语言的地位。

如将这两种语言相比较,则闽南话是强势方言,客家话是弱势方言。闽南话先入台,占平地,客家话后入台,占山地。两种语言分处两个不同的地区,接触不多,自然无竞争之可言。但是,在闽南人和客家人杂居的环境下,两种语言就难免互相竞争,而多以闽南话取胜。所谓"闽南话取胜"有两方面的含义。

一方面是指语言转移,即客家人放弃母语,改用闽南话。这种趋势早在 100 年前就已形成,马偕(George MacKay)在所著《台湾遥记》(*From Far Formosa*, 1895)说:"客家的年轻一代学鹤佬话,将来客家人可能会消失。"彰化县的员林、埔心、永靖本来是客家人聚居之地,但现在客家话已完全绝迹。

另一方面是指单向的双语现象增加,即越来越多的客家人学会闽南话,而学说客家话的闽南人较少。桃园县是闽客人口平分秋色的地方,客家人占本省籍人口的 48.2%。据 1990 年的一个调查报告,当地客家人的闽南话能力比闽南人的客家话能力要强得多,调查对象为 317 个客家人和 102个闽南人,要求被调查人自行评估听和说国语、客家话和闽南话的能力,结果见表 8.11。客家人会说闽南话的占 78.3%,闽南人会说客家话的只占28.4%。

表 8.11　桃园县客家人和闽南人语言能力比较

	国　语		客　家　话		闽　语	
	人　数	百分比	人　数	百分比	人　数	百分比
客家人	316	99.7	316	99.7	245	78.3
闽南人	97	95.1	29	28.4	101	99.0

云林县的客家人和闽南人交往已有 200 多年的历史,近年来,客家人99%会说闽南话,而全县只有 65.9%的人能说客家话。在台北客家人有72%学会说闽语,而闽南人只有 2.5%学会说客家话。

以上这两种现象不断发展,造成客家话在方言地理上越来越萎缩。台湾中部地区自清雍正乾隆以来,有为数不少的客家人聚居屯垦,本来是客家话的地盘,但是近代以来受闽南话的严重侵蚀,只剩下一些方言岛,其中有些方言岛已经消失。闽语和客家话在台湾的分布,客家话只是在东北部的新竹和苗栗一带连成较大的一片,闽语的地理分布占绝对优势。在闽客竞争中闽语取胜主要靠语言背后的文化和经济竞争力①。

第三节 中国内地的语言竞争

本节所谓"语言竞争"是指汉语及其方言内部的竞争,不涉及少数民族地区的语言竞争。从社会语言学的角度来看,汉语可分为顶层语言、高层语言和低层语言三种。顶层语言为普通话,高层语言因地区不同而不同,例如广州话在两广地区是高层语言。低层语言即是各地方言。

一、顶层语言

对于中国的语言或方言分歧,先秦文献已有明确记载,而标准语早在诗经时代就已经形成,那时候称为"雅言"。"雅言"的代表作品是《诗经》和《易传》《论语》等其他先秦文献。"雅言"是以周代的主体民族周民族的语言为基础的,它形成的文化背景是当时国内语言或方言分歧异出,妨碍交际,不利全国统一。从《诗经》的韵脚和上古汉字的谐声系统可以研究雅言的语音系统。汉代扬雄在所撰《方言》一书中将通行于全国的词语称为"通语、凡语、凡通语、通名",雅言的词汇系统于此可见一斑。这种雅言发展到明代开始称为"官话",见于张位所撰《问奇集》。一直到清末民初都通行官话这个名称。官话除了用于官场外,也用于来自不同方言区的平民互相交际的场合和对外汉语教学。因为官话是以北方方言为基础形成的,所以也常常用"官话"泛指北方方言。20世纪二三十年代以后由于"国语运动"的成功,"官话"一名才渐趋隐退,而为"国语"所代替。中国内地从50年代开始将通行全国的标准语改称为普通话。目前港台地区及大部分海外华人仍使用"国语"一名。内地虽然早已改称"普通话",但近年来"国语"一名又从港台折返内地,用于某些场合,如"国语歌曲"。所以"雅言""官话""国语""普通话"是先后有继承关系的汉语标准语,它已有2 500年历史,可以说是世界

---

① 关于中国台湾的语言竞争参见以下三种著作:丁邦新:《台湾语言源流》,台湾学生书局,1985年;黄宣范:《语言、社会与族群意识》,台北文鹤出版有限公司,1993年;洪惟仁:《台湾的语言战争及战略分析》,载《第一届台湾本土文化学术研讨会论文集》,1994年。

上历史最悠久的民族共同语或国家标准语。

官话作为国家标准语或顶层语言,其地位虽然曾受到严重的挑战,但是在漫长岁月里最终没有动摇,依然故我。严重的挑战至少有四次,即北方阿尔泰民族入主中原,先后建立北朝、金、元、清四个朝代。在每一朝代的初年,统治者都是指望他们的阿尔泰语能成为国家标准语或顶层语言。可是曾几何时,鲜卑语、契丹语和满语都被汉语所同化。元代虽然创制八思巴字,用于"译写一切文字",但是一般公文还是用汉语、汉字写的,如现存的白话碑。而西辽政府更把汉语当作官方语言,公文通用汉语。

汉语各种南方方言不是官话的竞争对手,也从来没有尝试向官话挑战,竞争顶层语言的地位。以北方方言为基础的官话,其至高无上的地位自有其下述深刻的社会文化背景。

第一,中国历代王朝,除了南宋迁都杭州等少数例外,大多建都北方方言区。东晋的首都在江南的建康(今南京),但建康成为首都后即因容纳大量北方移民而沦为北方方言区。中国的文物典章制度都是在北方形成的,即文化词汇都是出于北方方言,汉语的书面语历来是以北方方言为基础的。

第二,官话最初称为雅言,从一开始就是官方语言。清代的制度还规定,举人、生员、贡生、监生和童生不会说官话的不能送试。

第三,唐宋元明清各个朝代都出版官韵,意在为全国各地规定读书、写诗和科举的标准字音。这些官修的韵书是以北方话为标准的。

第四,唐代开始兴盛的科举制度,延续到清末,有 1 200 年的历史。它使各地读书人普遍重视和推广方言里的文读音,而文读音是比较接近北方方言的。

第五,从唐宋的白话小说,到元曲,到明清的传奇和小说,近 1 000 年,文学作品的语言是以北方话为基础的。

第六,"五四"时代开始推行的白话文或现代汉语书面语都是以北方话为底子的。

第七,北方方言的人口占汉语总人口的 70％左右,其人口竞争力是任何一种别的方言所望尘莫及的。

第八,近几十年来,作为国家的语文政策,以北方话为基础的国语和普通话又以前所未有的磅礴气势在方言区推广。

因此在汉语各大方言中,无论是政治竞争力、人口竞争力、文化竞争力和文字竞争力,北方方言作为国语或普通话的基础方言都占绝对优势,它是最强势的汉语方言。几十年来由于推广普通话工作的前所未有的极大成功,在方言接触和竞争中,北方方言对其他方言可以说是节节胜利,影响越来越大,而其他方言则节节败退,越来越接近北方方言。

二、粤语、吴语和闽语的竞争力比较

就最近 20 年的情况来看,除了官话之外,汉语各大方言以粤语的竞争力最强。政治竞争力和人口竞争力并无变化,大大提高的是文化和经济竞争力。当今以广州话为代表的粤语,相对于其他方言是强势方言,这主要表现在五个方面:一是以别的方言为母语的人学习粤语越来越多,特别是在两广的非粤语地区,例如粤北各市县的城里人,不管母语是什么方言,都乐于学一些广州话。二是广州话在地理上的使用范围越来越广,例如广东的韶关本来不说广州话,近年来改说广州话;广西南宁的白话近年来越来越接近广州话。三是近年来普通话所吸收的现代生活常用词汇,来自粤语的比其他方言多,如的士、巴士、饮茶、发廊、麦当劳、肯德基、必胜客、牛仔裤、大哥大。四是有较多的社会功能,例如用于教学、新闻报道、公共交通等。粤语歌曲和录像带流行全国和海外华人社会。五是粤语是最时髦的方言,为其他方言区部分人士,特别是青少年看重、羡慕或模仿。

但是从更久远的近代和现代的历史来看,情况就不一样了。

粤语、闽语和吴语有共同的历史来源,因此有许多共同的成分,不过在现代它们相互间不能通话,在地理上各处一个地区,除交界地区外,甚少直接的接触。大量的间接接触是通过普通话或书面语(即狭义的"现代汉语")进行的。所以可以从它们对现代汉语的影响的大小,来比较它们的竞争力。

中国各地区的平民百姓接触西方文化以粤语区为最早,18 世纪在广州一带开始产生洋泾浜英语。鸦片战争以后有一批新事物和新词从粤语区输入全国各地和汉语书面语。例如各地方言有一批以"广"字开头的词,表示从广州输入的舶来品或仿造的舶来品:

> 广货,指百货。用于用于吴语区、西南官话区。
> 广针,指别针。用于云南。
> 广线,指线轴儿。用于武汉。
> 广疮,指梅毒类性病,由外国传入,先流行于广州。用于西南官话区。
> 广锁,指片簧锁。用于西南官话区。

50 年前中国只有上海有股票交易所,当年产生的一批股票市场用语,在 20 世纪 90 年代重新起用,通行于包括北京、深圳、中国台湾等全国各地的股民,重新进入现代汉语。例如:

套牢。股票的价格下降至低于入股时的价格("牢"用作动词的后补成分是上海方言的特点)。

一只股票("只"在上海话里是泛用个体量词。"只"用于股票对普通话来说是不合常例的)。

跳水。股票指数或价格急剧下降。

有时候仅根据书面形式很难判断某一个词是在哪一种方言产生的,例如"自助餐""飞碟""自选市场"。也可能一开始就是书面语。比较容易判断的是音译的外来词。因为方言的音系不同,所以可以从外来词的书面形式及其读音,并对照外语原词的有关音节,来判定它是通过哪一种方言吸收的。例如英语 cookie [ˈkuːki] 译作"曲奇",符合广州话音系,"曲"音 [khut⁷],"奇"音 [kei²],与英语原音相合。"曲奇"上海话读作 [tɕhyəʔ⁷dʑi²],与英语原音大相径庭。又如英语 sofa [ˈsoufə] 译作"沙发",符合上海音系,"沙"音 [soˈ],与英语原词第一音节相合。此字广州音作 [saˈ],与英语原音相差悬殊。根据上述原则,表 8.12 和表 8.13 分别列出从粤语和上海话进入现代汉语的外来词。

表 8.12　现代汉语里来自粤语的外来词举例

广　州　话	英　语
卡曲[kha1khut7](皮外套)	car coat
比基尼 [pei3ki1nɐi2](女式游泳衣)	bikinis
T 恤(衫)[ti1sœt7]	T-shirt
快巴[fai5pa1](一种纺织品)	fiber
的确良(靓)[tik7khɔt7lɛŋ2](一种织物,挺括不绉)	Dacron
曲奇饼[khut7kei2](小甜饼)	cookie
克力架[hak7lek7ka5](薄而脆的饼干)	cracker
啫喱[tsɛ1lei2](果子冻)	jelly
威士忌[uɐi1si4kei5](洋酒)	whisky
麦当劳[mɐk7tɔŋ1lou2]	Macdonald

(续表)

广　州　话	英　语
肯德基[hɐŋ3tɐk7kɐi1]	Kentucky chicken
的士[tik7si4]	taxi
巴士[pa1si4]	bus
泵[pɐm1]	pump
鸦片[a1phin5]	opium
结(吉)他[kit7ta1]	guitar

表 8.13　现代汉语里来自上海话的外来词举例

上　海　话	英　语
沙发[so1faʔ7]	sofa
引擎[ɦiŋ4dʑiŋ2]	engine
马达[mo4daʔ8]	motor
太妃糖[tha5fi1dā2]	toffee
白兰地[ba8lɛ2di6]	brandy
香槟酒[ɕiā1piŋ1tɕiɤ5]	chamagne
加拿大[ka1na6da6]	Canada
卡片[kha5pi5]	card
卡车[kha5tsho1]	car
加仑[ka1lǝŋ2]	gallon
拷贝[kɔ1pe5]	copy
模特儿[mo2dǝʔ8l̩2]	model
安琪儿[ø1dʑi2n̩2]	angel
茄克(衫)[dʑiaʔ7khǝʔ7sɛ1]	jacket
高尔夫球[kɔl̩12fu1dʑiɤ2]	golf

　　有的外来词在上海的写法与在广州或中国香港地区不同,现代汉语采用的是上海的写法(表 8.14)。

表 8.14　上海和中国香港外来词写法比较

上海写法	广州或中国香港写法	英　　文
色拉	沙律	salad
巧克力	朱古力	chocolate
三明治	三文治	sandwich
白兰地	拔兰地	brandy
轮胎	车呔	tire
迪斯科	迪士高	disco
开司米	茄士咩	cashmere
盎司	安司	ounce
马达	摩打	motor
卡片	咭片	car
冰淇淋	忌廉	cream
沙发	梳发	sofa
高尔夫球	哥尔夫球	golf

　　广州或中国香港的写法与上海不同,而现代汉语采用的是广州或中国香港的写法,这样的外来词寥寥无几:

广州或中国香港写法	上海写法	英　　文
泵	帮浦	pump

　　在上海、广州或中国香港及一些沿海城市还有许多外来词只在民间流行,尚未进入现代汉语书面语。这样的外来词在中国香港更多,其中有许多是常用词汇,略举数例(见表 8.15)。

表 8.15　中国香港流行的外来词

外　来　词	词　义	英语原词
爹地	爸爸	daddy
妈咪	妈妈	mammy
贝贝	婴儿	baby

(续表)

外 来 词	词 义	英语原词
拜拜	再会	bye-bye
晒士	尺寸	size
士多	杂货店	store
麦	牌子	mark
(一个)骨	(一刻)钟	quarter
花臣	花样	fashion
菲林	胶片、胶印	film

　　20 世纪三四十年代在上海流行的外来词,《上海通俗语及洋泾浜》(上海通编辑部,1945 年)收录 200 多条,仍未称完备,如苹果攀(苹果馅饼 apple pie)、罗松帽(俄式呢帽 Russian hat)等大量外来词未收。其中有些词的写法与现在不同。这些词多半早已不用,这是 1949 年以后英语的政治竞争力衰颓的结果。这些上海久已不用的外来词其中有一些仍见于今中国香港(例见表 8.16)。

表 8.16　上海久已不用中国香港仍用的外来词

旧 上 海	今 中 国 香 港	词 义	英语原词
反身	花臣	花样	fashion
法依尔	快老	卷宗	file
开麦拉	开麦拉	照相机	camera
配生	巴仙	百分比	percent
一瓜得	一个骨	四分之一	quarter
三道头	沙展	警长	sergeant
佩佩	贝贝	婴儿	baby
大令	打令	亲爱的人	darling
普鲁	普罗大众	平民	proletarian
白司	巴士	公共汽车	bus

　　值得注意的是,当年吸收外来词,上海和中国香港各行其是,写法也各不相同,但是近年来上海吸收外来词多从中国香港转驳,如巴士(用于"巴士公司"。此词旧上海写作"白司",久已不用)、麦当劳、牛仔裤、T 恤衫。这是

上海方言的文化竞争力减弱的表现。

　　近年来从上海话进入书面语的外来词,就笔者所见似乎只有"手机"一个。"手机"近 6 年在上海的出现频率是 579 次,远高于其他各地。在 6 地出现的总频率是 1 491 次,占各种同义词出现频率的 38.75%,出现频率最高。它在各地的出现频率也是逐年提高,以至目前在 4 地都已高居首位,在中国香港为次常用词,在中国澳门的使用频率仅比次常用词"手提电话"少一次(见表 8.17)。但是"手机"的取胜也可以用语言内部结构因素来解释。

表 8.17　手机(mobile phone)

年　份		中国香港	中国澳门	中国台湾	新加坡	上　海	北　京
1995—1996	最常用	流动电话	手提电话	行动电话	随身电话	移动电话	移动电话
	次常用	无线电话	移动电话	大哥大	手提电话	大哥大	大哥大
1996—1997	最常用	流动电话	手提电话	行动电话	随身电话	大哥大	移动电话
	次常用	手提电话	流动电话	大哥大	流动电话	手机	大哥大
1997—1998	最常用	手提电话	流动电话	大哥大/行动电话	随身电话	手机	移动电话
	次常用	无线电话	手提电话	流动电话	流动电话	移动电话	大哥大
1998—1999	最常用	手提电话	流动电话	行动电话	流动电话	手机	移动电话
	次常用	流动电话	手提电话	大哥大	手机	移动电话	手机
1999—2000	最常用	流动电话	手机	行动电话	手机	手机	手机
	次常用	手机	手提电话	手机	随身电话	移动电话	移动电话
2000—2001	最常用	流动电话	流动电话	手机	手机	手机	手机
	次常用	手机	手提电话	行动电话	流动电话	移动电话	移动电话

　　闽语地区有些外来词来源于马来语,显然是东南亚的华侨带回来的。例如厦门话和潮汕话(见表 8.18,最后两例只用于潮汕)。

表 8.18　厦门话和潮汕话里的外来词

外来词	雪文	洞葛	亚铅	五脚忌	加步棉	ballu53	ku33li53
词义	肥皂	手杖	洋铁	街廊	木棉	气味	伙计
马来语	sabon	tongket	ayan	gokhaki	kapok	bau	kuli

　　UFO(空中不明飞行物)中国台湾译为"幽浮"。中国内地当初有人移用,但很快被意译词"飞碟"所取代。闽语地区产生的外来词没有一个进入普通话。不过近年来中国台湾的新词新语也有一些进入普通话,例如"族"本来在

现代汉语里是一个不能产的构词后缀,只用于"民族""种族""水族馆"等几个旧有的词,近年变成能产的构词后缀,构成下列词语:上班族、打工族、追星族、工薪族、电脑族、电视族等,显然是受中国台湾华语文的影响。下列这些词见于中国台湾的报章杂志:爱书族、拼图族、电玩族、模仿族、上班族。

从外来词进入现代汉语的比率来看,上海话的竞争力比广州话要强些,闽语更不在话下。就文字竞争力而言,以粤语为最强,其次为闽语。粤语、闽语和吴语的方言字在 19 世纪后半叶到 20 世纪初年,曾大量地用于方言《圣经》,以及西洋传教士的方言学著作。吴语的文字化在清末民初曾有过一次高潮,苏州话小说曾流行一时。但是现代吴语在文字化方面几无竞争力可言。在中国香港和中国台湾的粤语和闽语目前都有文字化的倾向,即用通行的方块汉字、方言字或另行创造的方言字记录方言口语,造成方言书面语,并且见于出版物。另行创造的方言字也以粤语为最多,中国香港政府在因特网上公布的方言字 3 000 多个。不过这些方言文字只是有限地通行于方言区内部,对别的方言区或汉语书面语几无影响可言。

三、地区性强势方言的竞争

1. 长江三角洲地区

在现代的长江三角洲地区强势方言是上海(市区)话,这是无可争辩的。但是将历史上溯 100 多年,强势方言却是苏州话。清嘉庆《松江府志》载:"府城视上海为轻,视苏州为重。"那时候的上海属苏州府,方言自然会向府城苏州靠拢。据明代嘉靖《松江府志》载:"方言语音视华亭为重。"华亭是后来的松江府治。那时候的上海属松江府,当地居民自然以府城方言为时髦。再上溯到 500 年以前,则嘉兴话是强势方言,明代正德年间的《松江府志》述及方言时说:"府城视上海为轻,视嘉兴为重。"上海地区宋代隶属于嘉兴府。自宋代以来,这一带的强势方言三易其主。不过在明清两代甚至民国初年,苏州话的文化竞争力一直是非常强劲的。南曲向来将苏州话用于净丑(花面)念白、打诨。李渔《闲情偶记·词曲部下·宾白第四·少用方言》说:"近代填词家见花面登场,悉作姑苏口吻,遂以此为成律,每作净丑之白,即用方言。"

上海是一个鸦片战争后才蓬勃兴起的移民城市。据上海的人口统计资料,1934 年原籍外地的居民占 75%,其中江苏籍占四分之一,浙江籍占五分之一,此外安徽籍、广东籍、山东籍和湖北籍占十分之一。到 1950 年原籍外地的人口增至 80%。本地居民的母语是旧上海县城里的方言,这种老上海话是以府治松江方言为底子的,单字调有六个或七个是其特点之一。外地移民的母语主要是苏南和浙北的吴语。苏南吴语以苏州话最有权威,浙北吴语以宁波话最重要。江苏籍中有相当一部分是苏北人,上海人称他们为"江北人"。江北人大多来自扬州一带,说扬州腔的江淮官话,被称为"江北闲话"。他们在旧上海属蓝领阶层,大多以苦力劳工、剃头、浴室杂务为业。他们的经济地位很低,所以,他们的方言也毫无竞争力可言。这样就由旧上海话、以苏州话为代表的苏南吴语和以宁波话为代表的浙北吴语这三种方言,互相竞争高层语言。老上海话的文化和经济竞争力较弱,只是人口竞争力可以与苏州话或宁波话相当。苏州话文化竞争力最强,而经济竞争力不如宁波话。宁波话经济竞争力最强,而文化竞争力不如苏州话。谁也不占明显的优势。结果是这三种差异不算大的方言互相杂交,形成一种新的混杂性的方言,大家将它作为共通的高层语言。

　　这种混杂型的方言经过近百年的融合、发展,到 20 世纪 60 年代才最终形成,因受户口制度的限制,60 年代上海才不再有大批人口迁入。杂交而成的上海话,有两个明显的特点。一是兼有苏南和浙北吴语的特点,如第一人称复数采用宁波话的"阿拉",反复问句可以用苏州话的形式,即以发问词"阿"开头,如"侬阿去?"(你去吗?),或者用苏州话和本地话混合的形式,如"侬阿去伐?"二是语言系统简化,例如只有五个单字调,在吴语里是最少的,连读变调的规律也是最简单的。近年来因实行开放政策,外地人移居上海又日见增多。但上海话已经稳定,新移居人口及其后代一般都会努力学习上海话,成为双语人,其情况与广州话在中国香港一样①。

　　2. 闽南地区

　　闽南地区当今的强势方言是厦门话,但是在 150 年前却是泉州话。泉州是厦门地区开发最早的地方,唐开元时人口已有 5 万多户,隋唐后成为全国重要海路对外交通中心之一。清嘉庆年间出版的《汇音妙悟》就是以泉州音为标准的。梨园戏是闽南最古老的剧种,至今仍以泉州音为标准音。一般来说戏剧语言是比较保守的。漳州话在闽南的地位,曾因漳州月港成为闽南外贸中心,一度有所提高,但到清末仍未能取代泉州话的强势地位。鸦片战争后厦门成为对外通商口岸,它在闽南的地位急剧上升。厦门话也因语言的文化

---

　　① 《当代上海的语言竞争》,载郑培凯、鄢秀主编:《文化认同与语言焦虑》,广西师范大学出版社,2009 年,第 311—340 页。

和经济竞争力大为增强,而取代泉州话,成为闽南地区的强势方言。

3. 东北地区

东北是清代中期之后形成的移民社会,移民来自北方各地,而以山东人和河北人占绝大多数,其中又以山东人为多。"闯关东"的山东人原籍主要是青州府、登州府和莱州府。他们多从海路在大连和营口登陆,先进入辽东半岛和辽河流域,再移植辽宁的东南部、东部和北满。他们聚族而居,以务农为主要职业。河北人则由陆路先就近移居锦州地区,再扩散到辽宁的北部和其他地区。他们除了务农之外,也有不少人经商,特别是在各地开酒坊。有的当年酒坊的名称还保留在今天的地名里,如伏隆泉、永盛泉等。在语言的竞争力上,河北人的经济竞争力较强,而山东人的人口竞争力较强,两种竞争力互相抵消,双方都无强势可言。他们的原籍方言也都不是强势方言。最终他们选择北京官话作为通用的高层语言,形成今天的东北官话,在官话区内这是一种与北京话最接近的方言。

第四节 新加坡的语言竞争

一、新加坡社会发展和语言使用概况

新加坡原是柔佛管辖下的小渔村,1819 年英国人把它开辟为自由港,从此新加坡成为英国殖民地。新加坡由一个较大的岛和 50 个小岛组成,总面积约 620 平方公里,只有中国香港的一半大小。近 200 年来人口急剧增长,从一个小渔村发展成为国际大都市,不过人口还不到中国香港的一半。成为自由港后,新加坡主要从中国、印尼和印度大量输入劳工。印尼人和当地土著同属马来人,至今新加坡的人口仍以华人、马来人和印度人为主。据 1990 年的统计,新加坡全国人口总数及三大民族所占比率见表 8.19。

表 8.19 新加坡三大民族人口比较

	总人口	华 人	马来人	印度人	其 他
人 数	2 705 115	2 102 795	382 656	190 907	28 575
百分比	100	78.7	14.1	8.1	1.1

* 资料来源:Saw, *Population Control for Zero Growth in Singapore*, Singapore: Oxford University Press, 1980。

三大民族的人口以华人最多,印度人最少,自 1839 年以来一直如此。

华人的母语主要是各种汉语方言和华语,马来人的母语是马来语,印度人的母语是泰米尔语。新加坡独立后以马来语为国语,而官方语言有四种,即英语、华语、马来语和泰米尔语。据 1990 年的统计,各民族 10 岁以上的人使用这四种官方语言所占百分比见表 8.20。

表 8.20　各族人使用四种官方语言的百分比(1990 年)

	英　语	华　语	马来语	泰米尔语
华　人	62.2	79.2	1.5	—
马来人	73.8	0.5	95.7	0.1
印度人	81.6	1.1	28.4	50.0
其他人	92.6	6.5	31.3	0.2
全国人口	65.5	62.2	16.2	3.6

*资料来源:Lau, Kak En, *Singapore Census of Population* 1990;*Religion*, *Child Cared*, *Leisure Activity*, Singapore:Department of Statistics,1993。

华人只有 79.2％会华语,而马来人会马来话的仍高达 95.7％。华语人口的萎缩,是由多方面的原因造成的,语言的宗教竞争力较弱是原因之一。10 岁以上马来人和华人的宗教人口百分比见表 8.20。马来人的宗教意识很强烈,几乎全体都是伊斯兰教教徒,并且不与非伊斯兰教教徒通婚。新加坡伊斯兰教的语言即是马来语,《可兰经》是用马来文译写的。宗教对于民族及其语言的凝成具有极强的内聚力,三者可以说是相辅相成。

华人的宗教意识比马来人淡薄。华人不信神占 18％,马来人只占 0.2％。华人的宗教以佛教和道教为主,共占人口总数的 67.7％(见表 8.21)。佛教和道教的信徒中的许多人只是遇事拜神,所谓"无事不登三宝殿"。或者只是供奉财神,指望发财而已。佛教和道教在华人社会的语言竞争力是非常有限的。华人中有 18％是无任何宗教信仰的。另有 14％是基督徒,在华人社会里这个比例是很高的。基督徒在中国香港只占人口总数的 5％左右。新加坡基督教的通用语言是英语,华人中的基督徒较易放弃华语,转而使用英语。

表 8.21　马来人和华人的宗教人口百分比(1990 年)

	佛教	道教	基督教	回教	其他	无神
华　人	39.3	28.4	14.0	—	0.3	18.0
马来人	—	—	—	99.6	0.2	0.2

* 资料来源:同表 8.20。

　　华人的方言母语有十几种之多(参见表 8.25),至今仍界限分明,并不混杂。华人南迁新加坡至少已有近 200 年的历史,而新加坡又是一个很小的城市国家,按常理方言早已混化,但是实际上方言一直是各民系自我认同的最重要的标志。其中的原因与各民系早期移民的聚落型态关系甚大。

　　在星马各民系早期移民所从事的职业各有所侧重,例如脚夫、泥水匠、码头工人、鱼贩、五金店主、银行业者以福建人为多;出入口商人、木炭商人、打石工人、屠夫以潮州人为多;酒楼东主、当铺东主、面包师傅、木匠、打金匠以广东人为多;打铁匠、中式牙医、药材店以客家人为多。对于早期劳务密集型职业,工友、同事或同行之间的配合是至关重要的,而良好配合的前提是语言的互相沟通。因此方言相同的民系易于聚集从事相同的职业。这种聚集导致某一民系在某一地区占有人口上的优势,见图 8.2。图上的 A,

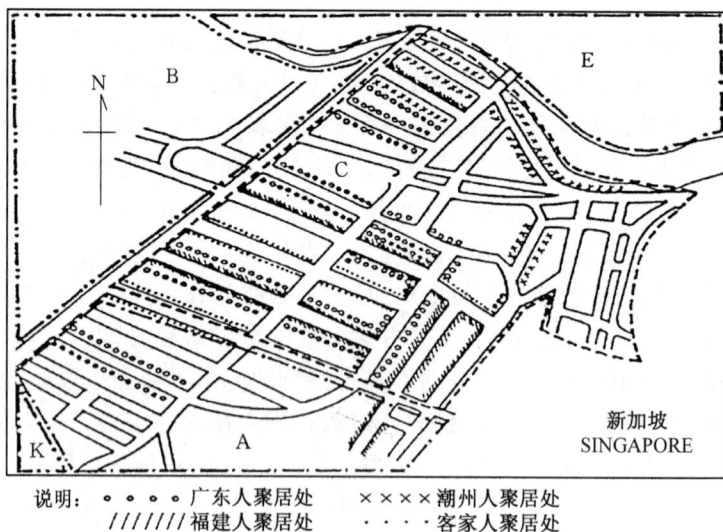

说明:　∘∘∘广东人聚居处　×××潮州人聚居处
　　　 ///////福建人聚居处　····客家人聚居处

图 8.2　新加坡各华人民系聚落分布图(1891—1901 年)

* 资料来源:据 1891 年及 1901 年人口普查。

B，C，E，K 表示新加坡的市政分区。民系的聚居又反过来有利于方言的延续①。

二、顶层语言的竞争

第二次世界大战后，新加坡摆脱了英国的殖民统治，成为马来西亚的一部分。新加坡 1965 年脱离马来西亚，成为独立的共和国。在殖民统治时期，顶层语言自然是英语。在独立之后的新加坡，就国家的语言政策而言，英语失去了政治竞争力，当然不能作为国语。就人口数量而言，华人占绝对多数，但是如果以华语为国语，则有可能发生民族问题，影响国家稳定。况且华人各民系各有自己的方言，华语并不是华人的母语。华语在新加坡的历史上是后来的语言。在华人移居新加坡之前，当地的土著是马来人。1959 年新加坡成为马来西亚的一个自治邦，同年的自治邦宪法宣布马来语为国语。马来语在名义上被当作国语。但实际上，可以说是徒有虚名。

就国家的语言政策而言，英语、华语、马来语和泰米尔语是四种地位相等的官方语言。但是作为官方语言，英语是最常用的。英语是实际上的行政、外交、法律、金融的工作语言（working language）。华语、马来语和泰米尔语只不过是名义上的官方语言。

英语实际上在新加坡取得了至高无上的地位，具有"国语"的实际地位（de facto national language），究其原因有以下几方面。

1. 人口竞争力占优势

虽然以英语为母语的人口，包括欧洲同化民并不多，但是会英语的人却占总人口的 65.5%，而会汉语各种方言的人只占 62.2%。所以这里所谓人口竞争力占优势是就会英语的人口而言的。

新加坡的人口中有所谓欧洲同化民，即放弃本民族的语言、文化、宗教、生活习惯，改从西方的人。在三大民族中，马来族的宗教忠诚度最强烈，他们笃信伊斯兰教，而马来语是伊斯兰教的常用语言，所以马来族几乎没有欧洲同化民。欧洲同化民主要来自华族和印度族，但也只占极小的比率（见表 8.22）。

---

① 麦留芳：《方言群认同——早期星马华人的分类法则》，中国台湾"中央"研究院民族学研究所，1985 年。

表 8.22　华族和马来族同化民人口和百分比(1957 年)

	本　族　人	马来同化民	欧洲同化民
华　族	1 091 596 (100%)	11 364 (1%)	2 287 (0.2%)
印度族	129 500 (100%)	9 255 (8.1%)	1 004 (2.2%)

＊资料来源:S. C. Chua, *Report on the Census of Population 1957*, Singapore:Department of Statistics, pp. 155—156。

虽然会华语的人口占全国人口的百分比只比会英语的低 3 个百分点,但是华语使用的范围几乎只限于华族,马来族和印度族很少人会华语,所以华语并不是族际语言。马来语或印度语更没有条件成为族际语言。英语的情况就大不一样了,它在人口分布上更均衡,三个民族都有很多人会英语,所以英语是实际上的族际共同语。与此相似的是英文日报也是实际上的族际共同报,见表 8.23。

表 8.23　各族人口日常阅报百分比(1993 年)

	华　族	马来族	印度族	占全国人口百分比
华文日报	59	0	1	46
英文日报	47	43	59	49

＊资料来源:SRS Media Index, 1993。

从表 8.23 来看,三大民族各自阅读本民族语文的报纸,不读或几乎不读别的民族语文报纸,同时三个民族都有一半左右人读英文报纸。全国有 49%的人口阅读英文报纸,读者比华文报纸高出 2 个百分点。这与英语用于族际共同语的现象是相平行的[①]。

英语还有所谓"外援人口竞争力"的优势。新加坡是东南亚的金融、贸易和交通中心之一。周边国家和地区都曾以英语为官方语言或实际上的族际共同语,许多人通晓英语。英语实际上也是流动人口的常用语言。

2. 经济竞争力占优势

英语不仅是行政和法律语言,而且也是金融和高级商务语言。在人才

---

① 泰米尔文报纸(Tamil Murasu)资料不详。

市场上应聘高薪职位,英语是必备的条件。据统计,在 1966 年,英文学校出身的人士收入比非英文学校出身的人士高出 20.3％至 81.8％,英语的"含金量"显然要高得多。在 1980 年,月薪超出 3 000 元的高薪人士,英文学校出身的占 66.1％,华文学校出身的只占 20.5％①。

3. 教育竞争力占优势

新加坡将英语用作教学语言始于 19 世纪 30 年代,最早的英文学校是佛莱士书院。那时的学校以中文学校占大多数,中文学校也开始教初级英语。此后英校逐渐增加,英语在华校的地位也逐渐提高。从 1871 年开始,注册学童和社会上会英语的人口同时逐年攀升,两者显然有因果关系。见图 8.3。英校学童的人数占全国学童的比率从 1960 年的 51.81％增至 1976 年的 86.02％②。

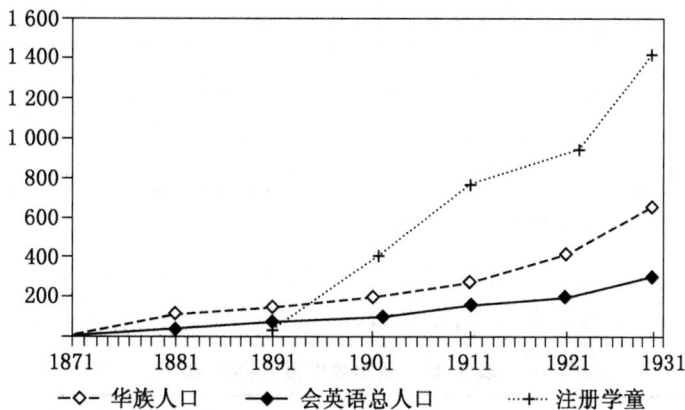

图 8.3　注册学童和会英语人数递增关系图

* 资料来源:关汪昭,1998。

三、华人社会高层语言的竞争

新加坡华人社会是由使用不同方言母语的民系构成的。据 1957 年的调查,各民系、人口及其所占百分比见表 8.24。

---

① 转引自关汪昭:《英语在新加坡的传播和演变》,载云惟利编:《新加坡社会和语言》,南洋理工大学中华语言文化中心,1988 年。

② 同上。

表 8.24　新加坡华人的民系和方言(1957 年)

	人　口	占华人%	占全国人口%
福　建	443 707	40.6	30.6
潮　州	245 190	22.5	16.9
广　东	205 773	18.9	14.5
海　南	78 081	8.2	5.4
客　家	73 072	6.7	5.0
福　州	16 828	1.5	1.1
上　海	11 034	1.0	0.7
兴　化	8 757	0.8	0.6
福　清	7 614	0.7	0.5
广　西	292	—	—
其　他	1 248	0.1	—
合　计	1 091 596	100	75.4

* 资料来源:同表 8.22, pp.155—161。

　　表 8.24 上的 11 个华人民系是以人口多寡为序排列的,如果以方言的类别划分,可以分为五大类,见表 8.25。

表 8.25　新加坡汉语方言类别

一	闽语	二	粤语:广东、广西
	闽南话:福建、潮州	三	吴语:上海
	海南话	四	客家话
	闽东话:福州、福清	五	官话等:其他
	莆田话:兴化		

　　所谓"上海话"不限于仅在上海一地使用的方言,实指江浙话,即吴语。其概念大致与中国香港人的所谓"上海话"相同。"广西话"是指广西的白话,即粤语的一种次方言。兴化是今福建莆田的旧称。以上几种方言差别较大,互相不能通话。华人社会需要有一种通用的高层语言。在各种方言中,闽语的人口竞争力最强,似乎最有可能成为高层语言。但是闽语作为高

层语言并不理想,主要有三方面的原因。

第一,人口竞争力不很强。

就人口数量而言,厦门一带的闽南话虽然占有优势,但是所占比率也不足三分之一。其人口竞争力跟中国香港的粤语或中国台湾的闽南话不可同日而语,中国香港以粤语为母语的人口占人口总数的 80％以上;中国台湾以闽南话为母语的人口占人口总数的 70％以上。

第二,经济竞争力很低。

就在国际上的经济价值而言,英语当然是最高的,近年来华语也有所提高。但闽语几无价值可言,除了与中国内地的闽南地区和中国台湾的民间商业往来。

第三,文化竞争力平平。

闽南地区的文化中心自古以来是泉州,强势方言也是泉州话,鸦片战争之后其地位才渐渐被厦门和厦门话所代替。强势所及的范围只是邻近的厦门、泉州和漳州一带,并不包括福州和潮汕。其情况与广州大不相同,广州自古至今一直是两广地区的政治、经济和文化中心。其方言也一直在两广地区享有权威地位。所以厦门一带的闽南话在新加坡各民系之中的文化竞争力平平,不像粤语在中国香港非常强劲。

当然,如果没有后来的华语运动,一种混杂的闽语也许会缓慢地成长为华人各民系的高层语言。华语运动不仅使这种演变的趋势不再发展,而且使方言的社会功能大大萎缩。

从开埠到独立建国的 100 多年来,新加坡华人的家庭语言一直是各民系原有的方言。据 1980 年的统计,华人以方言母语为家庭语言的仍然占81.4％。其中以厦门话最多,占 38.5％;潮州话其次,占 18.5％;广府话再次,占 16.1％[①]。

由政府发起的"推广华语运动"是在 1979 年 9 月揭开序幕的。政府除了普遍宣传、编辑出版课本外,还采取了一些行政措施鼓励华人多用华语,例如:以兼通华语的职员替换只懂英语的劳务员工;华人出租汽车司机必须能听会说华语;逐步取消电视台和电台的方言节目;地名和人名用汉语拼音

---

① 张楚浩:《华语运动:前因后果》,载云惟利编:《新加坡社会和语言》,南洋理工大学中华语言文化中心,1988 年。

方案拼写等①。

　　"推广华语运动"在短短的20来年里取得了很大的成功,无论是社会生活或家庭生活,华语的使用人数和使用频率都大为增加。据统计,华人小学一年级学生1980年有64.4%在家里常用方言,只有9.3%常用华语,到了1989年,常用方言的比率降至8.2%,而常用华语的比率升至23.3%(见表8.26)。

表8.26　华人小学一年级学生常用家庭语言比率变化表(1980—1989年)

(单位:%)

年　度	方　言	华　语	英　语	其　他
1980	64.4	9.3	25.9	0.3
1981	52.9	10.7	35.9	0.4
1982	42.7	12.0	44.7	0.5
1983	31.9	13.4	54.4	0.5
1984	26.9	13.9	58.7	0.4
1985	16.1	16.9	66.7	0.2
1986	16.1	16.5	68.1	0.3
1987	12.5	19.1	68.0	0.4
1988	9.5	21.0	69.0	0.5
1989	8.2	23.3	69.1	0.4

＊　资料来源:新加坡教育部。

　　与公众接触的华人公务员说华语的能力也有所提高,即从1979年到1985年提高了8个百分点。

　　华语之所以取得高层语言的地位,主要有三方面的原因。

　　第一,强劲的政治竞争力。

　　在华人各民系中推广华语,这是国家语言计划(language planning)的组成部分,是一种政府行为。相对于其他方言,华语具有至高无上的地位,

① 张楚浩:《华语运动:前因后果》,载云惟利编:《新加坡社会和语言》,南洋理工大学中华语言文化中心,1988年。

这种地位是靠政治竞争力确立的。

第二,独一无二的文字竞争力。

华人各民系方言口语虽然各不相同,但是书面语言却是统一的。例如华文报纸的文字用现代汉语书面语,不像中国香港的报纸杂用方言文字,而华人日常阅读华文报纸的人数,据 1993 年的统计,占华人总数的 59%。

第三,背后的文化竞争力。

中华文化是华人各民系共同的母文化。中华文化,特别是其中的精英文化,例如道教儒学、唐诗宋词,都是用华语的书面语记录的。削弱华语或华文,即是削弱中华文化。新加坡华人社会面临英语和西方文化的猛烈竞争,加强华语和华文是维护中华文化和华人民族尊严的关键所在。

思考与练习

1. 语言竞争力有哪几种? 决定语言竞争胜负的关键因素是什么? 请举例说明。

2. 请比较汉语方言在中国香港和新加坡的社会地位。

3. 英语的社会地位在中国香港和新加坡有什么不同?

4. 请从外来词的角度谈谈吴语和粤语竞争力的消长情况。

5. 举例说明当代汉语新词始生阶段有什么特点?

第九章　语言与文化

第一节　语言与文化共生、共存

一、语言与文化共生

语言是人类区别于动物的重要标识。动物固然也会发出简单的声音，但是这些声音还不是语音，因为它们的音节边界是不清晰的，意义是含糊的。人类的祖先大约在 400 万年以前开始直立行走。直立行走是猿向人进化的里程碑，它使猿人的嘴、喉有可能发出清晰的语音，嘴的功能由饮食和争斗变为饮食和发音，争斗的功能改由前肢去完成。直立行走又使视野开阔，使大脑发达。前肢从爬行中得到解放之后才有可能制造工具，而制造工具也促使大脑发达。大脑的发达、发出较复杂的语音的可能和生存斗争的需要这些因素综合作用的结果，便是语言的诞生。

人类的语言是什么时候产生的？这是一个至今仍然没有确切答案的问题，因为没有任何可以断代的直接证据。语言和文化应该是共生的，它们的产生和发展是一个漫长的渐进的相辅相成的过程。人类的石器时代可以追溯到 200 万年前，那时候应该已经产生一些意义明确的语音符号。洞穴绘画和原始雕刻之类原始文化大约可以追溯到 5 万年前，那时候人类应该已经有相当发达的语言。而人类语言的充分发达应该至迟距今 1 万年前，那时候农耕文化和最初的文字已经在西亚萌芽。

语言的诞生是人类脱离动物界的最重要的标志，也为灿烂多姿的人类文明揭开了序幕。如果我们把"文化"定义为人类在历史上为了自身的生存和发展而从事的积极创造，那么语言应该是文化的一部分，而且是非常重要的一部分。语言的诞生一方面意味着人类文化的诞生，另一方面又极大地促进了其他文化现象的诞生和发展。

　　语言和音乐是共生的。这里所说的音乐主要指声乐。语言和音乐的一个最根本的共同点就是都必须发音。大约距今 400 万年以前，人类开始直立行走。人类的直立使发音器官有可能发出清晰的语音信号，不过这时候的发音还不是语言或音乐，而只是兼有表达感情和传递信息作用的意义含混的有声信号。例如当一个原始人看到野兽的时候，他可能惊呼，这种惊呼既表达惊恐的情绪，也是警告同伴的信号。

　　这些原始的混沌的语音即是语言和音乐的最初的出发点，所以我们说语言和音乐是同根共生的，不过后来分成不同的枝杈，各自发展而日趋完善。

　　音乐和语言虽然很早以前就走上独立发展的道路，但是两者的关系还是非常明显的。上文提到的原始的混沌的语音兼有表达感情和传递信息的双重作用，在此基础上发展起来的语言，其作用以传递信息为主，表达感情为辅。语言最后发展成为一种结构严密的符号系统。而在此基础上发展起来的音乐，其作用则以表达感情为主，以传递信息为辅。所以有些难以言传的感情可以用音乐来表达，而作为传递信息的工具，音乐远没有语言明确、细密。·

　　语言与音乐的亲缘关系还表现在两者语音结构上的相似。语言和音乐都有民族性，同一个民族的语言和音乐在语音结构上有某种一致性。例如捷克语的词重音落在第一个音节上，而声乐或弦乐作品中的乐句重音也落在首音上。汉语有声调的特点也反映在传统音乐上，它的旋律的进行是以字调的升降作为基础的，这与西方音乐以轻重音为基础大不相同。中国音乐和西方音乐的上述特点是与各自的语言的特点相适应的。

　　古人很早就注意到音乐和语言的密切关系，并且有意识地把两者结合起来，以达到声情并茂、流传久远的效果。《礼记·乐记》说："诗，言其志也；歌，咏其声也；舞，动其容也。三者本于心。"这是说诗歌、音乐和舞蹈都是发自内心，表达情感的。孔子更有意于把《诗》三百篇与音乐结合起来，据《史记·孔子世家》说："三百五篇，孔子皆弦歌之，以求合韶、武、雅、颂之音。"

　　在人类的各种文化现象中语言占有特殊的地位，语言是高一层次的文化现象。所以人们常常把语言从文化中离析出来，讨论它与文化的关系。语言在文化现象中的特殊关系，表现在以下四个方面：

　　第一，语言（这里指母语）的习得是无意识的，如果没有生理上的缺陷，对所有人都是平等的,而其他文化行为都要经过后天的艰苦训练才能获得,且其结果会因人而异,决不会是平等的,例如音乐、体育、绘画。

第二,语言是人类文化成长的契机和关键,其他文化现象的产生和存在都以语言为基础。如果人类文化是一个由各种文化现象编织在一起的网络,那么,语言就是这个网络的总的结。例如,体育如果没有规则,就不能形成,更不能存在,而规则必须由语言来表达。语言可以说是人类文化成长树上的树根。

第三,语言,包括记录语言的文字,是文化现象流传广远和悠久的最重要的工具。绘画、雕刻、音乐等也可以传播文化,但是其内涵和重要性都远不及语言文字。

第四,语言是文化的代码,特别是词汇尤其明显。每一种语言都有它的文化背景,汉语的背景即是中国文化。例如汉语造词法上的某些词序反映中国人的某些传统思想,"男女老少、父母兄弟、师生员工、夫妻、姐妹"这类词语的词序不能颠倒,它们的背景是"男尊女卑、长幼有序、敬老孝悌"的传统观念。

以上所说的语言和文化是指一般的语言与文化,而不是指个别的语言和文化,即某一种语言和跟这种语言相匹配的文化,如汉语与中华文化、粤语与粤文化等。就个别的语言与文化而言,两者虽然关系密切,但是并不一定是相互依存的。例如中国的回族虽然属伊斯兰文化,但是早已脱离阿拉伯语,而改用汉语。

关于种族、语言和文化这三者的互相关系,美国人类学家鲍阿斯(Franz Boas)的见解值得参考①。

二、语言与文化共存

语言是文化的代码。一个特定的社会或社团虽然解体了,但是只要文化特征或文化心理没有消亡,这种语言或它的某些成分可以依然存在。

在使用某一种语言的社团瓦解的时候,这种语言并不是立即消失的,而往往要经过一个双语(bilingualism)的过渡阶段,即在某些场合(如日常与本社团人交谈时)使用本社团话,在另一些场合中(如与非本社团人交往时)

---

① D. Hymes, *Language in Culture and Society: A Reader in Linguistics and Anthropology*, New York, Harper and Row,1964.

则使用另一种新学会的语言。双语现象的产生和维持,不仅是出于方便交际的目的,同时也是为了满足文化心理上的需要。

即使在双语阶段结束以后,本族语或本地语也不会立即死亡,而是与它背后的文化相应地缓慢萎缩。萎缩的情形可以有以下几种:

一是退缩到宗教领域。如中国历史上的犹太移民在放弃母语之后,掌教的神职人员仍使用希伯来语诵读和讲解犹太经文。

二是退缩到家庭生活中。即这种语言只是在家庭生活中使用,在社会生活中已不再使用。例如,四川省许多人数较少的濒临消亡的客家方言岛上的客家话。

三是退缩到个人内部语言。即思考问题、心算、自言自语等情况下使用母语。

四是退缩到语言底层中。例如,汉语南方方言中残留的古台语底层成分。

五是退缩到个别文化词汇中。例如,在中国的各大城市多少都有些满族居民,虽然满语作为口语早已不再使用,但是满语词"萨其马"(一种满族传统糕点)仍然在各大城市流行。

六是保存在文字里。即使一种语言完全停止使用,这种语言还可能保存在它的文字里,而语言背后的文化将和它的文献共存。例如,西夏文是中国古代记录西夏党项羌族的文字,创制于 11 世纪,是当时西夏国的官方文字,与汉文并用。随着西夏国在 13 世纪灭亡,西夏党项羌族的语言也渐渐不再使用。但是从保存至今的西夏文献,如《音同》《番汉合时掌中珠》等,仍然可以了解西夏语言及其文化。

语言与文化共存的最典型的例子可以说是拉丁语和拉丁文化。拉丁语作为日常生活中的口语,在文艺复兴以后,已被欧洲各民族的语言所代替,但是一直到现代它仍然活跃在学术领域。欧洲语言中的医学、药学、动物学、植物学、化学、天文学等学科的新术语,仍然使用拉丁语的词根作为构词的基础。西方社会的法律和行政用语中仍保留了许多拉丁语的措辞和表达方式。一直到 20 世纪 60 年代,现代天主教教堂还在使用拉丁语。世界上许多语言都采用拉丁字母作为拼写字母,汉语的拼音方案也是采用拉丁字母的。拉丁语和拉丁文不仅曾是记录、传播和发展西洋文化的工具,而且也是西洋文化的一部分,拉丁语和拉丁文将与西洋文化共存。

三、语言发展滞后于文化

语言的发展比文化史的发展要缓慢一些,某些文化现象消失了,反映这种文化现象的词汇有可能随之消失,如帝制结束后,"朕"一词也废弃不用了;也可能旧词转而表示与旧词的词义有联系的新事物,因此追寻这些词的词源有助于了解某些已经消失的文化现象和某些文化现象的演进过程。

从某些词的词义的演变可以看到某些文化现象演进的踪迹。下面举三个例子。

钟,在现代是计时的工具。在古代最初却只是祭祀或宴享时用的乐器,铜制而中空,用木槌击之使发声。《诗经·关雎》载:"窈窕淑女,钟鼓乐之。"后指佛寺中悬挂的钟。佛寺中的钟虽然不是专用的乐器,但是形制相似,同样有音响效果,所以与上古时代的钟有相通之处。佛寺中的钟起报时的作用,所以现代的计时工具舶来后,即以"钟"命名。不过这种钟不必击而发声,故称"自鸣钟",后又称时钟。

床,《说文》曰:"床,安身之几坐也。"段玉裁注:"床之制略同几而庳于几,可坐,故曰安身之几坐。床制同几,故有足有桄。"所以,"床"古时指坐榻,如胡床,亦称交椅。陶谷《清异录·陈设门》载:"胡床施转交以交足,穿便绦以容坐,转缩须臾,重不数斤。""床"的另一古义是安放器物的架子,如琴床。汉文化中出现供睡觉用的家具,"床"一词的意义也发生演变,不再指椅,而指供卧之具。"床"的另一古义"置物之具"仍保留在现代一些吴方言中,如浙江富阳、诸暨、绍兴称桌为"桌床",其中"床"即存古义;又称供睡之床为"眠床",以与"置物之具"的"桌床"相区别。

"车"在古汉语里的本义是"轮舆",后来发展出"交通工具"和"用轮子转动的机械"两大引申义。在现代汉语标准语里,"车"多用于第一个引申义,第二个引申义已少用,如风车、水车,但在方言里"轮子"一义或第二个引申义仍常用,例如,以"轮子"或"像轮子那样转动"为基本词义的方言词有:

车巾子——涎布。用于福建邵武赣语。

车转——转过来、倒过来。用于四川邛崃和贵州桐梓的西南官话。

车脸——回头、转脸。用于湖北红安江淮官话、贵州大方、赫章西南官话。

车背——转背。用于贵州大方西南官话。

车反——翻腾、动翻。用于厦门闽语。

指"用轮子转动的机械"的方言词有：

车衣——缝纫机。用于广州话、深圳客话。

洋车——缝纫机。用于吴语杭州、金华岩下、苍南金乡。

车俚——用脚踏的纺车。用于江西高安赣语。

车叶——螺旋桨。用于广州粤语、厦门闽语。

车箬——螺旋桨。用于厦门闽语。

英语里的 pen 一词也是很好的例子。它的本义是"羽毛"，来自拉丁文 penna。在近代它还只能指鹅毛笔，在现代却可以用来指带金属笔尖的钢笔了。

四、语言结构与文学体裁

不同的民族文学体裁也可能不同，原因之一就是一个民族的文学形式受到它的语言结构的制约。这一点平时似乎不易觉察，但是一经把一种语言的文学作品(特别是诗歌)译成另一种语言，就会体会到这一点。文学作品译成另一种语言，不能不损失部分原意，即使是最优秀的翻译家也不能保证百分之百地传神。当然这里所说的翻译作品损失原意，不是指因译者误解、误译所带来的结果，而是指的由于两种语言的差异带来的不可避免的损失。

可以说明这个问题的实例很多。如古今汉语，特别是近体诗，常不举主语，但是英语口语，甚至诗歌亦须标举主语。所以英译汉诗常不能与原意密合。下面举两首唐诗的英译加以说明[①]。李白《静夜思》："床前明月光，疑是地上霜"，有两种不同的译法。

① I wake, and moonbeams play around my bed, Glittering like hoarfrost to my wandering eyes.

② I saw the moonlight before my couch, And wandered if it were not the frost on the ground.

例①的译法因补出主语 I(我)，不得不添上 wake(醒)。就原义来说，I wake 是画蛇添足。

例②的译法因补出主语，不得不用 I saw(我看见)。反而破坏了原诗的意境。

---

①　引自吕叔湘:《中诗英译比录》，上海教育出版社，1980 年。

③ Her candle-light is on her chill bright screen, Her little silk fan is for fireflies.

例③所译是杜牧《秋夕》:"银烛秋光冷画屏,轻罗小扇扑流萤。"原诗未举主语,动作的执行者没有明言。英译不得不举主语,并且不得不决定主语属第几人称,结果使原诗意境大受损失。

以上三例都不是误译,而是语法结构的不同影响原意的表达。

一种语言的文学作品,尤其是韵文,如诗歌,它在形式上的特点会受到语言特点的牵制,或者说是跟语言的特点相协调的。这种协调一致,对于本族语的使用者往往是不自觉的,但是,如果跟别种语言的文学作品比较一番,就可以觉察。例如英语诗歌的特点是音强(即重音对比),法语诗歌的特点是音节数目、押韵与同位元音的协调,汉语旧体诗词的特点是字数的限制、声调对比、对偶和押韵。这三种诗歌的特点是分别与这三种语言的特点密切相关的。

汉语的旧体诗词讲整齐、重对偶、词序灵活、富于音乐美感等特点,是与汉语单音节语素和有声调这两大特点有关的。

汉语是单音节语素语,一个语素是由一个音节构成。所谓语素,包括词、构词成分或构形成分。古汉语中的词是单音节占多数,虽然后来有双音节化的趋势,但是即使在现代汉语里,最常用的词还是以单音节占绝大多数。据《现代汉语频率词典》(北京语言学院出版社,1986 年),前 300 个出现频率最高的词中,只有 55 个是双音节词,其余都是单音节词,单音节词占81%强。即使是双音节词,很多也是由两个在语义上可以独立的单音节语素并合的,或者由核心语素加以词头或后缀连缀而成。前者如"看见、敌人",后者如"人们、孩子"。这跟印欧语言中的双音节词大不相同。以英语的双音节词为例,除了部分合成词外,一经拆开,语义就不可解,或者跟并合时的语义毫不相干。前者如 paper(纸)拆为 pa 和 per,各自毫无意义;后者如 scarlet(鲜红色)拆开后变成 scar(疤)和 let(让)。

单音节语素可以说是构成旧体诗词的基本积木。这种基本积木小巧玲珑,可并可拆,变化万千。汉语的这一特点为旧体诗词讲整齐(字数或音节数的整齐)、重对偶、组词和词序的灵活性提供了必要的条件。

为求整齐,写作时必须时时增减字数。汉语词单音的可以衍为双音,双音又可以缩为单音,所以增减字数极为方便。例如《楚辞》:"登石峦兮远望,路渺渺兮默默。"颜延年《还至梁城作》:"渺默轨路长,憔悴征戍勤。""渺渺"

缩为"渺","默默"缩为"默"。即使换用别的词也不难,因为基本单位都是单
音节的,不必为音节长短费心。如"僧推月下门"改为"僧敲月下门",只要在
诗意上想得到,换字并不难。

　　大量的单音节基本积木为对偶的运用提供了极大限度的可能性。汉诗
的对偶讲究音节长短整齐,因为字都是单音节的,所以对字的选择有极大的
余地。例如,汉语的数词和量词都是单音节的。所以将数量词用于对偶句
也易如反掌。正因为如此,含数量词的对偶句颇常见,如辛弃疾《西江月》:
"七八个星天外,两三点雨山前。"在旧时代,对偶的技巧是儿童时代就可以
掌握的,旧时代儿童启蒙教育中有"对对子"这一门课,要求学会"来鸿对去
燕,宿鸟对鸣虫"之类。各地民歌中也普遍运用这种技巧。西洋文学也有所
谓对偶,所指是词、短语的对照和均衡。因为印欧语不像汉语那样是单音节
语素语,所以互成对偶的成分,音节的长短不求整齐,只是语意求匹配而已。
汉语韵文的对偶不仅求意对,而且求音对(音节数和平仄对称),所以特别富
于语言美学价值。

　　汉语中大量双音节并列式复合词,因为是由单音节的语素合成的,前后
两个语素或叠义或近义或反义,在诗词写作中,可并可拆,以满足节律和整
齐的需要。此类复合词甚多,如"巷陌、宾客;烟雾、风雨;朝暮、明灭"。这类
词在诗词中拆拆并并是很常见的。例如,"杨柳"在柳永《雨霖铃》中是并用
的:"杨柳岸,晓风残月。"但是在朱淑真《蝶恋花》中是拆开用的:"楼外垂杨
千万缕,欲系青春,少住春还去。犹自风前飘柳絮,随春且看归何处?"

　　单音节语素还为旧体诗词词序的灵活性提供了条件,词序的变换不会
破坏整齐,甚至不会影响对偶。例如杜甫的名句"香稻啄余鹦鹉粒,碧梧栖
老凤凰枝",按一般的词序,"香稻"和"鹦鹉"应对换,"碧梧"和"凤凰"应对
换。《诗经·小雅·鱼藻》首章:"王在在镐,岂乐饮酒。"次章作"饮酒岂乐",
词序变了,而意思、节律未变。

　　回文诗(词、曲)是中国文学特有的,语素单音节是这种诗体得以成立的
必要前提。清代朱存孝《回文类聚序》说:"诗体不一,而回文尤异。自苏伯
玉妻《盘中诗》为肇端,窦滔妻作《璇玑图》而大备。"晋代的《璇玑图》是最著
名的回文诗。全诗共 841 字,排成纵横各 29 字的方阵,回环反复阅读,可得
诗 3 752 首。宋代秦观有五首七绝是用回文体写的,其中一首是:"红窗小
泣低声怨,永夕春风斗帐空。中酒落花飞絮乱,晓莺啼破梦匆匆。"从最后一
字倒读上去,可以另成一诗,而决不牵强,即"匆匆梦破啼晓莺,乱絮飞花落

酒中。空帐斗风春夕永,怨声低泣小窗红"。

　　旧体诗词调平仄、讲四声的特点,是汉语有声调和语素单音节这两大特点综合作用的结果。无声调则无平仄和四声可言,而只有语素是单音节才便于调配和安排平仄、四声。声调的主要特色是音高变化,这一点与音调一致,所以古代的韵文跟音乐有着天然的联系。更何况中国的韵文,除了骈文和律诗之外,论其渊源都与音乐有关。风雅颂和古体诗都来源于民歌;唐诗的源头与六朝民歌有关;词是配谱的,所以写词称为"填词";后来的元曲更不必说。再加上韵文的作者讲究调平仄和四声,所以旧体诗词有特别强烈的音乐美,可以吟诵并谱曲。

　　旧体诗词易于记诵,现代白话诗不便记诵,其中一个重要原因是:旧体诗词的形式能注意汉语的特点,并且使其更富于音乐性。音乐的性质跟语言有所不同。一段配上乐曲的歌词,比一段不配乐曲的话语,容易记忆和回想。新诗的起源与音乐无关,并且创作时完全置字调的音乐性于不顾。新诗如果不从汉语有声调、语素单音节出发,造成自己的格律,那么它的生命力不会是强大的。而由于北方话声调趋简,南方方言声调的调类和调值也有演变,诗词如果仍按旧格律来写,也是不现实的。如果要使旧体诗词作为中国文学的一个品种继续发展,那么,它的格律也应随着汉语声调的发展而发展。

五、汉语和汉字文化

　　记录汉语的汉字,如果从甲骨文算起的话,已经有三四千年的历史。汉字是古代中国特有的文化背景中诞生、成长的。它不仅仅是汉语的符号而已,而且也是中国文化的载体和象征,在几万个方块汉字中蕴藏着中国古代灿烂的文化。怪不得英国语言学家帕默尔(L. R. Palmer)说:"汉字是中国文化的脊梁。"瑞典汉学家高本汉(B. Karlgren)说得更彻底:"中国人抛弃汉字之日,就是放弃他们的文化基础之时。"

　　从方块汉字透视古文化,过去的研究已经比较多,这里再举一个例。汉代许慎《说文解字》糸部当中有三十来个字与色彩有关。下面先抄出其中一部分字:"绯:帛,赤色也";"素:白致缯也";"红:帛,青赤色";"缁:帛,黑色";"紫:帛,青赤色";"缟:鲜色也";"绣:五采备也";"绿:帛,青黄色也";"绛:大赤也";"纂:如组而赤";"绌:绛也";"缙:帛,赤色也";"絑:纯赤也"。这些词可以分成两大类:一类是指某种颜色的帛;另一类是指某种颜色本身。从这些有关颜色的词皆从丝字旁来看,丝织品的染色技术在汉代应该已经非常发达。在现代汉语里,"绯、红、缁、紫、绿、绛、素、缟素"这些词都是从古汉语继承下来的,都还是丝字旁的,不过"绯、红、缁、紫、绿、素"这几个字在汉代只是指带某种色彩的丝织品,而不是指色彩本身。从这些词汇的造词、继承和演变,可知丝织品在中国文化史上的显著地位。

在古代的东亚,汉字的地位是至高无上的。汉字相继传入文化相对后进的邻近民族,形成了历史悠久的汉字文化圈。汉字在秦汉之际输入越南,汉初输入朝鲜,晋初输入日本。而输入初期,汉字实际上是这三个国家的书面语,后来才渐渐分别被字喃、谚文和假名代替或部分代替。汉字还为国内少数民族所效法,各自创制汉字类型的文字。其中历史较悠久,与汉字关系较明确的有契丹文、女真文和西夏文。最初的契丹文创制于辽太祖神册五年(920),称为契丹大字。1949年以前曾在热河西林塔子辽代陵墓中发掘出契丹文碑,碑文上的字的形体大部分是模仿汉字的,由两个汉字凑成一个契丹字。女真字创制于12世纪初年(1119年颁行),正当金代开国初年。女真字的字体仿照汉字和契丹字,增减笔画而成,一个字代表一个词。西夏文创制于西夏国(1038—1227)开国之前。西夏文是用于记录党项羌族语言的,是一种表意文字,文字结构取法于汉字,笔画更加繁复。汉字是古代东亚文化交流极其重要的媒介。

六、简评"萨丕尔-沃尔夫假说"

关于语言与思维的关系,有一个著名的假说,即萨丕尔-沃尔夫假说。这个假说是由美国学者萨丕尔(Edward Sapir)及其弟子沃尔夫(Benjamin Lee Whorf)提出的,他们认为,所有高层次的思维都倚赖于语言,也就是说语言决定思维,即所谓"语言决定论"。由于不同的语言在很多方面都有不同,沃尔夫还认为,使用不同语言的人对世界的感受和体验也不同,也就是说人们的世界观与他们的语言背景有关,这就是"语言相对论"。

大多数学者对这一学说持怀疑和批判的态度。反对的理由主要有以下四条:第一,语法结构与语言使用者的思维并没有互相依赖关系,许多语法特征只是语言结构的表层现象。第二,不同的语言可以互相翻译,用一种语言可以解释另一种语言所表达的观念。第三,人们可以学会第二语言,成为双语人。如果不同的语言有不同的概念系统,那么由于缺乏第二语言的概念系统,第二语言是学不会的。第四,使用同一种语言的人世界观可能不同,而使用不同语言的人世界观也可能相同。

"语言相对论"也有它合理的成分。

汉语语法上与印欧语言不同的若干特点,是同中国古代的哲学思维方式的特点相平行的。

古代中国人不善于抽象的理论思维,而善于凭经验直觉行事。"知其然而不知其所以然"的情况比比皆是,常满足于"会心于忘言之境"(庄子语)。中国古代的许多科技成就多凭经验而获得,如针灸,很少抽象成理论,用以指导未来。这种文化传统在汉语的表达法和词法上都有所反映。

在口语中一些较抽象的概念常常用具体的词来表达,例如面积——大小,长度——长短,深度——深浅,高度——高低或高矮,重量——轻重,厚度——厚薄,亮度——明暗,味道——咸淡,等等。在日常生活中,一般人更爱用形象的词汇,而不用或少用抽象的词汇。例如许多吴方言将"右手"称为"顺手","左手"称为"借手",因为一般人用右手操作比左手顺便,左手只是在右手不敷用时才"借"来一用的。浙江的永康吴语将"左边"称为"搁碗边","右边"称为"搁箸边",因为一般人都是左手捧碗、右手握筷子的。这些表达法都是基于生活经验和直觉的。

如果从词序来考察,汉语是一种"绘画型"或"临摹型"的语言。即汉语词序的先后反映实际生活经验的时间顺序,凡先发生的事件或事物在句子中先出现,后发生的后出现。

当两个分句由表示时间的副词"再、就、才"等相连接时,先发生的事总是出现在第一个分句中,后发生的出现在第二个分句中。如"我吃过饭,你再打电话来","吃饭"在前,"打电话"在后,不能颠倒。译成英语也可以是"Call me after I have finished the dinner."在这个英语句子里后发生的事(call me)则是先出现的。汉语连动句、比较句、含各种状语的句子的词序也一样。各举一个例:

他骑车走了。(先骑车,后才能走。)

你比我高。(先比较,后才知高低如何。)

他从上海乘火车经南京到北京。(先在上海,后乘火车,最后到北京。)

张三朝北看。(先面向北方,后才看。)

他用筷子吃饭。(先用筷子,后才吃饭。)

他来了三天了。(先来,再过三天。)

以上这些汉语句子均不可倒置,但是如果译成英语,词序都可以倒置。

汉语的词序是感性的,与生活中的直接经验有关;英语的词序是理性的,词序与事件经历的先后无关,理解词序需要抽象的理性分析。

第二节 亲属称谓的文化背景

一、亲属称谓的分类

汉语的亲属称谓,从五个不同的角度分析,可以有五种分类法。

第一,从语体来分析,有书面语称谓和口语称谓两大类。书面语称谓全国一致,口语称谓因方言不同有可能不同。如"父亲",北京话叫"爸爸",上海话叫"爹爹"(面称)、"爷"(叙称),广州话叫"老豆"。

第二,从听话对象分析,有面称、叙称之分。"面称"又叫"直称"或"对称",用于听话人和被称呼人为同一个人时。"叙称"又叫"背称"或"旁称",用于被称呼人是说话人之外的第三个人时。例如对丈夫的母亲,北京话面称是"妈",叙称是"婆婆"。在大多数情况下,用叙称时,被称呼人不在场。当要将第三者当面介绍给听话人时,也用叙称。这样看来"叙称"这个术语比"背称"更确切。在某些汉语南方方言里,是用变调的手段区别面称和叙称的。如在浙江永康吴语里,"哥哥"面称是 kuə^{24},叙称是 kuə^{44};"姐姐",面称是 tɕi^{53},叙称是 tɕi^{35};"叔叔"面称是 a^{44} su^{53},叙称是 su^{35};"婶婶"面称是 a^{44} səŋ^{53},叙称是 səŋ^{35}。

第三,从称呼对象来分析,有自称和他称之别。自称只用于上辈对下辈说话时,所用称谓一般与下辈对上辈的称谓相同。如父亲对儿子自称"爸爸"。

第四,从修辞的角度分析,有尊称和谦称之分。旧时常用,如尊称:令尊、令堂、令郎、令公子、令爱、令千金等;谦称:贱内、拙夫、犬子、小儿等。当代仍常用的似乎只有"千金""公子"两词。有的地方亲属称谓还有昵称和一般称呼之别,例如浙江平阳温州话,年轻人称"母亲"为"阿奶",表示亲昵,长大后改用"姆妈"这个一般称呼。

第五,从心理的角度分析,有常称和讳称之分。讳称是出于民间忌讳心理,不用通常的称谓,而换用别的称谓而造成的。例如浙江乐清温州话,对"母亲"的通常面称是"阿妈"或"阿奶",但有人却改称"阿婶";"父亲"通常面称"阿伯",但有人改称"阿叔"。

二、亲属称谓与民间忌讳心理

民间的忌讳心理在亲属称谓上的反映有两方面。

1. 改常称为讳称

由于忌讳的原因,不使用正常的称谓,故意换用别的称谓,这种忌讳现象旧时在方言区是常见的。在当代忌讳的心理虽然已经淡化或消失,但是讳称却习惯成自然,在有些方言区仍然沿用。

福建大田的讳称是很典型的。如称父亲为"阿叔""阿兄"或"阿哥",称母亲为"阿婶"或"阿嫂"。讳称只与父母的称谓有关,实际上是反映父母的忌讳心理,担心如果用常称,会导致某种隐秘的力量使孩子夭折。有的是担心父母太年轻,叫重了,孩子不好养;有的是父母自认命不好,担心把厄运传给孩子;有的是担心父母和孩子命中相克,所以不好用常称,只好用讳称,反而命孩子叫某亲戚或朋友为"父母"。讳称实际上是被当作避邪的方法。这种起源于迷信观念的讳称,目前自觉流行的地方已大为减少,只流行于相对落后的农村地区。不过也有在历史上形成的讳称,迷信成分逐渐淡化、消失,以至到现代被当作常称来使用。例如浙江平阳肖江的温州话,称父亲为"阿伯""阿爸""阿叔"或"阿季",称"阿叔"或"阿季"并没有忌讳的心理因素。被称为"阿叔"的父亲常常没有兄弟。"季"是"伯仲叔季"的"季",排行最小,"二叔""三叔"可称为"二季""三季"。

在历史文献中也有用下辈的称谓称父辈的记载。如《北齐书·南阳王绰传》载,绰兄弟皆呼父为兄兄;又,同书《文宣皇后李氏传》:"太原王绍德至阁不得见,愠曰:'儿岂不知耶,'姊姊腹大故不见儿。'"这里儿称母为姊姊。《广雅》:"姐,母也。"《南史·齐宗室传》:"衡阳王钧五岁时,所生母区贵人病,便悲戚,左右以饭饴之,不肯食,曰'须待姨瘥'。"这里儿称母为姨。这些称谓的移借是否出于忌讳心理,尚待研究。

2. 称谓中某些序数字的忌讳

某些数字和某些被认为是不吉利的字同音,因此回避,而改用别的称呼。因各地语音系统和忌讳心理不同,所以回避什么数字及如何改称也不一定相同,例如吴语区普遍忌"四"和"死"音同或音近,因此称谓词中的"四"皆用"小"代替,如称"四叔""四婶"为"小叔""小婶";又如上海因忌"二哥"和"尼姑"同音,改称"二阿哥"。

三、亲属称谓与婚姻制度

一般说来名称是代表概念的,名称的实质可以说是概念。亲属关系是从婚姻关系产生的,从婚姻关系产生的种种概念会反映到亲属称谓上,所以西方的人类学家和民族学家早在上个世纪就从事研究亲属称谓和婚姻制度的关系。国内的学者如芮逸夫、冯汉骥、傅懋勣等人也研究过汉族和少数民族的亲属称谓和婚姻制度问题。在此之前,从《尔雅·释亲》到清代梁章钜《称谓录》,古代中国学者记录了大量亲属称谓的材料,但欠研究、分析。

以下以土家族的亲属称谓和婚姻制度为例,说明这两者的关系。

土家族生活的湘西北,自治州首府在吉首。跟汉族的亲属称谓比较,土家族的亲属称谓有三个特点:

第一,上两辈的男性亲属或女性亲属、下三辈的女性亲属或男性亲属,专称没有汉族多(见表 9.1)。

表 9.1　土家族母系系属关系和亲属称谓

亲 属 关 系	亲 属 称 谓
祖母和外祖母及其姐妹妯娌	母思阿涅
母亲	阿涅
姑母;岳母及其姐妹	你可阿涅
伯母及其姐姐、大姨母	巴也阿涅
婶母、伯母的妹妹和小姨母	巴也阿涅
姐、叔伯姐、舅表姐、姑表姐、妻姐	阿打
妹、叔伯妹、舅表妹、姑表妹、妻妹	安矮
女、侄女、内侄女、外甥女、姨表侄女	必郁

第二,没有内亲外戚的称谓分别,如“安矮”可以指妹妹,也可以指妻妹;“必郁”可指女儿,也可指外甥女。

第三,对姑母、岳母或婆母这类女性长辈,曾叫做“姑”或 ma^{11} ma^{55};对姑父、岳父或夫父这类男性长辈通称“舅”或 ka^{11} ki^{11}。

以上这些亲属称谓的特点是土家族历史上群婚制的遗迹。上述第三个特点也是土家族历史上曾实行“扁担亲”婚姻制度的证据。这种制度要求姑家之女嫁给舅家之子,姑家之子则娶舅家之女,所以舅父、姑父、岳父、夫父同称,舅母、姑母、岳母和婆母同称。

四、亲属称谓与宗法观念

汉族亲属称谓的下述特点与汉族的传统宗法观念有关。

第一,行辈之别。亲属称谓是分辈分的,辈分不同,称谓也不同。据冯汉骥的研究,中国现代的祖、孙、子、母、女、兄、弟、姊妹、伯、叔、侄、甥、姑、舅、姨、岳、婿、夫、妻、嫂、妇20多个核心称谓,都是分辈分的。其中伯、叔、姨、舅、姑五个称谓古代分行辈,近代不分行辈,另有原因。行辈之别还反映在长辈可以直呼晚辈名字,反之则不允许。

第二,同辈长幼之别。同辈亲属长幼不同则称谓有别。古代妻称夫之兄为"兄公"或"公"、"兄伯"或"伯",称夫弟为"叔",称夫姊为"女公"、称夫妹为"女叔"。现代称父之兄为"伯",父之弟为"叔"。哥哥和弟弟,姐姐和妹妹、兄嫂和弟媳皆有分别。在印欧语言的亲属称谓中,同辈是不分长幼的,例如英语 brother、sister、uncle、aunt 皆不分长幼。同辈长幼之别还表现在年长者可以直呼年幼者的名字,反之则不允许。

第三,父系母系之别。同辈亲属因父系母系不同,亲属称谓也有严格区别,如侄—甥;姑—姨;伯(或叔)—舅;父—岳父(丈人);母—岳母(丈母娘);堂兄—表兄。英语的亲属称谓不分血亲和姻亲,如 nephew、aunt、uncle、cousin 皆不分父系或母系亲属。

第四,血亲姻亲之别。姻亲指因婚姻而结成的亲戚。同辈亲戚因血亲姻亲不同,称谓也不同,如现代称谓:哥哥—姐夫,叔叔—姑父,弟弟—小舅子,姐姐—嫂嫂。

第五,直系旁系之别。同辈亲属因直系旁系不同,称谓也不同,例如父—叔叔,母—姨,子—侄、甥,女—侄女、甥女。但是"姐妹"和"表姐妹","兄弟"和"表兄弟",其核心词"姐妹"和"兄弟"却是一样的,这是古制的遗留,古制不重直系旁系之分,父之兄弟称为从父,母之姊妹称为从母,从父又有伯父、叔父之称。核心词仍是"父"和"母"。

在汉族的亲属称谓里,我们看不到像土家族和纳西族那样的群婚制的遗迹。这一套亲属称谓是远离群婚制以后产生的,它所反映的是一夫一妻制,以及中国古代社会特有的宗法观念:长幼有别、亲疏有别、尊卑有别、男女有别等。

五、亲属称谓的演变及其文化原因

对同一称呼对象,因时代不同,称谓也可能不同。亲属称谓演变的原因,大致有以下几种:

第一,婚姻制度的变化。例如云南丽江地区的纳西族旧时实行"阿注"婚姻制度,有一套与之相应的亲属称谓,新一代实行一夫一妻制,旧的一套称谓自然失去生命力。

第二,借用别的语言或方言。第三章曾述及汉语从北方阿尔泰语借入"哥哥"这个称谓。再如浙江平阳肖江的温州话称父亲为"阿伯、阿爸、阿季、阿叔、阿 tse^{54}",其中的"阿季"和"阿叔"是讳称,"阿 tse^{54}"是"福建叫",即福建人的叫法。另一个"福建叫"是称祖母为 mæ^{54}。使用"福建叫"的家庭往往祖辈有一方是说闽语的。

第三,父母从子女称。"舅、姑"原来是称尊辈亲属的,后来夫称妻之兄弟为舅,妻称夫之姊妹为姑,这是父母从子女称的结果。现代的"公公、婆婆"也是从子称的结果,试比较:子称"公公"为"外公",称"婆婆"为"外婆"。

第四,子女从父母称。"伯、叔、姨"原是称平辈亲属的,后来用于称尊辈,是子女从父称的结果,如子女习闻父称母之姊妹为姨,便跟着称姨,"伯、叔"的演变也一样。汉代之后"伯、叔"已不再称兄弟,但用来称父之兄弟和夫之兄弟。"姨、舅、姑、公、婆"也是两辈并用。

第五,称谓对象扩大。例如"太太"古代只用于称官员的夫人。明代士大夫之妻,年未三十,可以称"太太",直至清末,无官职的人的妻子一般不能称为太太。民国时代"太太"泛滥,除官太太外,教授太太、经理太太、校长太太等不一而足。再如"兄"本是同辈直系亲属年长者的称呼,后来泛用于年相若、道相似者,甚至后辈和一般朋友。

亲属称谓的变化一般从直称开始,再波及叙称,书面语称谓最保守,如"父"在口语中已发展为"爸",但在书面语中仍是"父"。

当一种方言受到别种方言的强烈影响而发生巨变时,这种方言中的亲属称谓变化较慢,如皖南宁国近代以后已改说官话,但是亲属称谓"叔叔"仍叫"爷爷",还保留原有方言特点。有些古代的亲属称谓在现代的书面语或标准语中,已不再用作亲属称谓,或所称对象有所变化,但仍有可能残留在方言里。如《广雅·释亲》载:"媪,母也。"在北方话中,"媪"字早已失去母义,只存老妇义,但是在今吴语温州话里称"老婆"为"老媪"(叙称),仍保留亲属称谓的用法。

第三节　语言与民间心理

一、语言禁忌

与语言巫术比较,语言禁忌是消极的,目的是免于招致于已不利的后果。语言禁忌至迟在汉代已流行于民间,《说文》:"朦,益州鄙言人盛,讳其肥,谓之朦。从肉,襄声。"语言禁忌可以分成以下几大类。

1. 称谓禁忌

关于亲属称谓的禁忌已见本章第二节。这里再举一个在现代汉语里习以为常的例子。普通话或书面语中的"神甫"或"师傅"两词,是因为忌"父"字造成的。"神父"shén fù 后字变读轻声,成为"神甫"shén·fu;"师父": shī fù 后字变读轻声,成为"师傅"shī·fu。

亲属称谓中的讳称是一种特殊的忌讳词。讳称相对于常称而言,因出于民间的忌讳心理,不用通常的称呼,而改用别的称呼,如浙江乐清有人称"父亲"为"阿叔",称"母亲"为"阿婶"。浙南和福建许多地方都有类似的讳称,其背后的忌讳心理是,父母较年轻,怕叫重了,孩子不好养。有的是父母自认命不好,担心把厄运传给孩子。有的是担心父母和孩子命中相克,所以不能用常称,只好用讳称。讳称实际上被当作避邪的方法。

2. 姓名禁忌

姓名禁忌的产生是由于人们误认为姓名与指甲、毛发、牙齿等一样是身体的一部分,灵魂附在姓名上,如果轻易暴露,容易被人利用于巫术,加害自身。据《礼记·内则》记载,古人命名颇郑重其事,婴儿出生第三个月月底择日命名,"妻抱子出自房,当楣立东面"。"父执子之右手,咳而名之。"古人在朋辈之间或对尊辈长者是禁忌直呼其名的。故年长后另取"字",以替代"名"。《礼记·冠义》载:"已冠而字之,成人之道也。"古人 20 岁始行成年礼。姓名禁忌在现代社会生活中的残余表现是:不能直呼长辈或兄长的名字,不能直呼师长的名字。

姓名禁忌登峰造极的表现是封建时代避帝王之讳,在这方面稍有不慎甚至会招来杀身之祸。如清代曾有一科举试题《维民所止》,被认为主考官寓意要杀"雍正"的头。避讳的方法种类繁多,陈垣《史讳举例》一书举出改字、改名、改干支、改地名等 17 种。

3. 私隐词禁忌

这里的"私隐词"指有关人体的私处,以及有关性交和排泄的词。这类词因为已有专用,所以在日常口语中尽可能回避使用与之同音或谐音的词。例如"体操"的"操"字,原读去声,因与指"进行性交"的"操"cào 同音,改读平声 cāo。又如山西方言中的"透"字是"性交"的意思,日常使用的"透"字常常读成不送气。另一种情况是在日常谈话中回避私隐词本身,改用委婉的喻词,如四川官话把男阴称为"锤子"。

4. 不吉利谐音词禁忌

这类语言禁忌又可分成三小类:

第一,年节语言禁忌。如逢年过节忌"死""杀"两字,"死鱼""死鸭"改称"文鱼""文鸭","杀猪""杀鸡"改称"伏猪""伏鸡"。

第二,日常生活用语禁忌。下面是浙江吴语中常见的忌讳词用例:嘉兴一带农村养蚕避"僵"字,忌"酱"和"僵"同音,称"酱油"为"颜色";海宁忌"醋"与"错"同音,称"醋"为"人仙";松阳忌"虎",称"老虎"为"大猫";平阳忌"瘦","人瘦了"改说"巧爻";乐清忌"死"字,把"死了"说成"岁大爻,做佛去"。

第三,社会分层用语禁忌。因所属社会阶层或职业不同,语言禁忌也有差异,如妇女忌用男人常用的粗话。徐州话"搡"是打的意思,是个常用词,但妇女一般不说,因"搡"义同"操"。再如船家忌"沉","盛饭"改称"添饭"。语言禁忌也有累及行为禁忌的,如船家忌"翻",故煎鱼或食鱼时也忌翻鱼。此类语言禁忌在旧时代更为盛行。例如明代陆容《菽园杂记》说:"民间俗讳,各处有之,而吴中为甚。如舟行讳住讳翻,以箸为快儿,幡布为抹布;讳离散,以梨为圆果,伞为竖笠;讳狼藉,以榔槌为兴哥;讳恼躁,以谢灶为谢喜欢。"这些忌讳词目前在吴语区仍流行并且已经稳定的只有"筷"和"抹布"两个。这两个词已经完全彻底地替代了它们的前身"箸"和"幡布"。可见职业忌讳词有可能被全社会所采纳,而成为方言的常用词。

因为各地方言的语音结构和民间心理不同,各地禁忌的词语也不甚相同。例如北京口语忌用"蛋"字,在以下几个词里都避用"蛋"字,鸡子儿(鸡蛋)、炒木樨肉(炒鸡蛋)、松花(皮蛋)、木樨汤(鸡蛋汤)。"蛋"字只用作贬义:浑蛋、坏蛋、捣蛋、滚蛋、王八蛋。上海口语却不忌用"蛋"字,而忌用"卵"字。"猪肝"的"肝"字跟"干"字同音,因此广州话、阳江话改用"干"的反义词,称"猪肝"为"猪润""猪湿"。猪舌的"舌"字跟"折本"的"折"字音同,所以不少地方改用"折"的反义词,如猪利钱(梅县)、猪利(广州)、招财(南昌)、猪口赚(温州)。吴语区北部"死"字口语的"洗"字同音,所以不用"洗"这个词,改用"净"或"汏",但是在吴语区南部却没有这种忌讳,这是语音结构不同的原因。又如"丝"字和"输"字在温州和广州皆同音,但是广州话称"丝瓜"为"胜瓜",忌"输"字;而温州话却没有这一禁忌。这是民间心理不同的原因。

与忌讳词相反的是吉利词。各地民间多有利用谐音而取吉利的风俗。如北方民间旧式风俗,由年长的女方亲属向洞房寝帐撒枣栗,并唱《撒帐歌》:"一把栗子,一把枣,小的跟着大的跑。"这是利用"枣"谐"早","栗子"谐"立子"而取"早立子"的吉意。

忌讳词和吉利词在各地并不完全相同,其中的原因除了跟各地心理、文化差异有关外,跟各地方言的语音和词汇系统不同也显然是有关的。在上海话里,忌"鹅"字与"我"字同音,所以将"鹅"改称"白乌龟"。在这两个字不同音的方言里,就不会有这个忌讳词。厦门话"枣""早"不同音,所以在洞房撒帐时并不用"枣子",而用花生,谐"生育"之意。在闽南话中称"萝卜"为"菜头",所以闽南人年夜饭要吃"菜头"以与"彩头"相谐。

调查和研究忌讳词和吉利词,不仅需要熟悉当地方言的语音系统和词汇系统,而且需要了解当地的民间心理和文化背景。

二、语言巫术

语言巫术是巫术之一种。巫术可以分成感致巫术、染触巫术和语言巫术三大类。

感致巫术误用人脑联想的能力,假想某两相似之物为同一物,以达到心理上的安慰或满足。例如旧时北京不能生育的妇女常去偷摸东岳庙铜驴的"雀儿"(雄性生殖器官),以为铜驴的神力可以帮助生育;又如算命先生说,某人的孩子要犯关(即命中要遭什么劫),就要采取预防措施,将它冲破,以使命运之神误以为这人已过劫或过关了。比如孩子所犯的是火关,便可以让他自行穿火而过,算是预先过了火关。

染触巫术企图凭借接触使巫术奏效,以达到臆想的目的。如将敌人身上任何脱落的东西,如头发、指甲、唾液,置于敌人的偶像里,再毁损这一偶像,臆想使敌人受损伤;自己的手受刀伤,在刀上敷膏,臆想伤口即可痊愈;如果敌人的手受刀伤就将刀放在火上烤,臆想敌人的手会痛得更厉害。

《万法统宗》和《奇门遁甲》两书载有很多感致巫术和染触巫术的例子。

语言巫术是企图凭借语言、文字或图画而施行的巫术,以达到臆想的目的。语言巫术和语言禁忌的不同在于语言巫术是积极的,希望能得到预想的结果。语言巫术可分以下几种。

(1) 诅咒

诅咒的特殊形式是巫师念咒语,企图呼风唤雨,使作物丰收,或使情人回心转意,使病人康复,使敌人死亡等。日常生活中的诅咒则表现为以恶语骂人和赌咒发誓。

(2) 吉利词语、吉利字画

在日常生活中人们往往希望说吉利的话,在过年过节或喜庆日子里更是如此。许多地方旧时办喜事的时候更有讨口彩的习俗,即向主人说些吉利话,借以讨赏钱。旧时上海富裕人家在阳历正月初一还有讨路名口彩的习俗,称为"兜喜神方";出城要出小东门,寓意支出少一点;进城则进大东门,寓意收入多一点;在城里则过吉庆桥,走如意桥,意思是吉庆如意;穿过太平弄,再到长兴馆,以期太平无事,兴隆发达;但是决不走倒川弄、梅家弄,以免倒霉。

旧时过年,在红纸上画上神像或写上吉祥语,贴在门外,这就是门符。门符是由古代的桃符演变而来的。《荆楚岁时记》说:"门傍设二榜,以桃木为之,而画神荼,郁垒像以压邪,谓之桃符。"后来只是印神荼和郁垒像在纸上,甚至只写这两个神的名字在纸上,以代替桃符。

门符今天已罕见,春联却仍然很常见。本来门符是贴在门上的,春联是贴在门两边的门柱上的。门符废弃以后,春联大多直接贴在门上。今天的春联是一种淡化了的语言巫术。春联上大多写吉利语,如"发福生财地,堆金积玉门"。中国台湾的许多农村家庭,新春佳节有用大红纸书写"福"字倒贴在家门上的习俗。"倒"和"到"谐音,倒贴"福"字是祈望"福到"。

谐音吉利年画也是淡化了的语言巫术。这类年画以画面上的事物的名称的谐音来取吉利。如"金鱼(余)满堂""蝠(福)自天来""竹(祝)报平安""榴开百子"。

(3) 经卷

各种宗教的教徒念经,是以为经卷有一种神力能消灾灭祸。如佛教徒口念"阿弥陀佛",藏族喇嘛教手持转经筒口诵"唵嘛呢叭咪吽"六字真言。善男信女还有抄经书奉献佛寺或善自珍藏的,以为也能达到同样的目的。有的经文字面内容已不可解,如水陆法会上念的"大悲咒",也照念无妨。

(4) 灵符

灵符是一种图画文字,由巫师代神书写,贴在家中可以避邪,带在身上可以自收，或用以解释吉凶。一般人不是巫师，不会画灵符，也有自写些文字以代灵符的。如小孩子夜里啼哭不止，就在字条上写上："天皇皇，地皇皇，我家有个夜哭郎，行路君子念三遍，一觉睡到大天光。"把字条贴在街上，以为就可以使孩子不再啼哭。挂在门前的八卦也有灵符性质。

(5) 敬惜字纸

中国人对文字历来有一种神秘感，认为文字是古代圣人所作。《淮南子·本经训》说："仓颉作书而天雨粟，鬼夜哭。"所以旧时认为对字纸不能随便弃置、任意污染或移作他用，而应该收集在学堂或庙宇焚毁。

三、语言迷信

语言迷信是语言灵物崇拜的表现之一。言和行本来并不一定一致，但是"语言迷信"却误以为言必行，行必果。《阙史》中有一段隋炀帝语言迷信的故事："炀帝时有献巨鲤者，帝问渔者何姓，曰'姓解'。乃丹书'解生'二字于额，纵之池中。后见此鱼益大，出于波澜，'解'字已不全，唯存'角生'两字。帝恶之，欲射，而鱼没。竭池索之，不获。盖鲤而角生，乃李唐将兴之兆也。"炀帝之所以"恶之"，是因为"鲤"和"李"谐音，"李"乃唐代开国皇帝李渊之"李"。

拆字算命是典型的语言（或文字）迷信活动。拆字又称测字、相字、破字。拆字是把一个汉字的各个部件分拆开来，由拆字者加以解释和联想，以卜吉凶。拆字至迟在宋代已经在民间盛行。宋代洪迈的笔记小说《夷坚志》载："谢石既以相著名，尝游丹阳，见道姑行市中，执巨扇，其上大书拆字如神。"（引自《蓬州樵夫》条）《夷坚志》载有谢石拆字的例子，兹引其中一例："蜀人谢石绍兴八年来临安，一时石验尤异……同邸一选人病，书申字以问，中带燥笔，石对之伸舌，但云亦好。客退，谓坐者云：'丹田既燥，其人必死。'或曰：'应在几日？'曰：'不过明日申时。'果然。"

四、语言和民俗

语言和民俗作为人类的文化行为，有不少共同特征。

第一，历史传承性。

语言和民俗都是历史的产物，两者都有世代传承的特点。例如，现代汉语的基本词汇和语法结构是从上古时代传承而来的，而生肖习俗从汉代一直传承到现代。

第二，变异性。

语言和民俗具有传承性。但是传承并不意味着千古不变,并不是说某一种语言或民俗现象一旦形成之后就永远不会消失,永远不会被新的现象所替代,所以,另一方面,语言和民俗又都具有历史变异性。两者相比之下,语言比民俗要显得稳定得多。民俗容易随社会的剧烈变革而发生剧烈的变化,例如在明末之前,汉族的男人没有留辫的风俗,但是清初之后变为留辫,并且一直传承到清末。语言的变化是渐变的,不易为人们所觉察。民俗的变异可以是非强制性的,如端午食粽;也可能是强制性的,如上述留辫;或规定性的,如某国家规定一个新的节日。语言的变异则都是非强制性、非规定性的。

第三,地域性。

语言和民俗除了全民族一致的共性以外,都有明显的地方特征。“十里不同风,百里不同俗”,自古皆然。方言和民俗在地理上都是可以分区的,两者的分区都是有层级性的。拿方言来说,可以分成“区—片—小片—点”等层次,民俗也可以有类似的地理层次。方言和民俗都是地方文化的重要标志,方言一致的地方,民俗也易于取得一致。所以方言的区划和民俗的区划有时候会大致相合。例如,吴语区有春节敬元宝茶的习俗,即待客时在茶杯中置两枚青果或金橘,寓意新春吉祥如意。而与口头语言有关的民俗,如民歌、地方戏曲、曲艺、吉利词、忌讳词等,其地理分布与方言区划有更密切的关系,例如评弹只流行于吴语太湖片。不过方言区划和口承语言民俗的区划往往只是大致重合。方言的地域特征比民俗更明显、更严格,所以早就有方言分区图问世,但至今未见民俗分区图。

第四,趋新性。

方言和民俗都有追求时髦的倾向,而又以民俗为甚。大都市和年轻人比较讲究时髦,所以大都市和年轻人的方言和民俗往往代表了发展的方向。某一地区中心都市的方言或民俗可以称为优势方言或优势民俗,它们往往是本地区其他地点的方言和民俗仿效的对象,例如现代广州的方言和服饰等民俗是粤语区居民的模仿对象。乡下和老年人的方言和民俗都较保守。各地的方言和民俗似乎都有新派的老派的差异。新派的倾向不易为老派所接受。在方言上,老派更保守。对新派方言,老派往往不用,并且听不惯。如苏州方言新派不分尖团,“西”字本读 si^{44},新派变成团音:$tɕi^{44}$;“姐”字本读 $tsia^{52}$,变读成 $tɕi^{52}$。老派认为这是青年人“刁嘴笃舌头”,认为不标准。趋新性是方言和民俗发展的主要原因之一。

第五,可传播性。

　　方言和民俗都是可以传播的,传播的方式可以分移民导致和非移民导致两种。方言和民俗都很容易由移民从甲地传播到乙地,例如华侨把汉语方言和侨乡的年节习俗传播到东南亚。非移民导致的传播大多是由大都市传播到乡下。非移民导致的传播,民俗比方言容易,如有些地方戏曲是跨方言区的,例如无锡的锡剧也常在苏南其他地方演出。如果没有移民的背景,一种方言扩散到别的方言区并不是轻而易举的。

　　除了少数词语以外,某一种方言现象的产生和形成与当地的自然条件无关,而民俗的产生和形成与自然条件有关。如生肖文化印度和中国都有,但所用动物不同。印度产狮,故有狮属肖;中国古代不产猫,所以没有猫属肖。第二章曾述及方言演变的初始原因往往与社会文化背景无关,但民俗演变却是社会生活变革和演进的直接结果。例如元宵观灯,即是经汉、唐、宋诸多帝王极力提倡、身体力行,民间相沿成习的。

　　方言学和民俗学研究可以互相促进,这里以民俗词汇为例,略加讨论。从方言学历史文献中记录的民俗词汇,可以了解历史上的民俗。例如,明代李实所著《蜀语》,是我国最早研究地区方言词语的著作。全书收600多条明代四川方言词语,一一释义,对有关民俗词语解说尤详。如"箐酒:亦曰咂嘛酒。以粳米或麦粟、粱、黍酿成酒。熟时以滚汤灌坛中,用细竹箐通节入坛内咂饮之。咂去一杯,别去一杯热汤添之,坛口是水,酒不上浮,至味淡乃止"。这条所记明代四川饮酒习俗甚详。别的风俗词语还有"豆粥、坛神、火谷、端公、管桥、猥猡、马船"等。民俗学的知识对于追溯有关方言词的词源,也是必不可少的。例如吴语浙江镇海话"娶妻"叫"抬新妇",奉化话"出嫁"叫"抬去",嘉兴话"出嫁"叫"出门",淳安话"出嫁"叫"起身"。这些词的造词理据是当地妻落夫家、花轿迎亲的婚俗。

第四节　人名和地名的文化内涵

一、人名的民族文化特征和时代特征

1. 人名的民族文化特征
由于语言和文化背景不同,不同民族的人名命名原则自有不同的特征。汉族姓氏的功能是用以续血统、别婚姻的。"姓"字从女,可见姓制度产生于母系氏族社会。姓制度在上古以女子为中心,即子女从母姓。古姓有姬、姚、姜、嬴、姞、嫚、姒,皆从女。周文王姓姬,上古以姬姓最为尊荣,故"姬"字后世有"美女"义。顾炎武《日知录》称:"言姓者,本于五帝,见于春秋者,得二十有二……自战国以下之人,以氏为姓,而五帝以来之姓亡矣。"可见先有姓,后有氏。战国时代以自己所拥有的封建领土的地名为氏。《史记》时代姓和氏的界限开始泯灭。

汉族的宗法观念历来重行辈之别和长幼之分,这不仅反映到亲属称谓上,也反映在人名命名上。同辈的兄弟在名字中要用同一个辈分用字,同辈的姐妹的名字中也要用同一个辈分用字,这是一条十分普遍的命名原则。辈分用字是宗族内部按一定的次序排列的,并不是父母或本人可以随便选用的。辈分用字在同族中通用。使用辈分用字不仅便于在同族人中排行辈,认辈分,也便于修宗谱。同辈的兄弟可称为"某字辈",如巴金《家》中的三兄弟觉新、觉民、觉慧即是"觉"字辈。也有同胞兄弟命名不用行辈用字,而使各人的名字在意义和结构上互相有一定的联系,例如《水浒传》人物解珍、解宝,"珍""宝"同类;《红楼梦》人物贾珍、贾琏,名皆从玉,贾蓉、贾芹,名皆从草。

与汉族姓氏"续血统、别婚姻"的功能不同,凉山彝族奴隶社会产生的姓氏,是用来分等级、别贵贱的。凉山彝族奴隶社会实行一种种姓制度,阶级关系和等级关系是以种姓作为基础的。古代彝族社会有 $ndz\text{l}^{33}$、mo^{21}、pi^{33}、$k\text{ə}^{55}$、$dz\text{o}^{21}$ 等等级。$ndz\text{l}^{33}$ 是古代社会的部落首领;mo^{21} 相当于"牧民",后来发展为兼管军事的一个等级;pi^{33} 是从事祭祀的祭司;$k\text{ə}^{55}$ 是工匠或工匠的管理者;$dz\text{o}^{21}$ 是奴隶。这五个等级名称中的前四个,同时又是姓氏。《新唐书·南蛮列传》载:"诏封苴那时为顺正郡王,苴梦冲为怀化郡王。""及苴骠离长,乃命为大鬼主。""贞元中,复通款,以勿邓大鬼主苴嵩兼邛部团练使,封长川郡公。"其中几辈郡王(下加黑点者)的姓"苴",很可能即是 $ndz\text{l}^{33}$ 的古音汉译。

罗常培曾研究过藏缅族的父子连名制。这种连名制表现为:子名的前一字或两字与父名的后一字或两字相同,如父名是"一尊老勺",子名为"老勺渎在",孙名为"渎的阿宗"……父子连名制是父权社会里,尊父卑母观念的反映,也是出于追溯父系血统和继承遗产的需要。

父子连名制是以父名作为子名的一部分,也有将子名作为其父称谓一部分的习俗。据宋代吴处厚《青箱杂记》卷三载:"岭南风俗,相呼不以行弟,唯以各人所生男女小名呼其父母。元丰中,余任大理丞,继宾州奏案。有民韦超男名首,即呼韦超作父首。韦遨,男名满,即呼韦遨作父满。韦全女名插娘,即呼韦全作父插。韦庶女名睡娘,即呼作父睡,妻作姊睡。”这种风俗不可能流行于汉族之中,因为“父首”之类的内部结构是限定成分后置于中心词,汉语没有这样的词序。云南大理一带古今都是白族聚居区,这似乎应是白族的风俗,但是今白语的词序,限定成分是前置于中心词的。这种风俗的民族归属只好暂时存疑。

从一些西南少数民族的命名制度还可以透视古代母系氏族社会制度的残余。例如布朗族、拉祜族、傣族的母子连名制。以布朗语人名为例,男名通常冠“岩”字,女名通常冠“玉”字,以母名的第二音节缀于子名之后。若母名“玉英”,则其子名可以是“岩洛英”,其女名可以是“玉光英”。怒族的舅甥连名制,则是子名和舅名相连。如人名“充付标”,其中“充”是舅名,“付标”是本名。西双版纳的老木人的“子随父姓,女随母姓”的命名法,则是母系氏族社会向父系氏族社会过渡时期的产物。

2. 人名的地方文化特征

在同一个民族内部,人名又有地方特征。造成人名的地方文化特征的原因大致有以下三方面:一是居民来源不同,即移民背景不同;二是方言不同;三是民俗不同。第一方面的原因只是造成姓氏在地理分布上的特征,即某些姓集中在某些地区。第二、三方面的原因造成口语中的名字,尤其是小名的地方特征。

现代中国汉人的姓一共有1 000多个。研究这些姓氏在地理分布上的区域特征,能对移民史和人种学研究有所贡献,但是迄今研究的成果还很少。

方言不同,不仅会造成人名用字不同,而且也可能引起人名的结构类型不同。例如吴语区口语,惯常在人名前冠以“阿”字。某人姓A,名BC,可称为阿A,阿B,阿C,阿BC。

称阿A较少,以阿C最为普遍。如称呼王福根,可以是:阿根、阿福、阿福根、阿王。“阿”字也可以前置于排行用字:阿大、阿二、阿三,主要用于吴语区北部。

在吴语区内部,由于各地土语不同,小名的结构也可能不同。吴语瓯江片小孩子的小名的一种命名法是取姓名的最后一个字,后加一个“姆”字。如“周国尧”的小名可以是“尧姆”,“姆”是“小孩”的意思。另一种命名法是取姓名最后一字,前加“阿”字。后加“儿”字。如“王文良”的小名可以是"阿良儿"。这两种小名也有人一直叫到老的,不过只限于在口语中使用。

因民间心理和风俗不同有可能造成人名用字的差异。例如上海郊区金山、松江等地小名有叫"阿猫、阿狗"的。这种命名法因为与当地的一个民间传说有关:一对年轻夫妇第一次有了孩子,取名叫"金宝",但没养活;第二次生了一个孩子,取名为"银宝",但又夭折了;生下第三个孩子的时候,他们看到家里的猫很活泼健康,就索性取名叫"阿猫",结果"阿猫"长得又高又大。

3. 人名的时代特征

因为不同的时代文化背景不同,人名的用字和命名方法也会有不同,从不同时代产生的人名可以透视不同时代的文化特征。以下略述历代的人名特征。

天干地支本来是用来记年月的,但先秦时代也将其用于人名。如秦白丙,字乙;楚公子午,字子庚。这种命名法早在甲骨文时代就产生了,如殷帝王有帝乙、盘庚、武丁等。

周秦排行用"伯、仲、叔、季"等字。《白虎通》载:"嫡长曰伯,庶长曰孟。"汉以后增加排行字:元、长、次、幼、稚、少等。汉人喜用尊老排行命字,例如司马相如字长卿、王章字仲卿、严延年字次卿。此风至唐代尤盛,但改用数字,如韩愈《昌黎集》中与友朋酬唱赠答之作,大多称行第或官衔,或官衔省略仅称行第,如李二十六员外、王二十补阙。

东汉和三国时代,盛行单名,《后汉书》和《三国志》中单名占90%以上。这种风气的形成和持续跟王莽倡导有关。《汉书·王莽传》载:"匈奴单于,顺制作,去二名。"又"宗本名会宗,以制作去二名,今复名会宗"。宗是王莽长孙,与其舅合谋企图承继祖父大业,事发,宗自杀。王莽下令要恢复他的双名,以示贬辱。

南北朝时期佛教大盛,人名也弥漫佛教气氛。乌丸王氏有僧辩、僧智、僧愔、僧修。"梵童、法护、菩提、普贤、金刚、力士"也皆成世俗人名。魏晋六朝的另一个特点是人名前加"阿"字,表示喜爱。梁武帝称临川王为阿六,王右军称王临之为我家阿林,王恭称王忱为阿大。《三国志·吕蒙传》载:"鲁肃拍吕蒙背曰:非复吴下阿蒙。"

古人尊"麟、凤、龟、龙"为"四灵",虽然早见于《礼记·礼运》,但是到唐代"龟"字才普遍入人名,如李龟年、陆龟蒙。后世用乌龟喻指妻子有外遇的丈夫,"龟"字遂不再入人名。但在日本仍沿用至今,如龟田。

宋人喜用五行序辈,即依五行相生之义,用以序辈。五行是金、水、木、火、土。金生水,则父金子水;水生木,则父水子木。如朱熹(从火);父名朱松(从木),子名朱在(从土);尹焞(从火),父名尹林(从木),祖父名尹源(从水)。宋元时代民间还有以行第或数目字命名的风俗,尤以吴语区为盛。陆游《老学庵笔记》载:"今吴人子弟稍长,便不欲呼其小名。虽尊者,亦以行第呼之。"俞风园《春在堂随笔》说:"吾邑蔡氏家谱有前辈书小字一行云:'元制庶民无识者,不许取名,止以行第,及父母年齿合计为名……'如夫年二十四,妇年二十二,合为四十六,生子即名四六。"

元代汉人多作蒙古语名,如贾塔尔珲,"贾"是汉姓,"塔尔珲"是蒙古语人名。清代赵翼《二十二史劄记》有"汉人多作蒙古名"条。这种风气可能相当普遍,所以明政府曾下诏禁止。

历史上,汉族和少数民族的语言与文化接触的结果之一是互相改用对方的姓名,不过互相间的影响是不平衡的,大致以少数民族改用汉族姓名的为多,反向的较少,其情况跟语言的互相影响的不平衡性是相一致的。下面举出女真族、蒙族和高山族改用汉语姓名的例子。

赵翼《二十二史劄记》载:"金未来之前,其名皆本其国语,乃入中原通汉文义,遂又用汉字制名,如太祖本名阿骨打,而又名旻也。太宗本名乌奇迈,而又名晟也。熙宗本名哈喇,而又名亶也……"金朝的女真语和汉语接触,造成女真族姓名的汉化。

东北和内蒙的蒙汉杂居地区,有大量蒙古人改用汉姓。这种改姓的风气始于清末,当时清政府实行"开禁"政策,允许汉族移民迁入满蒙的原住地,从此语言与文化的交流日见频繁,蒙古人开始学习汉语、汉字。开头,蒙古人各取一个音译或义译的汉字作为兼姓,后来不再使用原有的蒙古姓。例如黑龙江省肇源县郭尔罗斯后旗的蒙古族,有姓孛尔济格的,取"孛尔"的音,写成汉字"包";姓查喀罗特的,义译成汉姓"白"。大致以音译的居多,如玛郭特改姓马、倭亮霍特改姓魏、布库绰特改姓鲍。

中国台湾的高山族改用汉姓已有200多年的历史。清乾隆二十三年,中国台湾道杨景素谕令高山族土著薙发辫,并令部分高山族改姓汉语的潘姓。此后改姓者多相仿,所以现代高山族潘姓特别多。起初改姓者多不改名,以汉姓和高山族名并用,如岸里大社头目潘敦仔、潘阿穆、潘阿四老,都是沿用高山语名字。现代高山族有汉姓75个,大多是抗战胜利,收复中国台湾后改的。其中也有些很奇怪的姓,可能只是高山语姓氏的音译而已,如蛮、丝、斛、风、豆、日、机、蟹等。

二、地名的文化特征

1. 地名与古文化

大量的地名都是当地居民在社会生活中给地理实体所起的名称。每个地区的居民生活在相同的文化圈之内,他们所起用的地名往往反映当地的文化特征和居民的心理特征。所以从沿用至今的地名,可以透视古代的文化。中国的地名及其文化内涵是极其丰富多彩的,本节只能举例讨论其中几个方面。

（1）地名与古代农耕文化

壮语地名用字中最常见的是"那"字,"那"[na^2]壮语中是"水田"的意思。在现代的地图上,这些含"那"字地名多至成千上万,散布于我国西南地区和东南亚。就笔者所掌握的材料而言,其北界是云南宣威的那乐冲,北纬26度;其南界是老挝沙拉湾省的那鲁,北纬16度;东界是广东珠海的那洲,东经113.5度;西界是缅甸掸邦的那龙,东经97.5度。这些地名90%以上集中在北纬21度至24度,并且大多处于河谷平地,就广西而言,70%集中在左、右江流域。这些地方的土壤、雨量、气温、日照都宜于稻作。含"那"字地名的历史是非常悠久的,最早见于文献记载的是唐代的那州。唐代以后见于文献的那字地名屡见不鲜。

现代壮族聚居区以外的那字地名,是在壮族撤离这些地方以前就存在的,而据史籍记载,别族进入这些地方至少也应有两三千年的历史。这些地名颇多相重的,例如"那坡"这个地名在广西的巴马、平果、田林、田东、上思、武鸣,云南的曲靖和越南都有。再如那良、那龙、那扶、那排、那马、那孟等亦颇多重复之例。这反映古代各地壮族命名习惯的相同。

古代壮族居民习惯将"那"(水田)用于地名,说明稻作文化在古代壮族生活中的极端重要性。"那"字地名的分布也说明古代栽培稻在华南和东南亚的分布,这些地名的历史也为栽培稻的历史提供了间接的证据,而这些地名的繁复表明古代壮人稻作文明的发达。

西周时代曾经有过井田制。这种古代社会的农村公社制度的痕迹残留在后世的地名中。井田制的村社组织单位是邑、丘、县、都、里等。这些字差不多都成了后世常见的地名用字。

"邑"是农村公社最基本的结构单位,后来泛指有人群居住之处,甚至连偏旁从"邑"的字,也都用来指人群聚居的都市,这些字进而又成为邦国的称呼,如邹、邓、邢、邦、郡、郭等。

"丘"本来是指农村公社祭神的社坛的所在地,后来成了居住单位的通称。春秋时代含丘字地名甚多,如齐有营丘、葵丘、贝丘等,鲁有中丘、祝丘、梁丘等。

"里"是农村公社居住单位的专称,后来用作居民聚居地的通称,相当于现代的村。例如春秋鲁国有广里、商代有羑里。到了秦汉时代井田制彻底崩溃,"里"完全演变成乡村的通称。汉代里字地名俯拾皆是,如中阳里(刘邦故居地)、槐里(李广将军祖居地)等。隋唐以后的"里"字地名多表示城里的区划。在现代地图上仍残留用于乡村的"里"字地名,如广州的三元里,江苏吴江县的同里、黎里。

(2) 地名所见移民史

在魏晋南北朝的历史地图上,不难发现有些州郡的地名南北是一致的,不过南边的往往冠以"南"字,北边的则不冠方位词,或有少数冠以"北"字。如兖州—南兖州、豫州—南豫州、北东海郡—南东海郡等。原来这些南边的州郡名是北方的移民带来的。不只是州郡名,县名也有一大批。这些侨置的州郡县在《宋书·州郡志》《南齐书·州郡志》和《晋书·地理志》中都有详细记载。

西晋末年,北方战祸频仍,中原人民不堪其苦,相率南渡。抵达南方后,大多聚居在一起,不受当地政府管辖,他们怀念故土,就拿故乡的旧名来命名迁居的侨地,渐渐形成以旧籍贯侨置州郡县的制度。例如兰陵郡和东莞郡本来都在今山东境内,后来因为居民迁居今江苏常州一带,于是在该地侨置南兰陵郡和南东莞郡。部分中原人民迁入福建,所以福州被改名为晋安,泉州被改名为晋江。由此也可见当时入闽的北方人相当多。

历史上这一次规模宏大的民族大迁徙,因为是民间自发的迁移,跟朝廷的法令无关,所以正史很少详细记载。要了解这次民族大迁徙的情况,一个有效的方法是从当时侨置的州郡县名去找线索。把他们的祖籍和侨居的所在地以及侨置的年代整齐地排比起来,再经过一番考证,当时的迁徙大势就不难明了了。从侨置郡县的分布可以寻觅中原人民南迁的途径和目的地。例如甘肃和陕西北部的人民迁移至四川及陕西的汉中,四川境内的侨置县皆在金牛道(即南栈道)附近,所以金牛道应是陕甘人南下的通道。从侨置年代的先后,也可略知移民南迁的次数和时代。南迁大致分四次。例如第二次是成帝初年江淮大乱,淮南及已在淮南侨居的北方人,更南走渡江。南豫州、淮南郡及诸县皆在这一时期侨置。

(3) 地名所见古代民族地理

现代的羌族分布在四川阿坝藏族自治州。古代常将氐、羌两族并提,这两个民族关系很密切。从秦汉时代的氐羌族族称地名,可以窥测这两个民族在秦汉时代或更早些时候的分布地区。秦和西汉时代含"氐"字地名如下:氐(秦·今西宁北)、氐池(西汉·凉州·张掖郡)、氐道(西汉·凉州·陇西郡)、氐置水(西汉·凉州·敦煌郡)、刚氐(西汉·益州·广汉郡)、甸氐(西汉·益州·广汉郡)。西汉含羌字地名有:羌谷水(凉州·张掖郡)、羌道(凉州·陇西郡)、羌水(凉州·陇西郡)。这些族称地名分布的地区相当现代的甘肃西部和南部、青海东北部和四川北部,看来古代氐羌族比现代羌族分布的地区要广阔得多。

底层地名能反映古代的底层民族的地理分布。南方有很多底层地名因为是用汉字译写流传的,所以颇难追寻其语源,很值得进一步发掘和研究。这里举两个例子。浙江古地名朱余的语源是古越语。《越绝书》卷八《外传记·地传》:"朱余者,越盐官也。越人谓盐曰余。""余"是盐,"朱余"是盐官,则"朱"是官的意思。现代傣语"官"读 $tsau^3$,其读音可以与汉语的"朱"比证。"朱余"不改变词序直译是"官盐",修饰语后置,现代壮侗语言(古越语的后裔)地名也如此。现代浙江海宁还有盐官和海盐两个地名。浙江另有三个"余"字冠首的地名:余暨、余姚、余杭(后两个地名沿用至今),这三地古时皆产盐。这样看来这三个地名也应是古越语底层地名。清代李慈铭《越缦堂日记》说:"盖余姚如余暨、余杭之比,皆越之方言,犹称于越、句吴也。姚暨、虞、剡亦不过以方言名县,其义无得而知。"其说甚有见地。其中"虞"(上虞)、"剡"(剡县、剡溪)是否底层地名有待进一步论证。云南的思茅县,有人说因诸葛亮南征至此,想起他的茅庐,故名。其实诸葛亮从未南征至此地。正确的解释应是:思茅,南诏时称思么,或作思摩,大理时代称为思摩部,到明代才写作思茅,显然是古藏缅语的底层地名。四川的打箭炉,有人说因诸葛亮曾命匠人在此安炉打箭,故名,亦是大错。其实此地是达水和折水交汇处,藏语叫"达折渚",汉字记作"打箭炉"。这也是一个底层地名。

(4) 地名与经济史

我国的矿冶业历史悠久,许多历史地名往往是因当地发现或开采某种矿物而得名。这些地名可以分成五类:第一类,金属名称地名,如陕西的铜川、江西弋阳的铁沙街、辽宁西丰的金山等。金字地名中的"金"字不一定指金子,也可能指色如金的黄铜矿。第二类,色彩词地名,即以金属的色彩取名,如湖南桂阳的绿紫坳、湖北阳新的赤马山、云南巧家的汤丹。地名中的"丹"字也有可能指水银,古代的炼丹之术,所炼的金丹以水银为主。第三类,"井"字地名,天然气在古代称为火井,西汉扬雄《蜀都赋》称火井为四川重要名胜之一。井火煮盐在汉代已相当发达,因此四川的"井"字地名往往跟天然气有关,如贡井、自流井、邓井关等。第四类,"冶"字地名,如湖北大冶、河北栾县的古冶、山西闻喜的刘庄冶等。"冶"字地名的得名均与当地铜、铁冶炼业有关,如大冶唐宋时已置炉炼铁。第五类,地貌地名。由于矿床抗风化侵蚀的能力强于附近的岩石,因而形成特殊的地形,地名又因地貌得名,如福建闽侯的和尚山(含铜黄铁矿,以和尚光头状地貌得名)、湖北阳新的鸡冠山(铁矿)。

(5) 地名与军事史

汉唐之际曾在今甘肃、新疆一带设置供军事瞭望之用的堠亭。这些堠亭的残址大多是隆起的废阜,现代考古学工作者屡有发现。现代天山南路有不少含"亭"字地名,正是堠亭制度的遗迹。唐代《通典》所录的地名赤亭,显然也是此类地名。但是这个赤亭在后出的《侍行记》却写作"七克腾",《识略》写作"齐克腾木",《西域同文志》写作"齐克塔木"。这些都是赤亭的维吾尔语读音chiktam的辗转异译。"赤亭"维吾尔语译作 chiktam,这说明这个地名是唐宋时代产生并被译成维语的,因为"赤"字属昔韵昌母,中古音收-k尾。

三、地名演变的文化原因

地名是地理实体或区域的一种语言文字代号。这种代号一旦确定以后,往往世代相传,在使用中逐渐取得习惯性和稳定性。但是地名的稳定性并不是绝对的,而是相对的。地理区域本来并无名称,名称是人们主观赋予的。不论客观现象或主观意图,随着时代的发展,都会发生变化。所以地名在稳定性的大背景下,又有变易性。地名演变的原因大致有以下几方面。

(1) 语言文字的发展

地名既然是一种语言文字代号,那么,语言文字的发展势必会引起地名的变化。河北省历史上有许多含"家"字的地名,如王家庄、李家庄之类,到近代变成王各庄、李各庄。这是因为家字古音属见母,读 *k-,到近代颚化了,变成 tɕ-,但是地名却仍按传统习惯在口语中读见母。这样口语和文字的读音就不符合了,于是人们干脆把地名中的"家"字,改写作"各"字,以顺应语音的演变。"各"字地名在文献上出现是比较晚近的事,清代的直隶有胡各庄、刘各庄、柏各庄等地名,打开一本旧地图,会发现有不少地名难认难读。这些难认难读的字,除了部分方言字外,大多是古代使用,现代已废弃或罕用的汉字。如陕西的葭县,葭,音佳,是一种水草,见于《诗经》:"蒹葭苍苍",今改为佳县;又如新疆的和阗。阗,音田,鼓声,见于《诗经》:"振旅阗阗",现改为和田;又如江西的新淦,淦,音干,意为水入船中,今改为新干。这些字都是现代不用或罕用的,汉字发展,地名用字也跟着演变。

（2）国家和民族的盛衰

国家的兴衰、民族的冲突和朝代的更替,都可能使地名变动。全国县市一级地名历史上各朝代的更改面一般是 1%—2%,而隋朝的更改面最大,达到 3%—4%,可以想见五胡十六国的政治局面造成地名使用和行政管理的混乱,隋朝开国后不得不大加整顿,以适应全国重新统一的迫切需要。云南的南涧县,史称"南涧蛮名",元代改名为定远县。广西的那州,"那"字本来是壮语"水田"的意思。那州古时为壮侗族居民所居地,宋时纳土,置地、那二州,明初并那州入地州。"地"即是汉语词。

（3）避讳

历史上因避帝王的讳,而更改地名的例子很多,例如汉文帝名恒,改恒山为常山;晋简文帝郑太后曰春,改富春县为富阳县;宋太祖之祖父名敬,改敬州为梅州;明成祖名棣,改沧州的无棣为广云。清儒钱大昕曾举出历代因避讳改地名近两百例(见《十驾斋养新录》卷十一),实际上远不止此数。有些避讳改地名的例,不一定是避某个人之讳。如明代曾在今山西北部置平虏卫,明代称沿边少数民族为"虏",故名"平虏"。清代改为"平鲁县",因为清代统治者本是满族,也是少数民族,故讳"虏"字。沿长城一带的雁北地区,凡今地名中的"鲁"字,在明代均系"虏"字。也有民间避讳改地名的例,如杭州别名本为虎林,讳虎,改称武林。

（4）传讹

地名常因音近、形近或其他原因,在流传中发生讹误。因为地名只是一种代号,人们一旦对讹误的代号习以为常之后,也就以误为正了。

音近而误如《水经注》所载,把贾复城误为寡妇城,韩候城误为寒号城,公路涧误为光禄涧。又如颜注《汉书·地理注》所载,把江夏的沙羡误为沙夷,山阴的方舆误为房豫,辽东的番汗误为盘汗。小地名很少见于文字,在民间的口头流传中也容易音近而讹误。例如浙江富阳县的虎啸林误为火烧梁,下马桥误为蝦蟆桥,小寺弄误为小慈弄。

形近而误如颜注《汉书·地理志》所载,把济阴的宛句误为宛朐,广汉的汁方误为十方,淮阳的阳夏误为阳贾。

(5)避免异地同名

地名相重是历代都存在的,例如《汉书·地理志》所载有 47 对,唐代有19 对,宋代有 30 对,明代有 42 对。历代避免同级地名相重的方式有二:一是用方位词上、下、东、西等冠首,以资区别,例如西汉地名:上蔡、下蔡、艾县、上艾、雉县、下雉、东平阳、南平阳、平阳等;二是其中之一改用别的字,如民国初年江西和山西都有乐平县,遂改山西的乐平县为昔阳县。

(6)行政辖区变化

地方行政区划在历史上常有变动,地名也跟着变动。政区变动的方式主要有二:一是析置,即从一个或几个政区中分割出一部分,成立一个独立的新政区,例如隋代从松阳县析置括苍县。析置新区一般是给新地名,与旧地名无关。二是政区合并,即将两个或多个政区合而为一。合并后的新地名常与旧地名有关,常从每个旧地名中各取一个字合并成新地名,例如山西省的万泉县和茶河县合并为万茶县,又如明正统十四年将山西玉林卫并入大同右卫,合称右玉林卫。

与一般词汇的演变相比较,地名的演变带有强烈的人为强制性。一般词汇的演变往往自有规律,它的演变方向往往不能事先人为规定。一个新的词汇或一种新的用法出现之后,要得到全社会的承认,才能逐渐稳定和通行。但是地名却可以人为强制更改,更改后的新地名也是全社会必须接受的。地名的强制更改是地名标准化工作的特点之一。地名标准化工作包括种种复杂的内容,这里不再讨论。

思考与练习

1. 你认为语言与文化的关系如何?
2. 举例说明汉语与英语亲属称谓的不同之处及其文化原因。
3. 就你所熟悉的语言或方言谈谈语言禁忌现象。
4. 就你所熟悉的地名,谈谈地名与文化的关系。

第十章　社会语言学的应用

社会语言学的应用范围是非常广泛的,可以包括语言计划、双语教育、第二语言习得、国际辅助语问题、广告语言、法律语言、病理语言学、刑事侦查等。本节选择讨论其中两大宗:语言计划和双语教育。

第一节　语　言　计　划

各国政府对本国语言的使用和规范所采取的政策称为语言计划(language planning)。语言计划包括两大部分内容:语言的地位计划(language status planning)和语言的本体计划(language corpus planning)。

一、语言地位计划

世界上很少有单一民族、单一语言的国家。一个国家如果有两种以上语言存在,就有语言地位问题,即应该以哪种语言为国语(national language)? 以哪种语言为官方语言? 是否要实行双语制或多语制? 以哪种语言为地区官方语言(official language)? 甚至哪种语言应该禁止使用?

制定语言地位政策事关国家大局,非同小可。许多国家都用立法的手段,制定“语言法”,来确立语言地位。例如加拿大在 1969 年通过了《官方语言法》,规定法语和英语的地位平等,承认这两种语言都是官方语言。中国香港的《基本法》,也规定“除了中文以外英语也可以使用”,中文和英语都是官方语言。

语言关乎国家利益,关乎政治,关乎民族感情,也关乎基本人权,因语言冲突造成社会矛盾、动乱,甚至战争在古今世界都是屡见不鲜的。

　　语言计划中最重要的是确定哪一种语言为国语,即全民的共同语。就理论而言,所谓"国语"应通用于社会生活中最重要的一些领域:国歌、政府部门的公务和公文、教育、电视电台、公共交通、外交、军事等。

　　确立国语的决定因素有三方面:政治因素、人口因素、通用程度、经济和文化(包括教育、文字、宗教)因素。

　　在这四大因素中,最重要的是政治因素。以中国台湾为例,日据时期,顶层语言是日语,会国语(普通话)的人极为罕见。1945年中国台湾光复,国民政府推行国语运动。1950年左右,多达120万大陆军民移入中国台湾,中国台湾当局更在全社会实行全面推广国语的运动,国语迅速在中国台湾取得高层语言和顶层语言的地位(详见第八章)。

　　除了政治因素外,人口因素显得非常重要,许多国家的国语也就是使用人口最多的语言,例如日语是日本的国语。说日语的大和族占全国人口99.5%。

　　语言人口有时候与族属人口相一致,例如上述日语人口和大和民族人口。不过语言人口和族属人口有时并不一致。坦桑尼亚全国有126个民族,人口为2 317.4万,国语是斯瓦希里语,但以斯瓦希里语为母语的斯瓦希里族人口(228万)仅居全国第三位。不过因为斯瓦希里语在整个东非地区,千百年来一直是使用人口最多的最通用的权威语言。在坦桑尼亚,不管哪个民族,人人都会说斯瓦希里话,其熟练程度甚至超过母语。因此将它定为国语是不足为怪的。在印尼爪哇语的人口最多,但是最通用的语言却是马来语,因此定国语为马来语言。

　　19世纪之前欧洲人在世界各地建立的殖民地国家,都以欧洲宗主国的语言为官方语言,这固然与政治因素有关,也与经济和文化因素相关。例如自西班牙人1533年征服秘鲁以后,秘鲁就改以西班牙语为官方语言,虽然在早期盖丘亚语(一种印第安语言)的使用人口要多得多。印度虽然早已独立,但是至今英语仍是官方语言之一。

　　有的较大的国家,不仅有全国通用的国语或官方语言,而且有地区官方语言,即高层语言。西班牙以西班牙语为国语,另有三种地区官方语言:巴斯克语、加利西亚语和加泰罗尼亚语。不过地区官方语言日渐式微。南非各省也有确定本省"官方语言"的权利。在中国香港行政区,中文和英语都是官方语言。在中国的中国澳门特别行政区,官方语言则是中文和葡萄牙语。

　　语言地位计划有时也会弄巧成拙,产生副作用。加拿大的魁北克省

1977 年制定了 101 法案,即《法语宪章》,规定"法语是魁北克的官方语言",是法律、民政事务、商务和教学语言,提出企业公司都要实现法语化。这些措施提高了法语的地位,但同时大量说英语的商业人员离开了加拿大当时人口最多的城市蒙特利尔。结果多伦多取而代之,成为加拿大人口最多的城市。

语言地位计划也有可能被利用,通过"语言扩张",以达到民族复兴的目的,而带来社会动荡的客观后果。"语言扩张"是指将某一种语言确立为国语,从而迫使说其他语言的人在其职务范围内使用这种语言。前苏联各加盟共和国的语言政策都有语言扩张的倾向。如爱沙尼亚,本来是俄语和爱沙尼亚语并用,但其语言法规定爱沙尼亚语为国语,不懂爱沙尼亚语的人不能成为爱沙尼亚公民,将失去财产权和其他公民权利。这对俄语居民的语言生活造成困难,而且对他们的生存也带来很大威胁。许多俄语居民不得不离别这些国家,移居俄罗斯。而他们大多是技术人员和管理人员,他们的离别也使这些国家蒙受损失。

语言问题常常与民族感情联系在一起,在第一次世界大战后,美国的爱荷华、俄亥俄等州禁止在私立和公立学校教学德语,甚至禁止公开使用德语。第二次世界大战后,中国台湾也曾在大学里禁止教学日语。墨西哥在 20 世纪 20 年代,禁止在学校使用土著语言,学生使用母语,会因触犯校规而受处罚。

一个国家、一个地区或一个社区的双语现象或多语现象本来是自然形成的。但是两种或多种语言长期并存,势必互相竞争,甚至互相冲突,在国家层面尤其如此。这时候就需要政府出面制定实行单语、双语或多语政策,以协调语言之间的关系。

双语政策实行得比较成功的国家,可以以比利时为典型。据 1993 年的统计,比利时全国人口为 1 010.1 万,其中荷兰语人口 609.4 万,约占全国人口总数 62%,法语人口 394.7 万,约占全国人口总数 38%。另有德语人口 6.9 万人。比利时语言政策的首要内容是按语言区划来划分行政区划,法语区、荷兰语区、法荷双语区(首都布鲁塞尔)和德语区,全国的每一个市镇都分属于四个语区之一。按语言划分地区的法律是 1963 年颁布的,官方语言是法语和荷兰语。这两种官方语言在下述领域并行使用,效力同等。

1) 在议会各种法规的表决、批准、颁布和出版。

2) 最高法院和布鲁塞尔的上诉法院的上诉、审判和裁决等法庭程序。

3) 中央政府及其所属部门和布鲁塞尔区政府的工作语言。

4) 军队官兵、教育、指挥、行政和管理语言。

5) 通讯社、广播电视、绝大多数报纸。

6) 货币、邮票、商标、路标。

7) 宗教上的布道、讲经和礼拜。

8) 从小学到大学的教学系统。布鲁塞尔区实行法荷双语教学;法语区用法语授课,第二语言为荷兰语;荷兰语区用荷兰语授课,第二语言为法语;德语区用德语授课,第二语言为法语。

　　实行多语制的国家可以以瑞士为例。瑞士总人口据 1997 年的统计为 701.9 万,使用四种语言,德语人口占 73.4%,法语人口占 20.5%,意大利语人口占 4.1%,罗曼什语占 0.7%。全国有 23 个州,其中 14 个为德语州、4 个为法语州、3 个为双语州、1 个为三语州。早在 1848 年瑞士的宪法就规定:"瑞士以德语、法语、意大利语为国语;德语、法语和意大利语为联邦的官方语言。"虽然罗曼什语人口占全国人口总数不足 1%,但是通过全民公决和各州投票表决,1938 年颁布的宪法还把罗曼什语添列为国语,这样一来瑞士就有了四种国语和三种官方语言。瑞士的多语政策和制度一直为各语区居民所拥护,对社会和谐起到了积极的作用。近年来瑞士政府重新强调,今后的奋斗目标是"以卓有成效的办法捍卫我们的四语制度"。并重申以下原则:①保证个人语言自由;②坚持四种国语权利平等;③保证语区领土完整和语区界限稳定;④通过语言上的相互尊重,捍卫语言和平;⑤加强四大语区间的理解与交流。鼓励、捍卫濒危的罗曼什语和受到威胁的瑞士意大利语;保护语言环境,积极使用这些语言,并在全国弘扬这些语言的灿烂文化①。

　　新加坡也是多语制国家,据 1996 年的人口统计,在全国人口中,华人占 77.3%,马来人只占 14.2%,在 1965 年新加坡建国时也是华人占绝大多数。虽然马来语在人口、经济和教育方面都处于劣势,但是从马来西亚联邦分离出来,建立独立国家之初,新加坡仍然把马来语定为国语,至今未变。但实际上除了国歌之外,马来语在其他领域并无国语地位。究其原因,定马来语为国语是出于政治目的,即企图保持一种政治姿态,显示出不放弃与马来西亚重新结合的愿望,同时也表示对本地区的多数民族的尊重。这一语

---

① 周庆生主编:《国家、民族和语言》,语文出版社,2003 年。

言政策有利于国家的稳定和未来。

实际上多语制度实行起来会有问题,很难做到真正平等。例如政府文件用多语印刷、法庭用多语审判等都会大大增加财政支出。再者,有多语制度的国家,即使有法律保证和政府提倡,久而久之,因语言竞争关系,最后都可能只有一两种语言取胜,占领大部分重要的领域。至此多语制度可以说是名存实亡了。例如瑞士虽然有四语制度,但是其中人口最少的罗曼什语已经进入濒危时期,而人口占全国 4.1%的意大利语也已成为"受到威胁的语言",即意大利语居民常常忘记自己的语言是官方语言之一。只有四种国语的瑞士尚且如此,更何况有 11 种官方语言(英语和阿非利坎语等 10 种非洲语言)的南非。

二、语言本体计划

语言的本体计划是指对国语或官方语言及其文字的规范化工作。许多国家对本国的标准语(standard language)都会进行规范,兹以中国对现代汉语的规范化工作为例,按历史进程,加以说明。

1. **现代汉语标准语的确立**

现代汉语标准音经过三个阶段的发展,最后才得以确立。

(1) 清末"京音国语"阶段(1903—1902)

清末的官话运动是和当时的汉字拼音运动相辅相成的。清政府于 1903 年颁布《学堂章程》,规定以北京的官话为标准音:"兹以官音统一天下之语言,故自师范以及高等小学,均于国文一科内,附入官话一门。"当时汉字拼音化的鼓吹者王照、卢戆章等人也赞同以京音官话作为国语的标准。

(2) 民国初年"老国音"阶段(1913—1925)

1913 年教育部召开"读音统一会",会上北方各省和南方各省的代表,就国语应以北方音或南方音为标准,展开激烈的辩论,最后综合南北方音的特点,定下官话发音的标准,叫做"国音",后人称为"老国音"。当时北京话地位不够高,它无入声、无浊音、不分尖团、有规律的语音演变消失,如"容易"的"易"和"交易"的"易"变得同音(今广东话仍不同音)。这些都为当时南方代表所不齿。"老国音"是一个综合的语音系统,四声参照北京音,再加上短而不促的入声,共有五种声调。元音则有 o 和 e,而声母分尖团。1919 年出版《国音字典》,即是这种老国音定标准的。赵元任曾给这种标准音灌制《国语留声机片》,但是这种标准的国音除了赵元任,谁也不说。

(3)"新国音"阶段(1926—　　)

1926年教育部国语统一筹备会国音词典增修委员会对旧国音进行修正,议决"凡字音概以北京的普通读法为标准"。至此北京话才取而代之,成为国音的标准。此后的国音即称为"新国音"。教育部于1932年公布的《国语常用字汇》,就是为"新国音"定标准的。

2. 现代汉语标准书面语的确立

在1919年的"五四"运动之前,汉语的书面语是文言文。文言文是一种古典语言,是一种纯粹的书面语,是超方言的,类似于欧洲的拉丁文,并不用于口语,只有少数人会读、会写。虽然在鸦片战争之后,早就有西洋传教士用各地的口语翻译出版方言《圣经》,或用方言口语写作、出版其他著作,但是这些作品基本上只用于基督教教徒,流传面很窄,并没有得到知识界的重视和社会的认可。19世纪末变法维新派人士也曾大力提倡"言文合一",并且出版白话报,其中最早的一种是《无锡白话报》,创刊于1898年。这一时期还出版了大量白话小说。但是知识界依然故我,还是用文言文写作。

文言文与口头语言之间有十分大的距离,一般人要经过若干年的学习,才能用文言文写作。文言文不仅落后于时代,不便记录新事物和新思想,也不利普及教育和提高大众的文化水平,弊端甚为明显。改革文言文,而使"言文统一",可以说势在必行。

除了白话文之外另有一种民间流行的书面语是"白话","白话"是比较接近口语的。明清时代有许多小说是用白话写作的,称为白话文学。但是白话文学向来只有俗文化的地位,而为一般知识分子所蔑视。

"五四"白话文运动肇始于1917年。这个运动并不是政府行为,而是几位知识精英发起的,其中最重要的几位是胡适、陈独秀、鲁迅、钱玄同、刘半农。在白话文运动之初,反对者不乏其人,如林琴南将白话文斥为"引车卖浆之徒所操之语",争论十分激烈。20世纪20年代初,教育部规定在小学一二年级教白话,白话从此有了法定地位。因为白话文符合时代和社会发展的要求,很快就以势不可挡之势,在20世纪30年代全面取代文言文,成为现代汉语标准书面语。

不过文言在现代汉语书面语中仍扮演重要角色,文言词汇、来自文言的成语和熟语都是不可或缺的。在某些领域或文体,文言依然发挥重要作用,例如公函、邀请函、电报、报纸新闻标题、纪念碑上的铭文、简短的告示、讣告、合同等。在海外使用的华文中会有更多的文言成分。例如:"在离开本局柜位之前,请当面将邮票及找赎点收清楚,方可离去;事后追讨,恕不受理,希为留意。"(中国香港九龙塘邮政局 2004 年 1 月张贴的告示)"辱承亲临执绋,惠赐厚赙,高谊隆情,殁存均感。"(中国澳门讣告)

3. 三大语文政策

在 20 世纪 50 年代,中国政府大力加强语言调查和语言计划工作。在 1955 年全国文字改革和现代汉语规范化学术会议上提出三大语文政策:一是简化汉字;二是推广普通话;三是推行汉语拼音方案。语言调查可以说是语言计划的基础。语言调查分为两大块:汉语方言调查和少数民族语言调查。

(1) 语言调查

1956 年 3 月高等教育部和教育部发布《关于汉语方言普查工作的通知》。同年国务院发布了关于在全国推广普通话的指示,提出要在 1956 年至 1957 年内完成全国每个县的方言的初步调查任务,并要求各省教育厅在 1956 年内根据各省方言的特点,编写出指导本省人学习普通话的手册。

1957 年全国各省市先后开展了对本省市方言的普查工作。经过将近两年时间,完成原来计划要调查的 2 298 个方言点中的 1 849 个点(占 80% 以上)的普查工作。普查以语音为重点,各地只记录少量词汇和语法例句。在普查的基础上编写了 1 195 种调查报告和某地人学习普通话手册之类小册子 300 多种(已出版 72 种)。普查工作后期编出的方言概况一类著作有河北、河南、陕西、福建、山东、甘肃、江苏、浙江、湖北、湖南、四川、广西、贵州、广东等 18 种。大多仅油印或铅印成册,公开出版的只有《江苏省和上海市方言概况》《河北方言概况》《安徽方言概况》《四川方言音系》等几种。

20 世纪 50 年代还出版了一批指导方言调查工作的工具书刊,其中最重要的有《方言调查字表》(1955 年)、《汉语方言调查简表》(1956 年)、《方言词汇调查手册》(1956 年)、《汉语方言调查手册》(1957 年)。此外,1958 年开始出版的《方言与普通话集刊》(共出八本)和《方言和普通话丛刊》(共分两本),对普查工作也有指导意义和参考价值。丛刊和集刊中的文章大多是描写地点方言语音的,并注重方言和普通话的对应关系的研究。

为了配合推广普通话和方言普查工作,1956 年中国科学院语言研究所和中央教育部在北京联合举办"普通话语音研究班"。这个班的前三期招收各地部分高等学校汉语教研室的中青年教师,由语言研究所的专家授课,学习普通话语音和调查记录汉语方言工作。自 1956 年至 1961 年共举办 9

期,先后培训了 1 666 名学员。这个班的学员在方言普查和后来的方言研究工作中起到了骨干作用。

20 世纪 50 年代制订了发展少数民族语言研究的 12 年远景规划和 5 年计划。为了给民族识别工作提供依据,以及帮助少数民族创制和改进文字,1956 年组织了有 700 多人参加的七个工作队分赴全国 16 个省区调查少数民族语言。调查之前在中央民族学院为各工作队举办了语言调查培训班。这批工作队的成员后来多成为少数民族语言调查研究的骨干力量。

20 世纪 50 年代新创制的少数民族文字有壮文、布依文、彝文、黔东苗文、湘西苗文、川黔滇苗文、哈雅哈尼文、碧卡哈尼文、傈僳文、纳西文、侗文、佤文、黎文、载瓦文等 15 种拉丁字母形式的文字;只对原有文字字符加以改进的民族文字有德宏傣文、西双版纳傣文、拉祜文、景颇文 4 种文字;改革原有文字字符体系的民族文字有滇东北苗文和新维吾尔文、新哈萨克文。80 年代又创制了土族文字,羌文拼音方案、土家文拼音方案、白文拼音方案、瑶文拼音方案、独龙文拼音方案、达斡尔文拼音方案等,在传统彝文的基础上规范了四川彝文。

(2) 推广普通话和推行汉语拼音方案

1956 年国务院发出《关于推广普通话的指示》。"普通话"这个名称是 1906 年朱文熊率先提出的,他并将普通话定义为"各省通行之话"。相当于当时的"国语"。不过在 20 世纪 50 年代以前民间较流行的名称还有"官话""蓝青官话"和"大众语"。"蓝青官话"指带有方言口音的,不标准的普通话,是普通话的变体。方言区的大多数人所说的普通话其实都是这种普通话的变体。"大众语"是指"大众说得出,听得懂,看得明白的语言文字"。1934 年开始在上海报章上曾讨论"大众语"。1955 年全国文字改革和现代汉语规范化学术会议制定了普通话的标准是"以北京音为标准音,以北方方言词汇为基础词汇,以典范的白话文著作为语法典范"。

为了推广普通话,除了上述编写某地学习普通话手册外,最有效的措施有三个:一是将普通话用于传媒;二是推行汉语拼音;三是将普通话用于学校教学。推行汉语拼音的目的不仅仅是为了帮助教学普通话,不过因为"汉语拼音"是用于拼写普通话的,所以通过汉语拼音学习普通话,是一条捷径。

现行的《汉语拼音方案》是用于记录普通话语音系统的法定拼音方案,

是在 1958 年由全国人民代表大会第一届第五次会议批准并公布的。

将近半个世纪以来,推广普通话和推行汉语拼音这两项工作取得了很大的成功。普通话在全国各大、中、小城市通行无阻,也是大、中、小学首要的教学语言。汉语拼音成功地普及用于下述领域:电脑的文字输入、各种检索系统、拼写人名和地名、初级汉语教学、产品型号等代码等。汉语拼音方案推广至今最大的不成功之处是:字母读音推行失败。按规定 a, b, c, d 等应读作[a、pe、tshe、te]等。但是人们没有按照原来制定的读音来读字母,而是按照英文字母的读音来读,或者避而不读。原因是这些字母读音的音节为普通话所无,即不符合普通话音节读音规律。

(3) 现代汉字规范化

简化汉字是"现代汉字规范化"工作最重要的内容。中国政府在 1956 年公布《汉字简化方案》,经数年试用,于 1964 年编印成《简化字总表》,用作汉字简化的规范。1986 年重新公布《简化字总表》,共收 2 235 个简化字。除了简化汉字外,"现代汉字规范化"还包括以下工作。

精简字数:通过整理异体字、废除生僻地名字、淘汰一些繁体字,共精简了 1 189 个汉字。

精简笔画:大批简体字都是从繁体字精简笔画而来的,如膠—胶、廬—庐。"简体字"旧称"简笔","繁体字"旧称"正体"。

定形:对同音同义异形字,只采用其中一个为正体,例如:闲([门十月])、阔(濶)

定音:对同义同形异音字,只采用其中一个为正音,例如:法国的"法"有阳平和去声两读,只取阳平一读。

定序:笔顺不同的字,只取其中一种为标准,例如:"这",先写"文",后写"走之"旁。

4. 关于汉字拼音化运动

汉字本是表意文字,最初是西洋传教士试图改用拼音的办法,以拉丁字母来拼写汉语的音节。成系统的汉语拼音方案始于 1605 年刊行的利玛窦(Matteo Ricci, 1552—1610)所著《西字奇迹》。利玛窦是意大利人,来华传教的天主教耶稣会士。1626 年又有法国耶稣会士金尼阁(Nicolas Trigault, 1577—1628)出版《西儒耳目资》,书中提出的方案对利玛窦方案有所修正。此后又有英国传教士马礼逊设计的官话拼音方案(制定于 19 世纪初叶)等。这些拼音方案对汉语的书写系统均无大影响,影响最大最深的是所谓威妥玛式。

　　威妥玛(Thomas F. Wade, 1818—1895)是英国外交官,鸦片战争时随英军入华。他拟制了一套汉语拼写方法,即所谓威妥玛式,并在1867年出版京音官话读本《语言自迩集》,试图用这一套拼写方法教英国人学汉语。翟理斯(H. A. Giles)在1912年出版的《中英词典》采用威妥玛式而略作修改。威妥玛式在20世纪50年代以前普遍用于中国的邮政和铁路系统,用于拼写地名等。

　　此外基督教传教士为了传教的需要,从19世纪中期就开始醉心于用他们所制定的汉语拼音方案把《圣经》翻译成各地汉语方言,并且正式出版销售。1890年至1920年30年间售出的罗马字拼音《圣经》和《旧约全书》有18 055册,《新约全书》有57 693册。但是这个《圣经》拼音翻译活动实际上在20世纪20年代就宣告失败了,这从《圣经》的罗马字拼音译本的销售量锐减可知。表10.1是各地方言拼音《圣经》(包括《圣经》和《旧约全书》《新约全书》《圣经》单卷本)1890年至1915年间年平均销售量和1916年至1920年间年平均销售量的比较。由表10.1中的数字可知,除厦门话外,其余七种方言的拼音译本销售量在1916年至1920年间均已锐减,而逞强弩之末之势。随着拼音本的衰颓,取而代之的是用方块汉字翻译的方言口语译本。这种方言口语的《圣经》译本一直到20世纪70年代还在出版,如中国香港圣书公会代印的《圣经》白话本。

表10.1　《圣经》方言译本销售量比较

地区	厦门	广州	福州	海南	宁波	汕头	台州	温州
1890—1915	2 276	988	1 031	297	994	783	59	147
1916—1920	5 836	105	286	88	281	335	17	39

　　上述传教士的拼音化工作,可以称为汉字拼音化运动的"教会罗马字"阶段。教会罗马字的使用范围大致局限于教会和教友之间。

　　中国学者的汉字拼音化运动,在现行的《汉语拼音方案》之前,经历过四个阶段。

　　(1) 清末的切音字运动

　　清末的中国学者也有为方言创制用拉丁字母及其变体或别的符号拼音的文字的,他们志在向社会推广,并不局限于教会。他们的工作被称为切音字运动。切音字运动的肇始者是卢戆章。他为厦门话、漳州话、泉州话等闽语创制的方案见于所著《一目了然初阶》(《中国切音新字初阶》,1892 年)。卢戆章也是中国第一位为汉语创制拼音方案的学者。但是影响及于全国的却是后出的官话拼音方案:王照方案(1900 年)和劳乃宣方案(1905 年)。

(2) 注音字母阶段

"注音字母"后改称"注音符号",是 1918 年由教育部正式公布的。这一套拼音方案从公布之日起一直到 1958 年具有法定地位,也是全国最通行的拼音方案。目前在中国台湾和海外华人社会拼音字母仍有它的生命力。民国的注音字母和清末的各种切音字一样,其形体都是来源于汉字笔画,而没有采用拉丁字母,便于写惯汉字的人学习和使用。它以单一的字母代表声母和韵母,所依据的是声韵调音位归纳原理(例见表 10.2)。

表 10.2　注音符号、拼音方案、方块汉字比较示例

注音符号	ㄕㄜ	ㄏㄨㄟ	ㄩ	ㄧㄢ	ㄒㄩㄝ
汉语拼音	shè	huì	yǔ	yán	xué
方块汉字	社	会	语	言	学

(3) 国语罗马字阶段

教育部所属的"国语罗马字拼音研究委员会"(别名"数人会")于 1923 年成立,经反复讨论研究,于 1926 年制定"国语罗马字拼音法式",后来简称"国罗"。1928 年教育部大学院正式公布"国罗","作为国音字母第二式,以便一切注音之用"。"国罗"的实际应用和影响都远不及注音字母,不过"国罗"的法定地位说明中国学者开始认可用拉丁字母拼写汉语。目前"国罗"在中国台湾地区仍然用于某些检索系统。

(4) 拉丁化新文字

1929 年瞿秋白在苏联出版《中国拉丁化新文字》,回国后他与吴玉章等人在苏联汉学家的协助下制定了《中国的拉丁化新文字方案》。这个方案最初是为苏联远东地区的以山东人为主的 10 万华工制定的,用于拼写以山东话为标准的北方话,所以简称"北拉"。北拉没有法定地位,推广的成绩也不理想。

20 世纪 50 年代的"汉语拼音方案"是在总结拼音字母、国罗和北拉的优缺点的基础上制定的。

5. 汉字拼音化有无必要

"汉语拼音"和"汉字拼音化"是两个不同的概念。"汉语拼音"只是用作教学汉语和汉字的辅助工具,用于拼写人名地名、检索系统等有限的领域,并不是要代替汉字的主要功能。"汉字拼音化"是指废除现行的汉字,用拉丁字母全面代替方块汉字的全部功能。主张汉字拼音化的可以以北拉派为代表,他们认为:"要根本废除象形文字,以纯粹的拼音文字代替它,并反对用象形文字的笔画来拼音或注音。如日本的假名,高丽的拼音,中国的注音字母等等的改良办法。"(《中国汉字拉丁化的原则》,1931 年在海参崴通过)20 世纪 50 年代也曾有过汉字要走世界"拼音化的道路"的主张,理由之一是汉字难写难学,改用拼音文字可以提高扫盲率。

以下讨论汉字拼音化有无必要和可能。

实际上西洋传教士早已在民间做过规模颇大的推行拼音读物的试验,而以失败告终。民间喜欢汉字,不喜欢拼音。究其原因,答案是明确的:拼音不适用于汉语,方块汉字适用于汉语。为什么方块汉字比任何拼音文字更适用于汉语? 这是一个需要专门深入研究的问题。这里提出若干最基本的理由:

第一,汉语是单音节语素语,汉字是语素文字,两者自然相匹配。口语中的每一个语素在语音和听觉上几乎都是独立的,一个语素自成一个清晰的音节,不像印欧语言那样,音节之间有许多连读现象,所以汉语的一个个语素很容易从口语中分辨出来。而在音节内部,韵尾只表示发音趋势,其发音部位并不明确,所以汉语音节不必像印欧语那样作音素分析。因此用一个符号代表一个语素是最合理不过的。

第二,汉语是无形态变化的孤立语,汉语的词或语素没有屈折变化,在句子中不必因语法关系的变化而时时添加音节或音素作为语法手段。这与印欧语大异其趣,印欧语多形态变化,必须有表示形态变化的语音符号来记录一个词中没有词汇意义的形态。如"know"(知道)这个词在"He knows."(他知道。)这个句子中,要后添 s[z],表示主语是第三人称单数。所以印欧语采用音素分析的拼音文字是势所必然。

第三,从汉语的语音结构来看,也是方块汉字胜过拼音文字。汉语的音节总数很少,只有 1 200 多个,包括声调不同的音节。在自然口语中同音的音节(语素)很多。不过口语中的同音问题有时可以用口头解释字形来分辨,例如介绍"张"姓时,可以补充解释说:"弓长张,不是立早章。"在书面语中则是靠方块字的不同形体分辨同音的不同语素。如果改用拼音文字,则同音字会太多,特别是人名、店名、地名的同形将会是灾难性的。只是常用的同音词,也已多达约 400 组(据刘振铎主编《现代汉语多功能词典》,延边教育出版社,2001 年)。

　　有一种意见认为现代汉语中双音节词大量增加,而拼音文字是分词连写的,所以可以解决同音问题。且不论词和非词的界限难以划定,至少有两大困难,分词连写仍然不能解决。一是汉语是单音节语素语,用单音节的语素构成合成词或词组是极其灵活的,许多词或词组,包括缩略语,是临时搭配的。这些词语词典一般不会收录,但是在实际口语中却很多,并且将来的能产性是不可限量的。因为其字形有分别,所以造词时往往不必顾及同音问题。如果采用拼音文字,势必要大为减弱汉语的造词能力。例如下列几组词语词典里不一定收录,但在口语和书面语中并不见罕见的:事故—世故,即食—即时,鸡场—机场,面试—面市,致癌—治癌。其间区别,写成汉字,一目了然,改用拼音,就混同一律了。二是现代汉语口语中虽然有较多的双音节词汇,但是许多双音节词到了书面语中往往变成单音节,例如"老虎"在书面语中写成"虎",是任何读者都可以明白的。况且书面语又有各种文体的区别,不少文体与口语的距离较远,而惯用比较经济或文雅的单音节词,例如电报、日记、请柬等。如果采用拼音文字,为避免同音问题,结果势必放弃所有与口语有距离的文体。这显然会削弱汉语的社会交际能力和汉字文化的多样性。

　　第四,汉语是世界上方言分歧最突出的语言之一。汉语方言歧异最重要的是语音差别。因为方块汉字只代表语义,不代表语音,所以方块汉字是超地域或超方言的。因为不受语音历史音变的影响,所以它又是超时代的。汉语在漫长的发展史上,之所以没有像欧洲语言那样分化成各种不同的语言,只是分化成方言而已,就是因为它有方块汉字这个中流砥柱支撑着。特别是汉字的文读音,是维系汉语内部一致性的极重要的向心力。拼音文字显然不利于南方方言区的居民学习和掌握,而北方基础方言区的居民也会因为当地方言与标准语仍有差异,而发生困难。如汉语标准语声母分平舌音和翘舌音,即 z、c、s 和 zh、ch、sh 有分别。东北和北京同属基础方言区,但是在东北方言里平舌音字和翘舌音字却多混淆不清。

　　除上述这些基本理由外,与拼音文字比较,汉字还有许多别的优点,例如,因有表义的偏旁,提供的信息量较多;因语素表义,缩略语的信息量较多;阅读速度较快;在书面上所占空间较小、较经济等。

　　自明末利玛窦出版《西字奇迹》以来,与西洋文化接踵而来的拼音文字冲击方块汉字已有 300 多年的历史。不过,拼音文字对日常使用的方块汉字的重大影响,至今还只有一项,即书写顺序的改变。汉字直排左行的书写顺序自甲骨文以后即稳定下来,一直到清末没有变化。清末西洋出版的书籍大量入华,因为西洋的算术、几何、代数、物理等教科书上的算式、公式、阿拉伯数码都是横排右行的,所以译本也不得不采用横排右行的格式,从而打破了直排左行的传统。从直排到横排,只是书写顺序的变化,并不构成对汉字前途的影响。

　　有人提出所谓"汉字的前途",意思是指方块汉字将来会不会被某一种拼音文字所代替,这也是可以讨论的。

　　文字的起源比语言晚得多,人类大约在 200 万年前的旧石器时代就获得了语言的能力,但是已知最古老的记录语言的系统却只有 1 万 1 千年历史。文字是在人类语言发展到十分精微的阶段以后,在少数文明程度较高的地区首先诞生的。人类语言的种类比文字要多得多。在人类文化史上,文字的借用是非常普遍的现象。不同的语言使用同一种文字是很常见的,如德语和法语都用拉丁字母;或者甲、乙两种文字表面上不同,但是追根究底,其中一种文字是从另一种文字脱胎而来的,如藏文字母源出梵文字母。借来的文字并不一定完全适用本族语言。借用的原因可能只是因为当初这种文字的文化地位较高。例如古代日本借用汉字,但是因为汉字并不十分适用于日语,所以后来又有假名的发明,以补充方块汉字的不足。

　　虽然文字的借用是很普遍的现象,但是汉语却大可不必借用西方的拼音文字,放弃方块汉字,因为方块汉字比拼音文字更适用于汉语。这是上文已经讨论过的。有一种意见认为人类文字的发展是分阶段的、有规律的,即图画文字→象形文字→表意文字→音节文字→音素文字。按照这种文字发展阶段论,汉字作为表意文字还是相当落后的,而最先进的则是西方的拼音文字,而且汉字的未来必然是采用音素拼音的文字。文字发展阶段论起源于 19 世纪,当时有些语言学家受达尔文生物进化论的影响,以为语言也是进化的,并且认定孤立语(如汉语)是落后的语言,屈折语(如德语)是先进的语言等;同时也有人认为文字也是进化的。语言发展的进化论在 20 世纪结构主义语言学诞生之后就渐渐销声匿迹了,但是文字发展进化论至今仍有人信奉。我们认为仅从下述两点理由来看,文字发展的进化论或阶段论是难能成立的。

第一,按文字发展阶段论的说法,文字最初是从图画演变而来的,最原始的文字即是图画文字或象形文字,例如古埃及的圣书体和中国纳西族的象形文字。但是德国考古学家 1929 年以来在西亚发现的一种距今 1 万 1 千年的古代记录系统,证明已知最古老的文字是从记录数目和物件的筹码发展而来的,最原始的文字并不是象形的,而是代表实物和数目的抽象的线条或图形。例如菱形代表"甜",当中有十字的圆圈表示"羊"等。这种原始文字的创制者是善于贸易和经商的西亚人,他们为了防止货物在运输中丢失,就制作了各种形状的黏土筹码,密封在泥泡里,代表各种货物。收货人在货到时可以打破泥泡,取出筹码,核对货物。后来为方便计,他们把筹码的形状刻画在泥泡的表面,以代表原来的放在泥泡中的筹码。西亚后来的文字正是从这些筹码及其图形发展而成的。古代中国人、玛雅人和埃及人是因宗教仪式的需要而创制文字,所以倾向于象形造字。各民族最初创造什么样的文字,与他们当时所处的文化背景有关。文字的产生和发展不能跟生物的演化类比,不同的文字适用于不同的语言。

第二,近代以来大量产生的"科技语言",如数学、物理、化学公式都是表意,而不是表音的,例如 $(a+b)^2 = a^2 + 2ab + b^2$。科技语言全世界通用,它是超语言、超时代的。现代社会生活中越来越多的符号也是超语言的,例如在电梯里,顶尖朝上的三角形"△"表示上楼,顶尖朝下的三角形"▽"表示下楼。至于各种科技和商业领域里的符号更是越来越多了。表意的方块汉字是超方言、超时代的,其性质最接近越来越发达的科技语言和现代符号。其实西方语言中越来越多的缩略语也距离表音性质越来越远,而接近表意性质。例如用 a. m. 表示上午,p. m. 表示下午,UN 表示"联合国",OPEC 表示"石油输出国组织"。临时使用的缩略语也越来越多,如报纸广告中用 lg. rm. 表示"大房间"(large room)。

不过方块汉字与拼音文字比较,不便检索,不便用于电脑,这也是不争的事实。除了研制新的方法之外,目前的一个最普通的补救措施是借助于"汉语拼音"。

第二节　语言教育和教学语言

一、语言教育

在古代的宗教教育系统里,一般都是通过教学宗教经典,来学习标准语文,例如犹太人学习希伯来语,穆斯林学习经典阿拉伯语,印度人学习梵文等。

近代以来,几乎每一个国家都会在中小学阶段教学本国的标准语,即国语。例如在中国内地,中小学历来都设有"国文"课或"语文"课。20 世纪 50 年代开始语文课率先用普通话作为教学语言,然后推广到所有课程。通过这种途径学习普通话,已经取得很大的成功。

如果一个国家通行两种以上语言,则会教学另一种语言,例如在芬兰,芬兰人要学瑞典语,而瑞典人要学芬兰语,在以色列,阿拉伯学童要学希伯来语,而犹太人一定要学阿拉伯语。

上述常规语言教育模式近代以来被"语言扩散"(language diffusion)或"语言帝国主义"(linguistic imperialism)搅乱,而陷于迷惘。语言帝国主义主要来自两个方面:一是西方国家在世界各地建立殖民地,在其殖民地大力推行宗主国语言教学;二是近几十年来英语因其背后巨大的政治、经济、文化影响力,在全世界大行其是,英语已为世界各国学生必须学习的语言。世界范围内的英语霸权是现代化和全球化进程的一个组成部分,方兴未艾,也难以人为阻挡,值得社会语言学家注意的是,英语霸权会造成世界上其他主要语言使用功能的萎缩,甚至语言转用。

二、双语教育

双语教育在双语国家或地区是很普遍的现象,在中国少数民族地区也是常见的,近年来中国内地沿海城市还兴办英语和汉语的双语中小学。下面以中国香港为例,讨论双语教育有哪些类型? 双语教育和提高语文能力有什么关系? 应采取什么政策来推行双语教育?

中国香港是一个使用多种语言或方言的地区。双语现象和双语教学是中国香港社会语言生活的突出特点。

面对双语并存现象,应采取什么政策来解决教学语言问题呢? 中国香港政府目前很注意这个问题,寻求各种有效途径,语文教育学院就是针对这些问题而设立的。不过问题不仅仅在于在课程上提高中文或英文的水平。在中国香港这个社会,我们不宜把中文和英文分隔开来看,而要看到中、英两种语文相互的关系,以及在应用上的发展前途,从而探讨最佳方案。也就是说,要全面了解语言与社会的关系,而不是单纯考虑教学的方式和提高语文能力的问题。

　　与双语现象相配合的是双语教育。先介绍一下国外已有的双语教育的各种类型和所引起的后果。所谓双语教育当然要涉及两种语言,在语言的应用上,可以叫做"母语和外语"。从教育的观点出发,可以称为"基础语言(base language)和目标语言(target language)"。所谓双语教育就是使受教育者在基础语言的基础上,经过学习逐渐使他使用目标语言的水平达到一定程度。一般往往以为用双语教育就可以解决很多问题,其实不然。

　　双语教育有很多方式,请见图 10.1(分六幅小图)所示。

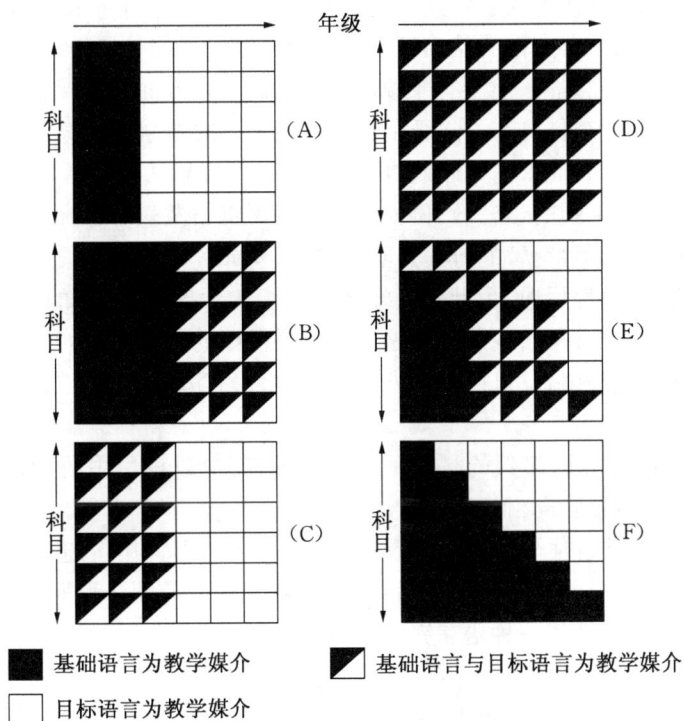

图 10.1　双语教育的方式

图 10.1 上的纵坐标表示科目的数目,六个或更多都可以。横坐标表示年数,六年或者更长时间都可以。黑色方格表示教学上全用基础语言(在中国香港是中文),白色方格表示全用目标语言(在中国香港是英语),半黑半白表示两种语言交替应用。

模式 A:头两年用基础语言教所有科目,以后四年完全用目标语言作教学的媒介。中国香港的中学目前不是用这个方式。

模式 B:头三年所有科目都用基础语言作教学媒介,后三年则同时并用基础语言和目标语言教各科。但同时并用是有很多种方式的。在外国,曾尝试过同一课书,由两位教师用两种语言教,或者聘用同时具备双语能力的教师用两种语言交替的方式来教。这些不同的尝试引起不少问题。例如用两个教师教同一课书就需要更多的人力和经费,而且这是不是最好的方式也是一个问题。

模式 C:最初三年用两种语言交替、对换或同时教所有的科目,其余三年则用目标语言作为教学媒介。这一模式学生在头三年不易接受,同时会使学生在基础语言方面的基础较差。此模式最终目的是要使学生使用目标语言的能力全面提高,而没有兼顾他们在基础语言方面的发展。

模式 D:所有科目在不同级别都是用同一方式教学。在德国,有一所纪念肯尼迪总统的学校,它是政府办的,花了很多经费。在这所学校,同样的课程上下午用不同的语言教,例如上午完全用英语做教学媒介,而下午却完全用德语。另一种交替的方式是隔日进行,例如今日用基础语言教,明天便用目标语言。"肯尼迪"是世界上知名度很高的学府,因为它的教学质量很高。但也有人批评说,能入学的是家庭背景很好的学生,学生在家庭中已经有多种语言的环境,父母已懂得不止一种语言,家庭环境自然会影响学生的成绩。

模式 E:开始时多数的科目采用基础语言,少数科目用两种语言教学,到高年级时慢慢转向目标语言。

模式 F:开始时全用基础语言,年级越高目标语言用得越多,造成一梯状图形。这种模式跟模式 E 的分别是,后者在中间有一个两种语言并用的过渡期,前者则是从一种语言完全转为另一种语言。

中国香港的情形是比较接近模式 B。不过也并非清一色的用某一模式,多种方式都可能出现。中国香港有些学校在转移教学语言方面是很急促的,有些则较缓慢。最重要的是我们要考虑每一种模型推行时可能出现的问题,以及其教学效果怎么样。模式 E 与 B 不同之处是,模式 B 在过了一半的时间之后就全面用两种语言来教学,而模式 E 是有选择性的,只在部分科目用两种语言。用 B 这种模式训练出来的学生,以母语为基础,慢慢发展到有同样的能力使用目标语言和基础语言;而模式 E 却不同,训练的结果学生使用目标语言的能力会超过其他语言。这是一个很重要的差别。

新加坡政府曾经尝试,把所有 10—11 岁的学生送去参加会考,根据学生会考的成绩高低决定他们就读华校或英校,也可以说是会考成绩决定学生一生的道路。同时新加坡政府还鼓励大专毕业的女士多生孩子,并给予他们的子女特别的优待,这跟政府的教育政策是一致的。这两项政策后来都引起很多人的反对。政府的出发点是好的,社会上并不需要所有的人都清一色中文好,英文也好,所以可以根据各人的能力、所处环境及其他方面的条件,选择学某种语言,走某条路,向某方面发展。新加坡政府有一套计划,从社会实际出发,用考试的方式,早些决定学生读华校或者英校。这样做有可取的地方,就是先调查社会各方面对人才的需求,然后提出与此需求相配合的教育方案。

中国香港的社会及其语言结构正在演变中,双语教学也要适应未来社会发展的需要而做出相应的调整。上文曾指出,中国香港人对中国香港的认同已经减低,语言方面越来越趋向使用粤语。从教育方面看,语言可能不成问题。中国香港与新加坡不同,在新加坡不同家庭各自有不同的方言,因此在教学上用一种共同语言就十分必要。中国香港没有这样的问题。中国香港未来的情形应该怎么样好呢?让我们比较一下中国香港和广州的情形。在中国香港,英语是高层语言,粤语是低层语言,而汉语普通话有一定的地位;在广州,英语和汉语普通话的地位大概对换一下就是了(见图 10.2)。

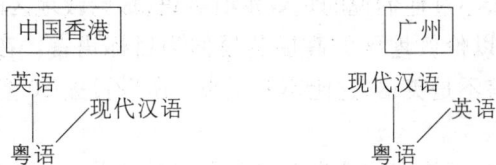

图 10.2　英语、粤语和普通话在中国香港和广州的地位

图 10.2 只是一个示意图,实际上英语在广州的地位远没有现代汉语在中国香港的地位高。

中国香港未来的发展会怎样呢?会向广州的方式转移吗?粤语在中国

香港的地位是很特殊的,不像中国别的方言,例如闽语在南洋、中国台湾一带使用都很广泛,但它在各地所取得的地位,绝对没有粤语在中国香港的地位那样高。中国香港可以做到从小学、中学到大专都可以用粤语作为教学媒介,别的方言做不到。旧时代的广州社会跟今天的中国香港在语言使用方面的情况差别不大。后来的广州当然走了另一个方向。中国香港未来的演变方向目前还难以预测,有一点是可以肯定的,即汉语书面语和普通话的地位将有所提高。

　　目标语言有时候就是顶层语言,例如英语在中国香港是顶层语言,也是目标语言。但目标语言在更多的情况下,并不是顶层语言,而只是学校教学中的第一外语。例如在中国大陆、中国台湾及其他许多东南亚国家和地区,英语都是非常热门的第一外语,在大学里有越来越多的课程选用英文教材。但是这种外语教学和中国香港双语教育中的英语教育,在目标、时间、人力和物力方面决不能等量齐观。在这些社会里,英语虽然在白领阶层越来越流行,但是决不可能成为顶层语言,更不可能成为高层语言或低层语言。

　　在美国和英国这样以英语为母语的国家,目标语言的概念又大不一样了。美国国内也有文盲,而且数量相当多。这当然与文盲的定义有关。在美国对文盲的传统定义是凡起码受过 5 年基本教育的就不算文盲,但政府发现很多人虽然读过 5 年书,但是到了十五六岁还是文盲。为什么呢? 原来他们讲的虽然是英语,但是不是标准英语,而是他们自己的英语方言。例如一个美国水兵所说的英语,跟教师教的英语不同,英语学得很好的人可能会听不懂。对于这些人来说,高层语言就是他们还没有学会的标准英语。打个比方,有点像以台山话为母语的人要学作为高层语言的广州话。在英国威尔斯地区,早已在约 200 万人中间推行双语教育。威尔斯人在家里也很少说威尔斯话,不过他们说的是威尔斯英语,跟伦敦地区的英语不同。当地的教育政策是以伦敦地区的高层英语作为目标语言。在美国有 15％的人口,其家庭语言不是英语,这比率并不小。所以过去 20 多年来,美国也极力推行双语教育。

　　一个社会对目标语言的选择跟经济取向关系很大。如果在一个社会里掌握某种语言能够明显提高经济地位,那么这种语言就很有可能成为目标语言。例如英语在中国香港、新加坡。

　　在中国内地沿海地区的大城市,英语的目标语言地位也越来越巩固。一个社会对顶层语言的选择虽然跟经济取向有关,更重要的是与政治取向有关。20 世纪三四十年代的上海,尤其是公共租界地区,英语曾经是顶层语言,当时的上海是个半殖民地社会。90 年代上海的几个经济开发区,有许多外资企业。中方雇员招聘面试、项目策划、与上司谈话、工作汇报等都是要用英语。企业的所有文件,包括薪俸通知书,也都是用英文写的。但是由于历史条件的变化,英语绝无可能成为顶层语言。在东南亚独立以前的马来亚,英语是顶层语言,独立以后以马来语为国语。新加坡也一样,独立以后为满足所谓土著经济发展的要求,以马来语为国语,也就是把它当作其他少数民族的目标语言,从而形成一个新的社会语言层级。如果华人或其他少数民族的马来语水平停滞不前,马来人自然就可以因此提高他们的社会地位和经济地位。这种语言政策可以说是民族政策促成的。

从语言教育的角度来看,顶层语言的转换可能引起全社会原来的顶层语言能力的下降。马来西亚是一个很明显的例子,马来西亚的教学媒介原来是英语,转换成 Bahasa 马来语后,"托福"(TOEFL)考试平均成绩呈逐年下降趋势:

1976—1977 年	1978—1980 年	1980—1982 年	1982—1984 年
558	545	534	526

中国香港高等学校的教学媒介如果从单一的英语转换为双语(英语和汉语),英语能力也可能降低。中国香港是一个国际金融和贸易中心,英语能力的下降会影响它的竞争力。

除了双语教育外还有三语教育,例如中国香港的苏浙公学,中文课和中国历史课用普通话,英语课和其他文科用英语,理科用英语及粤语。语言当然是掌握得越多越好,问题在于没有必要每一个人都接受三语教育。另外还有一个问题是什么时候开始三语教育。如果过早的话,各种语言在学生头脑里就会很容易混乱。最好是经过选择后,对部分有能力的人推行双语或多语教育。

海外的炎黄子孙维护、发扬中华文化,并把认同朝向祖国,其最佳途径当然是通过中文教育。过去几十年来,海外华语文教育为了使文化认同方向朝向祖国,都是以国语(或称普通话)作为教学语言的。在旧金山甚至有初级国语教学的电视节目。不过近年来的实地调查表明,接受华语文教育的华人,在日常交际中还是倾向于使用自己社团原有的方言。实际上只有极少数社团把国语用作日常交际的语言。

从文化认同的角度来看,选择什么语言作为华语文教育的教学语言是至关重要的。语言对文化认同的作用很大,除非是母语,语言比仪礼、风俗、习惯都难以学会。如果教学语言正是接受教学的人家里日常生活中使用的语言,或与已经习得的语言相同或类似,那么对他就会产生心理和文化上的共鸣。对下一代的教育与家里所维护的传统文化可能产生极大的正面影响,就算不能事半功倍,至少也可以相辅相成。相反如果教学语言与家庭语言相差较远,例如普通话与粤语、闽语、客家话之间,不能沟通,那么不但教学语言学不好,而且会对文化认同产生干扰,母语和家庭原有的文化传统也会因此难以维系。母语的地位在第二代一动摇,原来的文化认同就有可能发生变化,就容易走上与当地文化同化的道路。实地调查的经验表明,以国语接受基本华文教育的华人常常只愿用自己社区原有方言或共同语交谈。甚至对方使用国语交谈,而自己还是用方言应对的也大有人在。所以华语文教学语言应考虑当地华人日常使用什么语言,择善而从,不能一概使用普通话。不过对于那些需要用普通话作为交际工具的人又当别论,开设普通话课程对他们来说是很有必要的。

三、第二语言习得

第二语言是相对于母语而言的,第二语言习得(language acquisition)通常是指在母语教育的基础上,学习和掌握一种外语。学习外语不仅需要学习语言本身的各种成分及其结构,而且必须学会如何运用这种语言,懂得在实际的社会交际中,在不同的情况下,使用不同的语言形式和语体。为了达到这一目的,第二语言的学习者还必须要了解语言背后的社会和文化。"文化"的内涵是极其丰富的,其中与第二语言习得相关的是"交际文化",即有关言语交际的文化现象。例如中英两种语言都有熟语,它们是植根于各自的民族文化传统之中的。西方人爱狗,所以有"Love me, love my dog"这样的褒义成语,意谓"爱我而爱及我所喜爱的人或物",与汉语成语"爱屋及乌"相当。中国人则视狗为丑类、贱类,所以有"狗仗人势""狐朋狗友"这样的贬义成语。

学习第二语言的人往往把母语及其文化的形式、意义和分布(distribution)移植到第二语言中,因而不能学会纯正的第二语言。所以为了教好和学好第二语言,两者语言本身的差别外,很有必要同时对比研究两种不同的文化。这样就产生了一个新的学科分支:跨文化交际学(intercultural communication/acrosscultural communication)。这个新的学科分支的创始人是美国的 Robert Lado,他在 1957 年出版 *Linguistics Across Culture*: *Applied Linguistics for Language Teachers* (University of Michigan Press, 1957)一书,他以英语和西班牙语的对比为例,提出文化对比可以通过形式、意义和分布三者的关系来进行,即形式相同、意义不同;意义相同、形式不同;形式相同、意义相同、分布不同。所谓分布是结构主义语言学的概念。上述 Lado 的著作也是对比语言学的经典著作。

从社会的角度研究,不仅对第二语言习得具有应用价值,而且对于社会语言学的理论建设也很有意义。与第二语言习得相关的理论不少,其中有一个理论是交际适应理论(communication accommodation theory, CAT)。这个理论认为谈话双方在交际过程中的言语行为,可以分为两大类:一是"靠拢"(convergence),即参加谈话的一方的语言向另一方靠拢;二是"分离"(divergence),即参加谈话的一方有意或无意地使自己的语言与对方不同。Beebe 曾调查 61 个泰国华裔儿童和 17 个成人的言语行为,他们都是第二语言(泰语)习得者。请两个人与他们谈话,其中一位是以泰语为母语的泰国人,另一位是泰语和汉语都说得很好的中国人,说泰语时不带汉语口音。要调查的语言变项是泰语的六个元音。结果是他们与泰国人说话时,有五个元音像泰语,与中国人说话时这些元音比较像汉语。Beebe 认为这种语言变异是心理上的原因造成的,他们觉得调查者是中国人,所以尽量使自己的口音接近汉语,采取的是"靠拢"而不是"分离"的态度[①]。

思考与练习

1. 举例说明确立国语的决定因素。
2. 汉语的语言本体计划包括哪些主要内容?
3. 现代汉语标准语是如何确立的?规范化的主要内容是什么?
4. 汉字拼音化是否必要?是否可行?为什么?
5. 举例说明顶层语言和目标语言有何不同。
6. 为什么中国香港的双语教育使用粤语和英语?

[①]　徐大明、陶红印、谢天蔚:《当代社会语言学》,中国社会科学出版社,1997 年。

推荐阅读书目

William Labov, *Principles of Linguistic Change*, *Volume 1*: *Internal Factors*, Oxford & Cambridge: Blackwell, 1994. (中译本,威廉·拉波夫:《语言变化原理:内部因素》,北京大学出版社,2007 年。)

William Labov, *Principles of Linguistic Change*, *Volume 2*: *Social Factors*, Oxford & Cambridge: Blackwell, 2000. (中译本,威廉·拉波夫:《语言变化原理:社会因素》,北京大学出版社,2007 年。)

William Labov, *Principles of Linguistic Change*. *Volume 3*: *Social Factors*, Wiley-Blackwell, 2010.

Miraiam Meyerhoff, *Introducing Sociolinguistis*, Routlege, New York, 2006.

Peter Trudgill, *The Social Differentiation of English in Norwish*, Cambridge University Press, 1974.

Peter Trudgill, *Sociolinguistics*, *An Introduction to Language and Society*, Penguin Books, 1974, 1983, 1995.

库尔马斯(Coulmas, F.)主编、高一虹导读:《社会语言学通览》,外语教学与研究出版社,2001 年。

Peter Stockwell, *Sociolinguistics*, *A Source Book for Students*, Routledge, Taylor & Francis Group, London and New York, 2007.

罗纳德·沃德华:《社会语言学引论》(*An Introduction to Sociolinguistics*),第五版,雷红波译,复旦大学出版社,2009 年。

徐大明主编:《语言变异与变化》,上海教育出版社,2006 年。

附录:英汉对照社会语言学术语

accent　方言、腔调、腔

acrolect　上层方言

crosscultural communication　跨文化交际学

act sequence　行为连锁

adjacency pair　邻接应对

adstratum　傍层(语言)

address terms　称谓词

age grading　年龄层次差异、年龄级差

ambilingualism　双语纯熟、双语功能同等

anomie　语言迷惘

anthropology　人类学

appropriateness　得体性

asymmetrical bilingualism　双语不均衡、双语能力不相等

baby-talk　娃娃腔、儿童语、宝贝儿语

basilect　基础方言

bi-cultural　双文化

bi-dialectal　双方言

bilingual　双语人

bilingualism　双重语言现象、双语现象

calque　逐字翻译

closing sequence　结束语、结束语序列

code mixing　语码混合

code switching　语码转换

communication accommodation theory, CAT　交际适应理论

communication　交际

context of situation　言语情景、语境

contextual style　场合语体

conversation　会话

conversation analysis, AC　会话分析

corpus linguistics　语料库语言学

Creole　克里奥尔语、混合语

cross-cultural communication　跨文化的交际

dialect　方言

dialect island　方言岛

dialogic　对话性

diglossia　双层语言现象、双言现象、双言并用

domain　领域、场合、场域

elaborated code　精密语码、复杂语码

equilingualism　双语能力同等。可替换的术语：balanced bilingualism。

ethnography of communication　交际民族志学

ethnography of speaking　言语民族志学、交际人种志学

field work　田野工作、实地调查

foreigner talk　外国人腔

forms of communication　交际形式

forms of speech　言语形式

full turn　正式的话轮

function of communication　交际功能

functional communicative activity　功能性交际活动

generation difference　代沟、代差

genres　言语体裁

glottochronology　语言年代学

gradualism　均变说

grammaticality　合乎语法

grammaticality judgement　语法判断能力

greeting behavior　打招呼的行为

heterogeneity　异质性

high variety　高层语言

homogeneous　同质的

horizontal bilingualism　双语地位同等

hypercorrection　矫枉过正

idiolect　个人方言

incipient bilingualism　初期双语现象

informant　发音合作人、调查合作人

inner city　城市的核心地区

insertion sequence　插入序列

instrumentality　交际手段、交际工具

intelligibility　互懂度、可懂度、沟通度

intercultural communication　跨文化交际学

inter-personal variation　个人之间的变异

interaction　互动、交流

inter-lingual borrowing　语言间的借用

intra-personal variation　个人内部的变异

intra-sentential code-switching　句内语码转换

isogloss　同言线、等语线

language acquisition　语言习得

language attitude　语言态度

language behavior　语言行为

language contact　语言接触

language death　语言死亡

language diffusion　语言扩散

language imperialism　语言帝国主义

language imposition　语言强制

language island　语言岛

language loyalty　语言忠诚

language maintenance　语言维护

language of wide communication, LWC　交际面广泛的语言

language planning　语言计划

language policy　语言政策

language politics　语言政治
language shift　语言转用、语言转移
language socialization　语言社会化
language spread　语言扩散
language status planning　语言地位计划
langue　语言
lexical importation　词汇输入
lexical re-lexification　词汇重整
lexical substitution　词汇替换
lingua franca　交际语
linguistic competence　语言能力
linguistic insecurity　语言不安全感
language outlier　语言飞地
linguistic sex differentiation　语言性别差异
loan blends　音义兼译词
loanwords　外来词、借词、外来语
local dialect　地点方言
low variety　底层语言
macro-sociolinguistics　宏观社会语言学
matched guise technique　配对变法
mesolect　混合型方言
metaphorical code switching　喻义性语码转移
micro-sociolinguistics　微观社会语言学
motherese　母亲式语型
mother tongue　母语
move　话步
multilingualism　多语现象、多语制
national language　国语
negative face　消极面子
network analysis　网络分析
none-verbal communication　非语言交际
non-probability sampling　非随机抽样

norms　交际中的行为规范

official language　官方语言

open network　开放的网络

opening sequence　话头话、话头序列

ordered heterogeneity　异质有序

overlap　同时发话

parole　言语

participant　参与者

performance　言语行为

personal interaction　个人间的交际

pidgin　洋泾浜语、皮钦语

politeness phenomena　礼貌现象

polyglossia　多语并用

positive face　积极面子

post-diglossia　后双言制

powerless language　无势力的语言

prestige accent　权威方言

probability　可能性、概率、随机

probability sampling　随机抽样

productive bilingualism　全双语、"听、说、读、写"四会的双言能力

public text　公共文书

questionnaire　问题表、调查用问卷

received pronunciation(RP)　标准音(英国英语)

receiver　受话人

receptive bilingualism　半双语、只能"听"和"读"的双言能力。可替换的术
　语:passive bilingualism 或 semi-lingualism

regional dialect　地域语言

regional official language　地区官方语言

register　语域、语言使用领域

restricted code　有限语码、局限语码

role relationship　角色关系

rule of rapport　和睦原则

ruling language　统治语言

sample　样本

sampling　抽样

Sapir-Whorf Hypothesis　萨丕尔–沃尔夫假说

scene　场景、场合

self-evaluation test　自我评测方法

semi-lingualism　半双语,只能"听"和"读"的双语能力

sentential code-switching　句间语码转换

side sequence　分岔序列

setting and scene　环境和场景

situational code switching　场景性语码转换

social class　社会阶层

social dialect　社会方言

social variable　社会变项

socioeconomic class　社会经济阶层

sociolect　社会方言

sociolinguistics　社会语言学

sociology　社会学

sociology of language　语言社会学

speech activity　言语活动

speech act　言语行为

speech community　言语社区、言语社群、言语社团、言语共同体

speech event　言语事件

speech island　语言岛、方言岛

standard language　标准语

stratification sampling　层次的抽样方法

style　语体、风格

style-shifting　语体转换

sub-dialect　次方言

sub-ethnic group　民系

subculture　亚文化

substratum theory　底层语言理论

SWONAL　无母语的人

symmetrical bilingualism　双语均衡、双语能力相等

taboo　语言禁忌、塔布

tag code-switching　附加语转换

target language　目标语言

teacher talk　教师腔、教师对学生用语

terms of prejudice　歧视语

top variety　顶层语言

translation loan　逐字翻译

turn　话轮

turn taking　话轮替换、话轮转移

T. V. talk　电视用语

uniformitarianism　均变说

uniformitarian principle　均变说、均变原则

universal of politeness　普遍性礼貌原则

variable　变项

variable rule　变项规则

variable rule analysis　变项规则分析法

variant　变式

variation　变异

variety　变体

vernacular　土话

working language　工作语言

work place jargon　行话、职业语言

xeno-dialect　域外方言

图书在版编目(CIP)数据

社会语言学教程/游汝杰、邹嘉彦著. —3 版. —上海：复旦大学出版社，2016.1(2024.7 重印)
(复旦博学·语言学系列)
ISBN 978-7-309-11700-4

Ⅰ.社… Ⅱ.①游…②邹… Ⅲ.社会语言学-高等学校-教材 Ⅳ.H0

中国版本图书馆 CIP 数据核字(2015)第 190773 号

社会语言学教程(第三版)
游汝杰 邹嘉彦 著
责任编辑/陈 军

复旦大学出版社有限公司出版发行
上海市国权路 579 号 邮编：200433
网址：fupnet@ fudanpress.com http://www.fudanpress.com
门市零售：86-21-65102580 团体订购：86-21-65104505
出版部电话：86-21-65642845
浙江临安曙光印务有限公司

开本 787 毫米×960 毫米 1/16 印张 20.75 字数 323 千字
2024 年 7 月第 3 版第 7 次印刷

ISBN 978-7-309-11700-4/H · 2518
定价：52.00 元